La Franc-maçonnerie

POUR LES NULS

La Franc-maçonnerie pour les Nuls

Philippe Benhamou & Christopher Hodapp

ÉDITIONS FRANCE LOISIRS

La Franc -maçonnerie pour les nuls
Titre de l'édition américaine : Freemasons For Dummies

Ouvrage dirigé par Benjamin Arranger
Traduction : Claude Raimond
Production : Emmanuelle Clément
Mise en page : Marie Housseau
Illustrations : Marc Chalvin

Édition du Club France Loisirs,
avec l'autorisation des Éditions First.

Éditions France Loisirs,
123, boulevard de Grenelle, Paris.
www.franceloisirs.com

ISBN : 978-2-298-03143-0

À propos des auteurs

Philippe Benhamou est docteur en sciences des organisations. Après avoir été professeur de mathématiques, cogniticien, chercheur en intelligence artificielle et responsable du management des connaissances, il est actuellement chargé de mission au sein d'un grand organisme public de recherche français sur les questions d'innovation et de prospective scientifique.

C'est en 1991 qu'il est initié dans une loge de la Grande Loge de France, où il continue de travailler au rite écossais ancien et accepté.

Il collabore à la revue *Point de vue initiatique* et vit en région parisienne.

Christopher Hodapp, membre de la Grande Loge d'Indiana, est l'auteur de nombreux articles et enquêtes sur la franc-maçonnerie. Franc-maçon depuis 1998, il vit à Indianapolis.

Dédicace

À Bernard qui aurait tellement ri.

À Jean, mon parrain, et à mes filleuls : Jacques, Adam, Arthur, Nicolas et Louis.

Remerciements

Merci à mes frères de la loge l'Ambition Créatrice et du Parvis de France, et à tous les francs-maçons que j'ai rencontrés et qui m'ont éclairé au fil des années par leurs propos ou par leur écrits. Je remercie également toutes les obédiences qui ont répondu à mes questions.

Merci à François Rognon du musée, archives, bibliothèque de la Grande Loge de France et au conservateur du musée du Grand Orient de France.

Je remercie Claude Raimond et Benjamin Arranger pour leur savoir-faire et leur efficacité.

Un grand merci également aux membres de ma famille et à mes amis, qui m'ont accompagné pendant la rédaction de ce livre, souvent sans le savoir.

Valérie, ma sœur qui n'en est pas une, merci pour ta relecture critique et tes questions profanes.

Jean-Charles, merci pour ta patience, ton soutien et tout le reste.

Avertissement

Ce livre se veut simple et direct. Se concentrant sur les aspects pratiques de la franc-maçonnerie, il n'a d'autre ambition que de contribuer à la faire mieux connaître. De même, il ne reflète l'expression officielle d'aucune obédience particulière.

C'est à tort qu'on y verrait une tentative de prosélytisme – lequel est étranger à la démarche maçonnique. Un franc-maçon se doit d'expliquer le plus simplement possible le but et le fonctionnement de la démarche maçonnique pour combattre les rumeurs et les idées reçues. Riche de toutes ces informations, il appartient ensuite au lecteur de se faire sa propre opinion.

Sommaire

Introduction ... 1

À propos de ce livre ... 2
Les conventions utilisées dans ce livre ... 3
Qui êtes-vous? ... 4
Comment ce livre est organisé ... 5
Première partie: Qu'est-ce que la franc-maçonnerie? ... 5
Deuxième partie: Les mécanismes de la franc-maçonnerie ... 5
Troisième partie: Pour aller plus loin ... 6
Quatrième partie: La franc-maçonnerie aujourd'hui et demain ... 6
Cinquième partie: La partie des dix ... 6
Sixième partie: Annexes ... 7
Les icônes utilisées dans ce livre ... 7
Par où commencer ... 8

Première partie: Qu'est-ce que la franc-maçonnerie? ... 9

Chapitre 1: Loges, tabliers et drôles de poignées de main: la franc-maçonnerie en bref ... 11

Qu'est-ce que la franc-maçonnerie? ... 13
Ce que font les maçons ... 15
Les trois premiers degrés ... 15
Loges, loges bleues, atelier et autres termes ... 17
Les cérémonies publiques des francs-maçons ... 18
Les tenues blanches ouvertes ... 18
Le jubilé maçonnique ... 18
La cérémonie funèbre ... 19
Les véritables maçons portent des tabliers! ... 19
Une société «très discrète» ... 20
Alors, c'est une œuvre caritative? Une église? Un club? ... 21

Chapitre 2: Des carrières aux loges:histoire de la franc-maçonnerie ... 23

Avant le XVIIIe siècle: construire des édifices ... 24
Maçons opératifs: les grands bâtisseurs ... 24
Les maçons spéculatifs et le grand changement ... 31
Le XVIIIe siècle: construire les hommes ... 33
La première Grande Loge ... 34
Le siècle des Lumières illumine la franc-maçonnerie ... 39

La franc-maçonnerie et la Révolution américaine 40
La Révolution française et au-delà 42
Le XIXe siècle : croissance, changement et extension 43
Réunion des Anciens et des Modernes 44
La franc-maçonnerie française au XIXe siècle 44
Le XXe siècle : stabilité et diversité 50
La Seconde Guerre mondiale 51
Nouvel essor de la franc-maçonnerie 51

Chapitre 3 : La philosophie de la franc-maçonnerie 55

Les valeurs maçonniques 56
Amour fraternel, entraide et vérité 56
Principes de base 58
Un ordre initiatique traditionnel 61
Quel est le lien qui nous unit ? 63
Le symbolisme maçonnique 64

Chapitre 4 : La politique, la religion et les francs-maçons : ils ne se mélangent pas 65

La religion et les maçons 65
Religion, croyance en Dieu et régularité 67
La franc-maçonnerie et le catholicisme 68
La franc-maçonnerie et les protestants 75
La franc-maçonnerie et les juifs 76
La franc-maçonnerie et l'islam 79
La franc-maçonnerie et le bouddhisme 81
La politique et les maçons 81
Désordres politiques dans l'Europe du XVIIIe siècle 82
La franc-maçonnerie foisonne en France 84
Les dictateurs et la franc-maçonnerie 87
La méfiance continue 90

Deuxième partie : Les mécanismes de la franc-maçonnerie ... 91

Chapitre 5 : Comment les maçons sont organisés : qui fait quoi et pourquoi 93

Qu'est-ce qu'une loge ? 94
Que font les maçons dans la loge ? 97
Le collège des officiers 97
La place des officiers dans la loge 108
Obédience, Grande Loge et Grand Orient, comment s'y retrouver ? 108
Le Grand Maître 109
Les règles des obédiences 110
Qu'est-ce qu'une loge régulière ? 110

Le franc-maçonnerie régulière ... 111
Les obédiences reconnues ... 113
Irrégulières, non reconnues, il y en a partout ... 114

Chapitre 6 : Les cérémonies des francs-maçons ... 117

L'histoire des rituels maçonniques ... 118
Les rituels des guildes médiévales historiques ... 118
Mettez-le par écrit ... 121
En quoi consistent les rituels maçonniques ? ... 123
À chaque degré sont rituel ... 123
Comment se déroule une tenue au premier degré ? ... 124
Comment s'effectue le passage d'un degré à l'autre ? ... 126
Un cran au-dessus ! ... 127
La cérémonie d'initiation : devenir apprenti ... 129
La cérémonie de réception : devenir compagnon ... 132
La cérémonie d'élévation : devenir maître maçon ... 133

Chapitre 7 : Les symboles de la franc-maçonnerie ... 135

Pourquoi des symboles et non des mots ? ... 137
Symboles maçonniques ... 138
Le nombre trois ... 139
Les tableaux de loge : le PowerPoint du XVIIIe siècle ... 140
Le temple de Salomon ... 141
L'équerre et le compas ... 143
Le tablier en peau de mouton ... 145
Les symboles du tableau de loge d'apprenti ... 146
Le maillet, le ciseau et la règle à 24 divisions ... 146
Le pavé mosaïque ... 146
Les trois marches ... 147
La houppe dentelée ... 147
Le soleil et la lune ... 148
Le delta rayonnant ... 148
Le fil à plomb ... 149
Le niveau ... 149
La pierre brute et la pierre taillée ... 150
Les deux colonnes ... 150
D'autres symboles maçonniques courants ... 152
L'acacia ... 152
La truelle ... 152
L'étoile flamboyante et la lettre G ... 153

Chapitre 8 : Mythes et idées fausses sur les maçons ... 155

Pourquoi la franc-maçonnerie est comprise de travers ... 156
Les mythes courants sur la franc-maçonnerie ... 157
Tout ceci me rendra chèvre ! ... 157
Le billet vert en perd son latin ... 158

To Bible or not to Bible? 159
Les francs-maçons et Satan 160
L'oncle Albert et Lucifer 165
Les francs-maçons et la prise de contrôle du monde 167
Les francs-maçons et les contraventions aux lois 168
Quelques mots sur les rosicruciens 169
La balade de Christian Rosenkreutz 169
La Rose-Croix moderne 172
Rosicruciens et maçons… et puis quoi encore? 174

Troisième partie : Pour aller plus loin 175

Chapitre 9 : Le rite écossais ancien et accepté 177

Une histoire mouvementée 178
Des bâtisseurs qui deviennent chevaliers 179
Un curieux aller-retour entre la France et l'Amérique 180
Le comte de Grasse Tilly, un infatigable maçon 181
Quand le pouvoir s'en mêle, tout s'emmêle 184
Vers une spiritualité laïque 186
Tout sur le rite écossais ancien et accepté 186
Pourquoi un rite? 186
Lever de rideau sur les degrés du rite 187
Organisation et structure du rite 191
La Grande Loge de France 193
Les autres rites écossais 194

Chapitre 10 : Le rite français 197

Histoire du rite français 197
Merci messieurs les Anglais 197
Un rite bien de chez nous 198
Qui a dévoilé les mystères de l'ordre? 199
À bas la calotte! 201
Un rituel à l'Amiable 202
Le rite français traditionnel dit de Groussier 202
Le réveil du rite français 203
Structure et organisation 203
Les différents degrés du rite français 203
La symbolique du rite français 205
Qui pratique le rite français? 206
Les diverses variantes du rite français 207

Chapitre 11 : Les autres rites maçonniques 209

Les rites maçonniques traditionnels 210
Le rite d'York 210

Le rite émulation 211
Les rites dits égyptiens 214
Le rite de Misraïm 214
Le rite de Memphis 215
Le rite de Memphis-Misraïm 215
Le rite suédois 216

Chapitre 12 : Du côté de nos sœurs… 219

Comment la franc-maçonnerie vint aux femmes 219
Des femmes sur les chantiers 219
La maçonnerie androgyne 220
La maçonnerie des dames 222
Les loges d'adoption de la Grande Loge de France et la Grande Loge Féminine de France 224
Pourquoi le sexe est-il toujours un problème ? 225

Chapitre 13 : Autour de la franc-maçonnerie 229

Les fraternelles : organisations professionnelles de maçons 229
L'affairisme 231
Les francs-maçons se regroupent 233
Les organisations humanitaires 234
Le Rotary international 234
Le Lions Club international 235
L'ordre de Malte 237

Quatrième partie : La franc-maçonnerie aujourd'hui et demain 239

Chapitre 14 : La franc-maçonnerie aujourd'hui 241

Ce que nous avons perdu… 242
Seuls au monde 243
Les uns contre les autres 243
La place de la franc-maçonnerie 245
Le chemin initiatique 246
C'est bon pour le moral 247
Les amis de mes amis 249
Mondiale assistance 249
La vérité près de chez vous 249
Des principes éternels 251
Panorama de la franc-maçonnerie française 252
Obédiences masculines 252
Obédiences féminines 253
Obédiences mixtes 253

Chapitre 15 : La franc-maçonnerie de demain 255
L'avenir de la franc-maçonnerie 256
La maçonnerie américaine aujourd'hui 256
Les tendances de la franc-maçonnerie française 259
Scénario pour le futur… 262
De la régularité à la reconnaissance 262
Spirituel mais pas religieux 263
Des hommes de connaissances 263

Chapitre 16 : Devenir franc-maçon 265
Pourquoi devient-on franc-maçon ? 266
Que peut vous apporter la franc-maçonnerie ? 268
À quoi vous engagez-vous ? 270
Qu'apporterez-vous à la franc-maçonnerie ? 270
Ce qu'en disent les maçons eux-mêmes 271
Rencontrer des francs-maçons 271
Choisir une obédience 273
Rejoindre une loge 274
Critères pour être membre 274
Votre candidature est présentée à la loge 277

Cinquième partie : La partie de dix 281

Chapitre 17 : Dix groupes de maçons célèbres 283
Écrivains et poètes 283
Dix-huitième siècle 283
Dix-neuvième siècle 284
Vingtième siècle 284
Musiciens et compositeurs 285
Peintres et sculpteurs 285
Autres artistes 286
Présidents de la République 286
En France 286
Aux États-Unis 287
Hors de France et des États-Unis 288
Militaires 288
Hommes de sciences et médecins 289
Industriels 290
Hommes politiques 290
Les vrais faux francs-maçons ou les faux vrais francs-maçons 291

Chapitre 18 : Dix surprenantes conspirations, machinations et impostures antimaçonniques 293

Léo Taxil et la grande mystification ! 293
Les Illuminati ! 295
Groupes de dirigeants mondiaux, oh, là, là ! 296
La Commission trilatérale 297
Le Conseil des relations étrangères américain 297
Le groupe Bilderberg 297
Le 33e degré secret ! 298
Éventreur et franc-maçon, sacré Jack ! 299
Le scandale de la fausse loge P2 ! 301
Satan l'architecte ! 302
Aleister Crowley, sataniste et franc-maçon ! 303
Les nazis et les francs-maçons, même combat ! 304
Les francs-maçons ont investi la justice ! 305

Chapitre 19 : Dix textes maçonniques célèbres 307

Le Manuscrit Regius 307
Résumé des quinze articles 308
Résumé des quinze points 308
Instruction sur les bonnes manières 309
Les Constitutions d'Anderson 310
Concernant Dieu et la religion 310
Du magistrat civil suprême et subordonné 310
Des loges 310
Des maîtres, surveillants, compagnons et apprentis 311
De la direction du métier pendant le travail 311
De la conduite 311
Le discours du chevalier de Ramsay, 1736 et 1767 313
Origine et histoire de l'ordre : la légende et l'histoire selon Ramsay 313
Conclusion : retour, régénération et avenir de l'ordre en France 315
Préambule à la Déclaration de principes du convent de Lausanne 316
Rituel d'ouverture des travaux au premier degré du rite écossais ancien et accepté 316
Le rituel des voyous de Pierre Dac 319
L'ouverture des travaux 319
Lourder la taule… 320
« La Loge Mère » de Rudyard Kipling 321
Extrait de Voyage en Orient de Gérard de Nerval 322
Le temps était bas, et le soleil, en pâlissant, avait vu la nuit sur la terre… 323
Ses pas résonnaient tristement sur les dalles… 323
Adoniram était sans arme… 324
Les condamnations de l'Église catholique 325
Chant des adieux (Ce n'est qu'un au-revoir) 325

Sixième partie : Annexes 327

Annexe A : Carnet d'adresses des obédiences francophones 329

Principales obédiences françaises 329
Autres lieux maçonniques français 331
Obédiences belges 331
Obédiences suisses 332
Obédiences luxembourgeoises 332
Obédiences canadiennes francophones 332
Autres obédiences francophones : Afrique et Moyen-Orient 333
Les sites Internet des principales obédiences francophones 333
Sites des obédiences françaises 333
Sites des obédiences suisses 334
Sites des obédiences belges 335

Annexe B : La franc-maçonnerie sur Internet : blogs, forums et sites . 337

Pour échanger sur la franc-maçonnerie 337
Informations sur la franc-maçonnerie 338
Autres sites 338
Histoire 338
Trois petites notes de musiques… 339
Insolite 339
Humour 339
Compagnonnage 340
Art maçonnique 340
Sites commerciaux et collectionneurs d'objets maçonniques 340
Décors maçonniques et librairie 340
Boutiques spécialisées sur Ebay 341

Annexe C : D'autres livres pour aller plus loin 343

Ouvrages généraux sur la franc-maçonnerie 343
Histoire de la franc-maçonnerie 343
Philosophie et religion 343
Symboles, rites et rituels 344
La franc-maçonnerie et la société 344
Art 345
Roman 345
Romans initiatiques incontournables 345
Des polars au pays de la franc-maçonnerie 345
BD 346
Revues 346

Annexe D : Glossaire 347

Index 355

Introduction

Entrez dans le temple de la franc-maçonnerie ! Mettez de côté vos idées reçues, fermez vos oreilles aux rumeurs et ouvrez grands vos yeux ! Je vous propose de découvrir l'une des dernières sociétés initiatiques du monde occidental : la franc-maçonnerie !

Vous êtes prêt ? Alors, approchez-vous de la porte du temple et frappez un grand coup. De l'intérieur, un dialogue incompréhensible vous parvient :

« Vénérable Maître, on frappe en profane à la porte du temple.

– Frère Couvreur, voyez qui frappe ainsi.

– Vénérable Maître, c'est un profane qui cherche à comprendre les buts et le fonctionnement de la franc-maçonnerie.

– Frère Couvreur, donnez-lui l'entrée du temple. »

Dialogue incompréhensible mais efficace puisque la porte à double battant s'ouvre. On vous invite à entrer. Vous êtes tout d'abord surpris par le calme et l'harmonie des lieux. Vos yeux s'habituent à la douce lumière bleutée qui tombe du plafond étoilé. Vous commencez à voir les différents éléments qui ornent le temple : tout d'abord le soleil et la lune qui encadrent un grand triangle lumineux avec un œil au centre. Puis, sur le sol, des carreaux noirs et blancs et trois petites colonnes surmontées chacune d'une bougie allumée. De chaque coté, vous sentez des présences mais vous n'osez pas encore tourner la tête.

La porte s'est refermée sans bruit. Vous avancez lentement vers ce qui ressemble à un petit autel sur lequel un livre ouvert supporte un compas en partie recouvert d'une équerre en bois. Il n'y a pas de doute, il s'agit bien d'une loge maçonnique. Derrière l'autel, celui qui vous fait face semble présider cette assemblée. Il tient en main droite un maillet avec lequel il frappe un grand coup puis prend la parole :

« Bienvenue dans le temple de la franc-maçonnerie. Ici, vous allez découvrir ce qui pousse près de trois millions de femmes et d'hommes à travers le monde à se réunir régulièrement dans des temples comme celui-ci pour travailler selon un rituel rigoureux.

« Nous visiterons ensemble le paysage très varié de la franc-maçonnerie. Varié car on y trouve aussi bien des athées que des croyants, des catholiques, des juifs et des musulmans, des jeunes et des moins jeunes, des ambitieux et des modestes… Si chaque franc-maçon vit son engagement de façon personnelle, tous partagent une foi en l'homme et en son perfectionnement et s'accordent sur le fait que le monde a un sens et qu'il convient à chacun de le découvrir afin d'y trouver sa place.

« Entrer dans le temple de la franc-maçonnerie, c'est donc d'abord partager ces valeurs : liberté de pensée, respect de l'autre, tolérance et fraternité. Tous ces idéaux sont nés au cours d'une histoire de près de trois cents ans que nous allons vous raconter. Vous pourrez alors saisir les différences qui existent par exemple entre la franc-maçonnerie américaine et la franc-maçonnerie européenne, entre le rite français et le rite écossais ancien et accepté ou encore entre un compagnon franc-maçon et un compagnon du tour de France.

« Plus encore, vous allez avoir accès à un véritable guide pratique de la démarche maçonnique à l'usage des non-francs-maçons : découvrir la méthode initiatique par degrés, comprendre la cérémonie d'initiation, assister à une tenue de loge, décoder le langage symbolique. Tout ce qui ponctue la vie d'un franc-maçon depuis le premier jour de son initiation va vous être présenté dans le style bien connu des lecteurs de cette collection.

« Alors avancez encore d'un pas, approchez-vous de l'équerre et du compas et laissez-vous guider… »

À propos de ce livre

Il existe de très nombreux livres écrits par des francs-maçons pour des francs-maçons. Ce sont souvent des ouvrages difficiles, remplis de termes mythologiques et symboliques. Il existe aussi de nombreux livres écrits par des non-maçons, accusant les francs-maçons de conspirations et de complots tellement incroyables que même un fan exalté de *X-Files* ne pourrait se retenir d'en rire.

Entre les deux, il manquait un livre accessible mais complet, contenant des faits précis, de l'histoire bien sûr, mais aussi du symbolisme et écrit dans un style simple et direct, pour un public non averti. Je suis moi-même franc-maçon et j'ai écrit ce livre pour vous aider à y voir plus clair sur ce sujet. Mais attention, comme je l'explique un peu plus loin, nous avons certains secrets que je ne peux vous révéler et je ne les trahirai pas. Mais la liste de ce que je garde pour moi est beaucoup plus petite que vous ne le pensez probablement.

La franc-maçonnerie est un étrange sujet. Elle n'est pas une religion, mais elle est religieuse. Elle n'est pas un mouvement politique, mais ses membres ont figuré parmi les plus grands réformateurs politiques et sociaux de l'histoire. Elle n'est pas une organisation caritative ni un club d'assistance et pourtant ses diverses instances comptent de remarquables œuvres de bienfaisance. Son langage vient du XVIIIe siècle et pourtant ses leçons s'appliquent au XXIe siècle. Pour vraiment la comprendre, vous devez savoir des choses sur l'histoire, la religion, la politique, la philosophie, la mythologie, le langage et le symbolisme. Dans cet ouvrage, j'aborde tous ces sujets.

Si la franc-maçonnerie est une société secrète et si je suis censé considérer ce qui la concerne comme un grand secret, comment puis-je écrire un livre sur elle ? C'est simple : il y a certaines choses qu'en tant que maçon, je ne vous dirai pas. J'en suis désolé, c'est la règle. Les francs-maçons promettent de ne pas écrire, imprimer, peindre, graver, sculpter ni reproduire en aucune manière l'un quelconque des secrets de la franc-maçonnerie pour éviter que les non-maçons ne les découvrent. Mais la bonne nouvelle est qu'il y a un malentendu au sujet du secret maçonnique. Les secrets officiels de la franc-maçonnerie sont pour la plupart les méthodes utilisées par les francs-maçons pour se reconnaître entre eux (mots de passe, gestes et poignées de main secrètes), ainsi que le contenu symbolique des rituels. Il est un autre secret, celui du vécu personnel, et celui-là, je le garde pour moi. Ce n'est pas l'objet de ce livre.

Cependant, dix secondes après que les premières loges se sont réunies, des antimaçons, d'anciens membres opportunistes et d'autres malfaiteurs ont publié des livres contenant tous les secrets de la maçonnerie. La plupart des bibliothèques et des librairies en regorgent. Vous ne trouverez pas ces quelques détails secrets ici. Et même si vous les y trouviez, vous ne seriez pas en mesure d'entrer en bluffant dans une loge maçonnique. N'essayez même pas. Le Couvreur qui vous a reçu tout à l'heure est armé d'une épée affûtée et pointue, sur laquelle, d'ailleurs, je vous dis tout au chapitre 5.

Les conventions utilisées dans ce livre

Ce livre n'utilise pas beaucoup de termes ésotériques, bizarres ou inhabituels. Mais la franc-maçonnerie utilise des termes qui lui sont propres et qu'il faut connaître. À chaque fois que j'utilise et définis un nouveau terme, je mets ce terme en *italique*. La plupart de ces mots sont repris et définis dans le glossaire qui se trouve en annexe D.

Autre convention, à chaque fois que j'indique une adresse e-mail ou une adresse Web, je la mets dans une `police spéciale` pour que vous puissiez l'identifier comme telle. Et des adresses Internet, vous en trouverez beaucoup dans les annexes A et B !

Qui êtes-vous ?

La Franc-maçonnerie pour les Nuls a été écrit pour un large public, mais je fais néanmoins certaines hypothèses à votre sujet. Je suppose que l'une des rubriques suivantes vous décrit parfaitement :

- **Vous êtes totalement ignorant des choses maçonniques.** Ne vous inquiétez pas. J'explique ce que veulent dire les symboles de l'équerre et du compas, d'où ils viennent, leur rapport avec les métiers des constructeurs et pourquoi tant d'hommes et de femmes mettent un petit tablier blanc et s'enferment derrière les murs d'une loge. Si vous avez trouvé le tablier maçonnique de votre grand-père dans une vieille boîte à chaussures et si vous n'aviez jamais compris ce que c'était, vous trouverez la réponse ici.
- **Vous pensez devenir franc-maçon ou vous l'êtes devenu récemment.** Ce livre est un texte de référence assez concis, décrivant les origines de la franc-maçonnerie, ce qu'elle est et ce qu'elle n'est pas, ce que veulent dire les rituels, comment les loges sont organisées et pourquoi les maçons font ce qu'ils font. Je vous aide également à vous retrouver dans les multiples organisations et rituels maçonniques.
- **Vous êtes la femme, l'amie ou la parente, ou encore le mari, l'ami ou le parent de quelqu'un qui pense devenir franc-maçon ou de quelqu'un qui est déjà maçon et vous voulez savoir à quoi rime la franc-maçonnerie.** Vous avez certainement envie de mieux comprendre ce que font les francs-maçons dans leur loge puisque vous vivez avec un franc-maçon et qu'il disparaît régulièrement pour retrouver d'autres francs-maçons. Lorsqu'il(elle) vous dira que le programme de la tenue comportait une cérémonie d'initiation et que les agapes se sont prolongées un peu tard, vous comprendrez pourquoi il(elle) est rentré(e) si tard dans la nuit.
- **Vous vous méfiez des francs-maçons et vous vous doutez que nous sommes une secte bizarre, mais vous êtes ouvert à l'idée de découvrir la vérité sur la franc-maçonnerie.** Pour la foule des curieux dont la tête est remplie de racontars antimaçonniques, je consacre beaucoup de temps à démolir les mythes, accusations et légendes dont la franc-maçonnerie été le plus souvent affublée au cours des trois cents dernières années de sa vie moderne. Si vous avez choisi ce livre dans l'espoir de trouver des réponses objectives, elles y sont.

Comment ce livre est organisé

Si vous avez parcouru la table des matières avant d'arriver jusqu'ici, vous avez vu que le livre est divisé en six parties. Vous pouvez les lire dans l'ordre qui vous convient. C'est l'esprit de la collection. Voici comment ce livre est construit :

Première partie : Qu'est-ce que la franc-maçonnerie ?

Cette partie explique simplement ce qu'est la franc-maçonnerie et ce qu'elle n'est pas. Si vous ne savez absolument rien sur la franc-maçonnerie, commencez au chapitre 1. Le chapitre 2 est long, mais c'est un cours abrégé de l'histoire maçonnique depuis mille ans avant J.-C. jusqu'à aujourd'hui. Le chapitre 3 évoque les croyances fondamentales et la philosophie de l'institution maçonnique et les messages qu'elle propose à ses membres. Le chapitre 4 parle des deux sujets dont les francs-maçons évitent de parler en loge – la politique et la religion – et de leurs effets sur le développement de la maçonnerie.

Deuxième partie : Les mécanismes de la franc-maçonnerie

Cette partie décrit les rouages d'une loge maçonnique. Le chapitre 5 identifie tous les officiers de la loge et poursuit en expliquant les pouvoirs des Grandes Loges, ainsi que les questions épineuses relatives à la reconnaissance et à la régularité de la franc-maçonnerie dans divers pays. Le chapitre 6 examine et explique les cérémonies et les rituels de la franc-maçonnerie, y compris les questions secrètes, les serments solennels et les trois degrés maçonniques essentiels. Le chapitre 7 parle des nombreux symboles mystérieux utilisés par les francs-maçons, de ce qu'ils veulent dire et des raisons pour lesquelles ils sont utilisés. Et enfin le chapitre 8 évoque les mythes, les malentendus et les mauvaises plaisanteries qui entourent la franc-maçonnerie, en indique l'origine, les raisons pour lesquelles ils continuent de circuler et pourquoi s'afficher franc-maçon ne vous permettra pas de faire sauter une contravention pour excès de vitesse.

Troisième partie : Pour aller plus loin

Cette partie complète les connaissances sur la franc-maçonnerie. Les deux premiers chapitres sont une introduction aux hauts grades : le chapitre 9 présente le rite écossais ancien et accepté, rite le plus pratiqué au monde, et le chapitre 10 se concentre sur le rite français, deuxième rite pratiqué en France. Le chapitre 11 présente tous les autres rites que vous pourrez rencontrer en parcourant le vaste monde de la franc-maçonnerie : du rite d'York pratiqué aux États-Unis jusqu'aux rites les plus insolites, comme les rites égyptiens. Le chapitre 12 est entièrement consacré à la franc-maçonnerie féminine. Enfin, le chapitre 13 présente des organisations que l'on pense souvent liées à la franc-maçonnerie, à tort ou à raison.

Quatrième partie : La franc-maçonnerie aujourd'hui et demain

Comment cette très ancienne société secrète qui prône la fraternité, la moralité, l'harmonie et la responsabilité personnelle survit-elle dans notre monde d'individualisme, d'indifférence et de non-respect des règles ? Le chapitre 14 évoque les changements abrupts et destructeurs de notre société qui recherchait autrefois ardemment la compagnie, mais qui fait maintenant tout ce qu'elle peut pour que nous soyons étrangers les uns aux autres, et montre le potentiel de la franc-maçonnerie pour remédier à cette évolution. Le chapitre 15 examine ce que fait le monde maçonnique pour amener les hommes à s'intéresser de nouveau à lui. Une partie de ce qu'il fait est bien, une partie ne l'est pas, et certains changements s'imposeront aux francs-maçons, qu'ils le veuillent ou non. Au chapitre 16, vous découvrirez les étapes à suivre si vous souhaitez devenir franc-maçon.

Cinquième partie : La partie des dix

C'est la partie du livre qui sert à amorcer les conversations. Le chapitre 17 est une liste de francs-maçons célèbres, comportant des hommes politiques, des défenseurs des droits civils, des savants, des musiciens et des acteurs. J'ai ajouté aussi les vrais faux maçons ou les faux vrais maçons. Le chapitre 18 est une liste de dix cas surprenants de conspirations, d'activités et de canulars antimaçonniques, qui prouvent que vous ne devriez jamais vous fier aux histoires que vous racontent la télé, les journaux, les films ou vos collègues. Le chapitre 19 vous présente dix textes célèbres à propos de la franc-maçonnerie. Des textes fondateurs aux condamnations papales en passant par un extrait du rituel des voyous de Pierre Dac.

Sixième partie : Annexes

Comme tout bon ouvrage de référence, ce livre comporte des annexes. Ce sont tout d'abord un carnet d'adresses pour entrer en contact avec les principales obédiences francophones, en annexe A, et une sélection d'adresses de sites Internet en rapport avec la franc-maçonnerie, en annexe B. J'ai également ajouté une sélection de livres à lire si vous souhaitez aller plus loin, par exemple sur l'histoire ou le symbolisme maçonnique, en annexe C, et enfin, en annexe D, un glossaire qui reprend et définit tous les termes maçonniques utilisés dans *La Franc-maçonnerie pour les Nuls*.

Les icônes utilisées dans ce livre

Vous trouverez des icônes un peu partout dans les marges du livre. Elles vous aideront à franchir les parties qui pourraient vous effrayer ou vous rendre perplexe, tout en égayant un peu le paysage.

Quand un nouveau candidat entre pour la première fois dans la loge maçonnique, il est confronté à des rituels inhabituels, à un étrange vocabulaire et à des traditions parfois obscures. Les nouveaux maçons sont toujours encouragés à poser beaucoup de questions aux anciens maîtres parce qu'ils sont, en quelque, sorte les Yodas maçonniques de leur loge. Ils connaissent les rites, les règles, la bonne et la mauvaise façon de faire. Cette icône est votre Yoda maçonnique personnel. N'hésitez pas à le harceler. À vos questions il répondra !

Cette icône signale des coups de projecteurs vers le passé, qu'il s'agisse d'un point important de l'histoire de la franc-maçonnerie ou d'un événement extérieur qui a eu un effet sur l'histoire maçonnique. Parfois le texte ainsi repéré sera bref et concis. D'autres excursions dans les brumes du passé exigeront de plus longues explications, qui peuvent être sautées par ceux qui sont allergiques aux digressions historiques. Ces explications permettent de mieux comprendre pourquoi nous sommes qui nous sommes et les événements qui ont donné naissance à la franc-maçonnerie moderne.

Ce doigt vous montre l'essentiel. Cette icône repère les points clés indispensables à la compréhension de la franc-maçonnerie, laissant de côté tous les détours, les digressions et les anecdotes. S'il n'y avait qu'une chose à retenir, ce serait celle-là.

Cette icône souligne des éléments tels que des données supplémentaires, des explications de rites et de pratiques obscurs ou d'autres informations qui peuvent vous intéresser, mais que vous pouvez sauter sans risquer de passer à côté des thèmes importants du chapitre.

La franc-maçonnerie est universelle, mais ne comporte pas d'institution dirigeante au plan international. Par suite, les coutumes, les cérémonies et d'autres détails varient beaucoup d'un pays ou d'une région à l'autre. Les différences sont considérables. Ce livre est écrit du point de vue de la maçonnerie en France et cette icône vous alertera lorsqu'il y a, dans d'autres endroits, des différences majeures ou surprenantes à connaître.

Aucune institution au monde n'a déclenché autant de mensonges, de demi-vérités, de racontars et de mythes ; sans compter tous les charlatans, imposteurs et arnaqueurs que la franc-maçonnerie a attirés. Cette icône prend pour cible ces mythes et ces faux-semblants pour faire le jour sur la franc-maçonnerie.

Par où commencer

Détendez-vous, ce livre n'est pas un livre d'école à lire du début à la fin. C'est un peu comme un buffet. Vous pouvez choisir ce qui vous fait envie, dans l'ordre qui vous convient, et le consommer à votre guise.

Si vous souhaitez découvrir la franc-maçonnerie sans entrer dans les détails, commencez par le chapitre 1. Si la seule chose qui vous intéresse est le symbolisme maçonnique, penchez-vous sur le chapitre 7. Si vous avez entendu parler des maçons du 33e degré et vous sentez incapable d'attendre pour découvrir ce qu'ils sont, allez au chapitre 9. Et si vous avez lu sur un site Internet que les francs-maçons sont des adorateurs des Satan, allez voir cette question de plus près au chapitre 8. Vous pourrez toujours revenir en arrière à un autre moment et lire la signification des symboles maçonniques ou qui sont les Chevaliers Kadosh.

Première partie

Qu'est-ce que la franc-maçonnerie ?

Dans cette partie…

Vous avez vu une équerre et un compas sur des livres, des journaux et sur des bâtiments. Vous avez entendu ou lu des allusions aux francs-maçons dans des films ou des romans. Peut-être même que votre père ou votre grand-père en ont fait partie. Alors qu'est-ce que c'est ? Qu'est-ce que ce n'est pas ? Quel est le grand secret ? Dans cette partie, la franc-maçonnerie en bref : son histoire mythique, légendaire et réelle, sa philosophie de base et les valeurs qu'elle défend.

Chapitre 1

Loges, tabliers et drôles de poignées de main : la franc-maçonnerie en bref

Dans ce chapitre :

- Une définition de la franc-maçonnerie
- Ses origines
- Ce que font les francs-maçons
- Le scoop sur tous les secrets

« À force de construire, je crois bien que je me suis construit moi-même. »

– Paul Valéry

Régulièrement, la une des magazines promet de nous révéler les secrets de la franc-maçonnerie et illustre cette annonce par une équerre et un compas qui ne manquent pas d'attirer votre regard. Si vous surfez sur Internet et ouvrez un site sur la franc-maçonnerie, vous apercevez cette équerre et ce compas, conformes à ceux de la figure 1-1. Que ce site soit français ou étranger, qu'il s'agisse d'un site officiel, d'un blog, d'un forum ou d'un site commercial, ils seront là. C'est un signe universellement reconnu depuis des siècles comme symbole de la franc-maçonnerie.

Figure 1-1 : L'équerre et le compas sont le symbole universel de la franc-maçonnerie.

En franc-maçonnerie, tout se passe derrière une mystérieuse porte close. D'un côté de la porte, il y a le monde de tous les jours et de l'autre côté de la porte, il y a des rites, des symboles et des cérémonies connus seulement de ses membres, et des secrets non écrits qui ont été transmis de bouche à oreille pendant des siècles.

Les bibliothèques maçonniques sont pleines de livres anciens. La science, la philosophie, l'histoire, la religion et le symbolisme se rencontrent dans tous les ouvrages écrits par d'érudits francs-maçons. La littérature de la franc-maçonnerie est parsemée de légendes, de mythes et de mystères anciens.

Montesquieu, Mirabeau et Voltaire en ont fait partie et la philosophie éclairée du XVIIIe siècle a certainement été élaborée au sein d'assemblées de francs-maçons. Sous l'Empire, des hommes d'État comme Murat et Cambacérès étaient francs-maçons. Les innovations de la Troisième République ont été faites par des francs-maçons, comme Gambetta, Jules Ferry ou Émile Combes.

CHEZ NOS VOISINS

George Washington et Winston Churchill en ont été membres, de même que neuf signataires de la Déclaration d'indépendance des États-Unis et quatorze présidents de ce pays. Les pères fondateurs des États-Unis ont adopté les principes maçonniques et les ont inscrits dans la Constitution américaine.

Les dictateurs ont tous déclaré illégales les réunions de maçons. De nombreuses religions interdisent à leurs adeptes de rejoindre les maçons et de terribles accusations ont été proférées contre les francs-maçons, leur reprochant des assassinats, des conspirations, des tentatives de domination du monde et d'autres crimes abjects. Des millions d'hommes du monde entier ont rejoint les francs-maçons et pourtant, même aujourd'hui, certains pays menacent les maçons d'amendes, d'emprisonnement ou même de mort.

Néanmoins, dans la plupart des pays, chaque semaine, des centaines de milliers d'hommes et de femmes s'attachent de drôles de petits tabliers autour de la taille et se réunissent pendant plusieurs heures. Là, ils échappent au monde extérieur et le remplacent par le confort de la fraternité, combiné à des cérémonies rituelles datant de plusieurs siècles. Pourquoi cette organisation, qui se décrit elle-même comme fraternelle et bienveillante, suscite-t-elle de telles réactions d'opposition ? La franc-maçonnerie est-elle un mélange mythique de manifestations d'ouverture de l'esprit, de magie, de mysticisme ? Une organisation malfaisante aux mains de pirates socioéconomiques ? Ou simplement un club sympathique pour retraités désœuvrés ? Dans ce chapitre, je ferai une brève esquisse de ce qu'est vraiment la franc-maçonnerie et vous dirai d'où elle vient et ce que font les maçons.

Qu'est-ce que la franc-maçonnerie ?

Les francs-maçons ne parviennent pas toujours bien à définir ce qu'ils sont ni ce qu'ils font, mais c'est parce que les réponses que cherchent les non-maçons sont vraiment trop complexes. La franc-maçonnerie (ou simplement la maçonnerie) est une société de personnes attachées à des valeurs morales et spirituelles, l'une des organisations fraternelles les plus anciennes et les plus populaires du monde.

La franc-maçonnerie est peut-être la « société secrète » la plus mal comprise au monde, en dépit de sa popularité. Elle est aussi la société secrète la plus visible. Tout a été dit, écrit et débattu sur la franc-maçonnerie. Les livres sur les symboles se trouvent dans toutes les librairies. Des sites Web, dont certains de grande qualité, fournissent des tonnes d'informations sur la franc-maçonnerie. Les journaux, en mal de tirage, publient régulièrement des articles sur les mystères dévoilés de la franc-maçonnerie.

N'OUBLIEZ PAS !

Plusieurs mots sont utilisés pour désigner la franc-maçonnerie : la Franc-Maçonnerie, la Maçonnerie et même la Fraternité. De la même façon, plusieurs mots sont utilisés pour désigner les francs-maçons : les maçons, les frères ou, plus familier, les frangins.

CHEZ NOS VOISINS

Aux États-Unis, où la franc-maçonnerie s'affiche plus qu'en Europe, les francs-maçons portent des bagues, des cravates et des vestes ornées de l'équerre et du compas. Leurs voitures ont souvent des plaques d'immatriculation maçonniques et des autocollants sur les pare-brises pour les faire reconnaître. Les bâtiments maçonniques sont clairement repérés comme tels et leurs adresses et leurs numéros de téléphone figurent dans les pages jaunes des annuaires. Certaines organisations maçonniques ont même commencé à faire de la publicité par affiches.

Il n'y a pas de définition simple, en une phrase, qui puisse décrire de manière satisfaisante ce qu'est la franc-maçonnerie. C'est une organisation complexe et difficilement cernable en une formule toute faite. Mais la franc-maçonnerie se distingue de toutes les autres organisations par plusieurs points importants :

- La franc-maçonnerie est une fraternité d'hommes et de femmes liés par des serments, organisée sur la base des guildes médiévales d'artisans maçons.
- L'objectif de la franc-maçonnerie est le perfectionnement moral de l'humanité.
- Ses lois morales, règles, légendes et coutumes sont fondées sur les *Anciennes Charges* (*Old Charges*, puisque ces textes ont été écrits en anglais), qui sont les règles de ces guildes d'artisans (voir chapitre 19, p. 307).
- La franc-maçonnerie enseigne des vertus morales et sociales en s'appuyant sur le symbolisme des outils et du langage du métier ancien de bâtisseur et se sert de l'analogie de la construction d'un bâtiment comme un symbole du développement personnel.
- Les maçons s'obligent à l'amour fraternel, à l'assistance mutuelle, à l'égalité, au secret et à la confiance réciproque.
- Les maçons ont des méthodes secrètes pour se reconnaître entre eux, telles que des poignées de main, des signes et des mots de passe.
- Les maçons se réunissent dans des *loges* dirigées par un *Vénérable* assisté par deux *surveillants* et dans lesquelles les candidats jugés aptes sont admis au moyen de cérémonies rituelles secrètes basées sur les légendes des anciennes guildes.
- La franc-maçonnerie n'est pas une religion et n'a pas de dogme religieux que ses membres sont forcés d'accepter. Les maçons doivent simplement croire à l'existence d'un principe créateur, quelle que soit l'entité que représente pour eux cette idée. Leurs croyances personnelles sont simplement cela : personnelles.
- La franc-maçonnerie n'est pas une science, mais elle enseigne à ses membres la valeur du travail, de l'étude et de l'expérience personnelle. Elle encourage les maçons à penser par eux-mêmes et ne leur dit pas quoi penser.
- La franc-maçonnerie apprend aux maçons à être tolérants à l'égard des croyances d'autrui et à considérer chaque homme comme un égal, méritant à la fois leur respect et leur aide.
- La franc-maçonnerie est une méthode initiatique traditionnelle qui permet à chacun de se perfectionner et de trouver un sens à sa propre vie. Cette méthode graduelle s'appelle un *rite*.

Ce que font les maçons

Les maçons ont des réunions régulières (environ une à deux fois par mois) tout au long de l'année appelées *tenues*. Au cours de ces tenues, un rituel adapté aux degrés des francs-maçons présents est suivi pour permettre à chacun de couper avec le monde extérieur et de se placer dans les meilleures conditions pour travailler. Un sujet est généralement exposé par un membre de la loge et un débat suit. Le sujet peut porter, suivant les loges, sur le rite, l'histoire et le symbolisme de la franc-maçonnerie, sur la démarche initiatique ou encore sur des questions de société. Mais jamais de religion, ni de politique.

D'autres réunions ont lieu pour initier les nouveaux membres et se livrer aux diverses cérémonies qui les font progresser dans les différents degrés prévus par le rite qu'ils suivent. Et comme le but premier de la franc-maçonnerie est la fraternisation, un repas, appelé *Agape*, est généralement servi après la tenue, soit dans le bâtiment de la loge, soit dans un proche restaurant.

Des conférenciers extérieurs peuvent être invités à parler au cours d'une réunion de loge. C'est le cas pour des hommes politiques, des écrivains, des philosophes... Ces tenues appelées *tenues blanches fermées* ne sont pas des tenues rituelles.

La franc-maçonnerie moderne a débuté par des rassemblements dans des tavernes pour y partager de bons dîners, et les maçons ont accordé au cours des trois cents dernières années une grande importance aux arts de la table. Les francs-maçons organisent des *banquets* rituels et une tradition de beaucoup de ces réunions consiste à porter une série de toasts.

Les loges, souvent organisées en associations, se réunissent également deux à trois fois par an pour traiter les affaires courantes, lire des communications, payer les factures, bref régler toutes les questions classiques dans la vie associative.

Les trois premiers degrés

N'OUBLIEZ PAS !

Les *degrés* (ou *grades*) sont les étapes sur le parcours du franc-maçon. Quel que soit le rite pratiqué, le pays et l'époque, les trois premiers degrés sont toujours les mêmes : *apprenti*, *compagnon* et *maître*. Ils sont basés sur les niveaux de qualification des anciennes guildes artisanales du Moyen Âge. À chaque degré et pour chaque rite est associé un rituel qui décrit la cérémonie pendant laquelle un candidat sera reçu à ce degré. Ces rituels proviennent de rites vieux de plusieurs siècles, ceux qui étaient utilisés par les guildes. Les francs-maçons ont conservé de cette tradition une grande partie de pratiques et de nombreuses expressions d'autrefois.

N'OUBLIEZ PAS !

Personne ne « parle » au nom de la franc-maçonnerie

Il n'y a pas de groupe national ou international contrôlant ou dirigeant les loges. Il importe de comprendre que la franc-maçonnerie ne comporte pas d'organe de gouvernement unique pour le monde entier. Il existe littéralement des milliers d'ouvrages avec de longs titres, écrits par des auteurs respectés et qui proposent leurs théories sur l'histoire, la philosophie et le symbolisme de la franc-maçonnerie. Et il ne manque pas de titres pompeux pour les détenteurs de fonctions, notamment dans certaines organisations maçonniques extérieures à la loge – *Grand* ceci, *Suprême* cela, et *Très Souverain* quelque chose.

Peu importe. Personne ne parle au nom de la franc-maçonnerie, et personne ne l'a jamais fait. Pas même ceux qui écrivent des livres pour les Nuls ! Chaque pays du monde possède une et souvent plusieurs organisations qui gèrent les loges qui dépendent de leur juridiction. Qu'elles s'appellent Grande Loge ou Grand Orient, elles ont des règles pour administrer les loges situées sous leur juridiction. Chaque Grande Loge a un Grand Maître exerçant essentiellement le rôle de président dans la juridiction. Mais les Grands Maîtres n'ont pas le pouvoir d'établir des règles ni de prendre des décisions en dehors de leurs frontières. Ce qui rend assez délicate la coordination d'un éventuel plan diabolique de domination du monde, non ?

UN PEU DE TECHNIQUE

Les différents degrés respectent les caractéristiques suivantes :

- Les degrés sont une progression et doivent être acquis dans l'ordre prévu. Chaque degré s'appuie sur le précédent et les degrés sont liés les uns aux autres par l'histoire de la construction du Temple de Salomon, pris dans son sens symbolique et non religieux (voir chapitre 7, p. 141).
- Chaque candidat prend une *obligation* (ou prête serment) à chaque degré. Il promet de garder les secrets qui lui sont révélés, d'aider les maçons et leurs familles et d'obéir aux règles de la franc-maçonnerie.
- Selon la loge, la progression d'un degré au suivant peut prendre des jours, des semaines, des mois ou même des années.
- Un membre doit prouver sa maîtrise de son degré actuel avant de pouvoir passer au suivant. Cette preuve est généralement apportée par le candidat lui-même, qui doit montrer qu'il a progressé dans la connaissance de la symbolique de son degré. Certaines loges demandent la présentation par le candidat d'un travail de recherche sur un sujet relatif à son degré ou à son cheminement personnel.

Une bonne image pour comprendre ce fonctionnement par degrés est celle des ceintures de différentes couleurs qui sanctionnent le parcours d'un judoka : comme dans de nombreux arts martiaux, le niveau de maîtrise des pratiquants est représenté par un grade correspondant à une couleur de ceinture. Les grades représentent l'acquisition de compétences dans trois valeurs : l'esprit, la technique et le corps. En franc-maçonnerie, vous remplacez la ceinture par le tablier ! À chaque degré correspond un tablier décoré par certains éléments symboliques importants de ce degré.

Loges, loges bleues, atelier et autres termes

La *loge* est l'unité la plus élémentaire de la franc-maçonnerie. C'est le terme utilisé à la fois pour le groupe de maçons ainsi constitué, pour la pièce où ils se retrouvent et parfois même pour le bâtiment où ils se rassemblent. Plusieurs loges différentes peuvent parfois utiliser en commun les mêmes lieux et se réunir à des moments différents dans la même salle de loge. Cette pratique est en fait la norme dans les villes importantes. Dans les agglomérations plus petites ou dans le cas d'une loge avec de nombreux membres, une seule loge utilise le bâtiment.

Le terme de loge (*lodge* en anglais) vient du compagnonnage. Au début du XIIIe siècle, une loge était un simple local de chantier accolé au mur du bâtiment en construction. Là, les maçons travaillaient (notamment lorsqu'il pleuvait), rangeaient leurs outils, mangeaient et se reposaient. C'était aussi le lieu où se transmettaient les secrets du métier.

Les loges sont repérées habituellement par leur nom, qu'on appelle le *titre distinctif*, leur numéro et le lieu de leur réunion, appelé *Orient*. Le numéro dépend de sa date de création au sein de son *obédience*. Plus le numéro est petit et plus la loge est ancienne.

Aux États-Unis, le titre distinctif des loges est formé en ajoutant au nom de la loge son numéro au sein de la Grande Loge comme Washington Lodge #13 ou *Ancient Landmarks* Lodge #319.

Dans ce livre, j'utilise parfois le terme de *loge bleue* (voir chapitre 7, p. 138 pourquoi elle est « bleue ».) Vous rencontrerez aussi les termes de *loge symbolique*, *atelier* et *maçonnerie bleus*. Tous ces termes décrivent le point de départ, la partie la plus importante du monde de la franc-maçonnerie : la loge qui confère les trois premiers degrés de la maçonnerie – les degrés d'apprenti, de compagnon et de maître.

Les maçons désignent parfois la franc-maçonnerie par le terme *art royal*. Ce terme désignait autrefois l'art des bâtisseurs dans les guildes artisanales médiévales. Ici l'adjectif royal est pris au sens de « qui a atteint le plus haut degré de qualité » comme dans l'expression française « voie royale ».

D'autres degrés existent au-delà des trois premiers degrés déjà évoqués. Ces degrés diffèrent d'un rite à l'autre et sont très présents dans la franc-maçonnerie française. Ils sont détaillés au travers de la description de différents rites dans la troisième partie.

CHEZ NOS VOISINS

Aux États-Unis et dans la franc-maçonnerie anglo-saxonne, les degrés au-delà du grade de maître sont considérés comme des degrés supplémentaires qui n'apportent rien au travail maçonnique des loges symboliques.

Les cérémonies publiques des francs-maçons

Les cérémonies maçonniques se déroulent en privé, au sein de la loge, mais certains événements sont publics. Ces réunions ne sont pas des tenues rituelles mais elles suivent un protocole rigoureux.

Les tenues blanches ouvertes

Les obédiences et les loges maçonniques organisent régulièrement des conférences ouvertes au public. Vous avez peut-être déjà participé à ces réunions. Un conférencier vient présenter des sujets comme par exemple « Initiation et transmission », « La franc-maçonnerie face au monde moderne » ou encore « La franc-maçonnerie : une réponse à l'intolérance ». Un débat suit généralement l'exposé puis, souvent, un buffet. Si vous avez l'occasion de participer à une réunion de ce type, ne vous privez pas. Tout d'abord, c'est l'occasion d'entrer dans un temple maçonnique et d'observer les décors et les symboles. C'est aussi l'occasion de rencontrer des francs-maçons et de discuter avec eux de leur engagement maçonnique. Enfin, c'est l'occasion de poser vos propres questions.

Ce qui surprend dans les tenues blanches ouvertes, par rapport à des conférences publiques, c'est la rigueur avec laquelle les débats sont menés. Même si cette tenue n'est pas rituelle, elle est organisée selon les principes qui règlent les débats et les prises de parole en loge. Si vous souhaitez assister à une tenue blanche ouverte, allez sur le site Internet des obédiences, toutes les adresses sont en annexe A (voir p. 329).

Le jubilé maçonnique

Si vous avez un(e) parent(e) ou un(e) ami(e) proche franc-maçon depuis trente-trois ans, il se peut que vous soyez invité à une cérémonie organisée par sa loge et qui s'appelle le jubilé maçonnique. C'est une réunion maçonnique mais non rituelle qui se passe dans un temple maçonnique. Il s'agit de faire honneur à un ou plusieurs francs-maçons de la loge. En général, un discours est prononcé par le Vénérable de la loge qui retrace le parcours des personnes dont on fête le jubilé. Ces personnes répondent ensuite par un autre discours. Et comme il s'agit de maçonnerie, le tout se termine devant un buffet ou autour d'une table!

La cérémonie funèbre

Ce rituel est un hommage à un frère (ou à une sœur) récemment décédé(e). Il ne peut avoir lieu qu'avec l'accord et en présence de la famille. En effet, lors des funérailles d'un franc-maçon, il n'est pas rare que les maçons de sa loge organisent un service solennel à sa mémoire. Les paroles de la cérémonie donnent un bref aperçu des valeurs de la franc-maçonnerie. C'est une cérémonie émouvante, d'une profonde signification symbolique. C'est souvent la première occasion pour beaucoup de gens d'avoir un contact avec la franc-maçonnerie. C'est aussi souvent ainsi qu'on apprend qu'un ami ou qu'un parent était franc-maçon.

Les véritables maçons portent des tabliers !

Oui, c'est vrai. Le port de petits *tabliers* rectangulaires est l'accoutrement de rigueur du franc-maçon en tenue. Les tabliers sont symboliques. Ils viennent de ceux que portaient les anciens maçons pour protéger leurs vêtements et pour transporter leurs outils. Bien que les tabliers portés par de nombreux maçons soient faits de simple tissu blanc, ils sont censés être faits de peau de mouton blanche, pour symboliser l'innocence.

Certains tabliers maçonniques sont très ouvragés. Ils peuvent être décorés pour indiquer la position d'un officier, une position honorifique telle que celle d'un *Passé Vénérable Maître* d'une loge, ou simplement être ornés d'un motif élégant dans le respect de la tradition et du symbolisme (pas de tablier maçonniques avec un « Le chef a toujours raison ! »). Le tablier du maçon est le premier cadeau qu'il reçoit lors de son initiation dans une loge. Il doit être tenu propre et sans tache pendant toute la vie du maçon, symbolisant la pureté de ses pensées et de ses actions.

N'OUBLIEZ PAS!

Les maçons portent un tablier particulier selon le rite qu'ils pratiquent et selon le degré qu'ils ont atteint. Personne – à l'exception d'un candidat à l'initiation – ne pénètre dans une loge sans tablier.

LA VOIX DU MAÎTRE

Si vous voulez juste voir à quoi ressemblent les tabliers que portent les maçons d'aujourd'hui, le plus rapide est d'aller sur le site Internet d'un vendeur d'articles maçonniques. Je vous donne quelques adresses à la fin de l'annexe B (voir p. 340).

Le tablier est une évocation des usages des métiers du bâtiment au Moyen Âge. Les différentes corporations se reconnaissaient à leur tablier, chaque métier avait le sien et une façon particulière de l'attacher. Le tablier du tailleur de pierre était en peau, assez long et très enrobant.

Une société « très discrète »

Les maçons aiment dire que la franc-maçonnerie n'est pas une société secrète mais une société discrète. Ce qui est sûr, c'est que c'est une société avec des secrets. Une autre façon d'exprimer la même idée est de dire que ce qui se passe dans une loge au cours des tenues est d'ordre privé. C'est aussi la seule façon qu'ont trouvée les francs-maçons pour garantir la richesse des débats. Dans la loge, pendant les tenues, vous pouvez tout dire (sauf parler religion, politique et faire preuve d'intolérance), tester des idées nouvelles, imaginer les trucs les plus fous, personne à l'extérieur ne le saura jamais. Cette confidentialité garantit la liberté de parole.

Les secrets qu'un maçon ne doit pas révéler sont les *poignées de main* (ou *attouchements* – ne riez pas, c'est le terme employé), les mots de passe et les signes (gestes) qui sont des modes de reconnaissance et certains détails des cérémonies rituelles des degrés maçonniques. Pour le reste, c'est à chacun de juger.

Longtemps les francs-maçons ont refusé de discuter de quoi ce soit au sujet de la maçonnerie sous le prétexte du fameux secret maçonnique. À ceux qui souhaitaient devenir franc-maçon, il était même parfois répondu : « Rejoins-nous et tu verras. » Ce secret, finalement, devait bien les arranger, car il est vrai qu'il est souvent difficile de parler de sa vie de franc-maçon. Heureusement, cette perception s'est modifiée et les francs-maçons sont davantage enclins à parler de la franc-maçonnerie en général et de leur engagement en particulier. Certainement que certains maçons de l'ancienne école qui liront ce livre penseront qu'il faut m'exclure de l'ordre maçonnique pour avoir osé en parler. Tant pis pour eux. Le secret est souvent un refuge et je crois que les francs-maçons ne devraient pas avoir peur de parler de leur appartenance maçonnique. Ils devraient même en être fiers.

Connaître seulement les modes de reconnaissance ne vous permettra pas de pénétrer dans une loge maçonnique. Si vous envisagez de devenir maçon, ne laissez personne, dans un livre ou sur Internet, vous priver de l'expérience des rites en vous disant par avance toutes les surprises qu'ils vous réservent. Si vous ne l'envisagez pas et si vous voulez simplement vous vanter de connaître des informations secrètes, il ne manque pas de sources pour vous les fournir. Vous pouvez toujours essayer de faire irruption dans une réunion de maçons en criant « Aaaaaah » et en ajoutant un mot de passe, votre petit manège sera sans effet, car le *vrai* secret de la franc-maçonnerie doit être vécu et non expliqué.

À ceux qui douteraient encore de ce qu'est le véritable secret du franc-maçon, je répondrai qu'il est uniquement dans le vécu personnel. Je me souviens d'un jeune apprenti qui, avant son admission en franc-maçonnerie, avait lu à peu près tout ce qui avait été publié sur le sujet. Le soir de son initiation, il a réalisé la distance qui pouvait exister entre lire le déroulement d'une cérémonie et la vivre au plus profond de soi. « Dès ce soir, je jette tous les livres que j'ai achetés sur la franc-maçonnerie », me dit-il alors. Je lui ai plutôt conseillé de les mettre de côté et de les reprendre un peu plus tard.

Alors, c'est une œuvre caritative ? Une église ? Un club ?

La maçonnerie est aussi diverse que ses membres et donc elle peut sembler très différente selon la personne à qui vous vous adressez ou la loge que vous visitez ou rejoignez.

Certains maçons se concentrent sur les nombreuses institutions de bienfaisance et de solidarité. D'autres se passionnent pour la philosophie ou le symbolisme de la franc-maçonnerie. D'autres considèrent que c'est avant tout un lieu où l'on va pour faire un bon dîner, pour être avec des amis et en découvrir de nouveaux. D'autres encore adorent prendre part aux cérémonies rituelles et la passion de leur vie est le rôle actif qu'ils y tiennent. D'autres enfin utilisent la symbolique maçonnique pour se construire des repères qui leur permettent d'organiser leur vie.

« Avez-vous le mot de passe ? »

Les francs-maçons qui voyagent peuvent visiter des loges maçonniques partout dans le monde, mais toutes les loges n'utilisent pas les mêmes modes de reconnaissance. Chaque rite et chaque Grande Loge a ses propres coutumes et variantes locales. Les loges américaines délivrent des cartes de membre, mais en dehors des États-Unis, la plupart des loges n'utilisent pas ce procédé et ignorent même son existence. Un maçon peut s'entendre poser beaucoup de questions avant d'être autorisé à entrer s'il n'est pas connu ou si un membre de la loge ne se porte pas « garant » de lui. Un maçon qui voyage aura intérêt à bien connaître les différents rites pratiqués et la culture de la maçonnerie des pays visités.

Les choses sont rendues encore plus complexes du fait qu'une juridiction peut avoir des cérémonies rituelles, des poignées de main et des mots de passe différents de ceux d'une autre. S'il y a une barrière linguistique, l'affaire peut être encore plus difficile. Notons cependant, et j'en ai fait personnellement l'expérience, qu'assister à une tenue dans une langue étrangère n'est pas si difficile que cela puisque les rituels ont beaucoup de points communs.

Certaines juridictions, pour des raisons historiques, interdisent à leurs membres de visiter les loges d'autres juridictions sous peine d'exclusion. Cela paraît incroyable que dans un ordre prônant la fraternité, il puisse y avoir de telles interdictions. Mais avant de juger, lisez le chapitre 5 (voir p. 110) sur les problèmes de régularité et de reconnaissance.

Pour les hommes et les femmes qui deviennent *officiers* de leur loge, la maçonnerie est aussi une expérience de développement personnel où ils acquièrent des talents d'orateur, l'art d'animer un débat et bien d'autres choses. Des personnes de tous les horizons ont ainsi souvent l'occasion de faire des choses dans une loge que leur travail ou leur statut social pourraient rarement leur permettre. Et puis certains aiment tout simplement les titres ronflants, les badges, les rubans, les smokings et les accoutrements élégants. Comme les maçons portent des *cordons*, on dit qu'ils sont atteints de *cordonnite*. Mais globalement, on peut dire qu'il y a dans la franc-maçonnerie quelque chose pour chaque individu, quels que soient ses intérêts particuliers.

Encore une histoire de sexe !

La version moderne de la franc-maçonnerie, apparue en 1717 à Londres, était basée sur les anciennes guildes des maçons. Les règles d'origine des guildes spécifiaient qu'elles étaient absolument et définitivement masculines. Il ne faut pas oublier non plus qu'au début du XVIIIe siècle les femmes avaient dans la plus grande partie de l'Europe le même statut qu'un enfant mineur.

Pendant longtemps, la maçonnerie est restée une fraternité réservée aux hommes et encore aujourd'hui une vaste majorité de francs-maçons dans le monde ont fait le serment de ne pas participer à l'initiation d'une femme comme franc-maçon ou d'y consentir, cela n'étant pas conforme à la tradition des *Anciennes Charges*.

Mais si la franc-maçonnerie moderne a commencé en Angleterre et en Écosse, elle s'est vite répandue sur le continent européen. Et dès 1740, certaines loges françaises ont commencé à initier des femmes en tant que membres. L'histoire de la maçonnerie féminine est passionnante et j'y consacre le chapitre 12 (voir p. 219).

Au fil des années (mais presque uniquement en Europe), différents groupes ont créé des loges pour hommes et femmes. Mais aussi des loges exclusivement féminines, certaines femmes ne souhaitant pas intégrer une loge composée majoritairement d'hommes, mais voulant bénéficier des cérémonies des degrés, du symbolisme et de la philosophie de la franc-maçonnerie.

Aujourd'hui, le paysage maçonnique français est très varié. Il existe des obédiences exclusivement masculines, des obédiences mixtes et des obédiences exclusivement féminines. En fait, le choix existe. Ce n'est donc plus un problème d'exclusion mais une question de choix personnel.

La maçonnerie féminine est à peu près ignorée des loges dites régulières, en particulier dans les pays anglo-saxons. Fait qui n'empêche aucunement de dormir toutes les femmes maçons. Elles savent qu'elles sont franc-maçonnes même si ces obédiences régulières ne sont pas d'accord. En effet, ces loges définissent la franc-maçonnerie uniquement sur la base des textes fondateurs pour lesquels les femmes n'existent tout simplement pas !

Chapitre 2

Des carrières aux loges : histoire de la franc-maçonnerie

Dans ce chapitre :

- Les premiers maçons
- De la construction des cathédrales à l'édification des hommes
- L'extension dans le monde
- La franc-maçonnerie française

L'origine de la franc-maçonnerie est à rechercher dans les confréries de bâtisseurs du Moyen Âge. À cette époque, les tailleurs de pierre se rendaient dans des carrières et taillaient d'immenses blocs de pierre. Ils transportaient ces blocs de plusieurs tonnes et les plaçaient les uns sur les autres pour construire des murs de cathédrales qui s'élançaient dans le ciel en défiant le temps et les lois de la pesanteur. Ils pouvaient, à partir d'un simple tracé et par l'art mystérieux de la géométrie, construire des édifices qui sont encore debout aujourd'hui. Et la façon dont ils le faisaient constituait un secret précieux révélé uniquement aux gens du métier.

Comment un groupe d'artisans et de tailleurs de pierre du Moyen Âge a-t-il pu devenir la plus grande organisation fraternelle et philosophique du monde ? Les théories abondent sur les origines de la franc-maçonnerie. Les écrivains maçonniques du XIXe siècle ont écrit de gros ouvrages relatant l'histoire de la franc-maçonnerie, la reliant à l'ancienne Égypte, à la Jérusalem biblique ou même à l'ordre des Templiers du XIIe siècle. Les chercheurs actuels ont tempéré cette exaltation et sont arrivés à des conclusions plus nuancées, replaçant cette filiation sur un plan plus mythique qu'historique.

Ce chapitre évoque le système médiéval des guildes des bâtisseurs de cathédrales et son évolution pour devenir la franc-maçonnerie moderne. La tâche est difficile car une bonne partie de l'histoire ancienne de la franc-maçonnerie nous échappe du fait de la rareté des documents écrits. De plus, l'histoire de la franc-maçonnerie se confond avec l'histoire des pays où elle est née et quelques points de repères historiques sur les événements de l'histoire de l'Angleterre et de la France seront nécessaires. J'ai dû en outre simplifier cette histoire, laissant de côté les détails qui ne sont importants que pour les spécialistes.

Ce chapitre se concentre sur la franc-maçonnerie des trois premiers degrés maçonniques : apprenti, compagnon et maître, qu'on appelle aussi *maçonnerie bleue*. L'histoire des degrés supplémentaires qui est plus récente sera traitée en détails dans la troisième partie. Tout comme l'histoire des milliers de courants et de variantes du christianisme, l'histoire de la franc-maçonnerie peut remplir les étagères de bibliothèques entières. Rien que les évolutions de la maçonnerie en France au cours des trois cents dernières années représentent un immense sujet à elles seules.

Avant le XVIIIe siècle : construire des édifices

Les francs-maçons utilisent aujourd'hui les termes *opératif* et *spéculatif* pour distinguer deux types de franc-maçonnerie. La maçonnerie opérative se réfère à l'époque antérieure à 1700, où les francs-maçons travaillaient effectivement avec des pierres, des ciseaux et des maillets. Une fois que les maçons opératifs ont commencé à être remplacés par des maçons « admis » ou « gentlemen », la franc-maçonnerie s'est transformée en une organisation philosophique, fraternelle et charitable, appelée franc-maçonnerie spéculative. Les maçons spéculatifs ont pris comme symbole les outils de travail des maçons opératifs : le maillet, le ciseau, le compas et l'équerre.

Maçons opératifs : les grands bâtisseurs

Il y a plusieurs types d'origines de la franc-maçonnerie. Il y a les origines mythiques, c'est-à-dire dire non vérifiables scientifiquement mais qui ont été inscrites dans les textes fondateurs de la franc-maçonnerie comme des vérités. Les francs-maçons, au fil des siècles, se sont imprégnés de ces origines invérifiables et elles sont devenues des références mythiques. Il y a également les sources historiques, qui sont du coté des corporations de métiers regroupant les différents métiers des constructeurs (les guildes).

Les origines mythiques de la franc-maçonnerie

Les origines mythiques de la franc-maçonnerie remontent à la construction du Temple du roi Salomon à Jérusalem, vers 1000 avant J.-C. Le Temple du roi Salomon était le monument à la gloire de Dieu le plus grand et le plus magnifique construit au cours de l'ère biblique. Son sanctuaire le plus intérieur, le Saint des Saints, était construit pour contenir l'arche de l'alliance, qui contenait les paroles sacrées de Dieu – les tablettes reçues par Moïse contenant les dix commandements. Le Temple fut finalement détruit, par les Babyloniens, reconstruit, puis détruit à nouveau mais par les Romains. Il ne reste aujourd'hui que les fondations de pierre du second temple, connues sous le nom de mur des Lamentations.

Le Temple de Salomon est un symbole important pour la franc-maçonnerie. Pour le franc-maçon, il n'est pris ni dans sa réalité historique, ni dans son acceptation religieuse mais comme un symbole. Salomon est le patron des bâtisseurs. Les textes fondateurs de la franc-maçonnerie rappellent que les premiers maçons ont été ceux qui travaillèrent à la construction du Temple de Jérusalem. Salomon leur transmit les secrets de l'art de bâtir. L'architecte à qui il confia la construction effective du Temple et la direction des 80 000 ouvriers s'appelait Hiram, devenu depuis le personnage clé du troisième degré de l'initiation maçonnique.

Les origines historiques

Les origines historiques généralement acceptées de la franc-maçonnerie moderne sont les corporations ou guildes de maçons tailleurs de pierre qui se sont formées au Moyen Âge en Écosse, en Angleterre et en France dès le XIe siècle. Les documents anglais les plus anciens mentionnent qu'une guilde des maçons a été créée à York en 926 par Athelstan, considéré comme le premier roi de toute l'Angleterre.

On ne sait pas vraiment d'où vient le terme franc-maçon. Certains historiens disent qu'il se rapporte au fait que les membres des guildes de maçons n'étaient pas obligés de demeurer dans une ville ou un comté donné mais étaient libres de voyager et de rechercher du travail – d'où, en anglais, *free masons*, maçons libres. L'adjectif franc a la même signification ancienne. Les Francs se considéraient comme libres et ont donc utilisé ce mot pour désigner le fait d'être libre. Une autre théorie est que l'appellation *free* viendrait de l'abréviation du terme *freestone mason*. *Freestone* désigne, en anglais une pierre friable, dont les grains sont fins et que l'on peut découper, comme le grès ou le tuffeau (par opposition aux roches plus dures dont le grain est plus épais et que l'on doit fendre).

Les francs-maçons savaient construire des cathédrales gothiques et des châteaux au moyen de pesants blocs de pierre et ils connaissaient la science de la géométrie, qui leur permettait de transformer un plan en une immense structure. Ces secrets professionnels étaient jalousement gardés – ils n'étaient même pas divulgués aux évêques, aux prêtres ou aux rois qui employaient les maçons. Très vite, ces corporations se sont organisées. Il fallait définir des règles de vie en collectivité car les chantiers réunissaient plusieurs centaines d'ouvriers pendant plusieurs années. Les maçons se réunissaient dans une loge qui était un simple local de chantier construit accolé au mur du bâtiment en construction. Ce lieu était celui où ils travaillaient lorsqu'il pleuvait, rangeaient leurs outils, mangeaient et se reposaient. C'était aussi le lieu où se transmettaient les secrets du métier.

Architecture gothique

Le style d'architecture gothique a duré du XIIe siècle jusqu'à la fin du XVIe siècle. La cathédrale Notre-Dame de Paris et l'abbaye de Westminster à Londres sont deux des plus célèbres cathédrales gothiques. Avant l'avènement de ce style, on parle de style roman : les bâtiments avaient des murs épais et lourds, de petites fenêtres et des charpentes en bois supportant les toits. Les dimensions et les formes des styles plus anciens étaient limitées par la technologie de l'époque. Le style gothique fut une grande innovation.

La photographie de l'intérieur de Notre-Dame de Paris vous montre des murs qui paraissent entièrement faits de vitraux. Comme pour de nombreuses cathédrales gothiques, les murs ne soutiennent pas le poids du bâtiment. Ils sont conçus pour reporter ce poids sur des supports extérieurs appelés arcs-boutants. Le mur ainsi dégagé de sa fonction de soutien peut être allégé, ouvert et accueillir des vitraux.

Autre innovation du gothique : la voûte d'ogives qui permet de répartir l'énorme poids du toit de la cathédrale de façon uniforme sur les murs. Les arcs-boutants empêchaient la structure de s'effondrer comme un château de cartes vers l'extérieur, tout en maintenant la lourde structure de support à l'extérieur du bâtiment.

À cette époque, l'Église catholique était devenue l'influence religieuse dominante en Europe et le paganisme avait été éliminé. Les cathédrales étaient conçues comme des symboles de la puissance de l'Église, elles étaient généralement le plus grand bâtiment des environs. Mais elles étaient aussi conçues comme des endroits servant à enseigner la religion aux fidèles. Comme les gens du peuple ne savaient pas lire, les vitraux, ainsi que les milliers de sculptures de pierre dans tous les recoins de l'église, relataient en images les histoires de la Bible. Le symbolisme était également très utilisé car facile à interpréter pour les gens de l'époque.

Les concepteurs étaient souvent des évêques, prêtres ou abbés talentueux et visionnaires, mais il y avait aussi des architectes qui n'étaient pas membres du clergé. Toute la communauté se regroupait, fournissant de l'argent et du travail pendant des années et même des décennies pour bâtir ces magnifiques églises. Il fallait des ouvriers habiles pour passer du plan à la construction. Ce qui impliquait l'usage d'une géométrie complexe, des mesures et une construction précises. C'est ici qu'intervenaient les guildes artisanales et les francs-maçons.

Les premières « conventions collectives »

Le document le plus ancien contenant les règles de la franc-maçonnerie de métier est le Manuscrit Regius, que l'on peut voir aujourd'hui au British Museum à Londres. Il a été rédigé en 1390 par un auteur inconnu, mais la plupart des historiens s'accordent sur le fait qu'il a probablement été copié à partir de documents encore plus anciens. (Vous pouvez lire des extraits du Manuscrit Regius au chapitre 19, p. 307). Il décrit sous la forme d'une série de règles les standards de moralité et de comportement que devaient suivre les maçons. Il s'agit de règles de professionnalisme, d'un code moral, des règles qu'il faut suivre pour devenir membre et souligne l'importance de l'entraide. Une sorte de « convention collective » avant l'heure puisque le Regius va même jusqu'à interdire le travail de nuit !

Les guildes avaient été développées pour former des hommes aux savoir-faire nécessaires à la construction de ces magnifiques bâtiments. Elles servaient à imposer des normes de qualité, à faire respecter des standards élevés, ainsi qu'à protéger les précieux secrets professionnels. Et une bonne manière de protéger le métier contre les contrefaçons consistait notamment à s'assurer des qualités morales de celui qui en recevait les secrets et qui devait ensuite les transmettre.

Les *maîtres maçons* étaient en possession du *mot des maîtres* (sorte de mot de passe) et de la *poignée de main*, méthodes secrètes qu'utilisaient les maîtres artisans pour se reconnaître entre eux. C'était une façon simple de s'identifier rapidement comme un membre expérimenté de la guilde (eh oui ! les cartes de visite, les diplômes et les cartes de membre n'avaient pas encore été inventés). Le mot secret et la poignée de main vous dispensaient d'avoir à sculpter une gargouille partout où vous alliez, simplement pour prouver à un contremaître avisé que vous connaissiez votre affaire.

Un apprenti commençait à travailler dès l'âge de 12 ans et était confié par contrat à un maître maçon pendant sept ans. Après trois ans, il était soumis à une cérémonie d'initiation. Il apprenait certains signes pour se faire reconnaître comme apprenti maçon et il obtenait alors l'autorisation d'avoir sa propre *marque*, sorte de signature se présentant comme un petit symbole sculpté dans une pierre pour l'identifier comme son propre travail. Après avoir terminé ses sept années de service, il devenait un compagnon de la guilde et, au bout d'un certain temps, avec plus d'expérience, un maître maçon qui, à son tour, pouvait transmettre son métier à un jeune apprenti. (Pour plus de détails sur les apprentis, les compagnons et les maîtres maçons, voyez le chapitre 6, p. 117).

Le compagnonnage : premier syndicat et plus encore...

Contrairement aux idées reçues, la franc-maçonnerie et le compagnonnage sont deux sociétés distinctes qui n'entretiennent que peu de relation entre elles. Mais elles prennent toutes deux leurs racines dans les mêmes traditions de métiers du Moyen Âge. Ce qui explique pourquoi ces deux sociétés partagent souvent les mêmes symboles et que leurs pratiques sont très proches.

À la fin du Moyen Âge, les guildes de métiers sont devenues très puissantes et il est difficile d'y accéder car la voie héréditaire tend à remplacer la voie originellement prévue, à savoir : la reconnaissance de la valeur des gens du métier. En réponse à cet immobilisme, des ouvriers se rassemblent et fondent des confréries pour défendre leur métier mais aussi leur statut et leurs privilèges. Les premiers syndicats sont nés. Mais ici, pas de cotisations, de cartes de membre, ni de leader politique. Les corporations s'organisent par métiers, gèrent leurs propres « centres de formation », adoptent des cérémonies et des règles propres à leur métier. En particulier, le célèbre tour de France (rien à voir avec la course cycliste du même nom) obligeait le compagnon à parcourir la France pour apprendre les particularités régionales de son métier. Un réseau de lieux d'accueil était à sa disposition pour l'héberger et le secourir si besoin. Ce tour de France se faisait à pied et pouvait durer jusqu'à six ans !

Aujourd'hui, en France, il existe trois mouvements compagnonniques. Ce sont : l'Union compagnonnique des devoirs unis, l'Association ouvrière des compagnons du devoir et Les Compagnons du tour de France. Si les pratiques ont changé, le compagnonnage a su s'adapter à la vie moderne tout en respectant ses traditions. Il propose à des jeunes, hommes ou femmes, de trouver leur voie professionnelle dans la pratique d'un métier manuel. Le compagnonnage allie tradition et modernité : si le compagnon moderne effectue toujours son tour de France, il passe également des diplômes professionnels nationaux. (En annexe B, p. 340, vous trouverez des liens Internet à explorer pour mieux connaître le compagnonnage).

La Renaissance : moins d'églises mais plus de châteaux

Au XVIe siècle, l'Europe sort du Moyen Âge et vit un grand renouveau de la science, des arts et de l'éducation, en grande partie grâce à l'invention de l'imprimerie. Tout à coup, les gens peuvent échanger massivement des connaissances venant d'un peu partout. Pour ceux qui savent lire, bien sûr.

François Ier règne en France. Il est fasciné par l'Italie, par les lettres et les arts. Il fait venir de grands artistes italiens à la Cour, dont un certain Léonard de Vinci. L'art, jusque-là presque uniquement religieux, s'ouvre à des sujets profanes. On construit de moins en moins d'édifices religieux et les loges opératives commencent à fermer les unes après les autres.

Les choses commencent à changer de façon spectaculaire pour les maçons, la société changeant autour d'eux. Les gens du peuple sont plus éduqués et ce, partout en Europe. Les guildes maçonniques ont plus de mal à obtenir de gros contrats de construction. Il suffit que quelqu'un imprime des instructions sur la manière de construire une arche ou une voûte d'ogives, d'insérer une clé de voûte au milieu, et les guildes fermées et secrètes deviennent alors superflues. Le style gothique perd de sa popularité vers le début du XVIIe siècle. Les briques commencent à remplacer les pierres, deviennent le matériau de construction en vogue, laissant sur le carreau un grand nombre de tailleurs de pierre.

Mais plus encore, à l'aube de la Renaissance, l'Église catholique est sur le point de traverser une longue période de troubles. Confronté au besoin de réforme à l'intérieur et à des révoltes de fidèles à l'extérieur, le catholicisme perd son emprise, autrefois exclusive, sur les nations d'Europe. Un mouvement de protestation s'étend contre la dépendance à l'Église catholique romaine. Ce mouvement religieux et idéologique, porté par des hommes comme Luther ou Calvin, bouleverse l'Europe entière et la plonge dans des guerres de religion qui dureront longtemps.

Désordres dans la chrétienté

Les XVIe et XVIIe siècles sont marqués surtout par une série longue et sanglante de guerres religieuses affectant toute l'Europe. Après les révoltes religieuses de Martin Luther en Allemagne et du roi Henry VIII en Angleterre, les catholiques et les protestants s'affrontent, essayant de soumettre à leur foi le plus de territoires possibles.

Finalement, pendant tout le XVIIe siècle, même les protestants se mettent en guerre les uns contre les autres, avec l'apparition de sectes de plus en plus nombreuses –anglicans de la Haute église, protestants de la Basse église, presbytériens, calvinistes, luthériens – qui se détestent les unes les autres. Et juste au moment où le traité de Westphalie en 1648 semble conférer au monde un peu de tolérance religieuse, la guerre civile éclate en Angleterre. C'est une époque de crainte et d'incertitude. La plupart de ces guerres comportent un élément de fanatisme. Le perdant ne perd pas simplement sa vie de façon honorable dans une bataille, il est attaché à un poteau et brûlé vif.

En 1531, le roi anglais Henry VIII rompt avec le pape et crée l'Église d'Angleterre pour pouvoir divorcer et épouser sa maîtresse. Il fonde sa propre religion et brûle ou décapite tous ceux, y compris des prêtres et des évêques, qui s'opposent à ses desseins. Une façon efficace de parvenir à ses fins !

Après la mort d'Henry VIII, l'Angleterre connaît à nouveau le catholicisme avec la reine Mary, puis le protestantisme avec la reine Elisabeth I en 1558. Puis vient le coléreux puritain Oliver Cromwell, qui prend le pouvoir au cours de la guerre civile anglaise et installe un gouvernement puritain si strict qu'il interdit tout, jusqu'à la possibilité de danser à Noël, rendant ainsi la vie d'un Anglais moyen aussi amusante qu'une visite chez de dentiste !

Après Cromwell, vient la Restauration. L'Angleterre rétablit l'Église d'Angleterre, puis le catholicisme avec le roi suivant, James II d'Angleterre (qui était également roi d'Écosse sous le nom de James VI d'Écosse). Puis encore une fois, les protestants reviennent, chassant James II du trône en 1688 (James se réfugie en France et amène avec lui la maçonnerie spéculative naissante – mais nous y reviendrons plus loin).

Si j'insiste sur ces événements de l'histoire de l'Angleterre, c'est que cette époque de grand trouble de la pensée religieuse et d'événements sanglants et chaotiques a eu un profond effet sur les nouveaux hommes de science et de raison qui attendaient en coulisse de pouvoir vivre en paix les uns avec les autres.

Les maçons spéculatifs et le grand changement

La période consécutive à la guerre civile anglaise est désignée comme l'âge de raison. C'est à cette époque que la *méthode scientifique* est développée pour tester de nouvelles théories. Les dogmes religieux, la magie et la superstition sont mis de côté au profit d'hypothèses et d'expérimentations aboutissant à des conclusions pouvant être prouvées. La foi est toujours importante et les nouveaux savants sont des gens croyants, mais pour la première fois, on reconnaît que la Bible peut ne pas contenir toutes les réponses sur la vie, l'univers et toutes choses du monde.

Qui a laissé entrer tous ces « gentlemen » ?

À partir de 1640, les loges opératives anglaises ou écossaises commencent à admettre des membres qui ne sont pas des ouvriers tailleurs de pierres. Ces hommes sont appelés des maçons *acceptés* (*accepted* en anglais). En fait, il n'existe pas de traces écrites expliquant pourquoi les loges anglaises l'ont fait et on ne sait s'il s'agissait d'un profond engagement ou d'une simple mode.

Certains hommes de science les plus respectés de toute l'Angleterre s'étaient réunis pour former une société savante connue actuellement sous le nom de Royal Society. Les savants et les philosophes pouvaient s'y rencontrer et y discuter de leurs dernières théories. Cette institution avait le soutien du roi Charles II, qui se considérait lui-même un peu comme un savant. Ce qui rend la Royal Society intéressante pour les francs-maçons est le fait que Robert Moray, Elias Ashmole, le Dr Jean T. Desaguliers et Sir Christopher Wren, premiers membres de la Royal Society, étaient tous francs-maçons. La maçonnerie spéculative devint une sorte de laboratoire d'idées pour les nouvelles sciences et les nouvelles philosophies de la raison, dans le contexte de réunions moins formelles que les salles de conférences guindées. De plus, ces loges interdisaient toute discussion religieuse ou politique, ce qui offrait aux membres un climat propice au travail et aux échanges d'idées. Un léger vent de tolérance commençait à souffler sur l'Europe.

Que sont devenus les Templiers ?

Les Templiers étaient un ordre de moines guerriers fondé en 1118, après la première croisade. Son nom officiel était Les Pauvres Chevaliers du Christ et du Temple de Salomon et sa mission était de protéger et de secourir les pèlerins voyageant entre l'Europe et la Terre sainte. L'ordre était basé à Jérusalem et les Templiers résidaient auprès des ruines du Temple de Salomon. Ils développèrent rapidement la réputation d'être parmi les chevaliers les plus féroces de la chrétienté, restant liés par les règles monastiques de pauvreté, de chasteté et d'obéissance.

Dans un laps de temps étonnamment court, les Templiers virent leur puissance, leur prestige et leur richesse croître avec la création de l'un des premiers systèmes bancaires internationaux. Quand un chevalier partait pour les croisades, il déposait de l'or dans la *commanderie* la plus proche de son lieu de résidence. Il partait avec une lettre de crédit qui lui permettait de retirer de l'argent aux autres commanderies templières sur la route de Jérusalem. C'était la première fois que cet ingénieux système bancaire était utilisé à si grande échelle.

Les Templiers étaient également de grands constructeurs. Imaginez qu'à la fin du XIIe siècle un tiers des terres de la ville de Paris appartenait au Templiers. Ils entretenaient de nombreux chantiers et les maçons y étaient nombreux, exerçant librement leur métier sans être soumis aux charges du roi de la cité. Un État dans l'État en quelque sorte. De nombreuses traces des Templiers sont encore visibles, en particulier à Paris dans le quartier du Temple.

Mais les Templiers ont disparu aussi vite qu'ils avaient vu leur puissance s'accroître. En France, le roi Philippe IV, dit le Bel, avait contracté de lourds emprunts pour faire la guerre et se trouvait en manque d'argent. Il n'était pas apprécié par ses pairs dans le reste de l'Europe : il avait orchestré l'installation en 1305 à la tête de l'Église d'un homme qu'il avait choisi, Clément V. Philippe le Bel avait besoin d'argent, d'énormément d'argent, et au plus vite. Il alla donc voir les Templiers pour en obtenir, sachant que la commanderie parisienne en avait plus qu'il n'en fallait pour ses besoins immédiats. Il n'est pas surprenant que les Templiers n'aient pas été intéressés par les desseins du roi.

Philippe le Bel convainquit alors son nouveau pape d'excommunier tout l'ordre des Templiers et celui-ci décréta en effet que tout chevalier du Temple de France devait être arrêté le vendredi 13 octobre 1307. Les chevaliers furent jugés pour hérésie sur la base d'accusations variées plus ou moins inventées et beaucoup furent torturés et brûlés vifs. Les ordres du pape s'étendirent à toute la chrétienté et tout pays qui refusait d'arrêter un chevalier du Temple fut menacé d'excommunication. Jacques de Molay, dernier Grand Maître du Temple, fut brûlé le 18 mars 1314 à Paris, date qui marque la fin officielle des chevaliers du Temple.

Le roi d'Écosse Robert de Bruce ne fut pas impressionné par ce bruit de sabre ecclésiastique, lui-même et toute l'Écosse étant déjà excommuniés. Les Templiers menacés par l'édit du pape comprirent rapidement qu'ils pouvaient trouver refuge dans ce pays.

C'est ici que se croisent la légende des Templiers et celle des maçons. Certains auteurs affirment que les templiers cachés en Écosse furent en réalité les fondateurs de la franc-maçonnerie spéculative. Plusieurs coïncidences viennent renforcer cet avis. Les Templiers étaient poursuivis et devaient se cacher des catholiques, de sorte qu'ils auraient eu besoin d'établir des mots de passe secrets et autres modes de reconnaissance. Les Templiers se considéraient comme des catholiques dévots que l'Église avait à tort déclaré hérétiques, de sorte qu'ils s'interdisaient entre eux de parler de religion – il suffisait de dire qu'ils croyaient en Dieu.

Les Templiers portaient une « ceinture » de peau de mouton autour de la taille comme symbole de chasteté. Certains y ont vu l'origine des tabliers que portent les francs-maçons. Le fait que les Templiers étaient un ordre français expliquerait l'origine française de nombreux termes inhabituels associés à la franc-maçonnerie anglaise comme « geste de garde, » ou « tailleur ». Mais la plupart des historiens maçonniques rejettent cette filiation historique et préfèrent parler de filiation mythique qui a donné naissance à l'écossisme, comme nous le verrons au chapitre 9 (voir p. 177). Cependant le mystère des Templiers et de leur trésor fabuleux jamais retrouvé inspire encore de nombreux romans comme le célèbre *Da Vinci Code*.

Construire son temple intérieur

Vers la fin des années 1660, ces nouveaux maçons philosophes, savants et érudits virent dans la franc-maçonnerie une méthode originale qui, au travers du symbolisme de la construction, pouvait permettre aux hommes de se perfectionner et de construire leur vie de façon harmonieuse. Comme les tailleurs de pierre construisaient des cathédrales à la gloire de Dieu, les francs-maçons devaient construire en eux le Temple idéal de Salomon et le faire en harmonie avec eux-mêmes, le monde et ce qui les dépasse. L'analogie entre cathédrale et temple intérieur était née et la franc-maçonnerie devint réellement spéculative.

Le symbolisme de l'architecture leur importait pour une autre raison. L'architecte d'un projet de cathédrale médiévale possédait une connaissance spécialisée que peu d'autres partageaient : *scientia*. Un architecte devait avoir des connaissances en mathématiques, en géométrie, en physique, en art et même en littérature. Il devait bien communiquer, parce qu'il transmettait ses plans verbalement à ses ouvriers qui ne savaient pas lire. Il devait aussi bien connaître la Bible, parce qu'une grande partie de la décoration sculptée dans la pierre et représentée sur les vitraux des cathédrales racontait des histoires bibliques sans utiliser de mots.

Les architectes et les constructeurs de cathédrales du Moyen Âge étaient donc des hommes très cultivés. Et quand un groupe d'intellectuels scientifiques décida de transformer les guildes de la franc-maçonnerie en quelque chose de plus moderne et de plus symbolique, ils furent plutôt flattés et se dirent que, finalement, ils étaient plutôt en bonne compagnie.

Le XVIIIe siècle : construire les hommes

Le grand incendie de Londres avait détruit la plus grande partie de la ville en 1666 et il fallut des décennies pour la reconstruire. Le franc-maçon Christopher Wren avait conçu un nombre étonnant de nouveaux bâtiments et il y avait partout des projets de construction.

L'un des plus importants fut la reconstruction de la cathédrale Saint-Paul. Elle fut commencée en 1673 et il fallut quarante ans pour la mener à bien. Des maçons opératifs vinrent de toute l'Angleterre pour travailler sur le projet et beaucoup rejoignirent la loge de Saint-Paul. En 1710, la grande cathédrale fut terminée et de nombreuses loges perdirent leurs membres qui retournaient dans leurs villes d'origine. En 1715, il n'y avait plus que quatre loges dans la cité de Londres.

Londres s'est développé à un rythme incroyable après le grand incendie, jusqu'à devenir la plus grande ville d'Europe. Les gens étaient devenus plus mobiles, ils abandonnaient la campagne pour chercher fortune dans la grande ville, trouver un travail plus rémunérateur que celui de traire les vaches. Il en résulta l'apparition d'une classe moyenne qui n'avait jamais existé auparavant en Grande-Bretagne. Avant le XVIIIe siècle, les structures sociales étaient très rigides dans toute l'Europe et il n'était guère pensable qu'un paysan puisse devenir un noble. Désormais, un paysan pouvait travailler avec l'espoir d'améliorer son existence et les lignes de séparation commencèrent à devenir moins nettes.

Les brasseries et les cafés étaient des lieux de rencontre privilégiés et les clubs devinrent extrêmement populaires. Quelques-uns se formèrent pour accueillir des membres ayant un intérêt commun pour la politique, la littérature, les discussions, la gastronomie ou qui désiraient simplement boire ensemble.

La première Grande Loge

C'ÉTAIT HIER...

Vers cette époque, les loges maçonniques anglaises ne se réunissaient pas dans des lieux dédiés mais dans les cafés et les brasseries. Leurs noms dérivaient de ceux de ces lieux de rencontre. En février 1717, les loges dites The Rummer and Grapes (Le Gobelet et les Raisins), The Crown (La Couronne), The Apple Tree (Le Pommier) et The Goose and Gridiron (L'Oie et le Grill) se réunirent à la taverne The Apple Tree dans le quartier de Covent Garden pour discuter du futur de la franc-maçonnerie anglaise. Trois de ces loges se composaient surtout de maçons opératifs avec quelques membres gentlemen « acceptés », mais la loge The Rummer and Grapes était presque entièrement composée de gentlemen, comptant aussi quelques nobles.

La franc-maçonnerie spéculative était victime de son succès et les maçons anglais craignaient de voir ses principes initiaux dénaturés par des apports extérieurs incontrôlables. Il fallut donc établir des règles. Ils voulaient bien se réunir chaque année en un large groupe pour un banquet de célébration et que la franc-maçonnerie trouve de nouveaux membres, mais ce qu'ils ne voulaient pas, c'est que la franc-maçonnerie devienne un club de plus où manger, boire et faire la fête, comme c'était le cas de nombreux autres qui florissaient un peu partout dans Londres. Et surtout, ils voulaient s'assurer que la tolérance religieuse qui avait cours à cette époque puisse perdurer. À cette fin, ils décidèrent de former une organisation appelée *Grande Loge*.

Les loges se réunirent de nouveau le 24 juin 1717, le jour de la Saint-Jean-Baptiste à la brasserie The Goose and Gridiron, à l'ombre de la cathédrale Saint-Paul. Elles élurent Anthony Sayer, un membre gentleman de la Crown Lodge, comme le premier Grand Maître de la Grande Loge d'Angleterre. La franc-maçonnerie venait de changer pour toujours. Il n'y aurait plus jamais dès lors de maçon opératif élu comme Grand Maître.

Ce qui était révolutionnaire, c'était que la Grande Loge revendiquait le droit d'imposer une charte à toute nouvelle loge de maçons en Angleterre. Les loges d'origine furent numérotées de 1 à 4 et les nouvelles loges seraient numérotées séquentiellement au fur et à mesure qu'elles s'enregistreraient auprès de la Grande Loge d'Angleterre.

Bien sûr, les loges de maçons en dehors de Londres accueillirent cette nouvelle avec surprise. Les loges écossaises et irlandaises réagirent avec la plus grande indifférence à cette prise de pouvoir. Jusqu'ici, tout ce qu'il fallait pour créer une nouvelle loge, c'était que dix maçons se mettent d'accord pour le faire, pourvu qu'ils adhèrent aux *Anciennes Charges*, les règles anciennes fixées par des ouvrages tels que le Manuscrit Regius. Cette nouvelle Grande Loge avait pris une mesure très audacieuse en s'attribuant des pouvoirs aussi considérables. Comme on pouvait s'y attendre, son geste souleva quelques protestations. Ces protestations sont encore d'actualité : l'initiative louable de la Grande Loge de Londres est à l'origine de l'épineuse question de la régularité qui, aujourd'hui encore, interdit la franc-maçonnerie anglo-saxonne aux femmes. Mais nous y reviendrons au chapitre 5 (voir p. 110).

La deuxième chose que fit la nouvelle Grande Loge fut de rechercher d'autres membres parmi la noblesse, imaginant qu'elle-même en tirerait un plus grand prestige. Le duc de Montagu devint le quatrième Grand Maître en 1721. Finalement, ce fut même un membre de la famille royale, en l'occurrence le duc de Cumberland, frère du roi Georges III, qui devint Grand Maître en 1782.

La façon la plus sûre d'établir les loges comme plus respectables et plus nobles que les clubs ordinaires était de prouver leur ancienneté. La franc-maçonnerie n'était plus faite pour les simples maçons, mais elle était toujours reliée par une filiation légendaire aux premières loges opératives organisées à York par le roi Athelstan au xe siècle. Plus loin encore, ses origines mythiques remontaient au roi Salomon lui-même, voire avant lui.

Le révérend James Anderson et son Livre des Constitutions

Un prêtre presbytérien appelé James Anderson reçut de la Grande Loge la mission d'écrire une histoire de la franc-maçonnerie et d'en définir les règles. Publié pour la première fois en 1723, l'ensemble de l'ouvrage, connu sous le titre *Livre des Constitutions*, contenait une version nouvelle et amélioré des Anciennes Charges (voir chapitre 19, p. 310). Depuis cette époque, la plupart des obédiences modernes sont guidées par les principes directeurs des Constitutions d'Anderson.

L'une des règles les plus importantes et les plus révolutionnaires est la toute première. En voici un extrait :

> « Autrefois les maçons étaient obligés dans chaque pays d'être de la religion de ce pays ou cette nation quelle que soit cette religion, mais il est considéré maintenant comme plus approprié de ne les obliger qu'à la religion sur laquelle tous les hommes sont d'accord, et de leur laisser à eux-mêmes leurs propres opinions ; c'est-à-dire à être des hommes bons et véridiques, ou des hommes d'honneur et d'honnêteté, quelles que soient les dénominations ou les croyances qui puissent les distinguer. »

Et Anderson, malin, se garda bien de préciser ce qu'il entendait par « religion sur laquelle tous les hommes sont d'accord » !

Le gentleman

L'une des idées de base de la franc-maçonnerie est que tous les hommes, quelle que soit leur appartenance sociale, se rencontrent au même niveau dans la loge. Étant donné les distinctions de classe très rigides de la société anglaise du XVIIIe siècle, ce concept était alors véritablement innovant et découlait de l'histoire même de la franc-maçonnerie. C'étaient les nobles qui avaient demandé à rejoindre les loges d'ouvriers habiles travaillant avec leurs mains pour vivre de leur travail, et non le contraire. Cette démarche était à l'opposé du fonctionnement habituel de l'élitisme.

Les classes supérieures et inférieures, ainsi que des gens des villes et de la campagne se retrouvaient désormais et s'asseyaient côte à côte. Les concepts de politesse, de bonnes manières, l'aisance sociale, le langage raffiné et la valeur de l'esprit commencèrent à imprégner ces hommes qui n'y avaient guère fait attention auparavant. Ce fut l'origine de cette idée chère aux francs-maçons : les hommes sont perfectibles !

Le concept de sociabilité commença à se renforcer et à se répandre. C'était une chose que d'être tolérant des vues et des comportements d'un homme que vous connaissiez bien, mais étendre cette tolérance à des hommes que vous n'aviez jamais rencontrés auparavant représentait un énorme changement. Comme l'exprime James Anderson dans le *Livre des Constitutions :* « La maçonnerie devient le centre de l'union et le moyen de susciter une véritable fraternité entre des personnes qui auraient été obligées de rester à une perpétuelle distance. »

Il s'agissait là d'une doctrine d'avant-garde. Bien sûr, en ce siècle très religieux, les francs-maçons exigeaient la croyance en Dieu pour devenir membre, mais en revanche aucune question n'était posée sur la religion personnelle du membre. Pour cimenter cette exigence, les maçons se référaient à Dieu dans leurs rituels comme le *Grand Architecte de l'Univers*. Ainsi, les croyants catholiques, anglicans, presbytériens, calvinistes ou puritains étaient tous accueillis comme membres, à condition de garder pour eux leurs arguments et leurs préjugés religieux. Même les non-chrétiens n'étaient pas empêchés de devenir maçons et les juifs commencèrent à s'intéresser à la franc-maçonnerie.

Il fut aussi interdit aux francs-maçons de discuter de politique dans la loge. Les règles leur enjoignaient d'être de bons citoyens et d'obéir au gouvernement de leur pays, ainsi personne ne pourrait les accuser d'être des traîtres ou des révolutionnaires. Tout au moins pensaient-ils qu'il en serait ainsi…

Des histoires de famille : Londres contre le reste de l'Angleterre

Il ne fallut pas longtemps pour que les francs-maçons de Grande-Bretagne mettent en cause l'autorité de la nouvelle Grande Loge de Londres. Beaucoup de leurs objections concernaient la question de l'ancienneté. Des loges dans les campagnes anglaises, écossaises et irlandaises étaient plus anciennes que celles qui revendiquaient l'autorité à Londres. Par ailleurs, les loges plus anciennes avaient leur propre manière de faire et n'appréciaient pas le désir de Londres de standardiser les cérémonies et les pratiques.

Elles n'appréciaient pas non plus la manière dont la nouvelle Grande Loge courtisait les nobles et des représentants de la famille royale pour qu'ils deviennent membres. Cette discussion opposait les mœurs de la ville à celles de la campagne. Les loges londoniennes avaient commencé à insister dans leurs cérémonies rituelles sur les aspects plus savants de l'architecture médiévale, tandis que les loges campagnardes préféraient mettre l'accent sur les efforts honnêtes des hommes qui travaillaient avec leurs mains.

En 1725, des loges de York, au nord de l'Angleterre, décidèrent qu'elles en avaient assez et formèrent la Grande Loge de Toute l'Angleterre à York (ou *Totius Angliae* en latin), qui disparut en 1790. Pour ne pas se faire contourner, la Grande Loge basée à Londres accorda une autorisation aux loges irlandaises de former la Grande Loge d'Irlande. Mais l'Écosse n'était pas d'humeur à se laisser dire par quiconque ce qu'elle devait faire et elle forma la Grande Loge d'Écosse en 1736. D'autres disputes territoriales éclatèrent au fil du temps.

En franc-maçonnerie, « écossais » ne désigne pas toujours ce qui vient d'Écosse. Ce terme et ses dérivés (écossisme par exemple) servent à désigner la maçonnerie des hauts grades, c'est-à-dire des grades qui suivent le degré de maître. Ces degrés ne sont pas nés en Écosse, mais le terme est utilisé pour rendre hommage à ce pays et à son rôle essentiel dans l'histoire de la franc-maçonnerie moderne.

En 1751, un groupe de maçons de Londres, en grande partie venus d'Irlande, forment l'*Antient Grand Lodge*, dirigée par Laurence Dermott, en opposition avec la Grande Loge de Londres. Dermott affirme alors que la Grande Loge d'Angleterre s'est écartée des plus anciennes coutumes de la franc-maçonnerie, et que son propre groupe, lui, les préservait. Ce nouveau groupe commence alors paradoxalement à se référer à lui-même comme plus ancien (en utilisant l'orthographe *antient* du vieil anglais) que la Grande Loge d'Angleterre, qu'elle qualifia de *modern*.

Bientôt la querelle entre l'Antient Grand Lodge et la Grande Loge d'Angleterre londonienne fut appelée querelle des Anciens et des Modernes. D'une manière générale, les Anciens voulaient célébrer des cérémonies plus proches de celles des anciennes loges opératives, tandis que les Modernes tendaient à faire de la franc-maçonnerie une organisation plus philosophique. Le schisme fut finalement surmonté en 1813 par une fusion des Anciens et des Modernes qui donna naissance à la Grande Loge Unie d'Angleterre.

En franc-maçonnerie, les mots ont un sens particulier. Ainsi le terme *ancien* ne désigne pas forcément une antériorité historique. Il qualifie souvent ce qui s'est construit en opposition à une autre pratique jugée déviante ou trop moderne par rapport à une origine jugée plus noble. Ainsi, le rite écossais ancien et accepté est dit ancien parce qu'il a été créé à partir du rite écossais philosophique jugé trop moderne (voir chapitre 9). Le mot *ancien* pourrait être remplacé par le mot *traditionnel*.

Pendant ce temps en France…

Aux XVIIe et XVIIIe siècles, la France accueillait de nombreux Anglais et Écossais. Durant cette période, la France avait été l'endroit où les Anglais se réfugiaient quand ils se trouvaient du mauvais côté d'une guerre politique ou religieuse. C'était un pays principalement catholique et donc un refuge pour les catholiques anglais, à chaque montée des sentiments anticatholiques. L'histoire de la franc-maçonnerie française est intimement liée à l'histoire de France et donc avec l'histoire de l'Angleterre. Revenons un peu en arrière.

En 1658, le roi d'Angleterre Charles II meurt sans héritier légitime. C'est donc son frère James Stuart qui devient simultanément le roi James II d'Angleterre et James VII d'Écosse (Charles et James étant l'un et l'autre arrière-petits-fils de Marie, reine des Écossais, et donc héritiers légitimes des trônes des deux pays). Le problème est que James est catholique et veut imposer sa religion, alors que l'Angleterre s'est finalement ralliée de façon prédominante au protestantisme. Presque aussitôt après être devenu roi, il prend le sentier de la guerre religieuse, persécutant les protestants, essayant de garnir le Parlement de ses supporters et s'engageant dans des « intrigues » avec le roi de France.

Il est éjecté du trône au cours d'une brève révolte et s'enfuit en France où il est accueilli à bras ouvert par son cousin germain, le roi Louis XIV. Tous ses partisans qui souhaitent le réinstaller sur le trône le suivent en France. Ces *jacobites* (appelés comme cela d'après la forme latine de James – à ne pas confondre avec les jacobins) amènent avec eux la maçonnerie anglaise naissante et contribuent alors à la diffuser en France.

La première loge française est l'Amitié et Fraternité, fondée en 1721 à Dunkerque par le duc de Montagu, Grand Maître de la Loge de Londres. La première loge parisienne est créée en 1736 et porte le nom de Saint-Thomas au Louis d'Argent, du nom de son lieu de réunion, le restaurant parisien Au Louis d'Argent. En 1753, la France compte 200 loges dont 22 à Paris.

La maçonnerie connut un succès prodigieux en France. Le terrain était favorable : besoin de réaction contre le despotisme royal, aspiration à la liberté, goût pour les sciences et la philosophie, curiosité pour l'Angleterre. Un homme incarne à lui tout seul ce courant de pensée, il s'agit de Montesquieu, écrivain philosophe, auteur des *Lettres Persanes* et de *L'Esprit des lois*. Il a été initié en 1730, à l'âge de 41 ans, dans la loge anglaise Horn Tavern. Bien que son œuvre ne comporte aucune allusion directe à la franc-maçonnerie, il fut un grand diffuseur de la pensée maçonnique.

Arrivés dans les circonstances les plus diverses, d'innombrables francs-maçons anglais et écossais se trouvaient un peu partout en France. En 1728, les francs-maçons formèrent une Grande Loge qui ne s'appellera Grande Loge de France qu'en 1756. Le duc d'Antin devint premier Grand Maître français et premier Grand Maître à vie des Loges de France en 1739.

Immanquablement, la querelle maçonnique anglaise des Anciens et des Modernes s'étendit à la France. Les équivalents des Anciens en France étaient plutôt sur le modèle écossais. Ils voulaient conserver les anciennes pratiques et les anciennes cérémonies, mais ils se mirent aussi à créer des degrés maçonniques nouveaux et plus nombreux, basés sur d'anciennes légendes bibliques ou relatives aux Templiers. Pour simplifier, nous dirons que ce courant a donné naissance au Suprême Conseil de France (voir chapitre 9, p. 177). Les équivalents français des Modernes, en revanche, devinrent réticents à l'égard des liens religieux de la maçonnerie ou des degrés supplémentaires et, en 1773, ils formèrent le Grand Orient de France (voir chapitre 10, p. 197).

Le siècle des Lumières illumine la franc-maçonnerie

Les Lumières furent un mouvement intellectuel, philosophique et politique qui s'étendit à toute l'Europe et couvrit tout le XVIIIe siècle. Il s'est caractérisé par la croyance dans la science et la raison plutôt que dans la foi et la superstition. La franc-maçonnerie a attiré à elle de nombreux philosophes et hommes de sciences comme Diderot, Voltaire, Newton, Rousseau, Locke, Kant, Goethe, Benjamin Franklin et les compositeurs autrichiens Haydn et Mozart. Même des membres de familles royales qui se considéraient comme des philosophes et des savants furent attirés par la franc-maçonnerie, comme de nombreux membres de la famille royale anglaise et Frédéric le Grand de Prusse, qui la rejoignit en 1738.

La question de savoir si ces hommes – philosophes, artistes, souverains – ont influencé les orientations prises par la franc-maçonnerie ou si c'est la maçonnerie qui les a influencés est difficile à trancher. Quoi qu'il en soit, c'est à partir de cette période que la popularité de la franc-maçonnerie a tout d'abord explosé puis s'est étendue au monde entier.

L'initiation de Voltaire : dernier hommage ou coup de pub ?

Au début de l'année 1778, Voltaire est au sommet de sa gloire. La loge du Grand Orient de France, Les Neuf Sœurs, ayant appris, à sa plus grande surprise, que Voltaire n'était pas franc-maçon, profite de sa présence pour frapper un grand coup en faveur de son propre prestige. La loge propose donc à Voltaire de l'initier. Le grand homme accepte et rendez-vous est pris pour le 7 avril au siège de la loge, rue du Pot-de-Fer, près de Saint-Sulpice, dans l'ancien noviciat des jésuites. En raison de sa qualité et de son grand âge, la cérémonie est écourtée et les épreuves adaptées.

L'initiation de Voltaire eut un grand retentissement pour la loge, dont les effectifs passèrent de 60 membres en 1777 à 144 en 1779, et pour la franc-maçonnerie en général. Pour beaucoup, cet événement fut perçu comme le symbole de l'union des Lumières et de la franc-maçonnerie. Pour Voltaire, l'engagement maçonnique fut de courte durée, car il mourut le 30 mai 1778 à l'âge de 84 ans. Le tablier qu'il porta pour son initiation surprend : il ne s'agit pas d'un tablier d'apprenti mais d'un tablier de maître, celui du philosophe Helvétius, l'un des créateurs de la loge des Neuf Sœurs.

La franc-maçonnerie et la Révolution américaine

La franc-maçonnerie est apparue dans les colonies américaines peu de temps après l'organisation de la Grande Loge d'Angleterre. Les tout premiers maçons américains avaient été des membres de loges anglaises ou des colons qui avaient rejoint une loge alors qu'ils étaient en visite en Angleterre.

Les officiers et les soldats de l'armée britannique se tournèrent aussi vers la franc-maçonnerie et les loges militaires devinrent tout à fait courantes. La différence était qu'une telle loge voyageait avec un régiment au lieu d'être ancrée dans un lieu spécifique. Les régiments irlandais et écossais étaient très attachés à leurs loges, qui opéraient sous l'autorité des Grandes Loges d'Irlande et d'Écosse. La conséquence fut la propagation de la franc-maçonnerie dans les colonies, avec toute une variété de cérémonies, de coutumes et de traditions conformes à celles des Grandes Loges d'origine.

Le lien entre la franc-maçonnerie et la Révolution américaine a été exagéré, mais il est vrai que les francs-maçons étaient présents à chacun des tournants qui conduisirent à la guerre avec l'Angleterre et à la formation d'un gouvernement républicain. Il est aussi indéniable que de nombreux points philosophiques inscrits dans la Déclaration d'indépendance et dans la Constitution du pays ont été discutés et pratiqués longtemps avant, dans les loges maçonniques.

Les idées et la planification révolutionnaires se répandaient partout, conduisant à la guerre, et il était naturel que de nombreux francs-maçons désirent l'indépendance à l'égard de la Grande-Bretagne. Quand la guerre fut terminée, 39 hommes signèrent la Constitution américaine et un tiers d'entre eux étaient des maçons.

La franc-maçonnerie devint immensément populaire parmi les officiers et soldats américains. Plus de 40 % des généraux nommés par le Congrès continental étaient francs-maçons ou allaient le devenir avant la fin de la guerre. En règle générale, les plus riches colons d'Amérique ne rejoignirent pas l'armée, ils restèrent fidèles à l'Angleterre (après tout, ils étaient citoyens britanniques). Ainsi, contrairement à ce qui se passait dans l'armée britannique, où le rang était souvent basé sur le statut social, la fortune et la noblesse, l'armée continentale devint rapidement aussi démocratique qu'allait le devenir l'Amérique elle-même. La franc-maçonnerie enseignait en outre de nouvelles mœurs sociales à des hommes frustes passés du jour au lendemain du statut de fermier à celui d'officier.

CHEZ NOS VOISINS

Prince Hall et la maçonnerie noire

Conformément à la tradition remontant aux Anciennes Charges, la maçonnerie américaine n'admet pas les hommes de couleur. Ceux-ci ont donc formé une obédience spéciale appelée Prince Hall du nom de son fondateur.

On sait peu de choses sur le début de la vie de Prince Hall, mais divers faits suggèrent qu'il était né en Afrique et avait été amené en Amérique comme esclave au début de l'adolescence. Son maître, William Hall de Boston, le libéra après vingt et une années. Il prit probablement son nom de la famille de son maître.

Prince Hall et plusieurs autres Bostoniens noirs étaient intéressés par le fait de devenir maçons et de former une loge pour d'autres Noirs libres. Le 6 mars 1775, Prince Hall et quatorze autres hommes noirs furent initiés à la loge n° 441, une loge militaire irlandaise de Boston. La loge conféra à ces hommes les degrés d'apprenti, de compagnon et de maître maçon en un seul jour. Mais la loge africaine n'était pas une loge à part entière puisqu'il ne lui était pas possible d'initier. Les hommes noirs devaient recevoir leurs degrés dans d'autres loges (blanches) mais pouvaient ensuite rejoindre la Loge africaine.

En dépit des objectifs grandioses d'égalité de la franc-maçonnerie, les Américains maçons et blancs de l'époque ne parvenaient pas à s'élever au-dessus des préjugés du lieu et du moment. Frustrée, en 1784, la Loge africaine sollicita une nouvelle charte de la Grande Loge d'Angleterre. Elle leur fut accordée en septembre, mais il fallut trois ans pour que cette autorisation parvienne à Boston. Le 6 mai 1787, la loge devint officiellement la loge n° 459 de la Grande Loge d'Angleterre.

En 1827, la Loge africaine déclara être sa propre Grande Loge, qui devint Prince Hall Grand Lodge en l'honneur de son fondateur. Il y a aujourd'hui plus de 4 000 loges affiliées Prince Hall dans le monde entier, qui comptent environ 250 000 membres.

Dans les années 1990, les principales Grandes Loges fréquentées surtout par des Blancs et les Grandes Loges Prince Hall essentiellement fréquentées par des Noirs se mirent à se reconnaître, après deux cents ans de silence réciproque.

En Europe, la maçonnerie est la même pour tous, quelle que soit la couleur de peau.

Le concept de démocratie représentative était une invention des Lumières. Même le parlement d'Angleterre n'était pas aussi socialement égal, dans sa représentation de toute la population, que la forme de gouvernement créée en France et exportée dans les nouveaux États-Unis. Les francs-maçons avaient déjà pratiqué une véritable démocratie à l'intérieur de leurs loges, en élisant les nouveaux membres et les responsables, et leurs rituels insistaient sur l'égalité, l'amour, la solidarité entre les hommes. Les notions familières qui allaient devenir un fondement essentiel du gouvernement américain avaient été enseignées dans les loges maçonniques longtemps avant la révolution. Dans la loge, tous les hommes avaient été créés égaux. Les libertés de religion, d'assemblée et de parole étaient toutes pratiquées dans la loge, même dans des pays qui les avaient supprimées.

La Révolution française et au-delà

Jusqu'à la Révolution, franc-maçonnerie et catholicisme faisait bon ménage. Les manifestations maçonniques étaient souvent mêlées aux fêtes religieuses et la condamnation du pape de 1738 n'eut que peu d'effet en France. Juste avant la Révolution, le nombre de loges françaises avoisine le millier. Le succès est réel à Paris comme en province. Toutes les classes sociales sont représentées : noblesse, armée, clergé, hommes de lettres et bourgeoisie.

Certains furent aux côtés des révolutionnaires, d'autres au contraire durent s'exiler hors de France. La franc-maçonnerie ne joua certainement pas le rôle qu'on lui attribua sur le moment mais la rumeur, construite par le clergé, que la Révolution française était fille de la franc-maçonnerie est restée profondément ancrée dans les mémoires.

La Révolution française balaie les loges et les maçons. En 1796, il n'y a plus que dix-huit loges qui se réunissent à peu près régulièrement. C'est seulement vers la fin du siècle, quand la Terreur est passée, que la franc-maçonnerie française se réorganise.

La Révolution française, fille de la franc-maçonnerie ?

C'est une thèse complètement fausse mais qui demeure souvent dans les esprits… Pour rendre hommage à la franc-maçonnerie pour ses défenseurs ou pour l'accuser de tous les maux pour ses détracteurs. Cette thèse a été défendue notamment par l'abbé Augustin Barruel (voir chapitre 18, p. 296).

Ce qui est vrai par contre, c'est qu'au début du XVIIIe siècle, les hommes trouvent dans les loges maçonniques des lieux privilégiés d'échanges et de réflexion, de véritables laboratoires où il est possible d'expérimenter des idées nouvelles, hors des dogmes religieux et des querelles politiques. L'habitude du débat d'idées, du doute et de la démocratie ne pouvait que susciter l'envie que ces pratiques deviennent une règle universelle. L'élection du Vénérable est un exemple de ce type d'idée nouvelle. Avant 1745, le Vénérable de la loge est nommé à vie. Mais le principe de l'élection démocratique s'impose progressivement après une guerre entre les partisans du vénéralat *ad vitam* et les partisans de l'élection, qui finissent par gagner. Le Vénérable de la loge est donc élu à chaque Saint-Jean d'été pour une période de un an. De là à dire que le suffrage universel est né dans les loges du XVIIIe siècle…

La popularité de la franc-maçonnerie en France ne fut dépassée que par sa diversité. Avant comme après le chaos de la Révolution française de 1789, les Grandes Loges de France étaient en désaccord sur leur philosophie, leurs positions politiques et leurs rites. Une variété ahurissante d'organisations se développait dans le pays : on dénombrait 36 groupes maçonniques, 26 ordres maçonniques admettant les femmes et près de 1 400 rites différents !

Le XIXe siècle : croissance, changement et extension

La franc-maçonnerie a littéralement fait le tour du monde au cours du XVIIIe siècle. Les Grandes Loges européennes formèrent des Grandes Loges en Afrique, en Asie et en Amérique du Sud – partout où allaient les bateaux de leurs pays. Des soldats anglais, écossais et irlandais emmenèrent la franc-maçonnerie en Afrique, en Asie, en Inde et au Moyen-Orient. Les colons européens formèrent souvent des loges locales et dans de nombreux pays, il était courant que des commerçants, des membres de l'armée et des fonctionnaires les rejoignent.

On a prétendu pendant de nombreuses années que Napoléon Bonaparte était franc-maçon, mais il n'en existe aucune preuve. Cependant, un grand nombre de ses officiers, membres de son Grand Conseil impérial, ainsi que 22 des 30 maréchaux de France étaient francs-maçons. La femme de l'Empereur, l'impératrice Joséphine, fut même admise dans une loge féminine en 1804. Ce qui est vrai, c'est que Napoléon adopta le titre de Protecteur de la franc-maçonnerie quand il devint empereur en 1804. Mais c'était plus pour pouvoir la contrôler, car jamais avant le règne de Napoléon la franc-maçonnerie et le pouvoir politique n'avaient été aussi proches.

La Belgique devint une nation indépendante en 1830 et le roi Léopold I était franc-maçon. La royauté appartenait aussi fréquemment à la franc-maçonnerie dans les pays scandinaves. Cependant, certains gouvernements ne croyaient pas que la franc-maçonnerie soit exempte de subversion politique ou religieuse et, dans certains pays, elle ne l'était pas. La Russie déclara la franc-maçonnerie hors la loi en 1822 et cette prohibition se prolongea d'ailleurs pendant toute la durée du régime soviétique au XXe siècle.

La désapprobation de la franc-maçonnerie par le Vatican ne cessa pas à partir du XVIIIe siècle, mais la franc-maçonnerie était devenue si populaire que de nombreux catholiques ignorèrent les successives prises de position négatives des papes. La plupart considéraient les règles antimaçonniques de l'Église comme ayant un caractère politique et non de nature profondément spirituelle (voir au chapitre 19, p. 325, le texte de la condamnation papale).

La maçonnerie s'étendit aux pays principalement catholiques d'Amérique centrale et d'Amérique du Sud et devint très populaire quand on découvrit que Simon Bolivar, le célèbre libérateur du continent, était un maçon. Benito Juarez, le père de l'indépendance mexicaine, qui libéra son pays de l'occupation française en 1866, était lui aussi franc-maçon. Ici encore, à tort ou à raison, la révolution était vue dans certains pays comme un sous-produit de l'infiltration maçonnique (voir chapitre 4, p. 65).

Réunion des Anciens et des Modernes

En Angleterre, les Anciens et les Modernes mirent fin à leur bataille et signèrent un accord d'union en 1813, pour former la Grande Loge Unie d'Angleterre. L'un des points délicats était que les Modernes pensaient que la franc-maçonnerie devait se limiter aux seuls trois premiers degrés d'apprenti, de compagnon et de maître maçon. Les Anciens pensaient que les Modernes avaient laissé de côté une partie importante du degré de maître maçon et ils insistèrent pour obtenir l'inclusion d'une cérémonie supplémentaire appelée la *Sainte Arche royale*, complétant celle que comportait le troisième degré. Ce fut la création du rite d'York dont je reparlerai en détail au chapitre 11 (voir p. 210).

La franc-maçonnerie française au XIXe siècle

Les degrés « supérieurs »

L'une des raisons de la popularité croissante de la franc-maçonnerie était les nouveaux degrés supplémentaires offerts par deux groupes indépendants. Un système de degrés était proposé par les branches de la maçonnerie connues sous les noms de rite d'York. L'autre système de hauts grades venait de France, connu sous le nom de rite écossais ancien et accepté (voir chapitre 9, p. 117). Dans le même temps, en France, se développèrent également d'autres rites dont le rite français que je détaille au chapitre 10 (voir p. 197).

CHEZ NOS VOISINS

Au États-Unis, le rite d'York dominait dans les États du Nord, tandis que le rite écossais ancien et accepté rencontrait plus de succès dans les États du Sud.

Passage des tavernes aux « temples »

Les maçons avaient besoin de bâtiments nouveaux et plus grands pour accueillir un nombre croissant de membres. Il leur fallait aussi des salles plus spacieuses et privées où exécuter les cérémonies des nouveaux degrés. Il n'était pas commode d'organiser dans une salle de taverne une cérémonie spectaculaire comportant des aspects secrets, avec des costumes et des aides visuelles. Au XIXe siècle, des bâtiments maçonniques achetés ou construits sur mesure commencèrent à apparaître. Ainsi Murat, Grand Maître du Grand Orient de France, achète en 1854 un bâtiment rue Cadet à Paris pour le transformer en siège du Grand Orient de France. Un peu plus tard, la Grande Loge de France rachète un ancien couvent franciscain rue Puteaux dans le 17e arrondissement de Paris et le transforme en temple maçonnique.

Hors des tavernes, les réunions maçonniques deviennent plus sérieuses et plus respectables. Les maçons commencèrent à appeler leurs maisons maçonniques des *temples*, les considérant comme des lieux sacrés où étaient enseignés la vérité et le savoir, en rapport avec la légende maçonnique du roi Salomon. Les agapes compensaient bien entendu le côté sérieux des rencontres maçonniques. Les hommes rejoignaient en masse la franc-maçonnerie et les figures politiques notables étaient souvent des francs-maçons.

Cette popularité entraînait une certaine méfiance des leaders sociaux et religieux. Ces derniers craignaient notamment que la franc-maçonnerie ne se substitue à la religion établie et que francs-maçons enseignent le déisme à leurs membres.

N'OUBLIEZ PAS !

Le déisme : la religion naturelle

Si la méthode scientifique d'investigation fonctionnait pour les sujets d'ordre naturel ou la technologie, alors les théories scientifiques devaient pouvoir aussi être appliquées à la société, au gouvernement et même à la religion. C'est de ce raisonnement qu'est issu le concept religieux du déisme.

Non seulement le catholicisme et le protestantisme mais aussi toutes les religions organisées commencèrent à être soupçonnées de n'être qu'une corruption d'une religion *naturelle*. Appelée *déisme*, cette philosophie enseignait que, bien que Dieu existe et ait créé le monde, Il ne s'était jamais révélé à l'homme. Selon le déisme, la Bible contenait des vérités et des enseignements importants, mais Dieu ne les avait pas écrits. Et le Christ n'était pas non plus le fils de Dieu. La foi ne suffisait pas et les déistes pensaient que la croyance en Dieu devait venir de l'expérience. Ce n'était pas l'*athéisme* (la croyance que Dieu n'existe pas), mais cette attitude était tout aussi hérétique pour tous les dirigeants de chaque Église chrétienne.

Pour les déistes, Dieu avait créé le monde et Il l'avait créé comme une machine parfaite, mais complexe. La comparaison favorite était que Dieu était comme un horloger divin et qu'après que la terre a été créée, il n'a plus eu besoin de s'en occuper. Les déistes ne croyaient pas aux miracles, aux prophètes, aux révélations, ni aux sauveurs. Dieu était impersonnel. Mais cela ne voulait pas dire que les déistes se sentaient séparés ou ignorés de Lui. Ils éprouvaient une grande admiration et une grande révérence à son égard, car la découverte de son plan divin demandait une amélioration de soi et une constante quête de connaissances.

L'une des premières critiques des chrétiens fondamentalistes à l'égard de la franc-maçonnerie fut qu'elle ressemblait à s'y méprendre au déisme. Ils pensaient que la tolérance religieuse adoptée par les maçons n'était rien d'autre qu'un rideau cachant une mise en cause hérétique des croyances chrétiennes. Ce fut le début d'un long malentendu sur ce qui se passe dans une loge maçonnique et que l'on retrouve encore aujourd'hui en abondance dans les livres ou les sites antimaçonniques.

C'est donc à cette époque que les théories sur les conspirations apparaissent. Dans cette société secrète à laquelle appartenaient les hommes les plus respectés des affaires et du gouvernement, ce qui se passait derrière les portes closes restait un grand mystère. Finalement, les forces antimaçonniques disposèrent de munitions pour attaquer la maçonnerie.

Figure 2-1 : Temple Franklin Roosevelt (GLDF) Musée de la Grande Loge de France, photo Jonathan Giné.

CHEZ NOS VOISINS

Aux États-Unis, tout se paie, même la fraternité

En 1899, plus de 6 millions sur les 21 millions d'hommes adultes vivant aux États-Unis étaient membres d'une ou de plusieurs des 300 organisations fraternelles du pays, qui acceptaient 200 000 nouveaux membres chaque année. Le membre moyen d'une loge fraternelle dépensait 50 dollars par an de cotisation et d'assurance, auxquels s'ajoutaient 200 dollars pour les honoraires d'initiation, les équipements rituels, les banquets et les voyages. L'ouvrier d'usine gagnait à cette époque seulement de 400 à 500 dollars par an. En 2005, ces 50 dollars de cotisation seraient équivalents à 1 108 dollars. Et ce budget de 200 dollars de 1899 pour l'initiation, l'équipement, les banquets et les voyages coûterait, ramené aux taux actuels, 4 431 dollars aujourd'hui, sur un salaire transposé de 8 862 à 11 078 dollars par an. Conclusion : ces hommes payaient de 50 à 60 % de leur salaire annuel seulement pour être membres d'organisations fraternelles.

Mais il faut tenir compte du fait qu'il n'y avait encore dans le pays aucun organisme de protection sociale et qu'un grand nombre de groupes fraternels commençaient à offrir à leurs membres des programmes d'assurance peu coûteux. En fait, beaucoup de groupes existaient seulement en tant que sociétés d'assurances qui se trouvaient avoir des rites d'initiation ! Vus sous cet angle, ils valaient bien l'argent qu'ils coûtaient, même pour des hommes dont les moyens étaient limités. Un travailleur modeste n'avait plus à s'inquiéter de ce qui adviendrait de sa femme et de ses enfants si quelque chose lui arrivait. La franc-maçonnerie prendrait soin de sa famille après sa disparition.

La franc-maçonnerie et la Troisième République

La Troisième République française, qui s'étend de 1870 à 1940, marque l'apogée de l'action publique de la maçonnerie par la voie politique. À cette époque, le combat politique portait surtout sur le combat contre l'Église et le clergé et le principal acteur de ce combat était le Grand Orient de France.

L'idée est simple : les lois de la République sont préparées dans les loges maçonniques avant d'être débattues au Parlement. Ce libéralisme anticlérical aboutit aux lois de 1901 sur les associations, à l'école publique et laïque et à la loi de séparation des Églises et de l'État dite loi de 1905, portées par des hommes comme Jules Ferry, Émile Littré et surtout Émile Combes.

À cette date, il y a identification complète entre l'État et le Grand Orient de France qui compte plus de 30 000 membres. Beaucoup de députés, de sénateurs et de ministres sont francs-maçons. Le secret d'appartenance n'existe pas et que la franc-maçonnerie était le seul lieu de réflexion politique. La loi de 1901 sur les associations, élaborée dans les loges maçonniques, allait changer le paysage, la franc-maçonnerie perdant ce monopole.

Mais cet affichage et ces actions politiques spectaculaires provoquent des réactions de plus en plus hostiles d'une partie de l'opinion publique. L'antimaçonnisme refait son apparition de façon spectaculaire, à la hauteur de l'importance de la franc-maçonnerie de l'époque. De nombreuses affaires jettent les francs-maçons sur le devant de la scène. Tout est mêlé : antisémitisme, nationalisme, catholicisme traditionalisme…

L'affaire des fiches

L'affaire Dreyfus avait montré l'importance du courant antirépublicain dans les armées. Pour les républicains, ce mouvement est un danger et le ministre de la Guerre, le général André, décide d'établir un fichier des officiers précisant leurs opinions politiques mais aussi leurs convictions religieuses et philosophiques. En 1901, il demande l'appui du Grand Orient de France pour aller à la pêche aux renseignements et compléter ces fiches. Pendant trois ans, ce sont plus de 20 000 fiches qui arrivent au ministère de la Guerre. Ces fiches sont collectées par des francs-maçons du Grand Orient de France convaincus de participer à la défense de la République.

La révélation de l'existence de ces fiches en 1904 et surtout de la collaboration des francs-maçons fait grand scandale et redonne force aux mouvements antimaçonniques. Les démissions en série au sein de l'armée et du gouvernement ne suffisent pas à éteindre la passion. L'image de la maçonnerie comme une pieuvre agissant partout et de façon souterraine se développe. Mais le mouvement républicain est très fort et, dans le même temps, entre 1900 et 1910, les effectifs ne cessent de croître, car la franc-maçonnerie est vue comme la seule force capable de défendre la République. Cependant, cette affaire provoque la fin de l'intervention directe de la franc-maçonnerie dans la politique.

Les mouvements antimaçonniques

Dès le début du XIXe siècle, l'antimaçonnisme se développe en Europe et aux États-Unis. En France, l'antimaçonnisme atteint son apogée au cours de ce siècle. Il vient en grande partie de la répétition des condamnations de l'Église contre la franc-maçonnerie accusée de promouvoir la libre pensée. Ces condamnations sont reprises par la presse de droite et par des livres à succès censés dévoiler au public les secrets terrifiants des francs-maçons.

À l'époque, en matière d'antimaçonnisme, le roi du canular est Léo Taxil. Pour des raisons financières, il organise la plus grande campagne d'intox sur la franc-maçonnerie de l'histoire (je la décris en détails au chapitre 18, voir p. 293). En 1886, un livre au titre évocateur paraît en librairie : *Les Mystères de la maçonnerie dévoilés*. Son auteur ? Léo Taxil, ce journaliste, homme politique d'abord engagé contre le clergé (il fonda la ligue anticléricale italienne) mais surtout escroc à l'imagination débridée.

En 1870, il est éditeur de pamphlets anticléricaux, mais fait faillite et est obligé de fermer sa maison d'édition. Peu importe. Après avoir été anticlérical, Léo Taxil exploite le filon contraire et joue le jeu de Rome en écrivant des livres antimaçonniques. Dans son livre le plus célèbre, Taxil dévoile avec beaucoup de détails celle qu'il appelle la « vraie maçonnerie », celle qui invite Satan aux tenues, celle qui se livre à des messes noires terrifiantes, organise des orgies avec profanation d'hostie et même assassinat d'enfants ! Aussitôt, le livre est un grand succès. Il est traduit en plusieurs langues et Taxil s'enrichit. Mais en 1897, il annonce au cours d'une conférence de presse que tout ce qu'il a écrit n'était qu'un canular. Tout cela n'était qu'imagination. Mais si vous allez sur des sites Internet antimaçonniques, vous trouverez aujourd'hui encore les fameuses révélations de Léo Taxil remises au goût du jour. « Calomniez, calomniez, il en restera toujours quelque chose ! »

CHEZ NOS VOISINS

En 1827, une centaine de réunions antimaçonniques eurent lieu à New York. Le jour de la Saint-Jean, 3000 protestataires marchèrent sur la loge de Batavia, attaquèrent les maçons qui s'y trouvaient et saccagèrent le bâtiment. L'année suivante, une convention antimaçonnique de l'État de New York fut organisée à Utica et au cours des cinq années suivantes, le mouvement antimaçonnique s'étendit à tout le pays. En 1829, plus de 100 journaux antimaçonniques avaient été publiés, surtout dans le nord des États-Unis. Presque aussi rapidement, des partis politiques antimaçonniques se formèrent dans plusieurs États et, en 1831, le parti antimaçonnique devint le premier troisième parti des États-Unis. L'idée était simple : la maçonnerie était antidémocratique et antiaméricaine, et elle s'opposait à la chrétienté. C'est pourquoi il fallait en débarrasser le pays.

L'hystérie atteignit de telles proportions que, pendant deux décennies, un petit enfant ne pouvait pas tomber malade sans que quelqu'un prétende que les maçons avaient empoisonné son quatre-heures. Les loges devinrent clandestines ou fermèrent dans tout le pays tandis que les hommes renonçaient à leur statut de membre. Plusieurs Grandes Loges fermèrent également. Sur l'ensemble du pays, le nombre des membres passa de 100000 en 1827 à moins de 40000 dix ans plus tard.

Naissance de la maçonnerie féminine

La franc-maçonnerie féminine est une particularité européenne puisque les femmes ne sont pas acceptées par la franc-maçonnerie dite régulière d'origine anglo-saxonne. En France, si tout commence au XVIIIe siècle avec l'apparition de la Maçonnerie des Dames, c'est à la fin du XIXe siècle que la franc-maçonnerie féminine acquiert vraiment son autonomie en passant par une étape intermédiaire : la maçonnerie mixte.

N'oublions pas qu'au début la franc-maçonnerie spéculative attirait dans ses rangs des personnes éclairées. Or, dans l'Angleterre du XVIIIe siècle, les intellectuels étaient plutôt masculins et peu soucieux des femmes, alors qu'en France, l'élite était autant masculine que féminine. C'est donc naturellement en France que les femmes ont commencé à fréquenter les assemblées de maçons, en particulier après les réunions. Au milieu du XVIIIe siècle, les Loges d'adoption apparaissent. Ce sont des loges féminines travaillant sous la tutelle d'une loge masculine. Après la Révolution de 1789, lorsque la franc-maçonnerie renaît, la franc-maçonnerie féminine est un phénomène mondain très à la mode, surtout à Paris. Cette maçonnerie d'adoption complètement inconnue dans les pays anglo-saxons est présente dans la majorité des pays européens.

L'initiation de Maria Deraisme dans une loge masculine en 1892 fonde la maçonnerie mixte. C'est la naissance de l'obédience mixte le Droit Humain.

En 1930, la Grande Loge de France organise le principe des loges d'adoption né au XVIIIe siècle et assure la transition vers une maçonnerie spécifiquement féminine. Quinze ans après, la Grande Loge Féminine de France est créée.

Aux États-Unis, la maçonnerie mixte ou féminine ne s'est guère implantée. À la fin du XIXe siècle, les femmes manifestaient de plus en plus leur mécontentement d'avoir à assister à des réunions à l'église tandis que leurs maris rejoignaient leurs loges. Par suite, des groupes de femmes se formèrent, sous autorité masculine tout de même, parmi lesquels l'Ordre de l'Étoile d'Orient qui est plus une société philanthropique et de bienfaisance qu'un ordre maçonnique (voir chapitre 12, p. 225).

Le XXe siècle : stabilité et diversité

La Troisième République se termine en 1940 avec la Seconde Guerre mondiale.

En 1925, il y avait 3 millions de francs-maçons aux États-Unis, mais la majorité des centaines d'autres fraternités non maçonniques disparurent à la suite du krach boursier de 1929 et de la grande dépression. La maçonnerie cessa d'insister sur ses origines anciennes et mythiques, et commença à se concentrer sur l'expansion de ses activités charitables.

La Masonic Service Association fut créée pour assister les soldats maçons pendant et après la Première Guerre mondiale. La sécurité sociale, les pensions et les rentes d'invalidité n'existaient pas aux États-Unis au début du XXe siècle et après la Première Guerre mondiale, le pays vit s'accroître le nombre d'enfants orphelins. Comme il n'y avait pas de filet social pour les pauvres et les personnes âgées du pays, les Grandes Loges commencèrent à bâtir des hospices maçonniques pour les citoyens seniors, les veuves et les orphelins. Ces établissements, bien souvent, étaient magnifiques et beaucoup existent encore aujourd'hui.

La formation supérieure devenant une réalité pour beaucoup d'Américains, des fonds de bourses d'études maçonniques furent institués.

La Seconde Guerre mondiale

Lorsque Adolf Hitler arriva au pouvoir en Allemagne en 1933, il avait déjà exposé ses croyances dans son livre *Mein Kampf* (Mon combat). L'Allemagne était affectée par une terrible dépression psychologique et économique à la suite de la Première Guerre mondiale et le plan de Hitler pour traiter les problèmes de son pays s'appuyait sur la croyance que les difficultés de son pays étaient provoquées par les Juifs. Et, selon Hitler, la franc-maçonnerie n'était qu'un autre front de la domination par les Juifs du système économique mondial. L'Allemagne devait donc se débarrasser de ces hommes abominables.

Hitler avait puisé une bonne partie de sa théorie d'un livre appelé *Les Protocoles des sages de Sion*. (J'en parle davantage au chapitre 4, voir p. 77) Ce texte était en fait un montage de propagande, popularisé par la police secrète du tsar, en Russie, à la fin du XIXe siècle, pour attiser la haine des Juifs auprès de la population russe. Dans ce document, un groupe secret de Juifs esquissaient leur plan pour la domination du monde, utilisant en partie les francs-maçons comme leurs serviteurs dévoués. Il s'agissait d'un faux, mais les gens y crurent, y compris en France où ce texte trouva un écho favorable au sein de l'antisémitisme. *Les Protocoles des sages de Sion* sont à l'origine du soi-disant complot judéo-maçonnique.

Un grand nombre des lois antisémites de Hitler furent passées en réponse à la « conspiration juive » décrite dans ce texte. Par suite, outre la persécution et l'extermination des Juifs en Allemagne, les francs-maçons de chaque pays envahi par les nazis furent arrêtés, envoyés dans des camps de concentration et mis à mort. Les loges furent détruites et les objets maçonniques furent exposés dans les villes occupées par les nazis comme autant de maléfices.

En dehors des pays occupés par les nazis, les maçons jouèrent un rôle important pour mettre fin à la guerre et au régime hitlérien. Les francs-maçons entrèrent en résistance et beaucoup furent déportés ou assassinés.

Les francs-maçons Franklin D. Roosevelt, Winston Churchill et le roi George VI étaient les figures dirigeantes des États-Unis et de la Grande-Bretagne au cours de la guerre. D'autres maçons comme les généraux Omar Bradley et Douglas MacArthur conduisaient la guerre sur le terrain. Un autre maçon, le président Harry S. Truman, ancien Grand Maître du Missouri, mit fin à la guerre au Japon.

Nouvel essor de la franc-maçonnerie

Après la fin de la Seconde Guerre mondiale, la franc-maçonnerie connut un regain de popularité. Les règles qui avaient longtemps permis aux apprentis de participer aux réunions d'organisation furent révoquées et désormais les membres devaient être maîtres maçons pour jouir de tous les droits de membre. Cette mesure fut adoptée pour empêcher que des antimaçons ne s'inscrivent uniquement pour perturber ou espionner les réunions.

Au cours des trente glorieuses, de nouvelles obédiences furent formées. Certaines à la recherche de plus de spiritualité, d'autres en quête de pureté et d'origine, d'autres enfin plus tournées vers l'action sociale et la mixité. Le paysage de la franc-maçonnerie est très varié et j'y consacre un chapitre entier (voir chapitre 14, p. 252).

CHEZ NOS VOISINS

Les Grandes Loges des États-Unis utilisent des procédés nouveaux, parfois controversés, pour faire connaître la franc-maçonnerie. De nombreux États font des campagnes de publicité et organisent de grandes cérémonies d'une journée pour réduire le temps nécessaire à l'obtention des trois degrés. Pour la première fois en trois siècles, la tendance est de promouvoir et de démystifier l'organisation. Mais curieusement la franc-maçonnerie américaine, plutôt orientée sur la fraternité et la charité, voit ses effectifs diminuer.

En Europe occidentale et en particulier en France, les organisations maçonniques, qui restent discrètes, voient leurs effectifs croître. Dans les pays où la franc-maçonnerie demeure peu étendue et conserve son aura de « secret », un intérêt nouveau se manifeste et les effectifs augmentent.

Une croissance explosive de la franc-maçonnerie – comme les véritables booms de la fin du XIXe siècle et des années 1950 – ne se produira probablement pas avant longtemps. Cependant, la franc-maçonnerie continue d'attirer de nouveaux membres et suscite un intérêt nouveau chez les plus jeunes. En dépit de ses traditions et coutumes anciennes, la franc-maçonnerie s'est toujours adaptée pour servir son époque. De nombreux jeunes semblent être à la recherche d'une démarche spirituelle alliant tradition et modernité et d'un sens de la communauté qui n'existe plus dans la société moderne. Il se pourrait bien que la franc-maçonnerie soit au seuil d'une nouvelle renaissance.

Pour plus d'informations sur le futur de la franc-maçonnerie, allez au chapitre 15 (voir p. 255).

Tableau 2.1 : Repères chronologiques

1275	Première Grange Loge opérative à Strasbourg
1376	Apparition du terme *free masons* (franc-maçon) à Londres
1390	Rédaction du Manuscrit Regius
1600	Apparition des maçons acceptés (Édimbourg)
1717	Création de la première Grande Loge, à Londres
1721	Première loge d'inspiration anglaise à Dunkerque en France
1723	Publication du *Livre des Constitutions* d'Anderson
1737	Discours du chevalier de Ramsay, apparition des hauts grades
1738	Première condamnation du pape Clément XII
1773	Création du Grand Orient de France
1804	Création du Suprême Conseil de France
1813	Création de la Grande Loge Unie d'Angleterre
1893	Création de l'obédience mixte le Droit Humain
1894	Formation de la Grande Loge de France
1913	Formation de la Grande Loge Nationale Française (nom adopté en 1948)
1945	Grande Loge Féminine de France
1982	Fondation de la Grande Loge Mixte de France

Chapitre 3

La philosophie de la franc-maçonnerie

Dans ce chapitre :

- À quoi croient les maçons ?
- L'amour fraternel et l'entraide mutuelle
- La tolérance
- La recherche de la vérité spirituelle
- La perfectibilité des hommes
- Mettre toutes ces valeurs en pratique

Mis à part les réseaux mondiaux de criminels dirigés par d'étranges individus chauves caressant leur chat comme on en voit dans les films de James Bond, la plupart des organisations sont fondées avec idéalisme, optimisme et de bonnes intentions. La question est de savoir si l'optimisme peut prévaloir et résister à l'érosion du temps sans être atténué ou détruit par les querelles intestines.

Lors de la cérémonie d'initiation au degré d'apprenti, il est dit au candidat : « C'est pour mettre un frein salutaire à nos passions, pour nous élever au-dessus des intérêts mesquins qui tourmentent les profanes, que nous nous assemblons dans nos temples. » La franc-maçonnerie a été conçue dès le début pour survivre aux pressions qui ont fait dérailler les Églises, les clubs, les compagnies et les royaumes. Elle a ainsi réussi à survivre dans sa forme moderne depuis trois cents ans. La franc-maçonnerie est une fraternité, mais elle mérite aussi le nom de philosophie.

Si vous consultez un dictionnaire au mot philosophie, vous verrez que c'est la poursuite et l'amour de la sagesse par des moyens intellectuels et l'autodiscipline, ainsi qu'un système de valeurs selon lequel on s'efforce de vivre. Le mot vient du grec ancien *philosophia*, qui veut dire « l'amour de la sagesse ». À son niveau le plus élémentaire, la franc-maçonnerie enseigne à ses adeptes l'amour de la sagesse, la recherche et l'appréciation du savoir, et la vie selon un code moral à expérimenter par soi-même.

Le présent chapitre parle des valeurs fondamentales de la franc-maçonnerie et, en les expliquant, fournit un certain éclairage sur les raisons pour lesquelles elle est l'une des dernières sociétés initiatiques du monde occidental.

Les valeurs maçonniques

La franc-maçonnerie est un ordre initiatique traditionnel et universel fondé sur la fraternité. Elle constitue une alliance d'hommes libres, de toutes races, de toutes nationalités et de toutes croyances. La maçonnerie a des cérémonies qu'elle veut garder privées, ainsi que des méthodes de reconnaissance (mots de passe, poignées de main et autres), à la manière dont les entreprises ont des informations qu'elles veulent garder pour elles. Mais pour une société prétendument secrète, la maçonnerie n'a pas trop bien réussi à sceller les lèvres de ses membres. Presque immédiatement après la formation de la première Grande Loge en Angleterre en 1717, des livres proclamant les secrets de la loge commencèrent à arriver sur les étagères. À la grande joie des historiens, d'ailleurs !

Il n'y a aucune autorité internationale administrative ou de contrôle de la franc-maçonnerie. Il n'y a pas un bureau que quelqu'un peut appeler pour obtenir la position officielle, au plan mondial, des francs-maçons sur une question quelconque, parce qu'il n'y a pas de position officielle. Malgré cette grande diversité, il existe des valeurs communes à toutes les organisations maçonniques traditionnelles.

Amour fraternel, entraide et vérité

Les croyances de la franc-maçonnerie peuvent se résumer à ces trois simples concepts. Les maçons apprennent à croire en :

- **L'amour fraternel :** les francs-maçons se reconnaissent comme frères et se doivent aide et assistance. Cet amour s'étend à toute l'humanité.
- **L'entraide :** la charité et l'aide mutuelle doivent inspirer les paroles et les actions d'un franc-maçon.
- **La vérité :** les francs-maçons recherchent des réponses aux questions universelles de moralité et de justice que seules peuvent fournir la foi individuelle et les relations avec ce qui dépasse les hommes.

L'amour fraternel

Pour l'exprimer simplement, les maçons croient à ce principe de morale universelle, connu de toutes les nations et de toutes les doctrines religieuses ou philosophiques et qui peut s'exprimer positivement ainsi : « Fais aux autres tout le bien qu'ils pourraient te faire à toi-même. » Ce principe peut être vu comme le seul thème unificateur de toutes les croyances ou religions. C'est la pierre angulaire de la franc-maçonnerie qui peut s'exprimer des manières suivantes, selon les spiritualités :

- **Bouddhisme :** « C'est de cinq manières qu'un homme doit s'occuper de ses amis et de leurs familles : par la générosité, par la courtoisie et par la bienveillance, en les traitant comme il se traite lui-même et en étant fidèle à sa parole. »
- **Christianisme :** « Fais pour les autres ce que tu voudrais qu'ils fassent pour toi. »
- **Confucianisme :** « Ce que tu ne veux pas qu'on te fasse, ne le fais pas aux autres. »
- **Hindouisme :** « Les hommes doués d'intelligence… doivent toujours traiter les autres comme ils voudraient être traités eux-mêmes. »
- **Islam :** « Aucun de vous n'est un croyant s'il n'aime pas pour son frère ce qu'il aime pour lui-même. »
- **Judaïsme :** « Tu aimeras ton voisin comme toi-même. »
- **Taoïsme :** « Considère le gain de ton voisin comme ton propre gain, et considère la perte de ton voisin comme ta propre perte. »

L'entraide

Les francs-maçons n'enseignent pas, et n'ont jamais enseigné, que les bonnes œuvres sur terre sont un moyen d'obtenir le salut dans l'au-delà. On ne vous promettra jamais rien en franc-maçonnerie et surtout pas pour après la mort. D'ailleurs, la franc-maçonnerie n'apporte aucune réponse sur la mort et sur un éventuel au-delà.

La charité maçonnique est pratiquée pour améliorer la vie des personnes ici et maintenant. Beaucoup de gens familiarisés avec la franc-maçonnerie mais sans en être membres connaissent certaines des contributions philanthropiques et charitables de la fraternité envers la société.

La bienfaisance est l'une des vertus dont la pratique est la plus chère aux francs-maçons. Mais il ne faut pas la confondre avec l'aumône. Souvent, un conseil avisé, un acte de solidarité ou un service rendu sont plus efficace que l'argent. De plus, la franc-maçonnerie précise que les actes de bienfaisance ne doivent jamais être des actes publics et doivent rester secrets.

CHEZ NOS VOISINS

La franc-maçonnerie américaine est différente de la franc-maçonnerie française dans la mesure où elle s'affiche très largement dans le domaine public, en particulier au travers d'œuvres de bienfaisance. Trois siècles d'encouragement des membres aux bonnes œuvres ont conduit à la création de grandes organisations charitables supportées par les francs-maçons. Il s'agit notamment de bourses d'études, d'aides lors de désastres naturels, de donations à des écoles et à des familles dans le besoin. Les maçons ont établi des maisons de retraite pour leurs propres membres, ainsi que des écoles et des lieux d'accueil pour les orphelins. Ils participent à un nombre impressionnant de programmes municipaux et sociaux.

La recherche de la vérité

La vérité maçonnique est un peu plus difficile à expliquer, parce qu'elle désigne quelque chose de différent pour chaque personne.

Quand un nouvel initié entre dans une loge, certains aspects de la cérémonie rituelle lui semblent inhabituels. Par exemple, il a les yeux bandés, cela pour plusieurs raisons (voir chapitre 6 sur les cérémonies maçonniques, p. 117), mais le symbolisme primaire de la chose est que le candidat recherche la lumière. La lumière dans une loge maçonnique est un symbole de vérité spirituelle et de connaissance. Chaque candidat doit découvrir cette lumière par lui-même. Être dans l'obscurité, c'est être ignorant et inconscient. Aucune cérémonie et aucune leçon maçonnique ne peut prétendre fournir à un maçon la vérité « ultime », mais la maçonnerie entend inspirer l'individu pour qu'il recherche la lumière par lui-même.

La franc-maçonnerie ne dévoile et ne dévoilera jamais aucun message. Elle fournit une méthode d'interrogation permanente et des outils symboliques pour aider ses membres dans leur recherche de la vérité. Elle fournit des repères jamais des certitudes.

Principes de base

Laisser les métaux à la porte du temple

Par cette phrase symbolique, les francs-maçons signifient qu'il faut laisser au-dehors du temple tout ce qui peut nuire aux débats de la loge. Les francs-maçons promettent de ne jamais apporter avec eux quoi que ce soit de défensif ou d'offensif : épées, couteaux, lances et armes à feu, mais aussi argent, position sociale, mots, idées, actes qui peuvent diviser et détruire la fraternité humaine. Tous les hommes sont mortels et ont des faiblesses. Et tous les hommes ont des idées et des opinions qui peuvent offenser autrui.

Le but de la loge est de créer un endroit tranquille et protégé où ces divisions sont laissées à l'extérieur, de sorte que les maçons puissent se livrer à des activités qui les unissent plutôt qu'à des activités qui les séparent. Mais les débats qui ont lieu dans les loges sont des débats contradictoires où tout peut être dit dans la mesure où l'accent est mis sur l'écoute de l'autre, quelle que soit son opinion. C'est souvent en confrontant des idées contradictoires que naissent des idées nouvelles. À chacun ensuite de se faire sa propre opinion. Ce qui est demandé aux maçons, c'est de laisser leur passion et leurs préjugés à la porte du temple. C'est la base, mais c'est déjà beaucoup.

Porter au-dehors l'œuvre commencé dans le temple

La franc-maçonnerie est une organisation qui rassemble des hommes et des femmes de bonne volonté pour qu'ils étudient, enseignent et pratiquent la méthode maçonnique. Le but est le perfectionnement individuel du maçon. En améliorant les hommes, la franc-maçonnerie s'efforce d'améliorer l'humanité. En initiant des personnes loyales et honnêtes et en les rendant meilleures, la maçonnerie cherche à améliorer l'humanité, progressivement, une personne à la fois. À cet effet, les francs-maçons travaillent à l'amélioration constante de la condition humaine, sur le plan spirituel, sur le plan moral et sur celui du bien-être matériel. Ils considèrent le travail comme un devoir et non seulement comme un droit.

Les francs-maçons croient en l'honneur. Un homme a le devoir de se comporter honorablement dans toutes les choses qu'il fait. La franc-maçonnerie enseigne à ses membres les principes de la responsabilité personnelle. Elle les incite à accorder à toute l'humanité la charité et la bonne volonté et à traduire en actes ces principes et ces convictions. La vraie liberté du franc-maçon est dans sa pensée plus que dans ses actions, mais il doit tout faire pour agir en accord avec ses idées et ainsi « porter au-dehors l'œuvre commencée dans le temple », comme il est dit à la fin des tenues.

Le désintéressement

La franc-maçonnerie est charitable, parce qu'elle ne vise pas à réaliser des profits et parce que aucun de ses revenus n'est collecté au profit d'un individu particulier. Pas de riches gourous ou de sociétés financières. Elle est dédiée au perfectionnement moral et spirituel de l'humanité et enseigne à ses membres que l'altruisme est un devoir, qu'il n'est pas seulement plus digne de donner que de recevoir, mais que c'est aussi plus satisfaisant.

L'enseignement moral

La franc-maçonnerie propose des principes de moralité et de fraternité au travers de symboles et de rituels. Elle n'impose aucune limite à la recherche de la vérité. Elle encourage ses membres à étendre leur connaissance du monde qui les entoure.

En avançant dans les degrés, le franc-maçon interprète pour lui-même les symboles et les leçons qu'ils comportent. Il y a autant d'interprétations que de maçons. La franc-maçonnerie prône l'expérimentation personnelle pour rechercher la vérité. Elle met en garde contre l'envie de prendre pour argent comptant ce que disent ceux qui sont plus instruits et demande de ne pas prendre les mots pour des idées. Aucun franc-maçon ne peut dicter à aucun autre la façon dont il doit interpréter les symboles et les rituels, comme personne ne peut parler au nom de l'institution elle-même. Ici encore pas de gourou ou de guide spirituel. Ceux qui parlent de symbolisme ne parlent finalement que de leur propre interprétation des symboles et leurs propos n'ont pas plus ni moins de valeur que ceux de celui qui les lit.

La franc-maçonnerie est religieuse mais n'est pas une religion

Les francs-maçons croient à la fraternité des hommes. La franc-maçonnerie n'est pas une religion, mais elle est religieuse en ce qu'elle relie les personnes et qu'elle requiert de ses membres de croire en l'existence d'un Principe Créateur, selon les croyances de chacun. Elle n'est pas une organisation sectaire et ne promeut pas une religion au détriment d'une autre.

La grande majorité des maçons se réfèrent au Grand Architecte de l'Univers. Ce n'est pas le Dieu de la franc-maçonnerie, c'est simplement un terme symbolisant le Principe Créateur. Chaque frère, chaque sœur peut mettre sous ce terme ce qui lui convient le mieux : un Dieu révélé, l'âme du monde ou encore la Vie. Ce symbole permet de parler de Dieu sans parler de dieux. Il a été conçu pour ne pas entrer en conflit avec les nombreux termes utilisés pour désigner Dieu dans les religions du monde.

L'un des buts de la démarche initiatique maçonnique est de révéler en soi cette idée de Grand Architecte de l'Univers. Mais la franc-maçonnerie ne célèbre pas de culte à ce Grand Architecte, ni n'adore de symboles particuliers. En revanche, la majorités des loges travaillent à sa gloire, ce qui signifie que tout travail, toutes actions doivent non pas être faites pour une seule personne mais tournée vers la communauté humaine.

N'OUBLIEZ PAS !

Une Bible ou un autre *Volume de la Loi Sacrée* (ou *Livre de la loi sacrée*) est ouvert sur l'autel à chaque fois qu'une loge tient une session. La Bible n'est pas prise ici comme livre saint d'une religion particulière, elle est le symbole de l'expression de la loi. La maçonnerie n'est pas et n'a jamais prétendu être un substitut de la religion.

La responsabilité sociale

La franc-maçonnerie recommande une place appropriée de la foi individuelle dans la société, la vérité et la justice, la fraternité et la philanthropie, ainsi qu'une liberté civile, religieuse et intellectuelle respectueuse de l'ordre. Les francs-maçons doivent respecter les lois et l'autorité légitime du pays dans lequel ils vivent et se réunissent librement.

Cependant, la maçonnerie s'oppose philosophiquement à la tyrannie, à la dictature et à toute atteinte à la dignité humaine, aux droits humains fondamentaux et au libre exercice de la religion. C'est en partie pourquoi les francs-maçons ont acquis la réputation d'être impliqués dans des mouvements politiques révolutionnaires. Mais la maçonnerie enseigne que la meilleure façon de s'opposer à de telles tyrannies est d'établir une solide fondation de principes et de valeur sur laquelle les hommes de toutes les races, tous les pays, toutes les conditions et toutes les opinions s'accordent. C'est souvent plus efficace que de prendre des armes pour changer les consciences.

Non politique, non sectaire

L'une des premières règles de la franc-maçonnerie interdit dans les loges les discussions sur des questions religieuses ou politiques.

Il est également contraire aux principes fondamentaux de la maçonnerie que des organisations maçonniques s'immiscent dans des controverses touchant à des questions politiques ou confessionnelles. Les organisations maçonniques n'ont aucune action politique directe et vous ne verrez jamais une obédience maçonnique donner des consignes de vote à ses membres.

Un franc-maçon est encouragé à agir selon son jugement individuel et ce que lui dicte sa conscience, et non selon une quelconque opinion que lui aurait imposée son obédience.

Égalité entre les membres

La franc-maçonnerie ne fait aucune distinction entre les personnes selon leur fortune, leur statut social, leur race, leur religion ou leur apparence extérieure. Des rois, princes, sultans ou potentats ont été maçons. Des médecins, des avocats, des capitaines d'industrie, des acteurs du cinéma et des compositeurs de symphonies ont aussi été membres de loges maçonniques. Mais également des instituteurs, des peintres en bâtiment, des commerçants, et des cuisiniers.

CHEZ NOS VOISINS

Le Président et le jardinier

Lorsqu'il était Président, Teddy Roosevelt rendit visite à sa loge locale, Matinecock n° 806, à New York, en septembre 1908. Par la suite, il parla de son expérience d'avoir vu son propre jardinier, alors Vénérable, c'est-à-dire président de la loge, tandis qu'il était assis comme les autres. « De toute évidence, je ne pouvais pas aller le voir chez lui en rentrant à la maison. Il en aurait été embarrassé. Et il n'aurait pas pu venir me voir sans provoquer une gêne. Dans la loge, c'était différent. Il était au-dessus de moi, bien que je sois président des États-Unis d'Amérique, et c'était bon pour lui, et bon pour moi. »

Dans la maçonnerie, toutes les marques de statut ou de prestige sont laissées à l'entrée de la loge, y compris pour les présidents. Rudyard Kipling a bien exprimé cette égalité en loge dans son célèbre poème « Ma Loge Mère » que vous trouverez au chapitre 19, p. 321.

Un ordre initiatique traditionnel

La franc-maçonnerie est un ordre initiatique traditionnel. Les francs-maçons travaillent sincèrement à mieux se connaître pour se perfectionner et pour vivre en harmonie avec eux-mêmes et avec l'univers. En franc-maçonnerie, il n'y a pas de spectateur, il n'y a que des acteurs. La franc-maçonnerie marque les hommes plus profondément que si elle se contentait de leur faire lire des textes et leur faire promettre d'être bons. Elle amène les individus à modifier leur comportement de telle sorte que ceux-ci soient mis en situation de découvrir par eux-mêmes leur place dans le monde et le sens de leur vie.

À l'image des bâtisseurs opératifs du Moyen Âge, elle propose aux francs-maçons de construire leur propre temple intérieur et leur fournit pour cela des outils symboliques, traductions intellectuelles des outils des constructeurs de cathédrales.

Vous trouverez beaucoup de sites Internet qui expliquent que la franc-maçonnerie organise un complot mondial afin de prendre le pouvoir et contrôler le monde. C'est souvent facile, lorsque les choses nous échappent, d'accuser un mystérieux conspirateur qui nous veut du mal et qui nous rend la vie difficile. Mais quand je vois combien il est dur de trouver une date et un lieu pour rassembler une dizaine de francs-maçons pour une tenue exceptionnelle, je n'ose pas imaginer combien il serait difficile d'organiser un complot mondial. En tout cas, ne comptez pas sur moi pour trouver la date !

Mysticisme, magie et superstition maçonniques

Si vous allez dans une librairie ou une bibliothèque pour chercher des livres sur la maçonnerie, vous rencontrerez les ouvrages de l'anglais Albert Pike ou du français Jean-Marie Ragon. Ces hommes et beaucoup d'autres ont écrit des tonnes d'observations érudites sur la franc-maçonnerie.

Depuis l'expédition d'Égypte de Napoléon, le goût pour les mystères de l'Orient et plus généralement pour l'occultisme croît et la franc-maçonnerie n'est pas épargnée par ce mouvement de mode. Pike, Ragon et d'autres ont brillamment relié la franc-maçonnerie aux mystères de l'ancienne Égypte et ont écrit que la maçonnerie descendait directement de rites païens et d'anciennes religions. D'ailleurs, des rites dits égyptiens ont même été créés à cette époque (voir chapitre 11, p. 214). Certains ont écrit que la maçonnerie était la fille adoptive de la magie, de l'alchimie et des mystiques douteux qui se plongeaient dans le monde de la Cabale (mysticisme juif) et dans les textes anciens mystérieux comme *Hermes Trimigestes* et *La Clé de Salomon*. Les ouvrages de ces hommes étaient remplis de contes fabuleux sur les croyances et les cultures, ainsi que de théories cryptiques sur les origines les plus profondes et les plus anciennes de la franc-maçonnerie. Mais attention…

Des gens comme Pike ou Ragon étaient d'incroyables érudits éblouissants de savoirs intellectuels et spirituels, mais leurs ouvrages sont à la fois éclairants et décevants. Éclairants parce qu'ils évoquent des légendes et des croyances obscures et en tirent ce qui semble être un lien de trois mille ans avec la franc-maçonnerie moderne. Décevants parce que la réalité est autre : la franc-maçonnerie descend des guildes de maçons et a été adoptée à la fin du XVIIe siècle par des philosophes et des hommes de science. Certes, les recherches sur la philosophie hermétique sont passionnantes mais elles ne sont pas fondées sur des données concrètes. Elles doivent être prises comme des incitations à penser, et non pour des réalités.

Les maçons du Moyen Âge n'ont pas construit des cathédrales au moyen d'incantations servant à produire la lévitation des pierres. Ils ne jetaient pas de sorts pour transformer leurs ennemis en gargouilles ressemblant à des démons. Ils ne transmutaient pas des métaux vulgaires en or pour payer leurs salaires. La géométrie n'est pas un art de sorcier et Harry Potter ne fréquente pas nos loges !

Ces auteurs avaient beaucoup lu sur la grande diversité des cultures et des religions du monde, et leurs ouvrages sur le symbolisme et la philosophie peuvent être fascinants. Mais disons simplement que leur version de l'histoire de la franc-maçonnerie moderne n'est pas exacte.

Malheureusement pour nous, ces auteurs étaient prolifiques. Ils ont écrit des livres épais que l'on trouve dans chaque bibliothèque maçonnique, de sorte que les gens les considèrent comme des experts, des savants maçonniques « reconnus », voire des porte-parole de la franc-maçonnerie. Le problème est que leurs écrits sont souvent cités comme la « preuve » d'une connexion occulte avec la maçonnerie. Pire encore, ces ouvrages sont souvent délibérément trafiqués par les critiques de la maçonnerie pour prouver que les francs-maçons préparent un immense complot visant à prendre le contrôle du monde. Et Lucifer serait même de la partie !

Non, rien de tout cela n'est vrai. On ne procède pas au démembrement d'Osiris, on n'invoque pas Lucifer, on n'adore pas de chèvres nommées Baphomet et on ne sacrifie pas de jeunes vierges sur l'autel des loges (voir chapitre 8, p. 155).

Quel est le lien qui nous unit ?

Le poète écossais Robert Burns a décrit la maçonnerie comme un *lien mystique* qui relie ses membres symboliquement et de façon mythique aux millions de maçons à travers le globe, au-delà des siècles. Ce lien est ce qui permet à deux personnes qui ne se connaissent pas de se rencontrer dans la rue dans un pays étranger et de se saluer comme s'ils s'étaient toujours connus, comme des amis, comme des frères – chose qui peut décontenancer leur proche les premières fois qu'elle se produit. C'est le lien qui a permis à des ennemis de se traiter avec respect et dignité sur le champ de bataille quand la mort menaçait. C'est le lien qui a aidé et protégé les frères dans leurs moments de plus grande détresse. Ce lien mystique est si fort qu'il est représenté par le symbole de la *chaîne d'union*. Il relie tous les francs-maçons de la terre, les vivants, les morts et ceux qui viendront demain nous rejoindre dans la loge pour travailler au perfectionnement de l'humanité.

S'il arrive jamais qu'un maçon croie sincèrement qu'un aspect de la franc-maçonnerie est en conflit avec ses devoirs envers ses croyances, son pays, sa famille, ses voisins ou lui-même, la maçonnerie n'a aucun pouvoir de le retenir. Il est libre de s'en aller. Les hommes deviennent francs-maçons parce qu'ils le veulent. Ils restent francs-maçons parce que la franc-maçonnerie leur apporte quelque chose, mais ils peuvent la quitter à tout moment.

Le symbolisme maçonnique

Une définition de la franc-maçonnerie qui avait court au XIXe siècle était « système particulier de moralité, drapé dans l'allégorie et illustré par des symboles ». Une *allégorie* est une personnification d'une idée abstraite (la liberté, le patriotisme…) sous les traits d'un personnage ou d'un animal. La mort est souvent représentée sous la forme d'un squelette tenant à la main une faux avec laquelle il fauche les vies. Cela rend les questions complexes plus faciles à comprendre. C'est ce que font couramment les fables et les paraboles.

Les cérémonies maçonniques utilisent ces méthodes pour simplifier leurs messages, mais le symbole est un peu plus complexe, car il n'est pas associé à une seule interprétation figée. Un symbole est un mot, un objet, une image ou un geste évoquant une idée ou une réalité demeurée invisible et difficilement exprimable. Les symboles donnent lieu à un travail d'interprétation. Ainsi, l'explication des symboles est personnelle, subjective et très diverse. L'exploration du sens des symboles peut être débattue sans fin. Dans ce travail d'interprétation, la recherche est aussi importante que le résultat.

La franc-maçonnerie utilise le symbolisme dans chaque degré pour illustrer ou représenter une grande variété d'idées (voir chapitre 7, voir p. 135). Les symboles ont été réunis, ajoutés ou enlevés aux cérémonies au cours des ans, et les érudits maçonniques consacrent un temps considérable à y réfléchir. Ils représentent un grand sujet d'étude et les maçons sont encouragés à s'y intéresser.

Les degrés eux-mêmes représentent les différentes étapes de la vie initiatique, comme un voyage à la recherche de la vérité. À chaque stade, le maçon apprend davantage et reçoit un enseignement symbolique particulier.

La vie d'un franc-maçon est une construction, érigée avec les pierres de son expérience, de l'amitié et des actes de sa vie. Comme les grandes cathédrales, cette construction spirituelle est dédiée au Grand Architecte de l'Univers. Et quand un homme meurt, cette construction subsiste comme un monument à ce qu'il a fait de sa vie.

Chapitre 4

La politique, la religion et les francs-maçons : ils ne se mélangent pas

Dans ce chapitre :

- Séparation de la franc-maçonnerie et de la religion
- Maintien des distances entre la politique et la franc-maçonnerie
- Résistance aux révoltes, aux dictateurs et aux tyrannies
- L'antimaçonnisme

La maçonnerie est une association fraternelle rassemblant des hommes et des femmes d'âges, de milieux, de croyances, de professions et d'opinions politiques très divers. Sa popularité franchit toutes les barrières sociales. Dans la plupart des autres organisations, cette diversité serait une source de contestations et de divisions. Mais grâce à la façon dont elle s'est développée, la franc-maçonnerie a trouvé un moyen d'unir ses membres et d'éviter d'aborder les deux thèmes qui peuvent détruire n'importe quelle société humaine : la politique et la religion.

Dans ce chapitre, j'explique pourquoi les maçons ont pratiquement toujours écarté ces deux thèmes au cours des siècles et comment ils parviennent néanmoins à être régulièrement accusés de sabotage religieux et politique.

La religion et les maçons

La franc-maçonnerie a toujours été façonnée par les pays et les sociétés dans lesquelles elle a vécu et, compte tenu de ses millions de membres, ses milliers de loges et ses centaines d'organisations associées, elle échappe bien souvent aux généralisations. Cependant, pour l'essentiel, depuis ses origines modernes remontant à 1717, la franc-maçonnerie s'est toujours efforcée d'être *non sectaire*, c'est-à-dire de « ne jamais promouvoir une croyance religieuse au détriment d'une autre ».

Les rapports des maçons à la religion sont réglés par les principes suivants :

- **Une réunion maçonnique n'est pas un service religieux.** Aller en loge n'est pas la même chose que d'aller à l'église, au temple protestant, à la synagogue ou à la mosquée.
- **Il n'y a pas de religion maçonnique.** La franc-maçonnerie n'est pas une religion et n'a jamais prétendu en être une.
- **Il n'y a pas de dieu maçonnique – ni d'ailleurs de diable maçonnique.** Les maçons n'adorent pas Osiris, les dieux du soleil, Baal ou Baphomet. Les maçons se réfèrent à un Grand Architecte de l'Univers, un nom respectueux mais non sectaire.
- **Il n'y a pas de texte maçonnique qui soit révéré plus qu'un autre.** Ni les rituels ni les textes fondateurs ne sont des textes sacrés.
- **Il n'y a pas de proposition maçonnique pour le salut spirituel.** La maçonnerie n'offre pas à ses membres une place au ciel en échange de bonnes œuvres sur terre.
- **La maçonnerie n'est pas occulte.** Elle ne s'adonne pas à la sorcellerie, ne tient pas de cérémonies païennes et n'encourage pas l'adoration d'idoles.
- **La maçonnerie n'est pas une secte.** Elle ne pratique pas le « contrôle des esprits » et ne force pas ses membres à rester. Toute personne souhaitant quitter sa loge pour une raison quelconque arrête de payer ses cotisations annuelles et quitte la franc-maçonnerie sans avoir à se justifier.
- **La franc-maçonnerie est une invention humaine.** Elle n'a jamais voulu être rien d'autre. Les maçons n'ont jamais prétendu que les cérémonies maçonniques modernes avaient une origine divine ou qu'elles représentaient la parole de Dieu.

Ceci étant dit, la franc-maçonnerie est d'inspiration spirituelle. Certains la voient comme religieuse dans le sens où elle relie les personnes dans le partage d'un idéal et qu'elle se réfère à un principe supérieur qu'elle désigne par le terme de Grand Architecte de l'Univers. D'autres la voient comme spirituelle et initiatique dans la mesure où elle permet à chaque franc-maçon de progresser dans une voie de perfectionnement personnel et, en suivant une méthode, d'ouvrir sa conscience afin de mieux comprendre le monde, qu'il s'agisse du monde physique ou métaphysique (c'est-à-dire au-delà de ce que nos sens peuvent percevoir). Enfin, notamment en France, il existe une franc-maçonnerie athée où toute croyance religieuse est rejetée. Dans ce cas, la méthode maçonnique est utilisée pour réfléchir au progrès social.

Religion, croyance en Dieu et régularité

Nous le verrons au chapitre 5 (voir p. 110), la maçonnerie anglo-saxonne s'est arrogé le droit de décider de la régularité des obédiences maçonniques en fonction du respects de critères tirés des anciennes obligations comme le Manuscrit Regius. Parmi ces critères, il en est un qui demande que chaque maçon affirme qu'il a une croyance personnelle en Dieu.

Pour la maçonnerie dite régulière par la maçonnerie anglo-saxonne et représentée en France par la Grande Loge Nationale Française (GLNF), tout candidat doit affirmer qu'il a une croyance personnelle en Dieu, mais chaque franc-maçon est encouragé à vivre cette croyance à sa manière, suivant ses convictions propres. Les athéistes n'ont donc pas le droit de rejoindre une loge maçonnique régulière. Mais en dehors de la GLNF, d'autres obédiences françaises existent, qui n'exigent rien de la part de leur candidat relativement à leur croyance en Dieu.

N'OUBLIEZ PAS !

Aucune loge régulière de maçon ne peut être ouverte sans que la Bible ou un autre livre sacré soit ouvert sur son autel. Les maçons se réfèrent à ce livre comme le Volume de la Loi Sacrée, en signe de tolérance religieuse. Selon l'endroit du monde où vous vous trouvez et les croyances des membres, ce livre sacré peut être la Bible du roi James (en Angleterre notamment), le Tanach hébraïque, le Coran musulman, le Veda hindou, le Zend-Avesta zoroastre ou les proverbes de Confucius. En Israël, il est courant de voir trois livres (une Bible, le Tanach et le Coran), tous les trois ouverts sur le même autel, par respect pour les religions des membres. Certaines loges et obédiences athées adoptent comme Volume de la Loi Sacrée un livre blanc dans lequel chacun peut voir ce qu'il veut.

LA VOIX DU MAÎTRE

Les loges régulières exigent que leurs membres posent leur main sur le Volume de la Loi Sacrée pour prêter les serments associés au trois degrés. Il y a à cela une raison importante : si un homme ne croit pas à une puissance supérieure, un serment peut ne pas avoir beaucoup de sens pour sa conscience.

N'OUBLIEZ PAS !

La franc-maçonnerie n'a jamais eu l'intention de se substituer à la religion. Pourtant, chaque homme interprète la philosophie maçonnique à sa manière et certains maçons ont tenté de transformer la franc-maçonnerie en Église. La maçonnerie a aussi attiré des personnes religieuses qui ont tenté de faire partager leur dogme à la loge. Nombreux sont ceux, amis ou ennemis de la franc-maçonnerie, qui ont essayé de décrire la maçonnerie comme quelque chose qu'elle n'a jamais eu l'intention de devenir.

Certains des degrés supplémentaires du rite d'York et du rite écossais qui se sont développés au fil des ans ont des thèmes résolument chrétiens et l'ordre des Chevaliers du Temple du rite d'York demande à ses candidats de jurer de défendre la religion chrétienne. Cependant, bien que quelques-uns de ces degrés enseignent des leçons de moralité en utilisant des événements du Nouveau Testament, ils ne requièrent pas nécessairement une croyance chrétienne. Ainsi de nombreux maçons juifs ont-ils été admis dans ces degrés.

Comme on lui demandait comment il conciliait la défense de la religion chrétienne avec ses propres croyances, un frère a dit récemment : « Bien sûr que je défendrai la religion chrétienne jusqu'à la mort. Exactement comme je pense que mes frères chrétiens défendraient la religion juive. »

La franc-maçonnerie et le catholicisme

Les francs-maçons ne sont pas toujours en odeur de sainteté du côté du Vatican. À Rome, le pape n'était pas particulièrement satisfait de la franc-maçonnerie. Elle avait été créée dans un pays non catholique, permettant à des hommes de toutes croyances d'en faire partie – y compris un bon nombre de juifs. Pire, elle imposait à ses membres des serments de secret.

C'ÉTAIT HIER...

Les leçons de l'intolérance

Entre le XVIe siècle et le XIXe siècle, les croyances de chaque monarque avaient des conséquences néfastes, voire fatales pour ceux de leurs sujets qui ne s'agenouillaient pas au même autel. Il fallait choisir la bonne équipe à laquelle appartenir dans l'au-delà. Ce choix avait plus d'importance que le bref passage d'un homme sur la terre ou même simplement que la vie et la mort.

La guerre civile anglaise a beaucoup compté pour la franc-maçonnerie, pour plusieurs raisons, bien que, aujourd'hui, la plupart des non-maçons ne sachent que très peu de choses à ce sujet. La guerre éclata en 1641, après que le roi Charles I en ait eu assez de ses batailles avec les membres du Parlement sur des questions d'argent et de religion. Il ferma par des chaînes les portes du parlement pendant onze années. Pour l'essentiel, il s'agissait d'une bataille entre le roi Charles I et les nobles d'un côté, et les protestants puritains de l'autre, appelés les *Roundheads* (Têtes rondes). C'était une lutte entre l'Église établie et les protestants radicaux, entre le pouvoir de la noblesse et le désir d'autonomie de la classe moyenne qui se renforçait. Le pire était que ce conflit opposait souvent un frère à son propre frère, ou deux meilleurs amis. Cet aspect terrible de la guerre eut sur l'avenir et la philosophie de la franc-maçonnerie une influence qui devait durer des siècles.

Les *Roundheads* prirent le pouvoir et décapitèrent le roi Charles I en 1641. Même s'il n'était pas particulièrement aimé, la plupart des Anglais n'aimèrent pas voir traité de cette manière le symbole de siècles de puissance et de majesté anglaise. Après la fin de la sanglante guerre de neuf ans, il fallut moins d'une décennie au gouvernement tyrannique de Cromwell et des puritains pour que l'Angleterre souhaite le retour à la monarchie.

Le roi Charles II fut couronné en 1661. Contrairement à son père, il était aimant et non combattant. Il s'intéressait davantage à la science et à la raison qu'aux persécutions religieuses. C'était un homme d'un autre âge, un âge ouvert aux nouveaux principes de la franc-maçonnerie spéculative.

En 1717, quand la première Grande Loge fut formée à Londres, des règles inhabituelles furent instaurées. Les discussions sur la religion furent interdites, les réunions ne devant pas être perturbées par des dissensions entre catholiques, anglicans, puritains et protestants. Dès lors que les membres croyaient en Dieu, on ne leur demandait rien sur leur foi. Les batailles politiques entre les royalistes et les supporters du Parlement, qui avaient entraîné la guerre civile, n'étaient pas tolérées non plus. Les francs-maçons étaient résolus à survivre aux questions qui avaient déchiré le pays. Personne ne pourrait alors les accuser de comploter une trahison ou une hérésie. Les loges mettaient au contraire l'accent sur l'amitié, l'assistance mutuelle entre les membres et la charité à l'égard des autres. Et bien sûr, un bon dîner convivial.

Des catholiques avaient rejoint des loges – notamment en France, en Italie et en Amérique du Sud – pendant des années. Les loges en effet ne leur interdisaient pas de les rejoindre. Le Vatican en revanche n'avait pas autant d'ouverture d'esprit. En 1738, le pape Clément XII émit une bulle encyclique menaçant d'excommunication tout catholique qui devenait franc-maçon.

Aujourd'hui, nous considérons le pape comme le chef de l'Église catholique, vivant au voisinage de Rome dans la cité du Vatican. Mais à l'époque, depuis la fin du VIIIe siècle, sous Charlemagne, jusqu'en 1870, le pape n'était pas seulement le chef spirituel de l'Église catholique. Les papes régnaient en tant que rois sur une bonne portion de ce qui est aujourd'hui l'Italie et, à certaines époques, sur des parties de la France. Ces zones étaient connues sous la dénomination d'États pontificaux.

Pendant mille cent ans environ, les papes faisaient tout ce que faisaient les rois : ils avaient des armées, se livraient à des opérations commerciales et promulguaient des lois non religieuses. À certains moments de l'histoire, la position du pape impliquait le contrôle des âmes éternelles des catholiques croyants, en même temps qu'elle représentait une importante puissance commerciale et militaire du bassin méditerranéen.

Certains papes jouèrent un rôle militaire plus important que d'autres. Le pape Jules II, au XVIe siècle, était particulièrement ambitieux. Il ne se contenta pas de commander à Michel-Ange la décoration du plafond de la chapelle Sixtine, ses exploits militaires contribuèrent à la mise en question de la doctrine catholique qui donna naissance au protestantisme.

L'Église était attaquée de toutes parts, mais la plus grande menace de toutes venait de l'imprimerie. La Bible officielle de l'Église catholique était rédigée en latin et seuls les gens éduqués pouvaient la lire. Grâce à l'invention de l'imprimerie au XVe siècle, grâce aux traductions de la Bible en allemand, en anglais et en français, les gens disposaient désormais d'un motif pour apprendre à lire. Si la Bible était la parole de Dieu et si les gens pouvaient effectivement la lire, l'Église avait alors moins d'importance en tant qu'intermédiaire entre l'homme et Dieu. L'alphabétisation fut en partie responsable de la montée des différents dogmes protestants.

Le pape et la franc-maçonnerie

Le début du XVIIIe siècle vit l'apparition de la franc-maçonnerie avec sa politique ouvertement non sectaire. Lorsque le pape Clément XII publia sa bulle intitulée *In Eminenti* en 1738, il accusa les maçons d'être populaires (oui, ils l'étaient), de tenir leurs membres au secret (oui, ils le faisaient) et de menacer leurs membres de sanction s'ils ne tenaient pas leurs serments (vrai aussi). Mais la menace d'excommunication des francs-maçons catholiques fut en grande partie ignorée, ce qui témoigna de la perte d'influence de l'Église dans le monde. Celle-ci se montrait en effet incapable d'arrêter la marche triomphale de la philosophie des Lumières.

UN PEU DE TECHNIQUE

Les communications officielles de l'Église, *encycliques* ou *bulles*, sont des règles officielles ou simplement des lettres écrites par le pape et distribuées dans toute la communauté catholique. Le terme bulle vient du sceau officiel, appelée *bulla*, apposé sur le document. Le titre d'une bulle ou d'une encyclique est formé des premiers mots utilisés dans le document.

Les jésuites

Si vous surfez sur Internet, tôt ou tard vous rencontrerez l'allégation d'un lien entre les francs-maçons et les jésuites. Le nom officiel des jésuites est la Société de Jésus. C'est un ordre religieux de prêtres catholiques. Il a été formé en 1534 par Ignace de Loyola, un noble espagnol devenu prêtre après avoir été blessé lors d'une bataille. L'ordre exigeait la chasteté, la pauvreté et l'obéissance, comme la plupart des ordres religieux, mais dès ses débuts, il afficha une totale dévotion au pape. Les jésuites refusent d'accepter des fonctions catholiques de plus haut niveau si le pape ne le leur demande pas et la Société de Jésus préfère servir l'Église avant tout par l'éducation secondaire ou supérieure.

La Société de Jésus fut créée dès la montée de la vague du protestantisme qui s'est propagée en Europe. Les jésuites ont conduit la charge de ce qu'on a appelé la contre-réforme. Certains historiens ont dit des jésuites qu'ils étaient les « troupes de choc » du pape. La Société de Jésus a vigoureusement combattu les idées de la réforme et, dans de nombreux cas, les jésuites se sont acquis une réputation d'hypocrisie dans la guerre psychologique contre le protestantisme.

En France en particulier, l'Église catholique avait une influence et un pouvoir considérables dans tout le pays. Les évêques et les archevêques détenaient d'importantes positions dans le gouvernement royal. Le problème était que la vieille garde de la hiérarchie de l'Église n'avait pas confiance dans les jésuites. Elle avait passé des siècles dans l'intimité des rois de France, mais les jésuites avaient la faveur du pape.

La Société de Jésus pris rapidement une position éminente en matière d'éducation supérieure (correspondant à nos collèges et universités actuels), avec d'excellents résultats. Les jésuites éduquaient aussi les enfants des classes dirigeantes et eurent une énorme influence sur la formation de leur mode de pensée. La Société de Jésus s'étendit rapidement et vers le milieu du XVIIIe siècle, les jésuites étaient partout en Europe, ils parcouraient le Mississippi en canoë aux États-Unis et ils établissaient des écoles et des missions en Inde, au Japon et en-Chine. Leurs activités de missionnaires étaient encore plus intenses que leurs exploits en matière d'éducation. La réussite de leurs efforts de conversion de païens et non-chrétiens dans le monde entier est liée à leur adaptabilité. Ils prenaient en compte les coutumes locales et adaptaient leur enseignement du catholicisme pour qu'il ne soit pas en conflit avec ces coutumes. Cette technique donnait d'excellents résultats mais semblait hérétique à la plupart des autres catholiques. Son application conduisit à faire accuser les jésuites d'utiliser n'importe quelle méthode pour arriver à leurs fins.

L'opposition aux jésuites vint des autres ordres catholiques en concurrence avec eux. Ils étaient les confesseurs des rois et des reines d'Europe et éduquaient leurs enfants. Du fait de ces étroites relations, leurs contacts représentaient un réseau d'informateurs secrets – que des gens non diplomates pourraient appeler des espions. Ils étaient accusés de contrôler secrètement le pape et de travailler en coulisse pour dévoyer le catholicisme. Pire, ils étaient accusés d'être contaminés par leurs contacts mondiaux avec des cultures étrangères et de trahir la véritable doctrine catholique. Ils étaient aussi détestés par l'Espagne et le Portugal, parce qu'ils empêchaient la mise en esclavage des Indiens d'Amérique centrale et d'Amérique du Sud, en créant des États religieux qui les protégeaient.

Influencé par les ordres catholiques concurrents et les penseurs des Lumières qui voulaient priver le clergé de ses propriétés, de ses écoles et de son pouvoir, le roi Louis XV se laissa convaincre de jeter les jésuites hors de France et le pape Clément XIV dissout l'ordre des jésuites en 1773. Ils passèrent à la clandestinité et beaucoup d'entre eux s'enfuirent vers la Prusse et la Russie – ce qui est curieux, car la Prusse était protestante et Frédéric le Grand franc-maçon. L'ordre fut invité à revenir en France par Napoléon en 1814 et le pape Pie VII le rétablit.

Au cours des ans, des affirmations contradictoires ont été énoncées au sujet des jésuites et de la franc-maçonnerie. Certains ont accusé les jésuites d'être les francs-maçons secrets de l'Église, de contrôler le pape en coulisse et de contaminer le véritable catholicisme par des doctrines étrangères, non chrétiennes. D'autres ont affirmé que les maçons étaient les ennemis des jésuites, et avaient conspiré pour obtenir la dissolution de l'ordre en 1773. D'autres encore ont prétendu que la franc-maçonnerie, notamment ses variantes française et bavaroise telles que les Illuminati (voir l'encadré « Les Illuminati », p. 83), avait été inventée par les jésuites pour aider à réinstaller les rois catholiques de la famille Stuart sur le trône d'Angleterre et rendre la Grande-Bretagne au catholicisme.

Une allégation courait au sujet d'un serment secret prononcé par les membres les plus élevés de l'ordre. Ce serment justifiait toute action, y compris l'infiltration d'autres croyances et même le meurtre, au nom de l'intérêt supérieur du catholicisme. Les jésuites ont été accusés d'avoir tué des présidents et des papes, ainsi que d'avoir fomenté des révolutions. Si cela vous semble identique aux conspirations reprochées aux francs-maçons, vous avez raison. Beaucoup de détracteurs pensent que les deux sont inextricablement liés, quel que soit celui qui ait précédé l'autre ou quels que soient leurs plans, et que les deux doivent être détruits.

Parce que la franc-maçonnerie spéculative et la Société de Jésus sont apparues au même moment, parce que l'une et l'autre ont utilisé des éléments de différentes religions et de différentes sociétés qui ont influencé leurs méthodes, parce que les deux ont attiré les intellectuels, avaient des standards de conduite élevés et avaient adopté de fortes valeurs morales et à cause de l'atmosphère de secret qui les entourait, des accusations de conspiration extrêmement diverses semblaient les relier l'une à l'autre. Démontrer l'exactitude d'une quelconque de ces accusations est une autre affaire.

En 1739, un autre édit papal interdit de devenir membre de la franc-maçonnerie dans n'importe quel État pontifical, sous peine de mort. L'exécuteur de la justice papale ne trouvant pas de maçon, il brûla sur une place publique deux livres du maçon écossais et chevalier Andrew Michael Ramsay. L'inquisition a sévi en Espagne, au Portugal et en Italie jusqu'à la fin du XVIIIe siècle, persécutant, emprisonnant et torturant des francs-maçons. Au Portugal, en 1743, trois membres d'une loge de Lisbonne furent pendus.

Au cours des cent quarante années suivantes, les papes successifs ont émis une série de bulles ou d'encycliques de plus en plus hostiles aux maçons. La condamnation la plus sévère fut celle de 1884, publiée par le pape Léon XIII (voir « Pape Léon XIII : les méfaits de la liberté », p. 73).

Le pape Pie IX : le monde catholique en désarroi

Nous avons souvent tendance à penser que les rébellions contre l'ordre établi sont des réactions modernes. Rien n'est plus loin de la vérité. Le monde était en pleine rébellion au XVIIIe et au XIXe siècles. Les religions, les rois et les pays étaient confrontés dans le monde entier aux attaques de révolutionnaires qui remettaient tout en cause. Les rois ne disposaient plus du droit divin pour régner, la noblesse devait être méritée plutôt qu'héritée et la religion était une question de choix personnel.

Pie IX devint pontife en 1846 et il était conscient des changements qui se produisaient dans le monde. Au début, son attitude fut celle d'un libéral enclin à faire des réformes : il annula les lois oppressives contre les juifs dans ses États pontificaux et il accepta des réformes dans le gouvernement. Les révolutionnaires devenaient populaires et le pape dut faire appel à des troupes françaises et autrichiennes pour maintenir l'ordre sur ses propres territoires.

Sur le front spirituel, Pie IX provoqua une tempête de controverses au sein de l'Église en annonçant en 1854 que la mère de Jésus, Marie, avait été conçue sans péché originel. Ce dogme catholique connu sous le nom du *dogme de l'immaculée conception* élevait Marie à un niveau spirituel égal à celui du Christ lui-même. Il créa un véritable choc dans le monde religieux en 1870, lorsque le premier concile du Vatican proclama la doctrine de l'infaillibilité pontificale, ce qui voulait dire que lorsque le pape se prononçait sur des questions de foi ou de moralité, il était incapable de faire une erreur. De telles annonces entraînèrent des vagues de sentiment anticatholique et de protestations dans le monde entier.

En 1848, une révolte conduite par le franc-maçon Giuseppe Garibaldi entraîna finalement la perte de tous les États pontificaux, à l'exception de Rome. En 1870, même Rome fut prise et la propriété du pape se réduisit à la minuscule surface connue aujourd'hui sous le nom de cité du Vatican. L'Italie était unifiée en un seul pays, mais l'Église n'était plus désormais une puissance mondiale. Le franc-maçon Simon Bolivar libérait l'Amérique du Sud et le franc-maçon Benito Juarez libérait le Mexique. La papauté perdait sa puissance en Europe, des biens au Nouveau Monde, et notamment des plantations, des mines d'or et des mines d'argent au Mexique et en Amérique du Sud. À chaque fois, des francs-maçons étaient impliqués, donc la faute revenait à la franc-maçonnerie.

Le Grand Orient de France

La franc-maçonnerie traditionnelle a toujours observé une attitude neutre en matière de croyances religieuses, mais certains groupes de francs-maçons français étaient particulièrement irrités par les changements de position de l'Église, et notamment par les déclarations choquantes du pape Pie IX sur l'infaillibilité pontificale. En France, on avait vu une suite interminable de Grandes Loges concurrentes s'établir dans le pays depuis le début du XVIIIe siècle. Le Grand Orient de France était l'un des groupes importants qui s'était éloigné de plus en plus des pratiques maçonniques dites régulières et ses membres avaient commencé à se mêler de politique et de mouvements sociaux. En 1877, le Grand Orient de France bouscula le monde maçonnique en supprimant de ses statuts la croyance en un être suprême et cessa d'imposer l'ouverture d'un Volume de la Loi Sacrée lors des réunions des loges. La grande majorité des Grandes Loges du monde entier déclarèrent irrégulier le Grand Orient de France. Il reste à ce jour une grande organisation maçonnique et populaire, mais irrégulière et non reconnue.

Le pape Léon XIII : les méfaits de la liberté

Pie IX meurt en 1878. Son règne fut l'un des plus longs de l'histoire de la papauté. Son successeur, le pape Léon XIII, avait des raisons d'être frustré du territoire et de l'influence dont il héritait (par comparaison à ce dont avait hérité son prédécesseur trente-deux ans auparavant). L'Église était attaquée de toutes parts. En 1882, Léon XIII lança une encyclique de 25 pages intitulée *Humanum Genus*. Il prenait position devant le monde entier : le monde était divisé entre le royaume de Dieu et le royaume de Satan et la franc-maçonnerie figurait au beau milieu du domaine de Satan.

Voici quelques-unes des thèses défendues par les francs-maçons et retenues contre eux par le pape Léon XIII :

> « Les hommes sont égaux en droit ; tous, à tous les points de vue, sont d'égale condition. Étant tous libres par nature, aucun d'eux n'a le droit de commander à un de ses semblables et c'est faire violence aux hommes que de prétendre les soumettre à une autorité quelconque, à moins que cette autorité ne procède d'eux-mêmes. Tout pouvoir est dans le peuple libre ; ceux qui exercent le commandement n'en sont les détenteurs que par le mandat ou par la concession du peuple, de telle sorte que si la volonté populaire change, il faut dépouiller de leur autorité les chefs de l'État, même malgré eux. La source de tous les droits et de toutes les fonctions civiles réside soit dans la multitude, soit dans le pouvoir qui régit l'État, mais quand il a été

> constitué d'après les nouveaux principes. En outre, l'État doit être athée. Il ne trouve, en effet, dans les diverses formes religieuses, aucune raison de préférer l'une à l'autre ; donc, toutes doivent être mises sur un pied d'égalité. »

Si cela vous paraît ressembler à un manuel d'instruction relatif à la Constitution des États-Unis d'Amérique ou aux Droits de l'homme, vous avez raison. Léon XII ne trouvait là rien de particulièrement admirable. Il poursuivait : « Leurs principaux dogmes sont si grandement et si manifestement contraires à la raison que rien ne peut être plus pervers. » Si ces idées sont perverses aux yeux de l'Église, alors que dire de tous les documents qui fondent les nations démocratiques modernes, comme la Constitution des États-Unis !

La position moderne de l'Église sur la franc-maçonnerie

La politique de l'Église catholique a toujours été de condamner tout groupe dont les idées diffèrent des siennes.

Aujourd'hui, il règne une certaine confusion quant à la position de l'Église sur la franc-maçonnerie. L'Église considère les francs-maçons comme « des gens inoffensifs et bien intentionnés » et admet que la franc-maçonnerie est « bénéfique pour le pays, ou en tout cas tout à fait inoffensive ». Cependant, elle émet des objections à l'égard des serments solennels relatifs au secret et pense que la franc-maçonnerie « tend à miner la foi de la chrétienté catholique en lui substituant ce qui se ramène à une religion rivale basée sur des principes déistes ou naturalistes ».

Le droit canon (la loi de l'Église catholique) a été modifié pour la dernière fois en 1983. Antérieurement à cette date, la loi de l'Église considérait la franc-maçonnerie comme un groupe subversif tant au plan politique qu'au plan religieux. Cependant, l'Église semble désormais comprendre la différence entre la franc-maçonnerie régulière et reconnue et des groupes de maçons irréguliers ou des maçons individuels qui se sont engagés dans des luttes religieuses, sociales et politiques. L'absence de mention de la maçonnerie dans la récriture du droit canon de 1983 semble permettre aux catholiques de rejoindre une loge maçonnique régulière. Mais l'Office de la congrégation sacrée pour la doctrine de la foi (le successeur moderne de l'inquisition) dirigé par le cardinal Ratzinger est en désaccord avec cette interprétation. En 1983, le cardinal Ratzinger, qui allait devenir le pape Benoît XVI en 2005, écrit une clarification disant qu'il n'y a pas de changement et que les catholiques qui deviennent maçons sont en état de péché grave et ne peuvent recevoir la communion (voir ce texte chapitre 19, p. 325).

Dernière contribution à cette question : un texte de 2003 émanant du Conseil pontifical de la culture et pour le dialogue interreligieux à propos de la culture New Age épingle la franc-maçonnerie. Elle est vue comme participant à cette culture qui tente de donner à l'homme des moyens de rechercher un sens à leur vie, par eux même, dans l'expérience quotidienne et par une démarche spirituelle qui, bien sûr, s'affranchit des Églises.

Les individus de confession catholique sont dans l'embarras. Quatre-vingt pour cent des francs-maçons des Philippines sont catholiques et la maçonnerie est florissante dans de nombreux pays principalement catholiques, comme le Mexique par exemple. À l'évidence, des milliers de catholiques sont maçons sans crise de conscience. Toutefois, les catholiques envisageant de rejoindre une loge doivent connaître les positions de l'Église catholique sur la franc-maçonnerie avant de s'engager. Le reste est du domaine de la conscience personnelle. Certains catholiques n'utilisent-ils pas le préservatif ?

La franc-maçonnerie et les protestants

Il est incontestable que la franc-maçonnerie a été vue aux États-Unis comme une organisation principalement anglo-saxonne et protestante, indépendamment de ses objectifs élevés de tolérance sociale, religieuse et raciale. C'est un fait que l'immense majorité des francs-maçons, au cours des siècles, ont été des protestants, spécialement dans les pays de langue anglaise. La plupart des variantes du protestantisme n'ont aucune objection officielle à ce que leurs membres deviennent francs-maçons. Cependant, il y a eu de temps à autre des oppositions entre les maçons et les Églises protestantes.

Récemment, la Convention des baptistes du Sud, la plus grande association de baptistes américaine, a annoncé que la franc-maçonnerie était incompatible avec les croyances de ses membres. L'Église libre méthodiste a été fondée dans les années 1860 précisément parce que ses créateurs pensaient que trop de méthodistes étaient contaminés par leur participation à la franc-maçonnerie et à d'autres sociétés secrètes de l'époque. Sans aucun doute, les rapports les plus difficiles des maçons avec les protestants concernent les variantes fondamentalistes et évangéliques du protestantisme, que l'on rencontre plus particulièrement dans les pays anglo-saxons.

Fondamentalistes et francs-maçons

De nombreux chrétiens fondamentalistes sont contre la franc-maçonnerie. En effet, certains pasteurs encouragent leurs membres à témoigner de leur foi à tout moment et en tout lieu. Or la loge n'est pas le meilleur endroit pour l'évangélisation. Mais la dissension va plus loin que la simple interdiction de prêcher dans une loge.

Malheureusement, une petite industrie de livres, de tracts, de sites Web, de bandes audio, de vidéos et de séries de conférences antimaçonniques a été développée par certains fondamentalistes opportunistes. La liste des accusations ridicules formulées contre les francs-maçons est interminable : les maçons adorent le diable, pratiquent la sorcellerie, ont leur propre Bible maçonnique, le secret de leur ambition de convertir le monde à leur religion satanique est caché aux membres les plus modestes des loges et n'est révélé qu'aux maçons du 33e degré du rite écossais au cours d'une cérémonie luciférienne… Et les accusations n'en finissent pas.

Bien sûr, les francs-maçons ne doivent pas se sentir seuls visés. Beaucoup de ces mêmes personnes s'en prennent aux catholiques, aux juifs, aux Nations unies, à l'Union européenne, à la Banque mondiale et aux multinationales. Nous vivons dans une société libre et il y aura toujours des gens à la lisière du déséquilibre mental ou vivant de l'exploitation de ceux qui s'y trouvent. Ils continuent de propager des contrevérités sur la franc-maçonnerie, au nom du salut des chrétiens. J'examine plus en détails ces mythes et de ces mensonges au chapitre 8 (voir p. 155). La vérité est que des millions d'hommes ont été membres de loges maçonniques au cours des trois derniers siècles et que des dizaines de milliers d'entre eux ont été des pasteurs, des diacres, des rabbins, des évêques, des prêtres et d'autres théologiens. La maçonnerie encourage ses membres à être de meilleurs citoyens et à chercher des réponses à leurs aspirations spirituelles par eux-mêmes, y compris au sein de leurs propres Églises.

La franc-maçonnerie et les juifs

La franc-maçonnerie n'a pas de conflit avec le judaïsme. Cependant, l'acceptation des juifs dans les loges maçonniques a varié au cours des années, en fonction de préjugés affectant les lieux et les époques.

Une vie à part

Lorsque les francs-maçons ont formé la première Grande Loge à Londres en 1717, la société européenne n'était pas accueillante pour les juifs. Après la peste noire, la grande peste bubonique qui a balayé presque un tiers de la population de l'Europe au XIVe siècle, les juifs ont été traités en boucs émissaires de la peste. Ils ont été accusés d'empoisonner des puits pour tuer des chrétiens et ont été presque complètement chassés d'Europe occidentale. La plupart se sont enfuis en Pologne, tandis qu'une communauté juive importante survivait en Espagne en se convertissant au catholicisme. L'inquisition espagnole a été créée par l'Église comme une institution d'investigation non violente visant à établir si les juifs convertis étaient sincères.

Pendant des centaines d'années, les juifs ont été contraints par les sociétés chrétiennes de vivre dans des territoires séparés appelés ghettos. Ils n'avaient pas le droit de rejoindre des guildes d'artisans ni de se livrer à des travaux demandant une habileté manuelle, de sorte qu'ils étaient réduits aux rôles de marchants ambulants ou de prêteurs d'argent (un travail interdit aux chrétiens). Du fait des rares professions que les juifs pouvaient pratiquer, les ghettos étaient pauvres, délabrés et surpeuplés. Leurs habitants étaient vêtus selon leurs préceptes religieux, ce qui leur donnait un aspect différent du reste de la société. Jusqu'au XIXe siècle compris, ils se voyaient refuser la citoyenneté par de nombreux pays et, dans les États pontificaux, ils étaient tenus d'assister régulièrement à des sermons de conversion. Les lois édictées contre les juifs faisaient qu'ils étaient considérés comme une espèce à part dans les pays où ils étaient autorisés à habiter.

SUPER MENTEUR

Les Protocoles des sages de Sion : un faux qui a la vie dure

Vers la fin du XIXe siècle, l'*okhrana*, la police secrète du tsar, créa de toutes pièces un document de propagande appelé *Les Protocoles des sages de Sion*. Ce document décrivait une réunion secrète d'un groupe de Juifs, qui discutaient leurs plans de conquête du monde, utilisant les francs-maçons comme complices.

Les *Protocoles* sont à l'origine d'une croyance largement répandue en une « conspiration » de banquiers juifs contrôlant le monde. Selon les *Protocoles*, les Juifs sont derrière un plan de conquête du monde, avec l'aide des francs-maçons ; les Juifs et les maçons contrôlent la presse et les tribunaux ; les révolutionnaires juifs utilisent le libéralisme pour affaiblir la chrétienté et l'État ; les intellectuels juifs sèment la confusion chez les gens du peuple et remplacent les programmes éducatifs traditionnels pour décourager la pensée indépendante et encourager l'immoralité chez les enfants chrétiens ; les Juifs utilisent leurs monopoles bancaires internationaux et le crédit pour détruire l'économie en favorisant des monnaies fiduciaires non liées à l'étalon-or ; les Juifs et les maçons contrôlent les gouvernements en coulisse en soumettant les politiques à un chantage ; dans les période des grandes difficultés, les Juifs suspendront les libertés civiles puis rendront secrètement ces mesures permanentes.

Il s'agissait d'histoires incroyables, inspirées par un ouvrage antimaçonnique écrit en 1797 par un prêtre jésuite français nommé Augustin Barruel, qui rendait les francs-maçons responsables de la Révolution française (il décrivait en fait les Illuminati – voir l'encadré « Les Illuminati » p. 83 – mais n'avait pas une perception claire de la franc-maçonnerie). Dix ans plus tard, il récrivit sa thèse, en accusant cette fois les Juifs. Dans les années 1840, l'auteur français Eugène Sue exhuma la même histoire de conspiration, en accusant cette fois les jésuites ! Après quoi, il fut plagié en 1864 par un autre auteur français, Maurice Joly, qui rédigea un pamphlet intitulé *Dialogues en enfer entre Machiavel et Montesquieu*. Joly parlait en fait d'une conspiration entre le diable et Napoléon III, non entre les francs-maçons et les Juifs, mais il s'agissait des mêmes accusations, avec une série différente de personnages malfaisants. La police secrète russe s'en empara ; elle adora la trame de l'histoire et, avec certaines adaptations créatives, désigna comme ennemis à la fois les Juifs et les maçons. Mais cette fois ce n'était pas seulement la Russie qu'ils voulaient détruire, c'était le monde.

Un moine russe republia les *Protocoles* en 1905 et, au fil des années, donna une grande variété d'explications sur ses origines, toutes aussi fausses les unes que les autres. Il annonça finalement en 1917 qu'ils faisaient partie des minutes du congrès sioniste tenu à Bâle en 1897. Curieusement, la réunion avait été ouverte au public et un certain nombre de figures du clergé chrétien et de la politique y avait participé, mais aucun de ceux qui étaient présents ne se souvenait d'avoir vu ou entendu ce qui était décrit dans le document. Ce qui avait été effectivement discuté lors de la réunion était la création d'une organisation juive pour l'achat de terres en Palestine en vue de la création d'une terre d'accueil juive. En dépit de ces précisions conformes à la vérité, les Russes prirent le contenu fictif du document pour argent comptant et se servirent des *Protocoles* comme justification des massacres de Juifs après la révolution russe de 1917.

Lorsque Adolf Hitler arriva au pouvoir, il utilisa les *Protocoles* comme justification de son plan d'extermination des Juifs. Les francs-maçons figuraient aussi sur sa liste et ils furent emmenés dans les camps de concentration.

Les *Protocoles* ont circulé partout pendant plus de cent ans et on peut les trouver aujourd'hui sur Internet, postés par toute une gamme de groupes croyant à des conspirations. Les *Protocoles* (appelé aussi Constitution secrète) restent très populaires dans les pays islamiques, notamment en Égypte et en Arabie Saoudite, où ils sont encore aujourd'hui proposés aux enfants des écoles comme texte à étudier et absorbés comme des vérités absolues. De nombreux groupes, dont *The African American Nation of Islam*, des groupes blancs de milices armées, le groupe terroriste palestinien Hamas et le parti nazi américain continuent de propager les *Protocoles* comme représentant des faits. D'autres enlèvent simplement les mots *Juifs* et *francs-maçons* et les remplacent par *néoconservateurs* ou *banquiers internationaux*. Les mensonges restent les mêmes.

Au XVIIe siècle, les juifs commencèrent à revenir en Allemagne, dans le sud de la France et en Hollande. En 1654, l'Angleterre commença à permettre aux juifs de revenir dans le pays. Les violentes guerres de religion prenaient fin en Europe. Puis, au XVIIIe siècle, la philosophie des Lumières suscita une plus grande compréhension et une plus grande tolérance des différentes religions.

Des juifs dans la loge

Les premiers juifs commencèrent à rejoindre des loges à Londres en 1721 et nombre d'entre eux considérèrent alors l'appartenance à une loge comme un symbole de libération des anciennes restrictions sociales et légales. La loge était en effet l'un des premiers endroits où des chrétiens et des juifs pouvaient s'asseoir côte à côte en se considérant plus ou moins comme égaux.

De nombreux juifs arrivèrent dans les colonies américaines au XVIIIe siècle et rejoignirent certaines des premières loges qui y furent ouvertes. Il y avait, avant 1800, au moins quatre juifs Grands Maîtres de Grandes Loges américaines. Cependant, les préjugés contre les juifs avaient été une force redoutable pendant toute l'histoire et de nombreuses loges dans le monde les ont officiellement ou officieusement exclus.

L'Allemagne et la Russie ont été fortement antisémites et antimaçons durant toute la fin du XIXe siècle et jusqu'à la Seconde Guerre mondiale. Les juifs et les maçons furent progressivement perçus comme coopérant à un complot de destruction de la chrétienté et d'encouragement aux révolutions, surtout après la Révolution française. Les juifs, sous le règne des tsars, ne se virent jamais accorder la citoyenneté. En Allemagne, avant la Première Guerre mondiale, les juifs se voyaient refuser l'accès aux loges maçonniques.

Les rituels de la franc-maçonnerie font appel à des histoires de l'Ancien Testament, la portion de la Bible commune aux juifs et aux chrétiens. En fait, les trois degrés des loges reposent solidement sur le symbolisme de la construction du Temple de Salomon (voir chapitre 7, p. 141). Bien que la maçonnerie procède essentiellement de l'évolution d'une organisation chrétienne en une organisation distincte de la religion chrétienne, les antisémites n'ont jamais cessé de prétendre que la franc-maçonnerie était un groupe dédié au mal, assoiffé de puissance, présidé par des juifs visant à contrôler (ou contrôlant déjà) le système bancaire international et tous les gouvernements. Le monde ne manque pas de bigots et tous les faits démontrant que ces accusations sont fausses ne font que renforcer leur croyance : l'influence juive et maçonnique sur les événements du monde s'exerce de manière d'autant plus secrète.

Loges israéliennes : des modèles d'amour fraternel

Malgré six décennies de violence au Moyen-Orient depuis la création de l'État d'Israël en 1948, la franc-maçonnerie est florissante dans ce pays. Il y a près de 50 loges en Israël. Des juifs, des chrétiens, des musulmans et des Druzes y travaillent ensemble en tant que membres. Le sceau officiel de la Grande Loge d'Israël comporte une étoile de David, une croix chrétienne et un croissant musulman, superposés à l'équerre et au compas maçonniques. Il serait difficile de trouver une meilleure illustration de tolérance religieuse.

La franc-maçonnerie et l'islam

Comme dans le cas du christianisme et du judaïsme, il n'y a pas de conflit entre la franc-maçonnerie et les enseignements de l'islam. Cependant, la maçonnerie a été déclarée hors la loi dans tous les pays musulmans, à l'exception du Maroc, du Liban et de la Turquie.

Après l'excommunication des francs-maçons catholiques par le pape Clément XII en 1738, le sultan Mahmut I, chef de l'Empire ottoman, rendit hors la loi la franc-maçonnerie dans la totalité du Moyen-Orient et de l'Afrique du Nord, sous la pression de ses sujets chrétiens et avec l'approbation de ses oulémas (les théologiens islamiques).

La maçonnerie fut populaire quelque temps en Égypte et en Algérie au XIXe siècle. L'émir Abd El Kader, considéré comme un héros fondateur de la nation algérienne, était franc-maçon. Il fut un adversaire acharné de la France pendant la période 1832-1847, emprisonné dans ce pays jusqu'en 1852 puis libéré par le prince Louis-Napoléon qui lui conféra le grand cordon de la Légion d'honneur.

Après la Première Guerre mondiale et la dislocation des territoires qui composaient l'Empire ottoman, la franc-maçonnerie réapparut brièvement au Moyen-Orient grâce aux travailleurs anglais, écossais et français de l'industrie pétrolière. Quelques loges existent encore dans des pays musulmans sur des bases militaires américaines et britanniques, mais la plupart des Arabes musulmans se voient interdire par leur gouvernement de les rejoindre.

CHEZ NOS VOISINS

L'une des organisations les plus influentes pour l'interprétation de la loi islamique est l'université théologique d'El-Azhar au Caire. En 1978, elle a émis une opinion relative à « l'organisation des francs-maçons ». Cette opinion comportait les points suivants :

- La franc-maçonnerie est une organisation clandestine, qui cache ou révèle son système, en fonction des circonstances. Ses principes véritables sont cachés à ses membres, sauf à des membres choisis de ses plus hauts degrés.
- Les membres de l'organisation, dans le monde entier, sont des hommes sans préférence pour leur religion, leur foi ou leur secte.
- L'organisation attire ses membres en leur procurant des avantages personnels. Elle les amène à avoir des activités politiques et ses objectifs sont injustes.
- Les nouveaux membres participent à des cérémonies comportant des noms et des symboles différents et ils ont trop peur pour désobéir aux règlements et aux ordres de l'organisation.
- Les membres sont libres de pratiquer leur religion, mais seuls les membres qui sont athées sont promus aux plus hauts degrés de l'organisation, dans la mesure où ils acceptent de servir ses principes et ses plans dangereux.
- C'est une organisation politique. Elle a servi toutes les révolutions, ainsi que des transformations militaires et politiques. Dans tous les changements dangereux, une relation à cette organisation a été montrée ou est restée masquée.
- C'est dans ses racines une organisation juive. Son organe administratif secret au plan international est composé de juifs et il promeut les activités sionistes (pro-Israël).
- Ses principaux objectifs sont la destruction de toutes les religions et elle détourne les musulmans de l'islam.
- Elle tente de recruter des personnes influentes des milieux financiers, politiques, sociaux ou scientifiques pour les utiliser. Elle ne prend pas en considération les candidats qu'elle ne peut utiliser. Elle recrute des rois, des Premiers ministres, de hauts responsables gouvernementaux et des individus similaires.
- Elle a des branches sous différents noms comme camouflage, afin qu'il soit difficile de suivre ses activités, surtout dans les cas où la franc-maçonnerie rencontre une opposition. Ces branches masquées sont connues sous le nom de Lions, Rotary, et autres. Elles ont des principes pernicieux qui sont en totale contradiction avec les règles de l'islam.
- Il y a une relation claire entre la franc-maçonnerie, le judaïsme et le sionisme international. L'organisation a contrôlé les activités de hauts responsables arabes lors du conflit palestinien.
- Tout musulman qui s'affilie à cette organisation, connaissant la vérité sur ses objectifs, est un infidèle à l'islam.

Bref, une synthèse relookée des *Protocoles* et encycliques papales des siècles derniers.

Les francs-maçons savent que ces affirmations n'ont absolument aucun fondement. Malheureusement, de nombreux pays islamiques ne croient pas à la séparation de l'Église et de l'État, et sont gouvernés par la stricte application de la charia, basée sur une interprétation littérale et étroite des lois du Coran. Par suite, être un franc-maçon dans ces pays peut conduire à une condamnation à mort.

Un autre sujet de litige entre les musulmans et la franc-maçonnerie vient des États-Unis et concerne quelque chose que les maçons américains considèrent comme inoffensif, mais non les musulmans. Il s'agit d'une organisation humanitaire appelée Les Anciens Nobles arabes du sanctuaire mystique (les *shriners* en anglais). Cet organisme créé dans les années 1870 puise la symbolique de ses cérémonies, ses costumes et ses décorations dans les *Contes des mille et une nuits*. Les shriners appellent leurs juridiction des oasis, les bâtiments qu'ils construisent ressemblent à des mosquées, avec des minarets et des dômes, ils portent des fez et ils utilisent l'expression arabe *al salam aleikum* (« la paix soit avec toi ») comme salutation. Malheureusement, de nombreux musulmans dévots ne pensent pas que de telles choses soit un hommage à leur culture. Ils pensent au contraire que leur foi et leur culture sont victimes d'une moquerie.

La franc-maçonnerie et le bouddhisme

Le bouddhisme n'est pas considéré à proprement parler comme une religion mais plus comme une tradition ou philosophie orientale. De plus en plus de personnes se disent bouddhistes ou sont attirées par les préceptes de cette tradition : tolérance, non-violence, végétarisme, recherche spirituelle, pratique de la méditation et surtout ni dogme ni Église. Le bouddhisme ignore complètement la franc-maçonnerie et aucune réserve n'a jamais été formulée à son encontre. Par contre, les francs-maçons s'intéressent au bouddhisme comme voie spirituelle et certains francs-maçons se disent également bouddhistes, preuve qu'on peut pratiquer ces deux méthodes et qu'elles ne sont pas incompatibles. Tout dépend peut-être de l'intensité de l'engagement dans l'une ou l'autre démarche.

La politique et les maçons

Comme la religion, la politique est un sujet de discussion interdit dans les loges maçonniques classiques, régulières. Le livre original des *Constitutions* d'Anderson, publié en Angleterre en 1723 et texte fondateur de la franc-maçonnerie spécifie :

« Un maçon est un sujet pacifique des pouvoirs civils, où qu'il réside ou travaille, et il ne doit jamais être impliqué dans des complots et des conspirations contre la paix et le bien-être de la nation, ni se comporter indûment à l'égard de magistrats inférieurs ; car comme la maçonnerie a toujours été victime des guerres, du sang versé et des désordres, les anciens rois et princes ont toujours été disposés à encourager les membres de la franc-maçonnerie, à cause de leur attitude pacifique et de leur loyauté, répondant ainsi aux récriminations de leurs adversaires, et ils ont promu l'honneur de la franc-maçonnerie, qui a toujours été florissante en temps de paix. De sorte que si un maçon devait devenir rebelle contre l'État, il ne doit pas être toléré dans sa rébellion, quelle que soit la pitié qu'il peut inspirer s'il est malheureux ; et s'il n'est reconnu coupable d'aucun autre crime, bien que la franc-maçonnerie loyale ait l'obligation et le devoir de condamner sa rébellion et de ne pas donner ombrage ni raison de mécontentement politique au gouvernement du moment, elle ne doit pas l'exclure de la loge et sa relation à la loge reste indissoluble. »

Les Grandes Loges classiques ont adopté cette formulation, ou quelque chose de très voisin, de façon presque universelle. Comment se fait-il alors que les francs-maçons aient acquis la réputation d'être une société pernicieuse ayant provoqué des révolutions et prenant secrètement le contrôle des gouvernements ? L'origine de ces rumeurs est à rechercher dans l'histoire de France et de l'Allemagne.

Désordres politiques dans l'Europe du XVIIIe siècle

La franc-maçonnerie spéculative s'est rapidement étendue de l'Angleterre au continent européen après 1717. Comme elle avait commencé par être une organisation anglaise, certains des rois d'Europe s'inquiétaient de voir des loges opérer dans leur pays. La Grande-Bretagne avait été le siège d'une sanglante révolution dans les années 1640, les Anglais avaient décapité un monarque et en avaient exilé un autre. Pire, les maçons avaient des « secrets » qu'ils refusaient de divulguer. Pourtant, de nombreux membres de familles royales rejoignirent la franc-maçonnerie quand ils s'aperçurent que les loges étaient conçues pour être apolitiques, désireux qu'ils étaient d'adopter les nouvelles philosophies de l'époque.

Toutefois, dans le climat politique tendu de Paris, des descentes de police furent effectuées au cours de réunions maçonniques, et ce qu'elles permirent de découvrir ne plut pas au gouvernement ; des nobles s'asseyaient à côté d'hommes de basse extraction, des médecins et des avocats assistaient à des réunions secrètes avec de modestes commerçants et dans une loge, on vit même un trompettiste noir du palais du roi. Les maçons refusaient de divulguer ce qui se passait dans leurs réunions. De plus, chacun d'entre eux admettait que leurs loges fussent administrées par des officiers qui avaient été élus par un suffrage démocratique. Impensable pour l'époque !

Il est indéniable que de nombreux Européens qui souhaitaient remplacer les monarchies par des gouvernements républicains rejoignirent des loges maçonniques. Les loges étaient un endroit très attractif pour des hommes qui voulaient discuter des sujets philosophiques de l'âge des Lumières tels que les progrès de la société et les droits de l'homme. L'ordre ancien et confortable de nations gouvernées par des rois héréditaires, avec de riches nobles au sommet et des paysans asservis tout en bas, était mis en cause dans toute l'Europe et des loges maçonniques surgissaient un peu partout. De nombreux dirigeants inquiets établissaient une relation entre les deux, bien que les francs-maçons fussent loin d'avoir un monopole des idées révolutionnaires.

Les Illuminati

La situation de la franc-maçonnerie en Prusse, en Bavière et en Autriche était presque aussi complexe qu'en France, pour des raisons similaires. De multiples ordres et rites nouveaux et concurrents se créaient, qui n'avaient que peu ou pas de rapports avec ceux de la franc-maçonnerie anglaise.

En Bavière, un professeur de droit religieux nommé Adam Weishaupt eut une excellente idée. En 1778, il forme un groupe appelé l'*Ordre des Perfectibilistes* (des perfectionnistes) avec la notion que, grâce à l'aide mutuelle, à des discussions philosophiques et des conseils judicieux, il augmenterait la moralité et la vertu, combattrait le mal, améliorerait la société et, ainsi, réformerait le monde. Ces objectifs semblaient maçonniques et, de fait, Weishaupt copia certaines de ses cérémonies sur le rituel maçonnique.

Weishaupt était un intellectuel. Il était né juif, avait été baptisé comme catholique et avait été éduqué par les jésuites (voir dans ce chapitre l'encadré « Les jésuites », p. 70). Cherchant de nouvelles recrues pour son groupe, il rejoignit une loge maçonnique en 1777. Là, il intéressa plusieurs compagnons maçons qui se considéraient comme des intellectuels et ils changèrent le nom du nouvel ordre en *Illuminati* (au sens d'inspirés intellectuellement). Il fallait oser !

Pour commencer, il ne réussit à convaincre que quatre compagnons de le rejoindre. Ils adoptèrent des noms et des codes secrets pour communiquer entre eux. Weishaupt en particulier devait tenir son rôle secret, tirant ses revenus de son poste de professeur de droit canon dans une université catholique. Sous le nom de plume Spartacus, Weishaupt esquissa un plan secret pour infiltrer les francs-maçons, renverser les gouvernements des nations et les Églises, prendre le contrôle du monde et créer un nouvel ordre mondial de tolérance et d'égalité.

En peu de temps, les Illuminati comptèrent environ 2000 membres ; ils s'étendirent en Belgique, en Hollande, au Danemark, en Suède, en Hongrie, en Italie et en France. Un ami de Weishaupt, le baron Adolf Knigge, était un maçon bien connu en Bavière. Il aida Weishaupt à développer des rituels de degrés, basés sur les cérémonies maçonniques. Malheureusement, les Illuminati attirèrent à la fois le meilleur et le pire de la société aristocratique et ses objectifs tendirent bientôt davantage vers la destruction des gouvernements et des Églises que vers l'amélioration de la société, de sorte que le baron Knigge finit par en avoir assez. La lutte entre les deux hommes créa une rupture entre les deux factions.

Dans le même temps, les étudiants catholiques de Weishaupt à l'université d'Ingoldstadt étaient de plus en plus abreuvés de sa rhétorique anticatholique. Les jésuites comprirent qui était Spartacus et le chassèrent. En tant que confesseurs des familles royales d'Europe, ils avaient leur propre réseau d'espions et ils convainquirent le gouvernement bavarois d'arrêter Weishaupt en 1784. Ce dernier s'enfuit du pays mais laissa derrière lui des papiers compromettants, décrivant le plan ambitieux et bizarre des Illuminati en vue de la domination du monde. Ceux-ci furent largement publiés dans toute l'Europe pour faire connaître les plans secrets des Illuminati et se débarrasser d'autres membres, dont beaucoup finirent en prison.

La secte des Illuminati n'a jamais été populaire et le mouvement tomba complètement en désuétude à la fin du siècle. Il s'agissait d'un groupe minuscule, insignifiant, et en grande partie ridicule, sans effet sur la société dans laquelle il opérait. Aujourd'hui cependant, les théoriciens de la conspiration pensent qu'il survit comme la force secrète contrôlant la franc-maçonnerie et qu'il poursuit ses objectifs pernicieux de domination du monde (voir chapitre 18, p. 295).

La franc-maçonnerie foisonne en France

La maçonnerie est venue en France presque dès ses débuts en Angleterre, apportée par les nombreux expatriés anglais et écossais qui s'y installaient (voir chapitre 2, p. 38). Les jacobites (partisans du roi anglais déposé James II, qui s'était réfugié en France) appréciaient la franc-maçonnerie et formèrent plusieurs loges. De multiples Grandes Loges concurrentes commencèrent à se former dans tout le pays.

Aux armes citoyens !

En France, comme aux États-Unis, la franc-maçonnerie a été montrée du doigt comme une force révolutionnaire. La principale différence est que, aux États-Unis, on lui en a attribué le crédit, alors qu'en France on l'en a blâmée.

Dans le cas de la franc-maçonnerie française, cette accusation est très peu justifiée. La vague de radicalisme sanguinaire qui a balayé le pays était trop rapide pour toute pensée rationnelle. Tout d'abord, le roi fut exécuté. Puis les hommes qui l'avaient exécuté se retournèrent les uns contre les autres. Après le passage à la guillotine des derniers membres de la Terreur, les Français commencèrent à considérer le carnage qu'ils s'étaient infligés les uns aux autres. Stupéfaits et honteux, ils cherchèrent des responsables. La franc-maçonnerie semblait un bouc émissaire assez commode.

C'est un fait que les loges maçonniques étaient le refuge naturel des penseurs français des Lumières. Il n'y a aucun doute que ces hommes déploraient le pouvoir de l'Église catholique que la révolution allait détruire. Il y avait à cela une raison : l'Église avait du pouvoir en France, beaucoup plus de pouvoir que dans n'importe quel autre pays d'Europe.

Situation politique confuse et religion

L'Église catholique était exempte de tout impôt. Le clergé catholique était chargé de pratiquement toutes les formes d'éducation publique. Près de un cinquième des terres cultivables était aux mains de l'Église et les fermiers locataires qui y travaillaient lui payaient les charges et les taxes féodales au lieu de les verser à un propriétaire noble.

Les hautes personnalités de l'Église – les archevêques et les abbés – habitaient à la Cour, dans un train de vie somptueux, tandis que les moines et les prêtres campagnards étaient très pauvres, payant même des dîmes à leurs supérieurs. Non seulement l'Église collectait ces dîmes, mais, chargée de tous les testaments, elle proposait également aux pécheurs mourants, contre de l'argent, des indulgences à présenter au Ciel. Le roi avait brutalement chassé les huguenots (les protestants français) et la monarchie ne permettait à personne de mettre en cause la suprématie de l'Église.

On peut probablement pardonner au reste du pays d'avoir été mécontent de payer des impôts, tandis que les hauts dignitaires du clergé vivaient à la Cour comme les nobles de la féodalité. Les penseurs des Lumières voulaient changer cette situation. Presque tout le monde en France avait l'impression que le roi recevait ses ordres du pape à Rome. On n'enseignait au peuple que ce que le Vatican voulait qu'il sache et l'Église bénéficiait de privilèges économiques exorbitants. Tout ce ressentiment couvait et la Révolution approchait.

Les maçons ne prêchaient pas un changement social violent, ils essayaient plutôt de guider les autres par l'exemple. Dans les loges maçonniques françaises, contrairement à ce qui se passait dans la société française avant la Révolution, la classe moyenne était assise côte à côte avec les nobles et le clergé. Leur devise « Liberté, Égalité, Fraternité » était une vérité sincère et leur orientation politique suivait une voie modérée. Ils regardaient l'Angleterre comme un modèle efficace de monarchie constitutionnelle et ils souhaitaient ardemment un transfert de pouvoir pacifique.

Au moins 700 membres du clergé français étaient francs-maçons, 300 rien qu'à Paris : un autre argument contre l'accusation des loges d'avoir été un foyer de rébellion violente, puisque c'était l'Église catholique qui allait souffrir le plus de la Révolution, après l'aristocratie. Ces hommes étaient un produit de l'âge des Lumières, ils suivaient l'idée de ce qu'ils appelaient le *bien public*. Les loges n'étaient pas le lieu d'accueil des agitateurs les plus violents. Les Jacobins (fraction la plus radicale des révolutionnaires) n'avaient pas besoin des loges pour se réunir. Ils avaient leurs propres clubs, où ils allaient se détendre après une longue journée passée à réclamer la tête du roi.

« Les Illuminati l'ont fait ! »

Après le début de la violence, on craignit que les Illuminati (voir encadré p. 85) aient travaillé la main dans la main avec les francs-maçons et qu'il s'agisse seulement de la première étape de leur plan de destruction des nations et de l'Église et de domination du monde. La vérité était que la maçonnerie en France à cette époque était largement un passe-temps d'aristocrates, ceux-là même dont les têtes roulèrent dans les paniers au début de la Révolution. Et malgré cela, après des années horribles et sanglantes, la légende accusa les maçons d'avoir été derrière tous ces massacres, tentant de détruire l'Église et le gouvernement.

Le fait que le Dr Joseph Guillotin, l'inventeur de la machine qui avait décapité tant de Français, ait été un maçon ne contribua pas à donner une bonne opinion de la franc-maçonnerie. Avant le début de la Révolution, il avait conçu cette machine comme une méthode d'exécution rapide et sans douleur, pour réduire la souffrance des condamnés qu'il avait vu mourir. Malheureusement, l'appareil s'avéra beaucoup plus efficace qu'il n'avait pu l'imaginer, décapitant de nombreux prisonniers chaque jour place de la Concorde pour la grande joie du public.

Les maçons en France souffrirent de la Révolution dans une plus grande proportion que les non-maçons. Les aristocrates n'avaient absolument rien à gagner à encourager une révolte sanglante contre eux-mêmes et leur style de vie confortable. Le Grand Orient de France, l'une des deux Grandes Loges opérant dans le pays, était dirigé par le duc d'Orléans, un membre radical de la famille royale française. Voulant sembler un peu plus révolutionnaire, il renonça à être franc-maçon et changea son nom en Philippe-Égalité. Cette ruse ne produisit pas les résultats escomptés : il fut guillotiné en 1793. Les radicaux avaient commencé à tuer leurs propres membres.

Les maçons marqués pour la vie

La devise « Liberté, Égalité, Fraternité » née dans les loges maçonniques françaises est devenue le cri de ralliement des révolutionnaires. Le lien était donc facile à établir et, depuis, les étagères des bibliothèques sont encombrées d'ouvrages d'écrivains, sérieux ou non, qui tentent de prouver que les francs-maçons ont manigancé la Révolution et qu'elle faisait partie d'un plan plus vaste de domination du pays tout entier. Certaines théories affirment en outre que les juifs tiraient les ficelles des francs-maçons, lesquels tiraient les ficelles de la Révolution.

Bizarrement, beaucoup de personnes croient aujourd'hui les mêmes choses. Des journaux et des magazines respectables publient souvent des articles affirmant que les francs-maçons contrôlent tous les niveaux du gouvernement, depuis Jacques Chirac jusqu'au plus modeste fonctionnaire de province. Ces thèses, qu'elles concernent la Révolution ou la situation politique actuelle du pays, ne reposent sur aucun élément de preuve. Mais une bonne théorie de la conspiration, comme une rumeur, est toujours difficile à tuer.

Après la Révolution, la maçonnerie devint en France une organisation clandestine. Napoléon rétablit finalement ses droits, en même temps que ceux de l'Église, au cours des premières années de son règne, alors qu'il tentait de rétablir un certain ordre dans son pays fortement ébranlé. Mais ne nous y trompons pas, c'était aussi et surtout pour mieux la contrôler. D'ailleurs ne nomma-t-il pas Cambacérès, son fidèle Premier ministre, Grand Maître d'à peu près tout ce qui ressemblait de près ou de loin à une Grande Loge en France à cette époque.

Beaucoup de gens ont toujours pensé que francs-maçons et révolutions vont de pair. Il est vrai que les francs-maçons Giuseppe Garibaldi en Italie, Simon Bolivar en Amérique du Sud et Benito Juarez au Mexique, ainsi que d'autres maçons en Hongrie, en Pologne et dans les Balkans, ont été effectivement des leaders révolutionnaires dans leurs pays. Ils n'obéissaient évidemment pas à la règle maçonnique les incitant à être des « sujets pacifiques » de leurs gouvernements. Ces exemples ne font pas pour autant de la franc-maçonnerie une force encourageant la révolte. La maçonnerie n'encourage pas les hommes à faire de temps à autre ce qui est légalement interdit pour accomplir ce qu'ils savent être bien, mais elle ne les empêche pas non plus de le faire. Le point commun à tous ces hommes qui étaient des maçons est l'encouragement de la démocratie. Dans tous les cas cités ci-dessus, il s'agissait de combattre des régimes non démocratiques et souvent totalitaires.

Les dictateurs et la franc-maçonnerie

Si les maçons ont souvent été accusés d'être des révolutionnaires au cours de l'histoire, ils ont rarement été identifiés comme dictateurs. Les régimes socialistes, fascistes, islamiques et communistes ont déclaré la franc-maçonnerie hors la loi dans leurs pays. Les maçons ont été à la fois craints et détestés par les dictateurs du monde entier. Adolf Hitler en Allemagne, Benito Mussolini en Italie, Primo de Rivera et Francisco Franco en Espagne, Augusto Pinochet au Chili, Antonio Salazar au Portugal, Sassam Hussein en Irak, l'ayatollah Khomeini en Iran. Les dirigeants de l'Union soviétique ont également tous mis la franc-maçonnerie hors la loi dès leur prise de pouvoir.

Hitler et les nazis

Après la fin de la Première Guerre mondiale, le général allemand Erich Ludendorff passa des années à inventer une propagande antimaçonnique. Il attribuait aux maçons le traitement de l'Allemagne à la suite de la guerre. Dans un pamphlet intitulé *Annihilation de la franc-maçonnerie par la révélation de ses secrets*, il affirmait que la franc-maçonnerie était un dispositif juif pour créer des « Juifs artificiels ». Il poursuivait : « C'est tromper le peuple que de combattre les Juifs tout en permettant à ses troupes auxiliaires, la franc-maçonnerie, de fonctionner. »

À ce propos, Adolf Hitler, lui, parlait de « la volonté des Juifs de dominer le monde, la manipulation par les Juifs des francs-maçons qui manipulent à leur tour les gouvernants, et les leurres que sont la presse, la démocratie, le capitalisme et le libéralisme pour aveugler les classes inférieures sur leur véritables desseins ». Et lorsqu'il arriva au pouvoir, sa politique contre les

Juifs visait aussi des gens qu'il jugeait « génétiquement inférieurs » comme les Tsiganes ou les homosexuels. Il considérait que les francs-maçons opéraient la main dans la main avec les Juifs et ceux-ci furent arrêtés, emprisonnés et exterminés en même temps que les autres. Les loges furent détruites et des musées antimaçonniques ouverts, pour montrer aux Allemands loyaux à quel point les maçons étaient pernicieux. Hitler voyait aussi comme un danger le fait que Franklin D. Roosevelt, Winston Churchill ainsi qu'une majorité des membres du gouvernement français étaient francs-maçons.

Quand les nazis envahirent la France et d'autres pays européens, ils y prirent les mêmes mesures antimaçonniques. La loi du 13 août 1940, décrétée par le maréchal Pétain, interdisait toutes les « associations secrètes », terme qui désignait les obédiences maçonniques. Ces dernières furent donc dissoutes tandis qu'il était interdit aux dignitaires des obédiences (Grands Maîtres et Grands Officiers) d'exercer des fonctions publiques. Quant aux fonctionnaires, il leur fut demandé de signer un document officiel dans lequel ils déclaraient n'avoir jamais fait partie de la maçonnerie.

Partout où arrivaient les nazis, les maçons étaient identifiés, fusillés ou envoyés dans des camps de concentration. Il fallait éradiquer la maçonnerie à cause de ses principes « d'humanité, de tolérance et de libéralisme » et parce qu'elle promouvait des « idées et des objectifs juifs ».

L'antimaçonnisme exposé au Grand Palais

L'antimaçonnisme déjà très actif en France depuis les années 1930 se déchaîne avec l'arrivée des Allemands à Paris. Ces derniers pillent les archives des différentes organisations maçonniques et les expédient en Allemagne (après la guerre, ces archives furent récupérées par la Russie, qui vient de les rendre à la France récemment). Les nazis installent un centre spécialisé dans la propagande antimaçonnique au siège de la Grande Loge de France, rue Puteaux à Paris. Pendant trois ans, ce centre publie un mensuel qui stigmatise le rôle de la franc-maçonnerie dans la destruction de la France.

L'apogée de ces actions de désinformation est sans aucun doute l'exposition antimaçonnique du Grand Palais, en octobre 1940. La foule s'y presse, nombreuse. L'entrée est gratuite. Les visiteurs peuvent satisfaire leur curiosité devant un « cabinet de réflexion » (pièce sombre dans laquelle médite le candidat avant l'initiation). Des cartes montrent les réseaux judéo-maçonniques et le public peut repartir avec un petit annuaire des francs-maçons. L'exposition ferme ses portes fin novembre puis circule dans toute la France. En 1943, un film appelé *Forces occultes* est tourné et ensuite projeté au cinéma des Champs-Élysées. Ce film documentaire (aujourd'hui, on dirait un docu-fiction) retrace le parcours d'un jeune député naïf et honnête qui devient franc-maçon. Comme il s'oppose aux mesures antinazies des dirigeants de la loge, on tente de l'assassiner. Ce film de propagande culmine dans la scène de l'initiation censée révéler des secrets incroyables. Cette scène est tournée dans un temple du Grand Orient de France dont les locaux de la rue Cadet avaient été réquisitionnés en 1940 par le service du contre-espionnage. De leur coté, les francs-maçons ne restent pas passifs et créent un réseau de résistance nommé Patriam Recuperare et un journal clandestin, *La Nouvelle République*.

Il est impossible de dire exactement combien de francs-maçons ont été assassinés par les nazis dans tous les pays contrôlés par le IIIe Reich. Les estimations vont de 80 000 à 200 000.

En 1938, l'organe officiel des publications nazies publia un ouvrage intitulé *Franc-maçonnerie, sa vision du monde, son organisation et sa politique*, par Dieter Schwarz. Dans cet ouvrage, Schwarz précise la position nazie officielle sur la franc-maçonnerie :

> « Contrairement à l'attitude antiraciale des loges, l'attitude nazie est consciente de la race [...]. Les loges maçonniques sont [...] des associations d'hommes qui, étroitement liés dans une union employant des images symboliques, représentent un mouvement spirituel supranational, l'idée de l'humanité [...], une association générale de l'espèce humaine, sans distinction de races, de peuples, de religions, de convictions sociales et politiques. »

Si être antiraciste est un crime, alors la franc-maçonnerie plaiderait coupable et serait fière de reconnaître la véracité de ces accusations.

Mussolini et l'Italie

Une fois parvenu au pouvoir en Italie, Benito Mussolini déclara tous les francs-maçons traîtres au fascisme. Il ne prit pas la peine d'adopter la rhétorique antisémite de Hitler. Plusieurs membres de haut rang du gouvernement démissionnèrent plutôt que de renoncer à leur participation à la franc-maçonnerie. En 1925, Domizio Torrigiani, Grand Maître du Grand Orient d'Italie, écrivit une lettre ouverte au dictateur, critiquant le fascisme et prenant position pour la démocratie. Il fut arrêté et exilé aux îles Lipari en même temps que des centaines d'autres maçons italiens. Au plus fort des purges antimaçonniques, entre 1925 et 1927, des gangs fascistes pillèrent des maison de francs-maçons bien connus à Milan, Florence et d'autres villes, tuant au moins une centaine d'entre eux.

L'Iran avant et après les ayatollahs

La franc-maçonnerie avait acquis une certaine popularité sous le règne des shahs, mais le dernier shah d'Iran, Mohammed Reza Pahlavi, n'en faisait pas partie. Au plus haut point de cette popularité, il y avait en Iran 40 loges et plus de 1 000 francs-maçons. Lorsque la révolution islamique dirigée par l'ayatollah Khomeini balaya le pays en 1978, des lois islamiques strictes remplacèrent les lois existantes. Plus de 200 maçons furent exécutés et nombre d'entre eux fuirent le pays. La Grande Loge d'Iran survit aujourd'hui en exil et ses quatre loges accueillent, en Europe ou aux États-Unis, des exilés, des Américains d'origine iranienne ou leurs descendants.

La méfiance continue

Il n'y a pas que les maçons vivant sous des dictatures qui souffrent de la haine et de la méfiance. Même si les courants antimaçonniques se sont apaisés dans les pays occidentaux, il faut rester vigilant. Aujourd'hui encore, la peur ou la haine de la franc-maçonnerie existe à un niveau officiel dans de nombreux pays.

CHEZ NOS VOISINS

À la fin des années 1940, un tiers de la population de la Suisse, pourtant politiquement neutre, vota en faveur d'un amendement constitutionnel visant à supprimer la franc-maçonnerie.

En Grande-Bretagne, en 1997, on a réclamé des lois ordonnant aux membres de la police, aux juges et aux autres responsables de l'administration qui sont francs-maçons de s'identifier comme tels en s'enregistrant sur des listes officielles. Le Home Office (équivalent du ministère de l'Intérieur) a effectué des enquêtes en 1997 et est arrivé à la conclusion qu'il n'y avait aucune preuve liant l'appartenance à la maçonnerie à des injustices dans le système judiciaire, mais que le public n'en percevait pas moins l'existence. Malgré l'absence de toute preuve d'une quelconque malversation, des appels continuent d'être lancés en faveur d'un enregistrement public des francs-maçons. Très récemment, les membres du Parlement ont été tenus d'indiquer leur participation à la franc-maçonnerie.

CHEZ NOS VOISINS

La maçonnerie a tenté un retour dans les ex-républiques soviétiques. La Grande Loge de Russie a été créée en 1995, mais elle ne compte qu'une douzaine de loges. Le gouvernement et le public continuent de les considérer avec suspicion. En dehors de la Russie, le membre du parlement ukrainien Taras Chornovil a récemment proposé des amendements au code criminel ukrainien, prévoyant des peines de prison allant jusqu'à quinze ans pour tout individu coupable d'être franc-maçon, les plus longues peines de prison étant réservées aux membres de l'administration.

La France poursuit sa relation d'amour et de haine avec la franc-maçonnerie. Le nombre de membres de ses différentes Grandes Loges s'accroît. Le paysage très diversifié de la maçonnerie française semble offrir en effet un large choix, de la maçonnerie laïque à la maçonnerie régulière en passant par une maçonnerie intermédiaire, plus spirituelle.

Pourtant, les couvertures des hebdomadaires affichent souvent des titres antimaçonniques, qui semblent garantir une augmentation des ventes. Ainsi, régulièrement, ces journaux promettent de dévoiler où se trouve le trésor des francs-maçons. Prenez votre détecteur de métaux et aller creuser du côté des Templiers !

La franc-maçonnerie continue de recruter des hommes attirés par ses principes d'amour fraternel, de charité, de tolérance et de moralité, en dépit d'une pression continuelle visant à la détruire. Il est clair qu'elle tire sa puissance réelle de son aptitude à rassembler des hommes et des femmes de toutes croyances religieuses et de toutes convictions politiques, en les abritant quelque temps des remous incessants d'un monde troublé par les conflits.

Deuxième partie

Les mécanismes de la franc-maçonnerie

Je viens de recevoir le tablier du Grand Maître que tu as commandé sur MasonicDiscountStore.com. Tu es sûr d'avoir cliqué au bon endroit ?

Dans cette partie...

Je passe en revue ce que font les maçons : qui fait quoi et pourquoi il le fait. Je parle de la façon dont les loges et les obédiences sont structurées, de leurs cérémonies rituelles et du curieux symbolisme des francs-maçons.

Chapitre 5

Comment les maçons sont organisés : qui fait quoi et pourquoi

Dans ce chapitre :

- Ce qu'est une loge
- Ce que font les maçons
- Le rôle de chacun dans une loge
- Ce que sont les obédiences
- Qu'est-ce que la franc-maçonnerie régulière

L'un des mythes les plus courants relatifs aux francs-maçons est qu'il s'agit d'une organisation malfaisante dirigeant secrètement le monde. La vérité est qu'il n'y a pas d'organe international gouvernant les francs-maçons et qu'il n'y a pas non plus d'organe national au niveau des États. Presque chaque pays et chaque État des États-Unis possède une voire plusieurs organisations dirigeantes, appelées *obédiences*.

De même qu'il y a dans votre ville une administration municipale qui gère les affaires locales et, à un niveau plus large, une administration régionale qui gère les affaires à plus grande échelle, chaque loge a ses propres officiers, ses propres statuts et ses propres traditions. Ces loges – et les francs-maçons individuellement – doivent cependant respecter les règles de l'obédience dont ils dépendent.

Dans ce chapitre, je vous montre d'abord comment est organisée une loge symbolique. Puis je vous présente ses officiers et leurs responsabilités. Enfin, je parle des relations entre les loges et l'obédience qui les gouverne.

Qu'est-ce qu'une loge ?

Le mot *loge* a en réalité deux sens pour un franc-maçon. C'est à la fois un lieu où se tiennent les rencontres maçonniques, appelées *tenues*, et un terme collectif désignant les membres qui s'y rencontrent, qui peut être remplacé en français par le mot *atelier*. On peut donc dire qu'une loge se réunit dans une loge, mais il vaudrait mieux dire que l'atelier se réunit dans sa loge. En fait, différentes loges ou différents ateliers peuvent se réunir à des moments différents dans le même lieu, dans la même loge. Cette pratique est courante dans les grandes villes, où un même bâtiment peut avoir de nombreuses pièces pour les rencontres (les tenues) des loges et où peuvent se succéder les tenues de douzaines de loges différentes.

Il est courant d'appeler un bâtiment maçonnique et même le lieu de réunion de la loge un *temple*. Ce terme désigne tout espace sacré indépendamment de toute connotation religieuse et en particulier ne doit pas être confondu avec le temple protestant. Pour éviter ce type de malentendu sur le rôle de la religion dans la franc-maçonnerie, et aussi parce que certains ont accusé les francs-maçons de se rendre à leur loge pour y célébrer un culte, certaines obédiences, en particulier américaines, ont demandé aux loges de supprimer le mot *temple* de leur bâtiment.

Loge est un mot du Moyen Âge désignant le bâtiment temporaire que les maçons de l'époque installaient souvent à proximité du site de construction. Ils en avaient besoin pour s'y réfugier, par exemple en cas d'intempéries ainsi qu'à des fins de formation. Ils pouvaient y manger, y dormir, y planifier leur projet de construction, et même y discuter entre eux après une dure journée de travail.

Les loges sont repérées habituellement par leur nom qu'on appelle *titre distinctif*, leur numéro et leur lieu de leur réunion, appelé *Orient*. Le titre distinctif d'une loge est souvent un mot ou une expression symbolique. Les loges portent toutes un numéro qui dépend de la date de leur création au sein de leur obédience. Plus le numéro est petit et plus la loge est ancienne.

De nombreux éléments d'une salle de loge correspondent à des parties du temple de Salomon tel qu'il est décrit par la Bible et d'autres documents historiques. Ce n'est pas l'histoire religieuse qui est retenue mais ce que peut représenter symboliquement la construction du Temple dans l'histoire de l'humanité. La franc-maçonnerie enseigne à l'aide du symbolisme et une grande partie des symboles qu'elle utilise est empruntée aux récits relatifs au temple de Salomon (voir chapitre 7, p. 141).

Le Temple a été construit au Xe siècle avant J.-C. sur le mont Moriah à Jérusalem. Salomon l'avait construit en tant que temple dédié à Dieu et pour y garder l'arche de l'alliance renfermant les paroles sacrées de Dieu – les tablettes reçues par Moïse contenant les dix commandements. Les détails du temple de Salomon sont décrits dans la Bible dans le livre des Rois et les Chroniques.

Les premiers maçons prétendaient que leurs guildes avaient pris naissance avec les grands projets de construction de la Bible, afin de se construire une filiation prestigieuse et sacrée. Quand la franc-maçonnerie est devenue une organisation philosophique, au début du XVIIIe siècle, les maçons qui en ont établi les cérémonies et les pratiques se sont emparés du symbolisme du temple de Salomon pour enseigner des notions morales et spirituelles.

Un temple maçonnique contient de nombreux éléments basés sur des interprétations ou des descriptions relatives au temple de Salomon. Il y a de nombreuses variations d'un lieu à l'autre dans le monde, selon les coutumes, les rites et les règles locales, mais en général les salles des loges sont aménagées, au premier degré (grade d'apprenti) de la façon suivante :

- **La loge maçonnique moderne est une pièce rectangulaire, les sièges sont installés sur le coté et dirigés vers l'intérieur.** Les cérémonies de la loge ont lieu au centre du temple, pour que chacun puisse bien les voir.
- **Les temples sont symboliquement orientés d'ouest en est.** Les temples anciens et les églises étaient construits selon cette orientation pour faire face au lever du soleil. L'entrée du temple est toujours à l'ouest et l'est s'appelle l'orient.
- **Il y a un autel sur lequel la Bible est ouverte** (ou un autre livre sacré pour les membres de la loge). Ce livre est appelé le *Volume de la Loi Sacrée*. Dans les loges américaines, l'autel est au centre de la pièce. Dans d'autres parties du monde, l'autel est placé à l'orient (à l'est) directement en face du *plateau du Vénérable*.
- **Trois colonnettes surmontées d'une bougie allumée** sont placées en triangle au centre du temple.
- **Les officiers sont placés à des positions spécifiques de la loge.** Le Vénérable est à l'orient, sur une plate-forme surélevée de trois marches. Le premier surveillant est à l'ouest sur une plate-forme de deux marches et le second surveillant est au sud sur une marche. Les marches peuvent symboliser la progression de la vie : jeunesse, maturité et âge.
- **À l'entrée du temple se trouvent deux colonnes** représentant les deux colonnes de bronze du temple de Salomon.
- **Le tapis de loge est placé au centre de la pièce, entre les trois colonnettes.** Ce tableau est une sorte de synthèse graphique de toute la symbolique de la loge (voir chapitre 7, figure 7-1, p. 140).

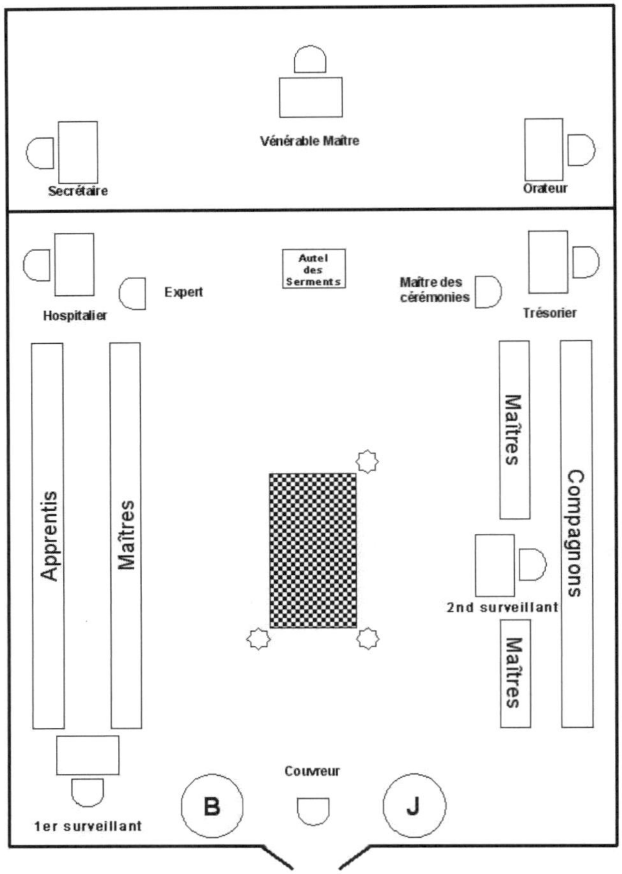

Figure 5-1 : Plan d'une loge symbolique.

Les quatre points cardinaux qui servent à se repérer symboliquement dans la loge portent des noms particulier : l'Est s'appelle l'Orient, l'Ouest l'Occident, le Sud devient le Midi et le Nord porte le beau nom de Septentrion.

Cette disposition change en fonction des rites, de certaines pratiques des loges et surtout du degré auquel la loge travaille. Ainsi, au grade de compagnon, on accroche à l'orient, derrière le plateau du Vénérable, une étoile à cinq branches au centre de laquelle brille la lettre G (j'explique la signification de la lettre G au chapitre 7, p. 153).

Toutes les cérémonies et tous les rituels de la *franc-maçonnerie ancienne* (la forme la plus classique de maçonnerie pratiquée dans les loges locales du monde entier) se tiennent dans des salles analogues. Le symbolisme est omniprésent dans une loge maçonnique et je donne à son sujet beaucoup d'autres explications au chapitre 7 (voir p. 135).

Les bâtiments des loges peuvent être grands ou petits et il en va de même des temples. Certains sont construits pour accueillir entre 30 et 40 membres, d'autres, et en particulier au siège des obédiences, sont construits pour accueillir plusieurs centaines de membres. Ces derniers sont utilisés lors de grandes cérémonies ou de conférences publiques. La plupart des grands temples des obédiences sont magnifiquement décorés. Ils peuvent être visités soit lors de journées portes ouvertes soit, comme à Londres, comme on visiterait un musée.

Dans certains cas, de nombreuses petites loges se réunissent dans un même bâtiment comportant plusieurs temples. Dans d'autres configurations, une loge importante se réunit dans une même salle, qui peut alors être très grande. La plupart des bâtiments maçonniques ont une salle à manger et parfois d'autres salles de réunion.

Que font les maçons dans la loge ?

Les maçons ont des réunions régulières appelées *tenues*. Ils se réunissent donc tout au long de l'année de septembre à juin (environ une à deux fois par mois). Ces tenues ont lieu dans des temples. Au cours de ces tenues, un rituel adapté au degré des francs-maçons présents est suivi pour permettre à chacun de couper avec le monde extérieur et de se placer dans les meilleures conditions pour travailler. Un sujet est généralement exposé par un membre de la loge et un débat suit. Le sujet peut porter, suivant les loges, sur le rite, l'histoire et le symbolisme de la franc-maçonnerie, sur la démarche initiatique ou encore sur des questions de société. Mais jamais sur la religion ou la politique.

Des tenues particulières appelées *cérémonies d'initiation* ou *cérémonies de réception* ont lieu pour initier les nouveaux membres ou pour les faire progresser dans les différents degrés prévus par le rite qu'ils suivent. Enfin, un repas, appelé *agape*, est généralement servi après la tenue, soit dans le bâtiment de la loge, soit dans un proche restaurant.

Le collège des officiers

Chaque loge est présidée par un *Vénérable* (ou encore *Vénérable Maître*). Il est assisté dans cette tâche par un ensemble de maîtres maçons appelé *collège des officiers*. Chaque officier du collège remplit une fonction très précise que je décris dans ce chapitre. On dit aussi qu'il occupe un *plateau* en référence au fait qu'il se place alors dans la loge à un endroit précis dépendant de sa fonction et souvent derrière un petit bureau (ou plateau). Dans la plupart des loges, les officiers exercent leur fonction pendant un an. Les noms et les tâches des officiers sont le plus souvent tirés de très anciennes coutumes pratiquées par les guildes des maçons du Moyen Âge, qui sont à l'origine de la franc-maçonnerie. Les officiers sont élus par les maîtres de la loge.

Dans l'Angleterre du XVe siècle, sous le règne du roi Edward III, les gouvernements locaux (ou les municipalités) étaient issus de guildes des marchands et des artisans de la ville. Les guildes avaient beaucoup d'argent et de biens, ainsi qu'une expérience organisationnelle et administrative. Les chefs des guildes devenaient responsables municipaux, maires, etc.

L'une des manières dont un officier local proclamait son rang était le port d'un insigne correspondant à sa fonction, au bout d'un *sautoir* porté autour du cou. Cette pratique survit aujourd'hui. Si vous avez assisté en Angleterre à une cérémonie présidée par un maire ou un autre officiel local au cours de laquelle on coupe un ruban ou l'on plante un arbre, vous avez vu probablement un *lord mayor* portant un collier avec un médaillon conforme à sa fonction. En France, les bijoux n'existent plus mais l'usage des sautoirs demeure. Ainsi, lors des cérémonies officielles, les maires des villes de France portent une écharpe tricolore au bout de laquelle sont attachés des glands à franges d'or (les conseillers municipaux n'ont droit qu'aux franges d'argent).

Les loges maçonniques font la même chose pour identifier leurs officiers, reprenant cette ancienne tradition. Ceux-ci portent donc des sautoirs, au bout desquels est attaché un insigne représentant leur fonction appelé *bijou*. Les bijoux maçonniques sont bien sûr des représentations symboliques (j'évoque ces symboles avec plus de détails au chapitre 5, p. 100).

Le collège des officiers d'une loge comprend dix officiers :

- le Vénérable Maître ;
- le premier surveillant ;
- le second surveillant ;
- le couvreur ;
- l'orateur ;
- le secrétaire ;
- le trésorier ;
- l'hospitalier ;
- l'expert ;
- le maître des cérémonies.

Toutefois, les francs-maçons ne sont pas tous logés à la même enseigne. Il existe de subtiles différences entre les noms des officiers et leurs fonctions, d'un pays à l'autre et même d'une obédience à une autre. Pourtant, un maçon français en vacances en Belgique rencontrera dans la loge qu'il visite à Bruxelles un collège d'officiers proche de celui de sa loge. Toutes les différences qui existent entre la composition des différents collèges suivant les rites, l'histoire et les pays sont une sources de recherche importante pour les francs-maçons.

CHEZ NOS VOISINS

Dans les pays anglo-saxons, le collège des officiers est renforcé par deux *diacres*. Introduit par la maçonnerie irlandaise à la fin du XVIIIe siècle, les diacres ont surtout un rôle de messager à l'intérieur de la loge, mais aussi de guide pour les candidats lors des cérémonies d'initiation. Le premier diacre est l'assistant du Vénérable, tandis que le second diacre est l'assistant du premier surveillant. Dans la maçonnerie française, le premier diacre a été remplacé par l'expert et le second diacre n'existe pas.

Fonctions administratives ou symboliques ?

Attention à ne pas confondre les degrés et le fait d'occuper une fonction d'officier dans sa loge. Pour clarifier les choses, il faut voir le travail maçonnique comme se faisant sur plusieurs plans : le plan initiatique (individuel) et le plan administratif (collectif).

N'OUBLIEZ PAS !

Sur le plan initiatique, chaque franc-maçon est engagé dans une démarche initiatique et suit pour cela une méthode appelée rite. Un rite est composé de plusieurs étapes appelées degrés, dont les trois premiers, communs à toutes les maçonneries, sont les degrés d'apprenti, de compagnon et de maître. Les francs-maçons avancent dans les degrés de leur rite indépendamment de leur rôle dans leur loge.

Sur le plan administratif, une loge est une société humaine et doit être administrée et dirigée, c'est la fonction du collège des officiers. Chaque maçon peut se charger d'une fonction particulière au sein de la loge et devenir officier. La seule condition relative aux degrés pour être officier est d'être maître.

Les officiers sont choisis par la loge en fonction de leur ancienneté, de leur disponibilité, de leur aptitude et de leur désir. Mais dans la majorité des loges, les maîtres maçons sont au service de la loge et ont le devoir de remplir les fonctions que la loge peut décider de leur confier.

Occuper un plateau d'officier dans une loge, c'est aussi apprendre à remplir un rôle pour lequel le maçon n'a pas toujours été préparé par sa vie professionnelle. Ainsi, prendre la parole devant une assemble, conduire un débat, prendre une décision, rédiger un compte-rendu, organiser un dîner pour 30 personnes ou encore coordonner l'instruction des apprentis font partie des choses qu'un maçon pourra être amené à apprendre au cours de sa vie maçonnique.

CHEZ NOS VOISINS

Dans les loges américaines, les officiers maçonniques intègrent ce qu'on appelle une *ligne de progression*. C'est une ligne de succession qui les élève d'une position chaque année et qui les conduit au plateau de Vénérable de la loge en un temps connu. Cette étrange manière a été conçue sur la base du principe d'égalité entre les maçons. L'avantage en est qu'un Vénérable a occupé tous les postes importants et connaît bien le fonctionnement de la loge. C'est une sorte d'apprentissage sur le terrain. C'est surtout une façon astucieuse d'éviter les remous et les « campagnes électorales » en vue d'obtenir un plateau d'officier.

Quand un homme est nommé *premier diacre* (équivalent de l'expert dans les loges françaises) et si les choses se déroulent comme prévu, il sera Vénérable Maître sept ans plus tard. Dans une situation idéale, chaque homme avance simplement chaque année, apprenant les devoirs de chaque position et une portion des cérémonies maçonniques. Tout homme, quelle que soit sa position sociale, professionnelle ou économique à l'extérieur de la loge, peut aspirer à devenir Vénérable. Dans les loges françaises, cette ligne de progression n'est pas systématiquement utilisée mais elle est connue et peut guider le choix d'un candidat pour un poste.

Il existe beaucoup de différences d'une juridiction à une autre, et de nombreuses loges locales observent différentes coutumes qui peuvent s'écarter de ce fonctionnement de base. Dans les sections suivantes, j'esquisse les positions d'officiers les plus souvent rencontrées dans les loges françaises.

Le Vénérable Maître

N'OUBLIEZ PAS !

Le Vénérable (ou encore appelé Vénérable Maître) siège à l'est, symbole du soleil levant. Il préside la loge, comme un président de n'importe quelle organisation. Même si le bâtiment n'est pas orienté dans la bonne direction, on dit du Vénérable qu'il « siège à l'orient ». En tant que Vénérable et donc président de la loge, il a le dernier mot concernant toutes les actions de la loge. Il est aussi responsable, comme le prévoit le rituel, de « mettre la loge au travail et de lui donner des instructions complètes pour ses efforts ». Il préside aux réunions de travail et à l'attribution des degrés.

N'OUBLIEZ PAS !

Le bijou du Vénérable Maître (voir figure 5-2) est une équerre, l'outil utilisé par un maçon pour vérifier les angles des pierres taillées et polies. Ce n'est pas une équerre servant à mesurer, comme celle utilisée par les menuisiers. Elle sert à s'assurer qu'un angle est « vrai », c'est-à-dire droit. Elle symbolise la vertu. Le Vénérable Maître dispose d'un maillet, symbole du pouvoir temporel et d'une épée symbole du pouvoir spirituel.

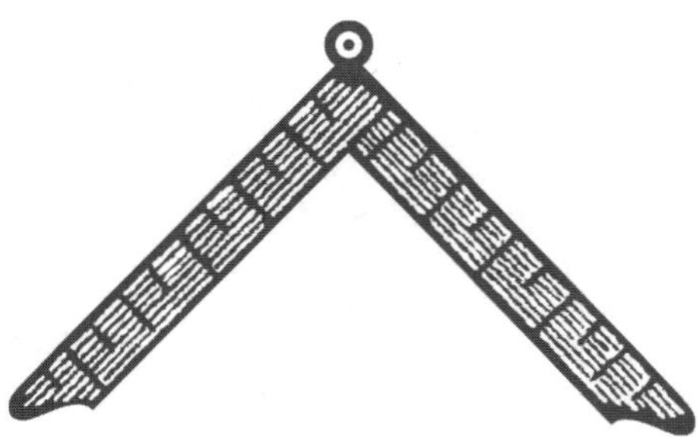

Figure 5.2 : Le bijou du Vénérable Maître.

Les maçons appellent l'homme en charge de la loge Vénérable Maître, une expression qui implique un profond respect, sans plus. Le Vénérable Maître n'est ni un prêtre, ni un leader et encore moins un gourou. Du point de vue administratif, il a le statut d'un président d'association ; d'un point de vue symbolique, il s'assure de la bonne exécution du rite et a le pouvoir d'initier. Ses deux attributs sont le maillet, symbole du pouvoir temporel, et l'épée flamboyante, symbole du pouvoir spirituel. Le titre anglais est *Worshipful Master*, terme qui signifie « maître vénéré et respecté » et qui n'implique pas non plus une attitude d'adoration.

Tiens ! Mais c'est une équerre que je vois à votre boutonnière ?

En Europe, les francs-maçons sont très discrets sur leur appartenance et la plupart d'entre eux ne portent pas de *signes ostentatoires* de leur engagement maçonnique. Les francs-maçons français se méfient des réactions qu'un tel étalage pourrait provoquer. Ils sont à l'origine, ne l'oublions pas, la loi de 1905 sur la séparation des Églises et de l'État. En France, et en Europe, l'engagement maçonnique, comme l'appartenance religieuse, ne s'affiche pas ou au moins reste discret.

Aux États-Unis, la franc-maçonnerie comme la religion et même les sectes ont pignon sur rue. Les maçons américains sont très portés sur les objets maçonniques et sur les bijoux : pins, chevalières, chapeaux, chemises, vestes et boucles de ceintures maçonniques. Aux États-Unis, une fois devenu maître maçon, vous pouvez porter des articles comportant une équerre et un compas. Si vous n'êtes *pas* un franc-maçon, vous ne devez pas porter un objet pour lequel vous n'avez aucun titre. Ce serait un peu comme si vous portiez une insigne de policier sans être de la police ou une décoration militaire à laquelle vous n'avez pas droit.

En France, cette pratique est rare et les francs-maçons qui portent ce type d'insigne ne sont pas toujours très bien vus. En porter à l'extérieur d'un temple ne sert à rien, car ces insignes sont en vente libre et tout le monde peut les porter. Les porter à l'intérieur d'un temple est inutile : ce n'est pas comme cela qu'on prouve qu'on est franc-maçonnerie mais par *le tuilage*.

Au XIXe siècle, les loges importantes, les obédiences et les conventions maçonniques créaient couramment des médailles commémoratives et des insignes. Ces objets sont devenus depuis des articles de collection. Aujourd'hui, aux États-Unis, les loges et les obédiences créent souvent des pins pour commémorer un anniversaire important. Les maçons américains adorent ces articles et il n'est pas rare de voir les revers d'un habit maçonnique garnis d'une poignée de pins brillants et multicolores.

Durant la période antérieure aux montres-bracelets, les montres à gousset maçonniques étaient très populaires. Leurs cadrans avaient des symboles maçonniques à la place des chiffres et leurs dos ou couvercles étaient ornés de symboles maçonniques gravés. Les montres maçonniques les plus recherchées par les collectionneurs ont été fabriquées par William Dudley au début des années 1920. Leurs cadrans étaient très simples mais elles contenaient un « secret » maçonnique. Le dos de la montre était soit transparent soit amovible et tous les mécanismes intérieurs de la montre avaient la forme de symboles maçonniques – truelle, équerre, compas, fil à plomb, niveau et autres. Fabriquées en séries limitées, ces montres sont rares et sont de véritables objets de collection.

Sur Internet, vous trouverez de nombreux sites américains qui vendent des objets maçonniques. Le plus complet (www.cafepress.com/masons) propose même des vêtements pour chien, des bavoirs pour bébé et des strings pour femme avec une équerre et un compas. *Business is business !*

Le premier surveillant

Le premier surveillant siège à l'ouest, symbole du soleil couchant, et assiste le Vénérable Maître à l'ouverture et à la fermeture de la loge. Il est comme un vice-président, et si le Vénérable n'est pas en mesure d'assister à une tenue, il peut le remplacer. Ses anciennes fonctions étaient de payer aux artisans leurs gages et de régler d'éventuelles disputes entre eux. De nos jours, il surveille les frères assis sur la colonne du Midi et est en charge de l'instruction des compagnons. Il organise à cet effet des comités de compagnons où ces derniers, en dehors des tenues rituelles, se retrouvent pour approfondir leur compréhension des symboles de leur degré et… partager un bon repas.

Dans une grande majorité des loges, le premier surveillant est le futur Vénérable de la loge. Ce n'est pas une obligation, plutôt une tradition suivie par une grande majorité des loges.

CHEZ NOS VOISINS

Dans les rites anglo-saxons, le premier surveillant et le second surveillant ont souvent sur leur plateau de petites colonnes de bois montées sur un piédestal. Quand la loge est *au travail* (au cours d'une tenue), la colonne du premier surveillant est debout, tandis que celle du second surveillant est couchée, montrant que le premier surveillant est maintenant responsable des membres de la loge. Quand le travail est terminé et quand la loge se retire pour se restaurer, la colonne du second surveillant est levée et celle du premier surveillant est couchée, montrant que les membres sont désormais sous la supervision du second surveillant.

N'OUBLIEZ PAS !

Le bijou du premier surveillant (voir figure 5-3) est le niveau, un instrument de maçon utilisé pour vérifier l'horizontalité des surfaces. Il symbolise le fait que les maçons se rencontrent au même niveau, indépendamment de leur statut social, politique ou religieux. Le premier surveillant dispose également d'un maillet.

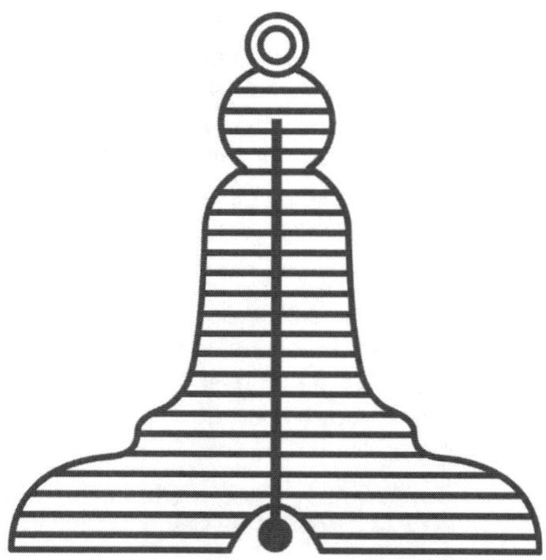

Figure 5-3 : Le bijou du premier surveillant.

Le second surveillant

N'OUBLIEZ PAS !

Le second surveillant siège au sud, symbolisant la position du soleil à midi. De sa place, pendant les tenues, il surveille la colonne du Septentrion et est en charge de l'instruction des apprentis. Pour cela, il organise des comités d'apprentis qui se réunissent généralement une fois par mois. Pendant ces comités, les apprentis travaillent sur les symboles du premier degré. Ces comités ne sont pas des tenues rituelles mais plus des réunions informelles, non obligatoires mais fortement recommandées.

Le bijou du second surveillant (voir figure 5-4) est le fil à plomb, un instrument de maçon servant à vérifier l'alignement vertical d'une surface. Il symbolise la droiture des maçons. Pour les apprentis, il symbolise également leur premier travail, qui consiste à « descendre en soi pour mieux se connaître ». Le second surveillant dispose également d'un maillet.

N'OUBLIEZ PAS !

Le Vénérable Maître, le premier et le second surveillants constituent les trois lumières de la loge. L'horizontale du bijou du premier surveillant associée à la verticale de celui du second surveillant se retrouve dans l'équerre, bijou du Vénérable Maître. Comme nous le verrons en détail plus loin, ce sont ces trois officiers qui organisent les prises de parole pendant les débats en loge. Ils sont les garants de la bonne marche de la tenue.

Figure 5-4 : Le bijou du second surveillant.

L'orateur

N'OUBLIEZ PAS !

L'orateur siège à l'orient, à gauche du Vénérable Maître. Il est le gardien de la loi. Pratiquement, il s'assure que tout ce qui se passe en loge est conforme aux règlements généraux édictés par l'obédience à laquelle la loge appartient. Il rappelle les règles et, suite à des débats et si nécessaire, il propose des orientations pour les votes. À la suite d'un débat sur des questions d'ordre symbolique, il prend la parole en dernier et propose une synthèse des idées qui viennent d'être échangées. Le bijou de l'orateur (voir figure 5-5) est constitué d'un livre ouvert ou d'un soleil rayonnant.

Figure 5-5 : Le bijou de l'orateur.

Le secrétaire

N'OUBLIEZ PAS !

Le secrétaire siège à l'orient, à droite du Vénérable Maître. Il est le gardien de la mémoire de la loge. Il rédige les comptes-rendus des travaux et les lit à la tenue suivante. Il tient à jours le fichier des adresses des membres de l'atelier et il entretient la correspondance, en particulier avec l'obédience à laquelle la loge appartient.

Le bijou du secrétaire (voir figure 5-6) est constitué de deux plumes d'oie croisées, même si de nos jours il y a des chances pour qu'il tape les courriers de la loge sur ordinateur.

Figure 5-6 : Le bijou du secrétaire.

L'expert

N'OUBLIEZ PAS !

L'expert est assis à la droite du Vénérable Maître. C'est le messager du Vénérable et il se déplace beaucoup. Il est le garant de la bonne application des rituels. Au cours du rituel d'ouverture des travaux (voir chapitre 19, p. 316), l'expert ouvre le Volume de la Loi Sacrée, place l'équerre et le compas sur l'autel des serments, déroule le tapis de loge et enfin allume les bougies des trois colonnettes. À la fermeture des travaux, il ferme le Volume de la Loi Sacrée, enlève l'équerre et le compas de l'autel des serments, enroule le tapis de loge et éteint les bougies des trois colonnettes. Dans de nombreuses loges, il porte également la boîte utilisée pour recueillir les voix lors d'un vote.

Le bijou de l'expert est une épée et une règle entrecroisées, le tout surmontée d'un œil, symbole de la vigilance.

Le couvreur

Le couvreur est assis à l'extérieur près de la porte close de la salle de loge du temple. Armé d'une épée, il garde l'entrée contre les profanes, c'est-à-dire ceux qui ne sont pas francs-maçons.

Une fois les membres de la loge à l'intérieur, les portes sont fermées et il appartient au couvreur de déterminer si ceux qui arrivent en retard peuvent entrer. Il s'assure également que les visiteurs sont « convenablement habillés », ce qui veut dire qu'ils portent un tablier maçonnique.

Le bijou de fonction du couvreur (voir figure 5-7) est une épée – parfois une épée flamboyante (à lame sinueuse), symbolique de la référence biblique de la Genèse à « l'épée flamboyante placée à l'est du jardin d'Eden et qui se tournait pour montrer le chemin de l'arbre de la vie ». Elle n'a pas de fourreau, parce que l'épée du couvreur doit toujours être tirée et prête pour la défense de son poste.

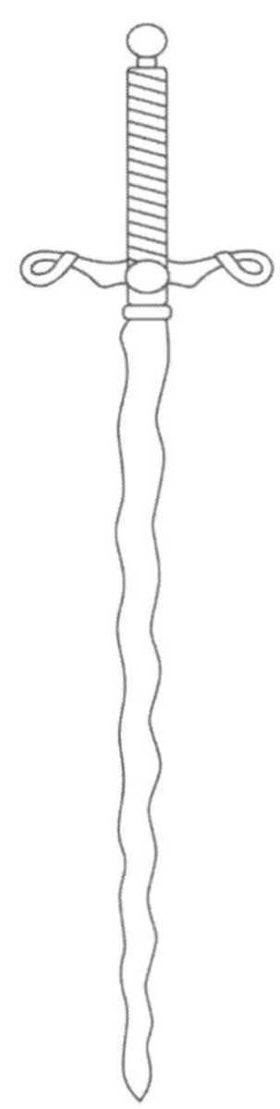

Figure 5-7 : Le bijou du couvreur.

Le trésorier

Le trésorier est assis à la gauche du Vénérable Maître et derrière le maître des cérémonies. Ses fonctions sont assez évidentes : il prend soin des deniers de la loge. Il reçoit tout l'argent du secrétaire, en tient l'enregistrement et le verse sur l'ordre du Vénérable, avec l'accord de la loge. Le bijou du trésorier (voir figure 5-8) est une paire de clés croisées, montrant qu'il détient les clés du tiroir-caisse.

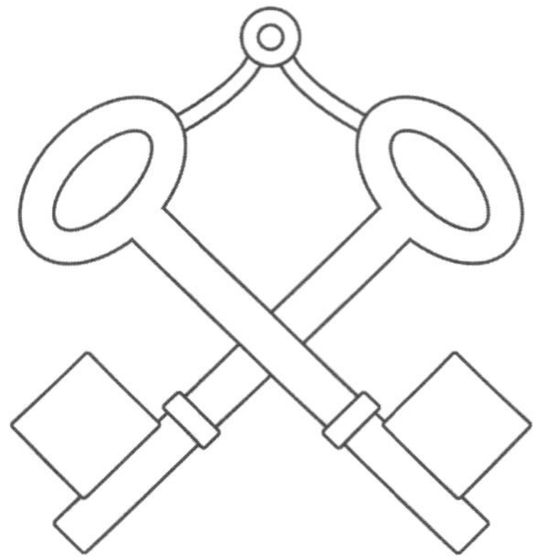

Figure 5-8 : Le bijou du trésorier.

L'hospitalier

L'hospitalier est assis à la droite du Vénérable Maître et derrière l'expert. Il est chargé de s'occuper des frères en difficultés. En toute discrétion, il dispose du montant de la quête faite après chaque tenue (le *tronc de la veuve*) mais il est aussi chargé de visiter les frères malades ou âgés. Le bijou de l'hospitalier représente une aumônière ornée d'un cœur.

Le maître des cérémonies

Cet officier siège à gauche du Vénérable Maître et a en charge tous les aspects matériels de la loge. Il prépare le temple avant la tenue puis range le matériel après. Il organise tous les mouvements en loge et personne ne s'y déplace sans être précédé du maître des cérémonies. Il accueille et escorte dans la loge les visiteurs ainsi que les nouveaux candidats et présente en général les visiteurs distingués en suivant le protocole. Au cours des cérémonies de réception, il guide le nouveau candidat et le conduit à travers la loge. Il possède une canne en bois avec laquelle il frappe le sol pour rythmer les déplacements.

Le bijou du maître des cérémonies montre deux cannes entrecroisées.

Rien ne passe plus vite qu'un Ancien Vénérable Maître

Après la fin de son temps à l'Orient (en général trois ans), le Vénérable Maître redevient un membre ordinaire de la loge. Il passe du stade des pleins pouvoirs à celui où il n'en a plus du tout (à part le droit de s'exprimer et de voter bien sûr). C'est un peu comme le président de la République : quand il quitte sa fonction, il redevient un citoyen ordinaire. Il peut faire des discours dans tout le pays, écrire des livres, apparaître à la télévision encore plus souvent que lorsqu'il dirigeait le pays. Mais il n'a plus de pouvoir et personne n'est *obligé* de l'écouter. Tel est le destin du Vénérable Maître.

Cependant, un Ancien Vénérable est très respecté par ses compagnons maçons. Il est honoré pendant le reste de sa vie du titre de *Passé Vénérable*. Il connaît bien les rites, les règles, l'histoire et les coutumes, et représente une précieuse ressource pour sa loge. Dans de nombreuses loges, il occupe le poste de couvreur. Il passe ainsi du poste le plus élevé au plus humble. Imaginez un peu un ancien président de la République devenant portier à l'Élysée !

Dans la plupart des juridictions américaines les Passés Vénérables ont leur propre bijou honorifique (représenté sur la figure qui suit). Ce bijou est un compas ouvert, avec un soleil au centre. À la base du compas se trouve un *quadrant*, marqué en degrés comme un rapporteur, pour mesurer les angles. Le soleil symbolise sa position passée à l'Orient. Le quadrant est un outil de géométrie complexe, indiquant que le Passé Vénérable possède de plus grandes connaissances.

D'autres bijoux utilisés représentent le 47e problème d'Euclide (plus couramment appelé théorème de Pythagore), pour symboliser la connaissance plus grande du Passé Vénérable (illustré sur la figure ci-après). Pour ceux qui l'auraient oublié, la formulation géométrique de ce théorème est : le carré de l'hypoténuse est égal à la somme des deux carrés construits sur les autres côtés. Et vous qui pensiez ne plus jamais entendre parler de ce théorème après le lycée !

La place des officiers dans la loge

Les officiers ne sont pas placés au hasard dans la loge. L'un des principes fondamentaux de la franc-maçonnerie est que le monde est ordonné. De la même façon qu'un temple religieux, un temple maçonnique n'est pas construit au hasard et l'espace y reflète une certaine conception du monde. En franc-maçonnerie, tout a un sens symbolique. Par exemple, le temple est divisé en deux parties, celle de gauche est associée à la lune et celle de droite au soleil. À gauche le principe passif et à droite le principe actif.

Pour transmettre ce message, la franc-maçonnerie, plutôt que de l'écrire et le répéter, a choisi de l'inscrire dans l'espace. Les francs-maçons s'en imprègnent d'autant mieux. Partant de là, il est aisé de répartir les places des officiers dans cet espace : le secrétaire qui est plutôt passif (il ne crée pas, il retranscrit) sera à gauche, alors que l'orateur qui détient la parole et la loi est à droite. De la même façon, les apprentis seront placé à gauche alors que les compagnons se placeront à droite.

Obédience, Grande Loge et Grand Orient, comment s'y retrouver ?

La loge symbolique telle que je viens de vous la présenter est la loge « près de chez vous ». Mais toutes ces loges sont réunies au sein d'une organisation que l'on appelle *obédience*. Une obédience est une organisation qui fédère toutes les loges locales qui dépendent de sa juridiction. Elle établit des règles sur la façon dont les loges doivent conduire leurs cérémonies, elle émet des autorisations pour la création de nouvelles loges, formule des jugements à l'encontre de membres qui violent les règles de la franc-maçonnerie et décident quelles sont les autres obédiences que ses membres sont légalement autorisés à visiter. Ce sont des questions liées à la *régularité* et à la *reconnaissance* des autres loges, traitées plus loin dans ce chapitre sous le titre « Qu'est-ce qu'une loge régulière, reconnue ? » (voir p. 110).

Quand deux maçons se rencontrent pour la première fois, qu'est-ce qu'ils se disent ? Souvent, ils se demandent à quelles obédiences ils appartiennent, puis à quel rite ils travaillent et enfin où se trouve leur loge. Ces trois questions donnent en quelque sorte la carte d'identité maçonnique du frère rencontré.

L'organe de décision d'une obédience s'appelle une Grande Loge. Les loges symboliques élisent tous les ans un député et, une fois par an, ces députés élisent les officiers de la Grande Loge. Ces officiers sont à peu près conformes à la liste des officiers d'une loge locale, à ceci près que ces hommes sont de Grands Officiers : Grand Maître, Premier Grand Surveillant (appelé aussi

Premier Grand Maître adjoint), Second Grand Surveillant (appelé aussi Second Grand Maître adjoint). Il n'y a ni apprenti, ni compagnon dans une Grande Loge. Ce n'est pas une loge qui initie mais une instance de décision.

Les pratiques peuvent différer dans certaines obédiences mais elle restent proches de ce qui vient d'être présenté. Par exemple, à la Grande Loge de France (GLDF), l'organe de décision s'appelle le *Conseil fédéral*. Il est composé de 33 membres élus pour trois ans par l'ensemble de tous les députés des loges. Ces mêmes députés élisent un Grand Maître qui préside ce Conseil fédéral.

Il n'y a pas de correspondance directe entre rite et obédience : ce serait trop simple ! À part la Grande Loge de France qui est monorite (les loges de la GLDF ne travaillent qu'au rite écossais ancien et accepté), les loges des autres obédiences françaises travaillent à plusieurs rites. Mais attention : une loge est toujours monorite.

Le Grand Maître

Le Grand Maître est élu pour un an renouvelable par le Conseil fédéral. Comme la Grande Loge ne se réunit en général qu'une, voire deux fois par an, le Grand Maître agit pour le compte de toute la Grande Loge pendant le reste du temps. Il en résulte qu'il peut émettre des *autorisations*, ou des chartes, pour créer de nouvelles loges, prendre des décisions au sujet de règles contestées, suspendre ou expulser des membres qui ont violé les règles et exécuter d'autres actes. Sa parole est la loi – du moins jusqu'à ce que la convocation de la Grand Loge soit en session. À ce stade, les membres de la Grande Loge peuvent passer en revue et approuver ou désapprouver ses actions.

Les francs-maçons témoignent au Grand Maître encore plus de respect en l'appelant *Très Respectable Grand Maître*. Ce n'est pas un gourou, ni un guide spirituel. Il a les pouvoirs de décision d'un président d'association mais, en plus, il est le gardien de la loi maçonnique. Quand la Grande Loge se réunit, le Grand Maître dirige la réunion, exactement comme un Vénérable Maître dans une loge locale.

Dans la Grande Loge Unie d'Angleterre, le Grand Maître n'est pas élu. Il est par tradition, un membre de la famille royale (actuellement, le duc de Kent) et il détient cette position à vie ou autant qu'il le souhaite. C'est une fonction surtout cérémoniale et honorifique.

Aux États-Unis, les Grands Maîtres ont généralement une mission de un an, mais les obédiences de certains États les élisent pour des durées allant jusqu'à trois ans. Toujours aux États-Unis, les règles de certaines obédiences peuvent accorder au Grand Maître le pouvoir de raccourcir certaines cérémonies. Par exemple, l'ouverture ou la fermeture d'une tenue, dans une version plus courte n'obligeant pas les officiers à accomplir le cérémonial habituel. Il peut créer des maçons *au coup de maillet* : rendre membre de la maçonnerie un homme qui n'a pas normalement progressé à travers les trois degrés de la loge.

Il y a en fait autant de variantes des pouvoirs des Grands Maîtres qu'il y a de Grandes Loges et d'obédiences. Elles sont fonction des coutumes et des règles de leurs juridictions respectives.

Les règles des obédiences

Chaque obédience adopte une constitution et des règlements généraux. Les règles portent sur une grande variété de sujets, comme la définition des pouvoirs des officiers, la façon de réaliser les élections, la façon de conduire les rituels, la conduite des membres les uns envers les autres et les sanctions encourues en cas de conduite non maçonnique. Ces règles sont régulièrement réexaminées. Dans la loge, c'est l'expert qui doit connaître parfaitement ces règlements généraux car il est le garant de leur application.

Vous pouvez avoir entendu dire que les maçons ont des sanctions horribles, sanglantes, infligées aux membres qui violent les règles du secret. Ces sanctions sont symboliques et s'inspirent de l'histoire de la maçonnerie opérative. La vérité est que les seules sanctions pour non-respect des règles maçonniques sont l'avertissement, la suspension temporaire ou la radiation de la franc-maçonnerie.

Qu'est-ce qu'une loge régulière ?

Attention, ce sujet est très particulier. C'est un problème qui concerne plus les francs-maçons que les profanes. En effet, il s'agit de savoir si une organisation peut décider de ce qu'est la franc-maçonnerie et ce qu'elle n'est pas et donc des règles qui régissent la « vraie » franc-maçonnerie.

Dès qu'un groupe se constitue, il est naturel qu'il se protège contre ceux qui veulent copier son fonctionnement pour en tirer bénéfice. Dans le domaine commercial, ce sont les règles de la propriété industrielle qui organisent les dépôts des marques ainsi que la lutte contre les imitations et les contrefaçons. En franc-maçonnerie, il n'y a pas d'organisme mondial disant ce qu'est et ce que n'est pas la franc-maçonnerie. Dans le même temps, les francs-maçons n'ont pas envie que quiconque forment un groupe et l'appelle franc-maçonnerie au risque de voir dénaturé l'esprit original tel qu'il est définit par les *Anciennes Charges* (c'est-à-dire les textes qui décrivent le fonctionnement des premières loges de francs-maçons).

La franc-maçonnerie anglo-saxonne s'est très rapidement penchée sur le problème et a défini ce que les francs-maçons appelle la *régularité* et la *reconnaissance*. Il s'agit du pouvoir qu'a une obédience de reconnaître ou pas une autre obédience. C'est une question qui alimente régulièrement les débats entre francs-maçons et qui, souvent, les fâchent. C'est un sujet technique et historique mais il est important de bien le connaître, car il vous sera utile pour comprendre le paysage très varié de la maçonnerie française.

Les adjectifs *régulier* et *irrégulier* sont les termes officiels appliqués à d'autres obédiences et à leurs membres. La régularité est déterminée par chaque obédience, selon ses propres règles. Les Grandes Loges qui se considèrent réciproquement comme légitimes sont dites *en amitié*.

La franc-maçonnerie n'est pas une entité unique, d'un seul tenant, à la manière d'une grande entreprise. Par suite, personne ne détient une marque déposée pour le logo de l'équerre et du compas et personne ne peut prétendre détenir le copyright universel des rituels maçonniques. De même, les obédiences ne peuvent empêcher un groupe de gens d'obtenir les rites maçonniques à partir d'un livre, d'acheter un jeu de tabliers et de bijoux d'officiers maçonniques, et d'affirmer qu'ils ont créé leur propre obédience. Il y a eu des discussions et des schismes entre différents groupes maçonniques au cours des siècles et de nombreuses factions de maçons ont créé leurs propres obédiences.

La franc-maçonnerie régulière

Pour définir ce qu'est et ce que n'est pas la franc-maçonnerie, il faut donc, premièrement, qu'un groupe se distingue et se proclame comme étant légitime pour prendre cette décision. Deuxièmement, il doit établir un certain nombre de règles que toute obédience devra respecter pour pouvoir être dite régulière. Enfin, il faut également définir le territoire sur lequel cette reconnaissance est active.

Le groupe de maçons qui s'est autoproclamé en charge de décider qui est régulier et qui ne l'est pas est la franc-maçonnerie anglo-saxonne représentée par la Grande Loge Unie d'Angleterre. C'est historique, c'est comme ça, ce sont les premiers à avoir eu cette idée.

En 1929, la Grande Loge Unie d'Angleterre définit donc la *franc-maçonnerie régulière* comme les loges et les obédiences qui adhèrent aux six principes suivants :

- **Les obédiences doivent descendre d'une manière ou d'une autre des Grande Loges d'origine d'Angleterre, d'Écosse ou d'Irlande.** Même si une obédience est à tous les autres égards « régulière », elle ne sera pas reconnue par les Grandes Loges majoritaires si elle ne peut pas dériver ses origines des Grandes Loges citées.

- **Les loges doivent exiger la croyance à un Être Suprême.** Les membres doivent prêter serment sur la Bible ou un autre Volume de la Loi Sacrée.
- **Les loges ne doivent admettre que des hommes.** Elles ne peuvent admettre des femmes ni avoir de liens avec des loges féminines ou mixtes.
- **Les loges ne doivent pas permettre la discussion de religion ou de politique durant les tenues.**
- **Les loges peuvent conférer seulement les trois degrés d'apprenti, de compagnon et de maître maçon.** Elles ne peuvent conférer aucun autre degré supplémentaire (voir la troisième partie pour plus d'informations sur les degrés maçonniques supplémentaires, p. 175).
- **Les loges ne peuvent recevoir de visiteurs de juridictions d'autres obédiences que si elles sont considérées comme régulières et reconnues comme telles par leur propre obédience.**

Vous commencez à comprendre maintenant pourquoi la franc-maçonnerie féminine américaine n'existe pas (en tout cas n'est pas considérée comme régulière, ne respectant pas le troisième principe) et pourquoi le Grand Orient de France, obédience athée, n'est pas reconnu par les loges anglo-saxonnes (elle n'exige aucune croyance en Dieu de la part de ses membres contrairement au deuxième principe). Ce qui n'empêche ni la franc-maçonnerie féminine d'exister, ni le Grand Orient de France d'avoir dominé la scène maçonnique française pendant toute la troisième République.

UN PEU DE TECHNIQUE

En France, parmi les très nombreuses obédiences maçonniques existantes (voir annexe A pour la liste et les adresses des obédiences, p. 329), la seule obédience reconnue par la Grande Loge Unie d'Angleterre est la Grande Loge Nationale Française, créée en 1913. Cette obédience vérifie les six principes de régularité.

Le deuxième principe pose une réelle question aux obédiences, en particulier en France où le principe de laïcité est fondamental. Pour résumer, les loges anglo-saxonnes demandent aux francs-maçons de croire en Dieu et nomment ce Dieu Grand Architecte de l'Univers pour éviter les problèmes religieux dans les loges. En France, hormis dans la Grande Loge Nationale Française, il est demandé aux francs-maçons d'accepter l'idée d'un principe créateur désigné sous le nom de Grand Architecte de l'Univers. La différence est minime mais elle fait tout.

CHEZ NOS VOISINS

Les anglo-saxons utilisent le terme de *regular* et de *irregular* pour désigner les loges régulières ou irrégulières. Certaines traductions donnent également terme *clandestin* pour le terme anglais *irregular*.

La maçonnerie noire est-elle clandestine ?

Une question délicate, et incompréhensible aux yeux des Français, concerne la reconnaissance de la maçonnerie des Noirs américains. Beaucoup de francs-maçons pensent que c'est par une sorte de racisme déguisé que la maçonnerie noire (obédience Prince Hall) n'est pas reconnue par la maçonnerie américaine, alors que c'est le premier principe qui est mis en doute. Quarante-six Grandes Loges affiliées Prince Hall partagent le territoire des États-Unis avec les Grandes Loges américaine régulières. Plusieurs États du Sud ont résisté à la reconnaissance des obédiences Prince Hall auxquelles appartiennent principalement des Noirs américains, mais la grande majorité des États et des obédiences internationales les considèrent comme régulières et les ont reconnues. Elles partagent le même territoire géographique que leur homologue sur la base d'un accord mutuel, une sorte de traité maçonnique.

Les États qui ne reconnaissent pas leur homologue Prince Hall prétendent en général que c'est parce qu'elles considèrent l'origine maçonnique des Grandes Loges Prince Hall comme douteuse. Comme je l'ai indiqué au chapitre 2 (voir p. 41), les Grandes Loges Prince Hall descendent d'une charte anglaise – qu'elles possèdent toujours physiquement – mais les quelques États qui ne les reconnaissent pas officiellement déclarent que leur prétention historique est factice. Cette obsession de la légitimité et des justifications historiques donne l'impression qu'il s'agit d'une discussion sur les prétentions au trône d'un monarque et non de la simple question de savoir quels maçons peuvent rendre visite à telle ou telle loge. On est loin des valeurs de la franc-maçonnerie que j'ai présentées au chapitre 3 (voir p. 56).

Les obédiences reconnues

La *reconnaissance* veut dire qu'une obédience accepte la légitimité d'une autre obédience et de ses membres. Chaque obédience est souveraine dans sa juridiction. Aucune autre obédience ne peut lui dire ce qu'elle doit faire ni comment le faire. Cela dit, le système de régularité et de reconnaissance est contrôlé par un mécanisme simple.

Être déclarée *irrégulière* veut dire pour une obédience que ses membres ne peuvent plus rendre visite à d'autres juridictions régulières. Cela veut donc dire être évité au plan national et au plan international. En règle générale, les obédiences ne font rien qui puisse mettre en cause leur reconnaissance.

Voici quelques-uns des principes directeurs qui détermine la façon dont une obédience peut considérer une certaine partie du monde comme sa juridiction :

- **Il n'y a qu'une obédience par État, province ou pays.** Les Grandes Loges Prince Hall représentent une exception notable à cette règle. Il y en a d'autres, comme l'Ontario et l'Afrique du Sud, mais ce sont des cas inhabituels. Les exceptions ne peuvent être permises que par un accord entre les Grandes Loges concernées.
- **Une nouvelle obédience ne peut être créée légalement que par des loges existantes et avec l'accord de l'obédience qui leur a accordé leur charte.** Par exemple, la Grande Loge de l'Inde a été créée en 1961 par les loges anglaises, écossaises et irlandaises qui opéraient en Inde, avec l'accord des trois Grandes Loges gouvernantes.
- **Sauf si des obédiences se mettent d'accord pour partager un territoire par traité, des loges concurrentes opérant sur le territoire d'une obédience sont déclarées irrégulières ou illégales.**
- **Dans les régions qui n'ont pas d'obédience « locale », les obédiences majoritaires ont organisé des obédiences provinciales.** C'est de cette manière que les Grandes Loges d'Angleterre et d'Écosse opèrent dans des pays d'Extrême-Orient ou dans d'autres parties du monde.

Ainsi, selon la Grande Loge Unie d'Angleterre, il ne peut exister sur un même territoire qu'une seule obédience régulière. Cette conception de découpage géographique n'est pas appliquée en Europe et en particulier en France où de nombreuses obédiences cohabitent. En vertu de ce principe, la Grande Loge Unie d'Angleterre ne reconnaît qu'une seule obédience par territoire. C'est pour cette raison que la Grande Loge de France n'est pas régulière au regard des critères de la Grande Loge Unie d'Angleterre.

Irrégulières, non reconnues, il y en a partout

Bien entendu, une fois ces règles de régularité et de reconnaissance posées, il y a des francs-maçons dans le monde entier qui se considèrent tout aussi réguliers que les autres. Considérez que la régularité est une question de point de vue et que chaque franc-maçon se considère comme membre d'une loge « régulière ». Les discussions de procédure et de territoire se produisent quand des maçons tentent de rendre visite à des loges que leur loge considère comme irrégulières.

Il y a néanmoins des milliers de maçons prétendument irréguliers dans le monde entier, qui pratiquent la franc-maçonnerie sans se préoccuper de la question de reconnaissance. Il n'y a pas moins de 20 obédiences qui opèrent à New York, mais seules la Grande Loge de New York et la Grande Loge Prince Hall de New York sont considérées comme régulières et reconnues par la Grande Loge Unie d'Angleterre. La France possède au moins une dizaine obédiences, mais seule la Grande Loge Nationale Française est reconnue. L'Italie n'a pas moins de 22 Grandes Loges à l'intérieur de ses frontières, mais seul le Grande Oriente d'Italia est couramment reconnu.

Comment le savez-vous ?

Cette notion de régularité affecte de temps en temps la vie des francs-maçons en loge. En effet, un franc-maçon d'une obédience régulière ne peut rendre visite à une loge non régulière (assister à une de ses tenues), sous peine d'expulsion.

En France, vous ne verrez jamais un maçon de la Grande Loge Nationale Française rendre visite à une loge de la Grande Loge de France. Dans la pratique, cela se fait, car les liens fraternels sont souvent au-dessus de ces questions politiques. Il suffit simplement de ne pas inscrire le nom du frère visiteur dans le compte-rendu des travaux. C'est dommage, mais c'est comme ça. L'une des règles de la franc-maçonnerie est qu'un maçon ne communique pas à titre maçonnique avec un maçon clandestin, ni ne visite une loge de maçons clandestins. Comment un maçon peut-il donc savoir à quelles loges il peut légalement rendre visite ?

Chaque Grande Loge a un Grand Secrétaire ou un Grand Chancelier, qui est comme un ministre des Affaires Étrangères et dont le rôle est précisément de répondre à de telles questions. Avant de partir en voyage dans un autre pays, un maçon qui envisage de visiter une loge étrangère contacte le Grand Secrétaire de son obédience, qui détermine quelles loges peuvent être visitées et fournit une lettre d'introduction. Comme dans le cas de la diplomatie internationale, il existe un protocole officiel pour rendre une visite. En revanche, si vous rencontrez un maçon dans la rue et si vous savez qu'il est membre d'une juridiction en amitié avec la vôtre, il peut vous inviter et vous pouvez accepter son invitation.

Certaines loges sont plus formelles que d'autres. Se présenter sans prévenir et s'attendre à être admis peut être acceptable pour une loge, tandis qu'une autre peut exiger que vous suiviez le protocole officiel.

La franc-maçonnerie féminine et la régularité

Le troisième principe de régularité est formel : les loges n'acceptent que les hommes ! Ce qui n'empêche pas la franc-maçonnerie féminine de se développer. Aux États-Unis, au Canada, en France, en Belgique, en Italie et dans de nombreux autres pays, on trouve des loges féminines et des loges mixtes. Leurs rituels sont presque identiques à ceux de la maçonnerie masculine.

La plupart des Grandes Loges du monde entier rejettent l'idée d'initier des femmes, cela représentant une violation des Anciennes Charges, lesquelles n'autorisent que l'initiation d'hommes. Les obédiences féminines et les obédiences mixtes contournent la question en interprétant la règle comme se référant aux hommes au sens générique, c'est-à-dire au genre humain. Elles fournissent à l'appui des exemples de maçons opératifs femmes dans l'histoire médiévale, prouvant ainsi que les femmes doivent être autorisées à faire partie de la franc-maçonnerie. Elles citent également l'exemple historique d'une femme initiée dans une loge irlandaise dans les années 1730 comme justification de leur position.

La Grande Loge Unie d'Angleterre a récemment modéré sa position sur les obédiences féminines en admettant effectivement l'existence de *l'Honourable Fraternity of Antient Freemasons* et de ses 350 loges qui opèrent au Royaume-Uni. Cependant, il n'y a entre ces obédiences ni communication officielle, ni visite, ni d'autres contacts maçonniques. Une régularité à deux vitesses ?

La maçonnerie française et la régularité

La France possède une dizaine d'obédiences maçonniques dont une seule est reconnue par la Grande Loge Unie d'Angleterre. La régularité n'est pas un critère de choix pour un homme (pour une femme, le problème ne se pose pas : les femmes ne sont pas régulières) qui cherche à devenir franc-maçon. Le problème n'est pas de rejoindre une obédience reconnue par une majorité d'obédiences travers le monde et en particulier dans le monde américain. Le problème est plutôt de trouver une obédience, et donc une loge, qui correspond à ce que l'on vient chercher en maçonnerie. J'aborde ce point de façon plus précise au chapitre 16 (voir p. 273).

Les francs-maçons découvrent souvent cette question de la régularité lorsque qu'ils sont déjà dans une loge. Si cela leur pose un problème, ils peuvent toujours changer. Car si l'initiation est un événement unique dans la vie d'un franc-maçon, on peut changer de loge, de rite et d'obédience au cours de sa vie. C'est prévu par les règlements généraux des obédiences.

On peut comprendre que les francs-maçons éprouvent le besoin de protéger la franc-maçonnerie contre la prolifération de groupements plus ou moins sectaires qui se réclament de la franc-maçonnerie mais qui sont parfois en dehors de ses valeurs. Pour répondre à la régularité imposée par la Grande Loge Unie d'Angleterre, la maçonnerie européenne (sauf en Grande-Bretagne) préfère retenir les critères de tolérance religieuse, le respect de la laïcité et l'interdiction de prôner des doctrines racistes.

Chapitre 6

Les cérémonies des francs-maçons

Dans ce chapitre :

- Le sens des rituels maçonniques
- Le travail dans une loge
- Derrière les portes closes : les trois degrés
- Le secret des cérémonies

Les cérémonies auxquelles se livrent les francs-maçons dans leurs loges sont appelées des *rituels*. Les rituels ne sont pas particuliers à la franc-maçonnerie, on en rencontre partout dans la vie de tous les jours. Les poignées de main, les applaudissements, les cérémonies de remise de diplômes et l'installation d'une personne à un poste officiel peuvent être considérés comme des rituels. Ils renforcent les liens sociaux par la répétition et par leur usage très répandu. Ils transmettent des expériences communes à travers le temps, ils relient la société moderne à son passé.

Dans les églises, les cours de justice, les associations d'anciens élèves, chez les militaires et les marins, lors des mariages et des funérailles, on use de rituels qui se sont établis au fil des ans. La franc-maçonnerie n'est pas différente.

Les rituels d'initiation permettent aux individus de passer d'un état à un autre. Ils sont presque toujours associés à un voyage, physique ou spirituel, ainsi que la promesse d'apprendre des secrets inaccessibles jusqu'alors.

Dans la *franc-maçonnerie bleue*, ces rituels s'appellent des *degrés* et ils s'échelonnent du degré d'apprenti à celui de maître maçon en passant par celui de compagnon. Les trois degrés relient les maçons à travers les siècles et savoir que l'on vit la même expérience que des millions d'autres hommes à travers le monde, pendant des centaines d'années, engendre une forte émotion.

Dans ce chapitre, je présente les aspects les plus fondamentaux des degrés de la franc-maçonnerie, laissant beaucoup de détails de côté, mais l'essentiel est de vous souvenir que la principale raison du caractère secret de la franc-maçonnerie moderne est d'éviter de gâcher l'expérience des degrés pour les nouveaux candidats. La force de toute initiation est la découverte de nouvelles expériences. Si vous lisez tout ce que l'on peut apprendre avant de rejoindre la franc-maçonnerie, vous risquez de vous priver de l'émotion très forte que l'on ressent pendant ces cérémonies. Par conséquent, je vous préviens : si vous avez la ferme intention de rejoindre une loge, allez voir un maçon et passez ce chapitre.

L'histoire des rituels maçonniques

Contrairement à l'Église des premiers chrétiens, qui maintenait une trace écrite de ses cérémonies, la maçonnerie opérative, à ses débuts, essayait tout naturellement de garder le secret de ses rites. Si la guilde artisanale voulait éviter que des ouvriers non qualifiés puissent voler ses techniques de construction et de dessin, elle devait s'abstenir de tout écrire sous une forme facile à dérober. En outre, au cours de la période de la maçonnerie opérative, la plus grande partie de la population était analphabète. La plupart des gens ne sachant ni lire ni écrire, le savoir se transmettait de bouche à oreille.

Les rituels des guildes médiévales historiques

N'OUBLIEZ PAS !

La première trace écrite d'un rituel maçonnique se trouve dans un document appelé le *Manuscrit Regius* (voir chapitre 19, p. 307) rédigé aux environs de 1390. Il est écrit sous la forme d'un long poème et raconte avec force détails une histoire de la franc-maçonnerie remontant à l'ancienne Égypte. Il poursuit par l'énoncé de 15 règles, indiquant qui peut ou ne peut pas être fait maçon, comment un maçon doit se comporter au travail et en privé, et les obligations morales d'un membre de la loge. Bien que l'on pense que ce document ait été écrit au XIVe siècle, il paraît probable qu'il ait été copié à partir des traditions orales transmises depuis approximativement le Xe siècle.

La tradition orale s'est perpétuée au fur et à mesure que les guildes maçonniques se répandaient en Europe. Quiconque a fait l'expérience d'une rumeur chuchotée autour d'une table à un dîner imagine à quel point des histoires racontées pendant des siècles, dans différents pays et différentes langues, tendent à se transformer.

L'apprenti

Au début, il semble qu'il n'y ait eu qu'un seul rituel d'initiation pour les maçons. À cette époque, les apprentis étaient considérés comme la propriété de leur maître jusqu'à la fin de leur période d'apprentissage, généralement de sept ans. Ces premiers rituels d'initiation étaient donc conçus pour souligner l'importance de la transformation d'un jeune homme de la position d'apprenti à celle d'ouvrier ou compagnon maçon.

Il y avait une prière d'ouverture, suivie du récit de l'histoire « ancienne » de la guilde. Cette partie de la cérémonie était embellie d'éléments historiques invérifiables, pour faire croire à chacun que la lignée et l'autorité maçonniques remontaient à des temps bibliques. Si les maçons avaient été présents lors de la construction des pyramides, des murs de Jéricho, de la tour de Babel et du temple de Salomon, alors ils étaient plus savants que les membres d'une quelconque guilde récente de tonneliers.

Ensuite, on ouvrait une bible devant le nouvel initié et on l'informait des lois, des règles et des règlements de la guilde. Il devait ensuite prêter un serment de fidélité au roi, au maître de la guilde et aux autres membres, et jurer de respecter les règles.

Au XVIe siècle, le parlement anglais vota une série de lois sur le travail spécifiant qu'un apprenti ne pouvait pas être traité comme un bien que l'on peut acheter et vendre. Il devait être considéré comme un être humain. Selon le *Statute of Apprenticeship*, il était illégal « d'exercer tout métier, mystère ou occupation » pratiqués en Angleterre sans avoir servi comme apprenti au moins pendant sept ans. C'est pourquoi, en 1550, deux degrés avaient été développés par les maçons. Le tout jeune apprenti était introduit dans la loge et il semble qu'une partie de la cérémonie ait eu pour objet de lui inspirer la plus grande frayeur. Une longue série de questions et de réponses devait être répétée et mémorisée – des questions tests permettant de l'identifier comme maçon. On lui révélait certaines méthodes de reconnaissance – un *attouchement* (une poignée de main), un *signe* (un signe de la main) et un mot de passe. Il jurait ensuite de ne jamais divulguer ces informations, sous peine d'abominables tortures suivies d'une horrible exécution. Après avoir prêté serment, il était déclaré apprenti – un grand pas en avant dans le monde après n'avoir été qu'un élément de propriété.

Avec le temps, les degrés devinrent plus longs et furent embellis par des discours. Il semble que de plus en plus de maçons plus âgés aient voulu enseigner aux jeunes gens une chose ou une autre au sujet du monde environnant. À la fin du XVIIe siècle, le rôle de la religion comme explication de tout ce qu'il y a dans l'univers commençait à s'effriter, au profit de la science et de la philosophie. Au début du XVIIIe siècle, le rituel avait évolué et parlait désormais de la manière de vivre une vie vertueuse, des différents styles d'architecture, de l'appréciation des arts et des sciences, et même des cinq sens du corps. C'était une sorte de présentation rapide sur la science que le candidat devait ensuite reprendre et étudier plus tard.

Les mystères des intermittents du spectacle

Au milieu du XIIIe siècle, les guildes d'artisans et de marchands commencèrent à jouer des pièces ou *mystères*, basés sur des histoires de la Bible. Les scènes présentées avaient généralement un rapport avec la spécialité de la guilde. Les menuisiers pouvaient représenter l'histoire de l'arche de Noé. Les poissonniers pouvaient raconter l'histoire de Jonas et de la baleine. Les boulangers pouvaient présenter la Cène. Les cloutiers pouvaient mettre en scène la crucifixion du Christ. Et les maçons présentaient souvent l'histoire de la construction du temple de Salomon.

Les mystères étaient joués les jours fériés en l'honneur des saints correspondants (les saints patrons des maçons étaient saint Jean l'Évangéliste et saint Jean Baptiste). Ils étaient joués sur le parvis des églises, jamais dedans, et pouvaient durer plusieurs jours voire des semaines. Durant ces journées de festival, les mystères étaient souvent présentés sur des chariots géants recouverts de planches qui les transformaient en scènes qu'on agrémentait de décors. Ces scènes ambulantes voyageaient à travers la campagne et les membres des guildes devenaient pour un temps des acteurs.

Ces pièces de théâtre étaient jouées par des illettrés qui répétaient les rôles jusqu'à les savoir par cœur. Eh oui, quand vous sculptez un bloc de pierre pour le mur d'une église, c'est agréable d'avoir quelque chose à faire pour passer le temps. De la même façon, certains rites maçonniques exigent que les rituels soient appris par cœur.

En 1548, le parlement de Paris interdit la représentation des mystères, ce qui marque le début du déclin des mystères au profit d'un théâtre plus classique. Mais les villes continuèrent d'aimer les spectacles des guildes, qui existèrent encore pendant deux siècles.

Le compagnon de la guilde

Les apprentis étant désormais initiés dans la guilde au lieu d'être traités comme des gamins stupides et laissés en dehors de la loge, un second degré fut créé pour l'ouvrier qui était prêt à aller dans le monde pour y gagner sa vie. Ses responsabilités à l'égard des autres membres de la guilde augmentaient, il devait apprendre une autre liste de questions et de réponses, ainsi que d'autres attouchements et signes. Finalement, on lui communiquait le *mot du maître* (le mot secret, combiné à un attouchement, qui lui permettait de se faire connaître comme maître maçon partout où l'on pouvait trouver des membres de la guilde). Il prêtait un autre serment, assorti de sanctions de torture et d'exécution dont l'évocation lui glaçait le sang. Il devenait un *compagnon fini* qui était à l'époque le dernier degré du rite.

Après avoir travaillé et appris comme apprenti pendant sept ans, un maçon était confronté à un choix. Il pouvait travailler sous contrat pour l'employeur qui avait assuré son apprentissage, mais désormais comme ouvrier – en Écosse, on l'appelait *Fellow of the Craft* (compagnon de la guilde) ou simplement *Fellow Craft* – ou il pouvait aussi s'établir de façon indépendante comme maître maçon. Il possédait les mêmes connaissances dans les deux cas. Les deux appellations ne faisaient qu'indiquer s'il était un employé ou un artisan indépendant.

Le maître maçon

Lors du passage de la maçonnerie opérative à la maçonnerie spéculative (voir chapitre 2, p. 31), en 1717, de nombreux hommes bien éduqués formèrent de nouvelles loges un peu partout en Angleterre, en Écosse et en France.

À l'époque des Lumières, le terme *spéculatif* s'appliquait à un exercice de l'esprit et en aucune manière à des opérations risquées sur des valeurs boursières.

Cette nouvelle version de franc-maçonnerie spéculative se répandait à grande vitesse. Bien que ses nouveaux adeptes aient alors trouvé intéressant de baser la fraternité sur les guildes artisanales et leurs cérémonies, il leur semblait nécessaire de disposer de quelque chose de plus grand.

Par suite, un bon nombre de ces hommes se mirent à écrire des rituels basés sur les anciens, mais avec de nouveaux développements. La fascination exercée par l'ancienne guilde, les nouvelles connaissances, l'allégorie biblique, la représentation des mystères et le goût du spectacle conduisirent, vers 1726, à la création d'un troisième degré, celui de maître maçon. Il fut présenté pour la première fois à Londres sous la forme d'une pièce de théâtre par des acteurs francs-maçons à la Société apollonienne pour les amoureux de la musique et de l'architecture (*Philo Musicae et Architecturae Societas Apollini*) et racontait deux histoires spectaculaires : la construction du temple du roi Salomon et la mort de Noé, et avec sa mort, la disparition de son « savoir secret ».

Mettez-le par écrit

En 1772, un maçon anglais appelé William Preston publie une conférence sous le titre *Illustrations of Masonry*. Ce texte analysait et expliquait le rituel et le symbolisme des degrés. Il connut un immense succès et Preston en publia neuf autres éditions au cours des vingt années suivantes. Il expliquait le rituel et les symboles tout en laissant de côté tout ce qui était considéré comme secret.

Un maçon américain de Rhode Island nommé Thomas Smith Webb lut le livre de William Preston et trouva qu'il omettait des symboles et des leçons intéressantes auxquels il avait eu affaire au cours de son expérience maçonnique. De plus, il avait des idées sur une meilleure façon de présenter les degrés. C'est pourquoi il compléta ce qu'avait fait Preston et publia en 1797 ses propres descriptions des rituels, appelées dans un livre intitulé *Freemasons Monitor*. L'ouvrage devint très populaire dans la franc-maçonnerie américaine. À tel point que la plupart des loges américaines pratiquent encore aujourd'hui cette version du rituel maçonnique appelée la version Preston-Webb.

En France, c'est en 1783 qu'un collège de maçons synthétise, fixe et rédige les différents degrés qui existent en France depuis une trentaine d'années. Les rituels sont souvent traduits des rituels anglais et en particulier des textes de Preston. En 1787, c'est la naissance du rite français, qui est publié, de façon illégale d'ailleurs, en 1801 dans un livre au titre évocateur : *Régulateur du maçon* (je détaille l'histoire du rite français au chapitre 10, voir p. 199).

C'ÉTAIT HIER...

C'est la galère mais il faut bien que quelqu'un Hiram !

Hiram est le personnage central dans le symbolisme de la franc-maçonnerie. Dans les années 1730, les deux histoires d'Hiram et de Noé avaient été modifiées et fusionnées en un conte spectaculaire, la légende maçonnique d'Hiram Abiff, le grand architecte du Temple.

Deux passages de la Bible décrivent la construction du Temple. Le premier est dans le livre des Rois 7 et le second est au livre des Chroniques 2. Voilà comment l'histoire commence : « Le roi Salomon fit venir de Tyr Hiram, fils d'une veuve de la tribu de Nephtali et d'un père tyrien, qui travaillait sur l'airain. Hiram était rempli de sagesse, d'intelligence et de savoir pour faire toutes sortes d'ouvrages d'airain. Il arriva auprès du roi Salomon et il exécuta tous ses ouvrages. Il fit les deux colonnes d'airain. La première avait dix-huit coudées de hauteur et un fil de douze coudées mesurait la circonférence de la seconde. Il fondit deux chapiteaux d'airain à mettre sur les sommets des colonnes ; le premier avait cinq coudées de hauteur et le second avait cinq coudées de hauteur… »

De ces brefs passages, avec quelques erreurs de traduction de l'ouvrage original en hébreu, quelques erreurs d'orthographe et beaucoup d'imagination, a été tirée l'histoire qui forme le fondement du troisième et dernier degré d'une loge bleue. Elle parle d'Hiram Abiff, fils d'une veuve, maître architecte du temple du roi Salomon qui, en tant que maître maçon, possédait de grands secrets, et de son assassinat par trois mauvais compagnons. Voici le déroulement de l'histoire.

Chaque jour, Hiram entre dans le Temple pour prier et tracer sur sa planche à dessin ce que les ouvriers doivent réaliser. Alors qu'il part un soir, il est accosté par trois compagnons très désireux de découvrir les secrets des maîtres maçons. Chacun menace l'architecte et l'attaque avec ses outils. Le troisième lui porte un dernier coup fatal. Hiram meurt sans avoir divulgué les secrets qu'il s'est engagé à protéger. Les paroles secrètes du maître maçon s'en vont dans la tombe avec lui. Les trois maçons enterrent le corps et tentent de s'enfuir du pays, mais ils sont attrapés et traduits en justice et exécutés conformément aux horribles sanctions prévues par leur serment maçonnique. On trouve le corps décomposé d'Hiram et, après plusieurs tentatives pour l'extraire de sa tombe, des maîtres maçons, ensemble, le sortent finalement de son lieu de repos. Son corps est ramené au Temple en vue d'un enterrement convenable et un monument est érigé pour commémorer sa fidélité, son honneur et sa droiture face à la mort.

Telle est l'histoire centrale de ce qu'on appelle la *légende hiramique* (ou *légende d'Hiram*). La morale est très forte, apprenant aux hommes à avoir la foi, à vivre conformément aux idéaux de moralité et de vertu, et à tenir leurs promesses. Mais contrairement aux degrés maçonniques antérieurs, ce degré était désormais joué, au lieu d'être présenté comme une simple lecture ou un monologue.

Ainsi, avec l'addition d'un degré de maître maçon, les anciens degrés furent réaménagés pour acquérir leur forme actuelle. Le nouvel apprenti était simplement initié et s'engageait au secret par serment. Le nouveau compagnon entendait un discours sur l'architecture, la science et les arts. Et le tout nouveau degré de maître maçon racontait l'histoire d'Hiram et du Temple. Dans un laps de temps extrêmement court, tous les rituels qui avaient pris des siècles à se développer devinrent la pratique régulière d'un mouvement maçonnique qui s'étendait rapidement au monde entier.

En quoi consistent les rituels maçonniques ?

Les francs-maçons peuvent se procurer les rituels imprimés qui comprennent l'ensemble des éléments correspondant à leur degré. C'est à partir des rituels que les travaux symboliques sont préparés et rien n'empêche un franc-maçon de faire ses proches recherches, à partir de livres sur le symbolisme, sur des rituels anciens ou de textes d'autres traditions initiatiques. Mais l'essentiel du travail est personnel, il ne s'agit pas d'une réécriture de ce que d'autres pensent, même s'ils sont plus savants sur une question particulière du symbolisme.

Les rituels imprimés sont utilisés pour les cérémonies où les officiers lisent leur « rôle ». Mais dans les loges anglo-saxonnes, les officiers sont incités à connaître par cœur leur texte, les rituels n'y sont jamais lus mais récités. Ailleurs, la plupart des obédiences permettent à leurs membres d'imprimer leurs rituels, s'ils en excluent les « secrets » spécifiques. Les officiers sont alors autorisés à lire leurs rôles.

À chaque degré sont rituel

Une loge symbolique peut se réunir au premier, au deuxième ou au troisième degré. Au premier degré, tous les membres de la loge sont présents. Au deuxième, il n'y aura que les compagnons et les maîtres et enfin, au troisième degré, seuls les maîtres seront présents. À chaque degré correspond un rituel qui décrit :

- la disposition de la loge ;
- le tableau de loge ;
- le rituel d'ouverture des travaux ;
- le rituel de fermeture des travaux ;
- la cérémonie d'initiation à ce degré ;
- l'instruction.

L'instruction est un ensemble de questions/réponses qui doivent être lues, répétées et apprises. Elle rassemble tous les symboles du degré. Cette forme questions/réponses provient de la tradition orale. Comme dans beaucoup de traditions orales, c'est la façon d'apprendre des instructions et secrets du degré et ainsi de les transmettre sans avoir à les écrire. Aujourd'hui, ces textes sont écrits mais la forme du dialogue est restée. Elle permet de rendre plus vivante les séances de lecture de l'instruction.

Comment se déroule une tenue au premier degré ?

C'est le Vénérable Maître de la loge qui décide, avec le collège des officiers, du programme de travail pour l'année et des thèmes qui seront étudiés.

Nous allons suivre le déroulement d'une tenue au premier degré, tenue qui constitue la majorité des tenues des loges symboliques. En général, une loge se réunit deux fois par mois à date fixe et toujours à la même heure. Cette régularité permet aux frères de gérer à l'avance leur emploi du temps. Une loge tient donc une vingtaine de tenues dans l'année.

Les francs-maçons reçoivent une convocation où est indiqué l'ordre du jour. En général, il s'agit d'un exposée préparé par un maître sur un sujet du programme.

Les sujets sont très variés. Il peut s'agir de sujets symboliques ou encore, suivant les obédiences, de sujets touchant à la société, la vie sociale ou culturelle mais toujours traités suivant une approche maçonnique. Ainsi, au premier degré, un sujet de réflexion peut être extrait du rituel ou du manuel d'instruction de l'apprenti comme par exemple « le Grand Architecte de l'Univers » ou « la pierre brute » ou encore « le pavé mosaïque » (ces symboles sont détaillés dans le chapitre suivant, voir p. 135).

L'ouverture de la loge

Les loges adoptent souvent un *dress code* : costume sombre, chemise blanche et cravate ou nœud papillon noir. C'est une façon de montrer que la tenue de loge n'est pas une soirée décontractée entre copains et cela permet aussi de gommer les différences vestimentaires. Comme dans un orchestre classique, la loge est ainsi plus solennelle. Les femmes maçonnes revêtent une grande robe noire par-dessus leur vêtement de ville. Un truc pratique pour éviter de repasser à la maison pour se changer.

Les frères se réunissent en loge généralement après leur journée de travail. Passer ainsi du monde du travail au monde sacré de la franc-maçonnerie ne peut se faire en un claquement de doigt. Une mise en condition est nécessaire et cela s'appelle le rituel d'ouverture au premier degré. Une fois que les frères ont revêtu leurs décors (tablier, gants et sautoir pour les officiers), ils entrent dans le temple et attendent en silence l'entrée du collège des officiers et du Vénérable Maître. Lorsque ce dernier est installé à son plateau, il procède à l'ouverture de la loge (voir un extrait d'un rituel d'ouverture du premier degré au chapitre 9, p. 316). Quels que soient les rites, un rituel d'ouverture a toujours pour fonction de recréer un espace et un temps sacré et de s'assurer que tout est en ordre. Cela se fait par un jeu de questions/réponses entre le Vénérable Maître et les deux surveillants. Après l'appel des membres de la loge, c'est la lecture et l'approbation du compte-rendu de la dernière tenue. Le travail continue généralement par un exposé appelé planche qui constitue le cœur du travail en loge.

Le travail en loge

Ce qui surprend souvent les non-maçons lorsqu'ils assistent à une *tenue blanche ouverte* (réunion maçonnique ou conférence ouverte aux non-maçons), c'est la grande rigueur dans la gestion de la parole. En effet, pour un franc-maçon, la parole est sacrée et on ne se coupe jamais la parole, on ne la prend jamais deux fois. Pas de bavardage, d'apartés, ni de messes basses. La parole circule mais en suivant un ordre établi et dirigé par le Vénérable Maître et les deux surveillants. Au départ, cela est déconcertant mais on apprend bien vite à construire sa question ou son intervention, non pas sur un coup de tête ou sur le coup d'une émotion mais après quelques instants de réflexion. Le débat s'en trouve ainsi souvent plus serein.

Attention, les apprentis n'ont pas le droit à la parole. Ils doivent garder le silence pendant tout le temps de leur apprentissage qui dure de un à deux ans au minimum. On leur demande d'écouter et de se concentrer sur ce qu'ils entendent. En général, des comités ou réunions d'apprentis sont organisés en dehors des tenues. Lors de ces réunions, les apprentis préparent et présentent un travail symbolique puis débattent entre eux sous la direction du second surveillant.

La fermeture de la loge

Le Vénérable Maître ferme la loge en suivant le rituel de fermeture des travaux. Ce rituel est l'image inversée du rituel d'ouverture. On déconstruit l'espace et le temps qui ont été instaurés au cours du rituel d'ouverture. Juste avant la sortie, les frères se dégantent et forment la *chaîne d'union*, symbole de fraternité. C'est un cercle formé par les frères les mains jointes. La chaîne d'union est un moment très fort. Certaines loges entonnent en chœur le chant des adieux (« Ce n'est qu'un au revoir… », pour la suite de la chanson, voir chapitre 19, p. 325). D'autres ont une pensée particulière pour un frère malade ou dans la douleur.

Enfin, avant de rompre cette chaîne, le Vénérable Maître rappelle qu'un franc-maçon a le devoir de continuer au-dehors du temple l'œuvre commencé à l'intérieur. La sortie est généralement rituelle : le Vénérable Maître sort accompagné du collège des officiers, puis suivent les frères de la loges. Tout le monde se retrouve en salle humide pour un dîner connu par les francs-maçons sous le nom d'*agapes*.

Les agapes

Il s'agit d'un repas pris en commun, généralement un dîner puisque les loges se réunissent souvent le soir. Dans la majorité des rites, les agapes ne sont pas rituelles mais reste dans la tradition maçonnique. En effet, dîner, faire banquet et festoyer font partie de l'expression de la fraternité, car c'est aussi un moment de partage.

Il ne faut pas confondre les agapes qui suivent traditionnellement les tenues avec les banquets rituels ou banquets d'ordre qui ont lieu aux dates des deux solstices. Le banquet de la Saint-Jean d'hiver correspond à Saint Jean l'Évangéliste et le banquet de la Saint-Jean d'été correspond à Saint Jean Baptiste. Ces banquets rituels sont l'occasion pour les francs-maçons de célébrer le mouvement cyclique des saisons, ce ne sont pas les saints chrétiens qui sont célébrés à ces occasions. Les francs-maçons les rattachent au dieu latin au double visage Janus : un visage de jeune homme et un visage de vieillard regardant dans deux directions opposées. Janus symbolise le passé et l'avenir, l'année qui commence et l'année qui finit. C'est Janus que les enfants désignent, sans le savoir, dans l'expression « Jean qui rit et Jean qui pleure » !

Dans les loges anglo-saxonnes et dans certains rites pratiqués en Europe, les agapes ne sont pas qu'un simple moment de détente qui suit les tenues mais sont organisées rituellement. La table est présidée par le Vénérable, tandis que les deux surveillants se tiennent à chaque bout. Le rituel de table prévoit une série de « toasts », au président de la République (en Angleterre à la reine), aux souverains et chefs d'État qui protègent la maçonnerie, à la Grande Loge, au Grand Maître, puis aux absents, enfin à tous les maçons pauvres et dans la détresse.

Lors des agapes et plus encore lors des banquets, il est d'usage d'utiliser un vocabulaire particulier qui provient des codes qui étaient en usage dans les loges militaires. Ainsi l'assiette devient une tuile, le verre le canon, la cuillère la truelle, la fourchette la pioche. Quant à la poudre, si elle est faible, elle désigne l'eau, blanche le vin, jaune la bière ou le cidre et fulminante les liqueurs. Et quelle que soit la couleur, tirer une canonnée consiste à boire un coup et non à envoyer votre morceau de pain à la tête de votre voisin !

Lors des agapes, certaines loges portent un toast particulier à la santé des frères absents : à une heure précise et décidée à l'avance, on boit à leur santé. Ainsi, ces derniers, où qu'ils soient, peuvent lever leur verre exactement à la même heure et ainsi établir une communion à distance.

Comment s'effectue le passage d'un degré à l'autre ?

Le degré d'un franc-maçon n'a rien à voir avec son âge réel. Tout franc-maçon a commencé par être apprenti, puis compagnon et enfin maître. Passer d'un degré à l'autre ne veut pas dire qu'on abandonne tout du degré précédent, bien au contraire. L'image la plus adéquate pour comprendre cette succession de degré est celle des poupées russes. Les degrés s'empilent et le franc-maçon se construit en complétant les connaissances d'un degré par les connaissances des degrés suivants. Le système préserve ainsi la progression des degrés pour chacun et la transmission des plus « gradés » vers les moins « gradés ». Un peu comme si un professeur d'université avait obligation de passer un peu de son temps à enseigner en maternelle !

Lorsque la loge estime que le franc-maçon est suffisamment avancé dans son degré, il lui est demandé de préparer un travail sur un sujet de son degré. Dans la plupart des loges, cela veut dire qu'il doit connaître le mot de passe, les signes, les poignées et les autres modes de reconnaissance de son degré actuel. On demande aussi couramment au maçon de mémoriser une série de questions et de réponses sur l'instruction de son degré. On lui demande également de présenter un travail sur un sujet symbolique lié à son degré, travail dans lequel il peut également parler de son expérience personnelle de ce degré. Il lit ce travail en loge et des questions lui sont posées puis les maîtres votent pour décider de son passage ou non au degré suivant. Si le vote est favorable, le franc-maçon est initié au degré suivant lors d'une cérémonie appelé cérémonie de passage. Il n'y a pas de durée réglementaire ou de passage automatique.

La cérémonie pour acquérir le degré d'apprenti et donc devenir franc-maçon s'appelle la cérémonie d'initiation. La cérémonie qui permet de passer d'apprenti à compagnon est la cérémonie de réception. La cérémonie de passage au grade de maître s'appelle la cérémonie d'élévation.

Un cran au-dessus !

Les cérémonies d'initiation, de réception ou d'élévation sont des moments très forts pour une loge. Ce sont des soirées spéciales. En général, une loge organise une cérémonie de ce type par an. Les degrés sont traditionnellement accordés un par un, avec une période de latence entre chacun. Ces périodes intermédiaires varient énormément d'une partie du pays ou d'une partie du monde à une autre. Dans la majorité des cas, il peut s'écouler un an ou davantage entre les degrés. Les loges qui travaillent en mettant l'accent sur l'aspect initiatique de la démarche maçonniques savent qu'il n'y a pas de norme pour le temps passé à un degré. Ce temps est lié à la démarche de chacun et il n'y a pas de passage « automatique » au bout de un ou deux ans.

Certaines grandes loges américaines ont créé ce qu'elles appellent les Journée tous degrés, pour permettre à des hommes qui n'ont pas le temps de passer leurs degrés individuellement de devenir maîtres maçons plus rapidement. Dans ces sessions, des douzaines, des centaines, voire des milliers d'hommes s'asseyent dans un auditorium et assistent aux trois degrés, tandis qu'un candidat les passe en tant que représentant de tout le groupe. Tous les participants prennent serment à l'unisson. Cette approche est controversée en dehors des États qui l'autorisent et elle n'est pas disponible partout. En fait, de nombreuses Grandes Loges ont émis de fortes objections à l'égard de cette approche, qui n'est pratiquée nulle part en dehors des États-Unis. Cette pratique n'existe pas en France.

UN PEU DE TECHNIQUE

Le langage codé des frères trois points

Si tout ceci est supposé être secret, comment pouvons-nous être au courant ? Eh bien, à mesure que la franc-maçonnerie devenait plus populaire, au début et jusqu'au milieu du XVIIIe siècle, une petite industrie a pris naissance. La meilleure façon de gagner facilement beaucoup d'argent à partir du milieu du siècle était de dire que vous imprimiez un livre révélant les secrets de ce qui était en train de devenir la « société secrète » la plus populaire du monde. Ces révélations eurent un effet indirect intéressant. La plupart des acheteurs étaient des francs-maçons qui essayaient d'apprendre leur degré et étaient frustrés de devoir l'apprendre de bouche à oreille. De sorte que, même si les révélations n'étaient pas toujours exactes, elles contribuèrent à standardiser les rituels qu'elles décrivaient. En « exposant » les maçons dans des livres fraîchement imprimés, ces éditeurs participaient à l'extension de la franc-maçonnerie à travers le monde.

Mais les règles maçonniques qui font partie du serment prononcé par l'apprenti soulèvent un problème important. Tous les maçons s'engagent à ne pas « écrire, imprimer, peindre, tacher, couper, sculpter, marquer ou graver » aucun des secrets de la franc-maçonnerie. Comment peut-on alors écrire ce qu'on s'est engagé à ne pas écrire ?

Pour contourner les règes, de nombreuses obédiences ont imprimé des rituels chiffrés. Toutes les cérémonies sont réduites à la première lettre de chaque mot, avec quelques consonnes supplémentaires par-ci par-là pour clarifier les plus obscures. Par exemple, si le rituel consistait à dire : « En qui places-tu ta confiance ? », le chiffrement pouvait être « EQPTTCf ? ». Imaginez qu'avec ce système, vous pourriez réécrire le rôle de Hamlet en 90 pages de lettres majuscules. Bon, d'accord, peut-être pas facile à lire…

D'autres obédiences allèrent plus loin, en créant un code de chiffrement spécial. Pour le lire, le petit James Bond maçonnique devait d'abord déchiffrer un code doublement secret de carrés, de lignes et de points pour deviner les lettres.

En France, la plupart des rituels maçonniques sont écrits en langage clair mais la tradition de coder certains mots par leur initiale suivie de trois points en triangle est restée. Ce système d'écriture fut introduit en 1775 pour garder secret les manuscrits maçonniques. L'idée est très simple et facilement décodable. Les mots sensibles sont remplacés par leur initiale suivie de trois points formant un triangle. Si le mot est au pluriel, on double l'initiale. On écrit donc :

- F∴ pour Frère et FF∴ pour Frères ;
- T∴C∴F∴ pour Très Cher Frère ;
- Ap∴ pour apprenti ;
- Comp∴ pour compagnon ;
- M∴ pour maître ;
- V∴M∴ pour Vénérable Maître ;
- Sec∴ pour secrétaire ;
- R∴L∴ pour Respectable Loge ;
- O∴ pour Orient ;
- R∴E∴A∴A∴ pour rite écossais ancien et accepté ;
- G∴O∴D∴F∴ pour Grand Orient de France ;
- G∴A∴D∴L∴U∴ pour Grand Architecte de l'Univers ;
- et enfin A∴L∴G∴D∴G∴A∴D∴L∴U∴ pour À la gloire du Grand Architecte de l'Univers.

Mais au-delà du folklore, ce code est utilisé pour les noms des francs-maçons : l'initiale du prénom suivi des trois premières lettres du nom de famille puis des trois points.

Saurez-vous maintenant décoder cette invitation ?

A∴L∴G∴D∴G∴A∴D∴L∴U∴

Mon T∴C∴F∴ X. XXX∴

Le V∴M∴ de la R∴L∴ du R∴E∴A∴A∴ la Fidélité écossaise retrouvée t'invite à la réception au grade de M∴ du Comp∴ Y. YYY∴ qui aura lieu à l'O∴de Paris le…

Pour les maçons opératifs, le temple était construit par un groupe important d'artisans, pendant plusieurs années, et aucun ne pouvait avoir une vision précise de l'ensemble de l'œuvre qu'ils étaient en train de construire. Aucun sauf l'architecte qui connaît le plan dans sa globalité. L'architecte organisait le travail et le chantier pouvait avancer car chaque ouvrier faisait de son mieux pour exécuter le travail qui lui avait été confié. Sur un plan symbolique, l'apprenti apprend le métier en exécutant les ordres sans nécessairement en comprendre la finalité ; le compagnon exécute le plan et le comprend ; seul le maître dessine le plan. Transposé sur le plan personnel, le franc-maçon est l'artisan de son propre temple intérieur. Les outils sont les symboles, les plans sont les enseignements de la franc-maçonnerie et l'architecte est le Grand Architecte de l'Univers.

La cérémonie d'initiation : devenir apprenti

Lorsqu'une personne demande son admission en franc-maçonnerie, après des procédures (voir chapitre 16, p. 274) et si elle est acceptée, elle est initiée dans une loge symbolique généralement près de chez elle. La cérémonie d'initiation confère au candidat le degré d'apprenti, premier degré commun à tous les rites et toutes les obédiences.

Cette cérémonie est très importante à la fois pour le candidat qui va devenir franc-maçon et pour la loge qui accueille un nouveau membre. Elle débute, pour le candidat, par le *cabinet de réflexion*. C'est un endroit séparé de la loge dans lequel le candidat médite. Cette pièce est sombre et décorée de façon à provoquer un sentiment de solitude et de recueillement. Des éléments tirés de la tradition alchimique décorent ce cabinet éclairé par la seule lumière d'une bougie. Ce moment passé dans le lieu est aussi appelé l'épreuve de la terre. Ceux qui ont vu la scène de *Kill Bill II* où Uma Thurman est enterrée vivante peuvent imaginer ce que peut être l'épreuve de la terre… Sauf que, en franc-maçonnerie, je le rappelle, tout est symbolique et vous ne serez pas enfermé dans un cercueil et on ne vous demandera pas de creuser la terre. Pour en sortir, on viendra vous chercher.

Pour être initié, le candidat doit arranger ses vêtements d'une manière spécifique. Il doit être, comme dit le rituel, « ni nu ni vêtu ». Il suffit simplement d'enlever une chaussure, remonter une jambe de son pantalon et ouvrir sa chemise. Ensuite, il a une corde enroulée autour du cou et il a les yeux bandés. La franc-maçonnerie interdit formellement tout embarras ou inconfort infligé au nouvel adepte.

N'OUBLIEZ PAS !

Le candidat a les yeux bandés pour plusieurs raisons. L'initiation est une épreuve émotionnelle et non intellectuelle. Ne pas voir stimule l'imagination et augmente l'intensité des autres sens. Le candidat se concentre sur les mots au lieu d'être distrait par les détails de la pièce ou le visage des frères présents autour de lui. Mais ce qui importe encore plus, c'est qu'il se trouve symboliquement dans l'obscurité, à la recherche de la lumière, c'est-à-dire de la connaissance. Jusqu'à ce qu'il ait prêté serment, c'est-à-dire pris l'*obligation* de ne pas révéler les secrets de la franc-maçonnerie, il ne peut recevoir cette connaissance ni être autorisé à voir le temple et les francs-maçons présents.

Le candidat ainsi préparé est conduit avec précaution jusqu'à la porte de la loge, sur laquelle il frappe de sa main pour demander l'entrée du temple, c'est-à-dire son admission à la franc-maçonnerie. Il est ensuite accompagné par l'expert (voir la description des officiers chapitre 5, p. 104) qui sera son guide pour tout le reste de la cérémonie.

La cérémonie d'initiation dépend des rites, des pays et même des loges. Mais on y trouve presque toujours trois voyages symboliques associés à l'eau, l'air et le feu. (Il manque le quatrième élément des anciennes traditions, la terre ? Eh non, elle était présente dans le cabinet de réflexion.) Ces voyages ont une fonction symbolique. Ils permettent de recevoir un enseignement en alternant épreuves et instructions. Ils permettent également de parcourir progressivement différentes étapes de la vie d'un initié.

Ces voyages et les épreuves associées sont symboliques et ne sont jamais ni humiliants, ni éprouvants physiquement pour le candidat. La franc-maçonnerie privilégie l'expérience personnelle et directe sur le discours. Les voyages sont donc d'abord vécus avant d'être analysés. La description symbolique de ces voyages est dans l'instruction du degré et l'apprenti aura tout le temps nécessaire pour chercher, par lui-même, le sens de ces épreuves.

Les voyages prennent fin devant l'*autel des serments*, le candidat place sa main sur le Volume de la Loi Sacrée et prend l'*obligation* (ou prête serment) d'apprenti. Dans cette obligation, il promet de ne pas divulguer les secrets qu'il est sur le point de recevoir, ni de les écrire, de les imprimer, ni de les faire connaître en aucune manière à quiconque n'est pas un maçon.

Puis on le reconduit hors du temple afin qu'il puisse reprendre ses vêtement et se présenter en loge correctement habillé. Lorsqu'il revient dans le temple, le bandeau lui est enfin ôté. Il est conduit à l'orient où le Vénérable Maître lui confère le premier degré du rite. C'est un très beau moment puisque le nouvel apprenti est agenouillé devant le maître de la loge qui lui donne l'adoubement avec son épée flamboyante.

L'adoubement

L'adoubement de l'apprenti franc-maçon prend sa source dans la tradition des chevaliers. C'est au cours de cette cérémonie que le jeune noble qui se prépare aux métiers de la guerre reçoit ses armes et entre dans la classe des chevaliers. C'est une cérémonie initiatique et nous en retrouverons tous les ingrédients chez les francs-maçons.

Il doit tout d'abord se purifier et se préparer : la veille, il prend un bain purificateur, puis il met une tunique blanche et jeûne pour faire pénitence. Puis il passe la nuit à prier dans une chapelle : c'est la *veillée d'armes*. Au matin, il se confesse, il communie, va à la messe, écoute le sermon. Puis, quand tous sont là, il s'approche de l'autel, l'épée suspendue à son cou, un prêtre la bénie, puis il s'agenouille devant le seigneur qui lui demande : « Pour quelle raison désires-tu entrer dans la chevalerie ? Si tu recherches la richesse ou les honneurs, tu n'en es pas digne ! » Le jeune homme pose alors la main sur l'Évangile et prête à haute voix le *serment des chevaliers* :

Tu croiras à tous les enseignements de l'Église et tu observeras ses commandements.
Tu protègeras l'Église.
Tu défendras tous les faibles.
Tu aimeras le pays où tu es né.
Tu ne fuiras jamais devant l'ennemi.
Tu combattras les infidèles avec acharnement.
Tu rempliras tes devoirs féodaux, à condition qu'ils ne soient pas contraires à la loi divine.
Tu ne mentiras jamais et tu seras fidèle à ta parole.
Tu seras libéral et généreux.
Tu seras toujours le champion du droit et du bien contre l'injustice et le mal.

Après cela, ses pages l'aident à revêtir sa tenue : cotte de maille, cuirasse, brassards, éperons dorés et épée. Il s'agenouille pour recevoir la *collée* : le seigneur lui donne trois coups du plat de son épée sur la joue, ou du plat de la main sur la nuque, en disant : « Au nom de Dieu, de saint Michel et de saint Georges, je te fais chevalier. Sois vaillant, loyal et généreux. » C'est par cet acte qu'il est fait chevalier.

UN PEU DE TECHNIQUE

On lui donne ensuite lecture des instructions et secrets de son grade. On lui remet le tablier blanc en cuir dont le symbolisme lui est expliqué, ainsi que la manière prévue par le rite pour le porter, conformément à son rang d'apprenti. On offre également au nouvel initié une paire de gants blancs. Il ne devra jamais se présenter en loge sans ses gants. Ces gants indiquent au franc-maçon que ses mains doivent rester pures de tout acte condamnable et que sa conscience doit rester pure de tout sentiment vil.

LA VOIX DU MAÎTRE

Tous les francs-maçons doivent porter un tablier en loge. Les formes, matières et couleurs dépendent du rite suivi. Ainsi, au rite écossais ancien et accepté (je parle en détail de ce rite au chapitre 9, p. 177), le tablier de l'apprenti comme celui du compagnon est en cuir blanc et ne comporte aucune inscription. C'est un rectangle blanc surmonté d'un triangle pointe en l'air appelé *bavette*. Les apprentis le portent avec la bavette relevée tandis que les compagnons baissent la bavette de leur tablier. Les tabliers des maîtres sont des rectangles blancs bavette baissée mais avec un liseré rouge. Au rite français, les liserés des tabliers des maîtres ne sont pas rouges mais bleu clair.

Enfin, on parle à l'apprenti de la charité et de l'importance d'aider les autres hommes et ses compagnons maçons. Comme aux premiers jours de la guilde, l'apprenti doit mémoriser une série de questions et de réponses relatives aux symboles de son degré. Cette mémorisation est imposée pour plusieurs motifs :

- L'apprenti peut ainsi prouver qu'il a étudié convenablement la loge et son fonctionnement. S'il ne se donne pas la peine de satisfaire cette première exigence, son désir de progresser n'est pas crédible.

- Si l'apprenti est amené à visiter une autre loge où personne ne le connaît, il peut alors être garant de ses propres connaissances et prouver qu'il est un apprenti en répondant aux questions dans la forme appropriée.
- En apprenant ces questions et ces réponses, il devient un maillon de la longue chaîne de transmission du rituel à travers les siècles, ce qui le relie aux plus anciens maçons de l'Antiquité.

La cérémonie de réception : devenir compagnon

Le deuxième degré est celui de compagnon. Il représente l'adolescence et l'âge mûr, c'est-à-dire la période moyenne de la vie. Au cours de ce degré, le maçon se voit enseigner l'importance de la connaissance et du travail.

Lorsque l'apprenti a fait son temps, il présente un travail à la loge qui décide de son passage ou non au grade de compagnon. Ce passage se fait lors de la cérémonie de réception au grade de compagnon.

Prière de ne pas marcher sur les symboles

Dans la loge, tous les déplacements (ou *circumambulation*) se font dans le sens des aiguilles d'une montre, symbolisant le voyage du soleil à travers le ciel. On dit aussi qu'ils se font *dextrorsum*. Mais cette marche autour d'une loge maçonnique doit s'effectuer d'une manière spécifique. Il faut toujours marcher en ligne droite. Quand le maçon arrive à un coin, il s'arrête et tourne sur sa droite, en décrivant un angle droit. Mais pourquoi ?

À l'époque où les loges se réunissaient dans les tavernes, il n'y avait pas de projecteur vidéo et on traçait les symboles à la craie directement sur le sol. À la fin de la tenue, le maître des cérémonies était alors chargé d'effacer toute trace des dessins pour qu'ils ne puissent pas être vus des profanes.

Plus tard, ces dessins furent peints sur des toiles qui étaient déroulées sur le sol : c'est le *tableau de loge* (voir chapitre 7, p. 140). Comme ces toiles étaient belles, grandes et surtout très précieuses, personne ne devait marcher dessus. Et donc, toute personne circulant dans le temple devait faire attention de bien passer à l'extérieur de la toile. On prit alors l'habitude de marquer les angles droits des coins en marchant autour de la loge. Aujourd'hui, le tableau de loge est déroulé à l'ouverture des travaux. Il est placé au centre du temple, entre les trois colonnettes, et on est prié de ne pas marcher dessus.

Pour cette cérémonie, le futur compagnon est préparé comme le futur apprenti lors de la cérémonie d'initiation. Mais ayant déjà reçu la lumière, il n'a pas les yeux bandés, on fait plus appel à sa raison qu'à son intuition ou à son émotion.

Lors de la cérémonie de réception, le futur compagnon exécute cinq voyages symboliques qui l'amènent à prendre conscience de l'immensité des connaissances humaines développées depuis la nuit des temps. Ainsi, on propose à ses réflexions futures les cinq ordres de l'architecture basés sur les enseignements de l'architecte romain Vitruve, les cinq sens et les sept arts libéraux. C'est au cours de ce degré, qu'il sera amené, à l'instar des compagnons opératifs qui effectuaient leur tour de France, à découvrir le monde. Mais c'est surtout le travail qui est glorifié au degré de compagnon. L'obligation qu'il prend en tant que compagnon est plus longue que celle de l'apprenti et augmente ses devoirs envers ses frères. En plus du secret, il s'engage à aider ses frères et à obéir aux règles et aux lois de la loge. Après qu'il a pris l'obligation, on lui expose l'instruction du degré de compagnon.

Ce degré représente un lien très fort avec une époque ancienne où l'instruction était faite dans les guildes au cours de l'apprentissage du métier. Il n'y avait pas d'instruction publique et l'enseignement se faisait de façon orale.

N'OUBLIEZ PAS!

À la différence de l'apprenti, le compagnon peut prendre la parole en loge mais il ne peut voter puisque cela est réservé aux maîtres.

La cérémonie d'élévation : devenir maître maçon

Lorsque le compagnon est jugé digne de passer au grade de maître, il présente un travail à la loge pour prouver qu'il a acquis les connaissances symboliques du degré de compagnon. Comme le degré de compagnon est un degré basé sur le voyage et la découverte du monde, le candidat raconte également les visites qu'il a pu faire dans d'autres loges pratiquant d'autres rites.

UN PEU DE TECHNIQUE

La cérémonie d'élévation au degré de maître est basée sur la légende de la mort d'Hiram (voir l'encadré « C'est la galère mais il faut bien que quelqu'un Hiram ! » p. 122). Les maçons se réfèrent à ce degré par l'*élévation*, le corps d'Hiram ayant été levé de sa tombe par la poignée et le mot du maître maçon. Certaines personnes croient que l'histoire d'Hiram est un parallèle à la résurrection et qu'elle pourrait être reliée aux légendes égyptiennes disant qu'Osiris s'est levé d'entre les morts. Mais le rituel ne dit pas qu'Hiram a été ramené à la vie. Hiram est mort et le jeune maître maçon prend sa place sur le chantier qui continue. Son corps a simplement été soulevé de sa tombe.

Au cours de cette cérémonie, la légende de l'assassinat d'Hiram est jouée comme au théâtre avec, dans le rôle d'Hiram, le candidat et, dans les rôles des trois mauvais compagnons, le Vénérable Maître, les premier et second surveillants. Sans dévoiler de secret, vous imaginez que certains éléments symbolisant la mort sont présents dans le temple au cours de cette cérémonie. C'est pourquoi certaines personnes, en sortant de leur contexte ces éléments, présentent la franc-maçonnerie sous un aspect obscur, lugubre et menaçant. Mais je le rappelle, la mort d'Hiram est symbolique et aucune personne n'est assassinée dans nos loges.

Cependant la mort est très présente au degré de maître. Il ne s'agit plus de la mort symbolique du nouvel initié qui accepte de « tuer le vieil homme en lui pour renaître en un initié ». Il s'agit ici de réfléchir à sa propre mort et à ce que l'on fait de sa propre vie. Mais c'est aussi une façon de montrer que le chantier continue et que tous les hommes se relayent sur le chantier, les vivants comme les morts. La façon dont un homme vit et meurt est le message le plus important enseigné par les degrés de la maçonnerie.

C'ÉTAIT HIER...

Où l'on vous découpera en morceaux

Les francs-maçons s'entendent dire à chaque degré que les obligations qu'ils vont prendre ne contiennent rien qui soit contraire à leurs obligations envers la morale, leur pays, leur voisin ou eux-mêmes. Ces serments sont souvent assortis de pénalités souvent très sanglantes. Ainsi l'apprenti maçon est-il menacé d'avoir la gorge tranchée s'il révèle les secrets qui viennent de lui être révélés. Comment doit-on prendre ces pénalités ? Symboliquement bien sûr, même si leur formulation est très forte et laisse une impression très intense dans l'esprit des francs-maçons. Je vous rassure, jamais aucun maçon n'a eu la gorge tranchée, la poitrine déchirée ni les entrailles arrachées pour avoir dit à un non-maçon comment donner la poignée de main secrète.

Les marins anglais, au cours du XVe siècle, comme les avocats admis au barreau de Londres au XVIe siècle prêtaient des serments de ce type. Ces serments dérivaient en fait de sanctions prononcées au Moyen Âge par les tribunaux et conçues en fonction des croyances de l'Église catholique. On croyait qu'un corps incomplet ne pourrait pas se lever d'entre les morts, de même qu'un corps enterré dans un terrain non consacré. C'est pourquoi être mis en terre sans toutes les parties de son corps était une condamnation à mort horrible, sur terre et dans l'au-delà.

Au Moyen Âge, être parjure à son serment ou ce que les Français appelaient sa *parole*, (comme dans l'expression « donner sa parole ») était un crime bien plus grave que l'homme moderne ne peut le comprendre.

Dans de nombreuses juridictions américaines, les pénalités liées aux serments ont été modifiées en indiquant qu'ils ne sont que symboliques ou qu'il ne s'agit que d'anciennes sanctions, qui ne sont plus appliquées désormais. La vérité est qu'elles ne l'ont jamais été. Les seules sanctions de la franc-maçonnerie sont la suspension ou la radiation de l'ordre. Malgré cela, et depuis toujours, les antimaçons, incapables de voir la portée historique et symbolique de ces serments annoncent que la franc-maçonnerie se prête à des rituels sanglants.

N'OUBLIEZ PAS !

Le degré de maître confère le droit de vote et celui d'être un officier de la loge. Cependant, les règlements des obédiences indiquent généralement un temps minimum de maîtrise pour accéder à certaines fonctions importantes de la loge comme le plateau de Vénérable.

Le degré de maître maçon est le troisième et dernier rituel de degré de la loge bleue. En fonction du rite qu'il pratique, le franc-maçon pourra continuer à avancer dans les degrés ou pas. En effet, certains rites ne comportent que les trois degrés d'apprenti, de compagnon et de maître et d'autres rites comportent des degrés supplémentaires. Ces degrés supplémentaires appelés aussi hauts grades sont travaillés dans d'autres loges que les loges bleues. Les hauts grades et les détails des rites qui comportent plus que trois degrés sont présentés dans la troisième partie.

Chapitre 7

Les symboles de la franc-maçonnerie

Dans ce chapitre :

- Clarification du symbolisme maçonnique
- Le temple de Salomon
- Le tableau de loges des maçons

La nature est un temple où de vivants piliers
Laissent parfois sortir de confuses paroles ;
L'homme y passe à travers une série de symboles
Qui l'observent avec des regards familiers.

– Charles Baudelaire, « Correspondances », *Les Fleurs du mal*

Le symbolisme est un sujet délicat. Il y a quelques années, je visitais les ruines d'un temple gréco-romain dans le village italien de Paestum. Un musée voisin contenait de nombreux objets trouvés dans la région. Tout à coup, mon regard fut retenu par une sculpture datant du Vᵉ siècle avant J.-C. représentant le torse sans tête d'une femme, décoré de grands swastikas noirs.

Pour beaucoup, le swastika (ou croix gammée) est le symbole du régime le plus meurtrier de l'histoire moderne, celui de l'Allemagne nazie. Il est aujourd'hui tellement considéré comme le symbole du mal que l'Union européenne a même envisagé des lois interdisant sa diffusion.

En Inde, en Chine et au Japon, le swastika a été reproduit dans ses diverses formes, courbées ou droites, dans le sens des aiguilles d'une montre ou en sens contraire. En Orient, c'était un symbole positif, parfois associé au bouddhisme. On l'a retrouvé dans les ruines de l'ancienne Troie et dans les catacombes chrétiennes de Rome. C'était un symbole celtique courant et il est toujours utilisé dans certains pays nordiques comme la Finlande. Il a été considéré comme un symbole de puissance ou d'énergie et a même été couramment affiché comme signe d'avertissement sur les usines suédoises de production d'électricité. Dans d'autres cultures, elle est un symbole de chance ou représente l'équilibre parfait entre forces positives et négatives de la nature.

En dehors de sa valeur de symbole religieux, le swastika apparaît souvent comme motif dans des constructions et, en 500 avant J.-C., c'était un dessin assez joli utilisé sur des urnes et des sculptures grecques.

Un *symbole* est un objet, un dessin ou un autre élément matériel qui prend la place d'une entité abstraite ou invisible. Mais il ne faut pas confondre le symbole avec le signe ou le pictogramme. Voici des exemples de signes et pictogrammes : pour un conducteur d'automobile, un signe rouge en forme d'octogone veut dire « stop », même si les lettres sont effacées. Un cercle rouge traversé par une diagonale est devenu un pictogramme universel pour « non », qu'il se réfère à l'interdiction de laisser tomber des détritus sur le sol, de fumer ou de tourner à gauche. Un cercle avec une flèche veut dire un homme, tandis qu'avec une croix il s'agit d'une femme. Il n'y a aucun rapport entre la forme d'un signe et le message qu'il représente. C'est une convention admise par un groupe de personnes.

Dans le cas d'un symbole, les choses sont un peu différentes. Le symbole a une apparence qui est en rapport avec la signification première. Ainsi la colombe est-elle le symbole de la liberté parce que l'oiseau qui vole dans les airs nous fait penser naturellement à la liberté de mouvement. De plus, la colombe est un animal doux et sa couleur blanche est symbole de paix. La croix est un symbole important pour les chrétiens car il représente celle sur laquelle est mort le Christ.

L'interprétation d'un symbole est valable dans une culture ou un système de pensée particulier. Dire que tel ou tel symbole signifie ceci ou cela n'a de sens qu'en référence à une culture, une religion ou une philosophie. La pomme, par exemple, est pour les anciens un symbole de l'amour et de la beauté féminine ; pour les chrétiens, elle représente le péché originel ; pour les initiés, c'est le symbole de la connaissance.

Savez-vous que le plus connu actuellement n'est ni la croix, ni le croissant islamique, ni l'étoile de David mais une arche double, jaune aux formes arrondies… Vous n'avez pas trouvé ? Cherchez du coté des hamburgers !

Un symbole peut être beaucoup plus complexe qu'il n'en a l'air au premier abord. Si tout le monde comprend les symboles simples comme ceux que je viens de présenter, il en existe d'autres moins fréquents ou dont la signification a été un peu oubliée.

Ainsi, qui connaît la symbolique des couleurs du drapeau français ? Le rouge pour le sang, le blanc pour la royauté et le bleu de la ville de Paris ? La légende prétend qu'en juillet 1789, La Fayette crée la cocarde tricolore en réunissant les couleurs de la ville de Paris (bleu et rouge) au blanc de la royauté. En réalité, ces mêmes couleurs, qui sont bien dues à La Fayette, reprennent les couleurs de la cocarde bleu blanc rouge américaine qu'il avait ramenée de son séjour et de sa participation à la révolution outre-Atlantique. Cette version avait été un peu oubliée, car elle n'était pas conforme aux visions nationales des historiens, notamment français.

Retenons que les symboles demandent un travail d'explicitation, surtout s'ils ne sont pas familiers. Dans ce chapitre, j'en présente quelques-uns des plus courants de la franc-maçonnerie. J'explique ce qu'ils signifient pour un maçon et la place qu'ils tiennent dans les rituels maçonniques. Ce que je mentionne n'a rien de secret. Ces explications sont un point de départ et il appartient à chacun d'en trouver d'autres. Il suffit d'y passer un peu de temps.

Pourquoi des symboles et non des mots ?

Que vous lisiez des livres, que vous surfiez sur Internet ou que vous entriez dans une loge, vous découvrirez vite que le symbolisme maçonnique est omniprésent. Vous verrez des outils, des sabliers, des yeux, des crânes, des colonnes, des marches d'escalier, des cœurs, des épées, des lettres et des nombres. Et chacun de ces symboles a une sens ou un usage précis dans les cérémonies maçonniques.

Tout d'abord, au premier coup d'œil, vous pouvez conclure que ces étranges dessins ont souvent une utilisation assez sinistre. Mais les symboles n'ont pas toujours des sens universels. De nombreux détracteurs, ainsi que quelques érudits maçonniques plus anciens, ont décrit certains symboles maçonniques comme occultes ou magiques, voire païens. La vérité est en fait beaucoup plus simple : les symboles sont utilisés par la maçonnerie tant comme moyen mnémotechnique que comme illustrations des leçons qu'elle enseigne.

N'OUBLIEZ PAS !

Les symboles sont aussi utilisés pour désigner des choses complexes de façon simple. Nous entrons alors dans le monde de l'imaginaire, là où la raison n'a pas toujours sa place. Certaines choses de l'imaginaire se prêtent mal au langage écrit ou parlé. À leur propos, les francs-maçons ont coutume de dire qu'ils ne savent ni lire ni écrire. Les symboles sont comme un alphabet et la franc-maçonnerie une nouvelle façon de parler.

La pratique du symbolisme n'est pas nécessairement aisée. En lisant ce chapitre, vous trouverez peut-être ces interprétations un peu fantaisistes ou simplistes. Je le répète, les explications qui sont données ici ne sont que le point de départ d'un jeu d'interprétations qui peut se faire seul ou, mieux, avec d'autres. C'est un jeu d'analogie et de rapprochements où la logique intervient peu. Il a été montré que le cerveau humain se divise en deux hémisphères, chacun spécialisé : le gauche pour les activités rationnelles comme le calcul, le langage et l'analyse ; le droit pour les activités intuitives, imaginatives et de reconnaissance des formes et des images. Pratiquer le symbolisme, c'est mettre au repos son cerveau gauche et activer son cerveau droit.

Le symbolisme maçonnique est une activité hautement subjective et très riche. Au-delà des explications les plus élémentaires, le franc-maçon a à sa disposition une gamme presque infinie de symboles sur lesquels il peut méditer.

Les symboles permettent d'accéder aux enseignements de la franc-maçonnerie, et non le contraire. Il est tentant de croire qu'il y a des mystères cachés et même de la magie dans ces images curieuses. En fait, elles sont utilisées simplement pour faire travailler l'esprit sur les enseignements de la franc-maçonnerie. Les symboles maçonniques ne sont pas sacrés et ne font l'objet d'aucun culte. Vous ne verrez jamais un franc-maçon se prosterner devant un symbole maçonnique.

Symboles maçonniques

Il y a plus de 90 symboles différents dans les trois degrés de la maçonnerie. C'est un peu plus que ne peut décrire ce livre. Les maçons ont écrit des milliers de textes et des centaines de livres (j'en propose quelques-uns dans l'annexe C, p. 344) sur le symbolisme maçonnique. Les symboles maçonniques peuvent être associés l'un à l'autre et leur interprétation prend alors un sens différent. De la même façon, leur place dans la loge ou sur le tableau de loge vient enrichir ou préciser leur sens.

Dans les sections suivantes, je me contente d'esquisser brièvement certains des symboles les plus fréquemment rencontrés au degré d'apprenti.

La loge bleue

Une *loge bleue*, bien qu'il ne s'agisse pas techniquement d'un symbole, est un terme utilisé pour désigner une loge de francs-maçons qui confère les degrés d'apprenti, de compagnon et de maître maçon. C'est la loge la plus courante, celle qui est peut-être située à coté de chez vous. Selon la coutume locale ou les préférences de celui qui s'exprime, cette loge peut aussi être appelée *loge symbolique, atelier bleu* (ou plus simplement *atelier*) ou encore *loge de saint Jean.* Vous voyez, les termes ne manquent pas. C'est dans ces loges que tout candidat commence son parcours maçonnique.

L'origine du terme de loge bleue est obscure. Le rituel du degré d'apprenti comporte une référence à la voûte céleste et il peut donc s'agir d'une référence au bleu du ciel. (De nombreuses loges maçonniques ont un ciel bleu peint au plafond pour cette raison.) Le temple maçonnique est ouvert sur le ciel pour symboliser qu'il est inachevé, que le chantier est ouvert et que tout est à reconstruire. En outre, le bleu était une couleur sacrée dans l'Israël antique ; les teintures bleues et pourpres étaient coûteuses, exotiques et rares, et étaient révérées en conséquence. Le bleu est aussi la couleur de la tolérance, vertu fondamentale pour un franc-maçon.

Il n'y a pas de signification absolue d'un symbole, il n'y a pas de bureau international chargé de la définir, ni encore de norme ISO sur le sujet. Les symboles ont des sens différents pour chaque personne. Mais même si la franc-maçonnerie ne donne aucune limite au travail d'interprétation, les symboles maçonniques pris dans leur ensemble constituent un tout cohérent qui contraint les significations.

De la même façon que pour passer le permis de conduire il faut connaître parfaitement les signes du code de la route, le franc-maçon doit connaître parfaitement les symboles de son degré, leur place et leur signification. Mais plus encore, et c'est là la différence entre signe et symbole, il est incité à trouver par lui-même ce sens, à l'enrichir en permanence selon sa progression et son désir de recherche. Et c'est ce travail, plus que le résultat, qui importe puisque c'est de cette façon qu'il va acquérir les enseignements de son degré. La démarche est aussi importante que le résultat ou, pour reprendre les termes du poète Antonio Machado : « Le chemin se fait en marchant. »

Dans les paragraphes suivants, je vous indique les significations couramment acceptées pour les symboles dans la franc-maçonnerie. C'est un point de départ et chaque symbole pourrait être exploré, étudié et fouillé. Il appartient à chaque franc-maçon de l'interpréter plus profondément. Pour une personne en dehors d'une loge, un compas, une ancre ou une comète peuvent suggérer des choses tout à fait différentes. Mais, dans une certaine mesure, la réaction d'un franc-maçon à ces symboles, partagée avec ses frères du monde entier, l'aide à se relier au groupe comme membre d'une association fraternelle unique. Même là où la langue diffère, les symboles constituent la langue universelle de la franc-maçonnerie. Et quand un maçon retrouve ces symboles dans un pays étranger, il sait qu'il se trouve parmi des frères.

Le nombre trois

Partout dans une loge et ses rituels, vous rencontrez le nombre trois. Il y a trois degrés, trois principaux officiers, trois colonnettes, trois outils d'apprenti, trois marches conduisant à la chaire du Vénérable Maître, trois grandes lumières de la franc-maçonnerie, trois voyages de l'apprenti, trois étapes de la vie… La liste est interminable.

Le symbole universel du Grand Architecte de l'Univers est un triangle équilatéral, comportant souvent un œil censé tout voir. Platon et Aristote pensaient que le nombre trois était le symbole de l'Être Suprême parce que 1 + 2 = 3. Trois contient les deux premiers nombres et il implique un commencement, un milieu et une fin. Trois a été un nombre sacré pendant des milliers d'années. Les anciens Égyptiens adoraient leurs dieux par groupes de trois, comme Osiris, Isis et Horus. Les Grecs révéraient Zeus, Poséidon et Hadès. Les Romains vénéraient Jupiter, Neptune et Pluton. Les déités des nordiques étaient Woden, Friga et Thor. Trois représente aussi le père, la mère et l'enfant dans de nombreuses cultures.

Enfin, la Trinité est un symbole important pour la chrétienté. La franc-maçonnerie étant dérivée de croyances catholiques et, plus tard, protestantes, l'imagerie de la sainte Trinité y était très forte. Le nombre trois finit par devenir un symbole de la recherche continuelle de la perfection.

Les tableaux de loge : le PowerPoint du XVIIIe siècle

Au chapitre 6 (voir p. 117), j'ai évoqué les rituels de la franc-maçonnerie. Les premiers ont été modifiés au cours des siècles. Ils ont été allongés et enrichis, à tel point qu'il devenait de plus en plus compliqué de les mémoriser. Or, une règle stricte interdisait d'écrire le rituel d'une quelconque manière qui puisse être déchiffrée par des profanes, c'est-à-dire des non-maçons. Une façon astucieuse a été trouvée : cacher les messages de la franc-maçonnerie dans des symboles et n'en donner la clefs qu'à ceux qui sont habilités à les comprendre et à en faire bon usage. L'introduction du symbolisme dans la franc-maçonnerie était née.

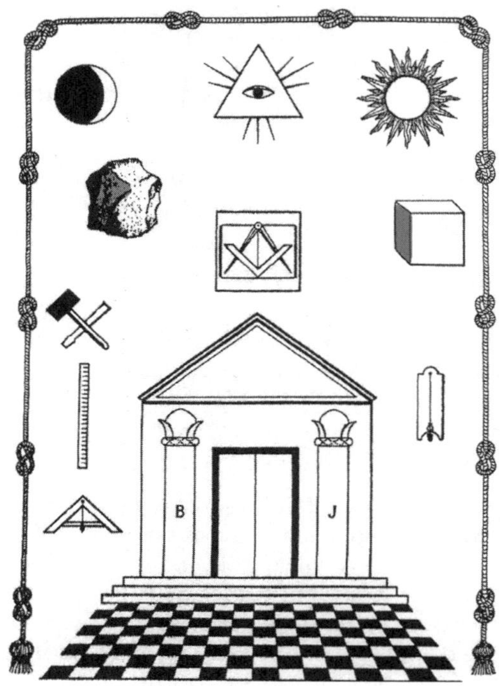

Figure 7-1 : Le tableau de loge d'apprenti.

Nous avons vu au chapitre 6 que les premiers symboles maçonniques étaient dessinés à même le sol des lieux où se tenaient les réunions des loges. Comme ce travail d'écrire puis d'effacer les symboles devenait fastidieux, on finit par les peindre sur une toile que l'on déroulait pour la soirée. Bien sûr, secret oblige, une toile différente était peinte pour chaque degré. Ces toiles prirent le nom de *tableaux de loge*. De nos jours, les tableaux de loge sont des toiles imprimées posées sur le sol du temple, que l'on déroule à l'ouverture des travaux et que l'on enroule à la fermeture. Mais l'expression « tracer le tableau de loge » est restée dans la plupart des rituels pour indiquer l'action de dérouler cette toile.

La figure 7-1 est un tableau de loge du premier degré. Il montre différents symboles. Certains vous sont peut-être familiers, d'autres moins. Plus loin dans ce chapitre, je passe en revue les éléments symboliques de ce tableau de loge et j'en donne une interprétation.

Attention à ne pas confondre le tableau de loge tel qui vient de vous être présenté avec la liste des membres de la loge qui est aussi appelée tableau de loge.

Le temple de Salomon

Le degré d'apprenti et surtout les degrés de compagnon et de maître maçon sont centrés sur le symbolisme du temple de Salomon dressé sur le mont Moriah à Jérusalem. C'est ce Temple qui est au centre du tableau de loge d'apprenti.

Le récit biblique

La description du temple de Salomon apparaît dans la Bible au livre des Rois 1, chapitres 6 et 7. Elle apparaît aussi en Chroniques 2, chapitres 3 et 4. L'historien Flavius Josèphe évoque également le Temple. Il a été construit entre 964 et 956 avant J.-C. comme abri sacré de l'arche d'alliance, la boîte en or contenant les fragments des dix commandements originaux donnés par Dieu à Moïse. (Si vous avez vu *Les Aventuriers de l'arche perdue*, vous connaissez déjà un peu le sujet.)

La construction du Temple

Le roi Salomon était le fils de David et le troisième roi d'Israël. Avant sa mort, le roi David avait rassemblé des matériaux et des objets destinés au Temple, mais Dieu lui avait interdit de le construire à cause des conflits sanglants qu'il avait provoqués. David était un roi guerrier, un conquérant qui non seulement avait uni la Judée et Israël en une seule nation, mais aussi vaincu définitivement les Philistins. Il avait étendu les frontières de son royaume pour en faire l'unique empire du peuple juif et mené une guerre civile violente et meurtrière contre son fils, Absalon.

David avait laissé à Salomon, son successeur pour le trône, l'argent nécessaire pour la construction du Temple. Elle prit sept ans et demi. Le Temple fut érigé sur le site sacré où Abraham avait reçu de Dieu l'ordre de sacrifier son fils Isaac.

Les pierres furent taillées et préparées dans des carrières souterraines de Jérusalem. Le travail était supervisé par des maîtres constructeurs prêtés par le roi de Tyr. Des billes de cèdre furent coupées dans les forêts du Liban et acheminées sur des radeaux jusqu'au port de Joppa, connu plus tard sous le nom de Jaffa et qui fait aujourd'hui partie de Tel-Aviv. Depuis cet endroit, elles étaient tirées jusqu'à Jérusalem. Après sa construction, le Temple resta non consacré et inutilisé pendant treize ans, tandis que Salomon construisait le reste de la citadelle et le palais royal. Finalement, en 943 avant J.-C., plus de vingt ans après le début de la construction, l'arche d'alliance fut placée à l'intérieur du Temple, ce qui donna lieu à une grande cérémonie (la fête des Tabernacles) qui dura sept jours, marquant le début d'une ère nouvelle de l'histoire hébraïque.

La conception du Temple

Le Temple était conçu à la manière des temples égyptiens ou phéniciens. Il y avait un petit vestibule ou porche extérieur. De chaque côté de l'*ulam* (l'entrée du porche) se trouvaient deux grandes colonnes de bronze appelés Boaz et Jachin (voir « Les deux colonnes » plus loin dans ce chapitre). Il y avait ensuite une grande chambre médiane appelée *hekal* (lieu saint ou plus grande maison) et finalement une pièce plus petite appelée *debir* (le *sanctum sanctorum* ou saint des saints) où se trouvait l'arche d'alliance, cachée derrière des voiles de lin bleus, pourpres et écarlates et deux portes en or. Cette pièce intérieure était garnie de cèdre et d'or et n'avait pas de fenêtre. C'était le lieu de résidence de Dieu.

Les trois chambres du Temple étaient réservées aux saints hommes et aux prêtres. Le peuple pouvait se réunir devant le Temple.

L'édifice se dressait en haut de la colline et était entouré d'une immense cité royale. Le Temple lui-même était assez petit, il avait une longueur de 90 pieds (27 mètres.), une largeur de 30 pieds (9 mètres.) et une hauteur de 45 pieds (14 mètres).

La destruction du Temple

En 597 avant J.-C., le roi Nabuchodonosor II, roi de Babylone, conquiert la Syrie puis s'empare d'Israël. Après dix années de révoltes constantes, il décida de détruire le Temple et Jérusalem elle-même. Il déroba la plupart des objets précieux du Temple, brûla le bâtiment et démantela la citadelle, pierre par pierre. Tout le reste fut emmené à Babylone, mais l'arche d'alliance disparut sans laisser de trace. Le grand prêtre n'aurait jamais permis à Nabuchodonosor de la prendre et donc elle a pu être enterrée profondément dans la montagne elle-même ou être évacuée du pays en cachette. Le lieu où elle se trouve demeure l'un des plus grands mystères de la Bible.

Zerubbabel reconstruisit le Temple dès que les Juifs furent autorisés à retourner à Jérusalem après leurs cinquante années d'exil à Babylone. Mais ce second Temple fut détruit plus tard, en 70 après J.-C. par les Romains. L'historien Flavius Josèphe fut autorisé à sauvegarder d'anciens manuscrits du Temple avant sa destruction et son histoire, *La Guerre juive*, est un témoignage vivant de ces événements. Les Romains finirent par se lasser des constantes rébellions et bannirent les Juifs de Jérusalem ainsi que toute la nation d'Israël. Ce fut le commencement de la diaspora juive, l'éparpillement des Juifs dans le monde entier.

Le site du Temple devint plus tard le troisième lieu saint de la foi islamique. Le mont Moriah est l'endroit où le prophète Mohammed est monté au ciel en grimpant à une échelle de lumière qui surgit d'une pierre sacrée qui avait fait partie du temple de Salomon. En 691 après J.-C., le calife Abdul Malik construisit la mosquée de Sakhra (Dôme du Rocher) à côté du site d'origine du temple de Salomon, exactement cinquante-trois ans après la fondation de la religion islamique par Mohammed Ibn Abdullah. Des années plus tard, la mosquée Al-Aksa fut ajoutée à l'opposé et à même distance du site du temple de Salomon.

La symbolique du Temple

L'apôtre Paul a dit : « Savez-vous que vous êtes le temple de Dieu et que l'esprit de Dieu réside en vous ? » Cette parole est le fondement du symbolisme maçonnique du temple du roi Salomon. Le temple est un symbole pour le maçon. Il faut des années pour bâtir cet endroit digne d'abriter l'esprit de Dieu. Il est construit grâce au dur travail de nombreux hommes. Le but des bâtisseurs est d'atteindre la perfection dans leur travail. Une fois terminé, il est admiré par tous ceux qui sont en contact avec lui. Quand les Hébreux perdirent leur direction spirituelle, le Temple fut détruit, et les hommes sont pareillement détruits quand ils perdent leur direction spirituelle. Et même quand le temple a disparu, son souvenir continue de vivre dans les cœurs et la mémoire de ceux qui l'ont vu, de même que les accomplissements des hommes bons continuent de vivre longtemps après leur mort.

Ainsi, pour les francs-maçons, le temple de Salomon n'est considéré ni dans sa réalité historique, ni dans son acceptation religieuse, mais dans sa signification symbolique. Il est le temple de la paix, état vers lequel tous les francs-maçons tendent.

L'équerre et le compas

Ce symbole qui représente l'association fraternelle des francs-maçons comprend deux outils différents du métier de bâtisseur mais toujours associés : l'équerre et le compas (voir figure 7-2).

Figure 7-2 : L'équerre et le compas représentent la franc-maçonnerie.

L'équerre est l'attribut des architectes par excellence. Le rituel maçonnique explique que l'équerre est un instrument dont les maçons opératifs se servaient pour tracer, construire ou vérifier un angle droit. Sur le plan symbolique ou spéculatif, l'équerre représente la régularité et la perfection des travaux d'un franc-maçon. Les francs-maçons spéculatifs l'utilisent comme un instrument de vertu gouvernant tous leurs actes envers les humains. L'équerre représentant l'honnêteté, la droiture et la vertu, elle est aussi l'insigne du Vénérable Maître. L'équerre doit inspirer la droiture dans les pensées et les actions. Elle est le symbole de la loi morale.

L'explication rituelle du *compas* est un peu plus complexe. Il sert bien sûr à tracer des cercles mais aussi à reporter des mesures. Le compas est l'image de la pensée qui peut s'ouvrir et se fermer. Lorsque vous tracez un cercle avec le compas, l'une des pointes reste au centre du cercle. Ce point représente l'individu franc-maçon. Le cercle représente les limites de son monde et les gens avec lesquels il entre en contact. Il doit toujours vivre selon ces préceptes d'amitié, de moralité et d'amour fraternel, dans tous ses rapports avec les humains, et spécialement avec un frère maçon. Des enluminures médiévales représentent le Créateur de l'univers tel un géomètre, tenant à la main un compas lui permettant de dessiner le monde.

Dans de nombreuses traditions, l'équerre est associée au carré, qui est une représentation de la terre et de la matière, et le compas au cercle, qui représente le ciel ou l'esprit. Ainsi le couple équerre/compas représente le couple matière/esprit.

N'OUBLIEZ PAS !

Le Kama-Sutra de l'équerre et du compas

Il n'y a pas 69 façons d'associer l'équerre et le compas mais seulement trois. Sur la figure 7-2 comme sur la couverture de ce livre, les branches du compas sont posées sur celles de l'équerre. Mais deux autres configurations peuvent se présenter. Le compas représente l'esprit et l'équerre la matière. Dans la loge d'apprenti, l'équerre est posée sur le compas, ce qui montre que la matière domine l'esprit. Au grade de compagnon, les branches du compas et celles de l'équerre sont entrelacées, ce qui montre que ces deux forces s'équilibrent. Enfin, au degré de maître, le compas est posé sur l'équerre : l'esprit domine la matière. C'est une façon symbolique de montrer la progression dans les différents degrés en mettant l'accent sur la dimension spirituelle de l'initiation maçonnique.

Dans cette association, on indique un certain détachement par rapport à la vision purement matérialiste du monde (le compas domine l'équerre), même si les francs-maçons ne sont pas dans une démarche purement spirituelle (l'équerre est toujours là). Tout est affaire d'équilibre et la franc-maçonnerie incite ses membres à rechercher la conciliation de l'approche spirituelle et de la vision matérialiste de la conduite de leur propre vie.

Le tablier en peau de mouton

Le symbole du tablier de cuir blanc (voir figure 7-3) est le badge universel du franc-maçon. Un franc-maçon ne doit jamais se présenter en loge sans son tablier. Des tabliers, des ceintures ou des écharpes apparaissent dans toute l'histoire comme symboles d'honneur, de piété ou de réussite. On en voit dans les images de l'Égypte ancienne et ils servaient comme symbole de la prêtrise en Inde, en Perse et dans de nombreuses autres cultures.

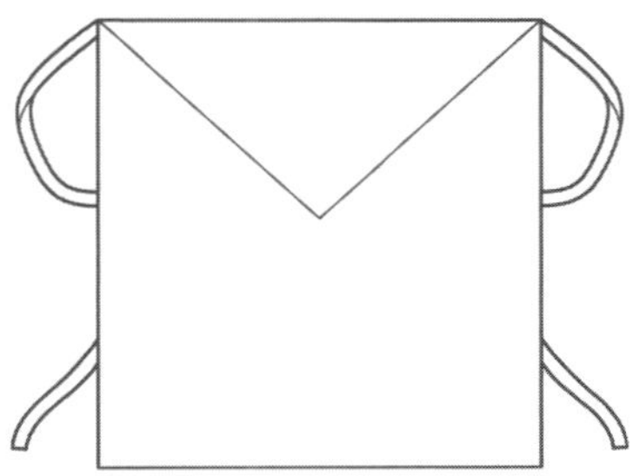

Figure 7-3 : Tous les francs-maçons du monde portent un tablier.

L'agneau ayant été considéré pendant des siècles comme un symbole d'innocence, le tablier de maçon est confectionné traditionnellement en peau de mouton. C'est le premier cadeau donné à un franc-maçon. Sa surface pure et sans tache est pour le franc-maçon une incitation constante à la pureté de sa vie, de sa conduite et de sa conscience, ainsi qu'un symbole permanent de ses efforts constants pour avoir des pensées plus élevées, se livrer à des actes plus nobles et faire de plus grandes choses.

Différentes coutumes permettent de décorer le tablier de diverses manières. Les officiers ont souvent un tablier sur lequel sont brodés les symboles de leur fonction. Les anciens Vénérables Maîtres ont leurs propres symboles et les premiers tabliers étaient souvent ornés à profusion de scènes et de symboles.

Les tabliers dépendent du rite suivi. Ainsi au rite écossais ancien et accepté, le tablier de l'apprenti comme celui du compagnon est en cuir blanc et ne comporte aucune inscription. C'est un rectangle blanc surmonté d'un triangle pointe en l'air appelé *bavette*. Les apprentis le portent avec la bavette relevée tandis que les compagnons baissent la bavette de leur tablier. Les tabliers des maîtres comportaient et comportent toujours une surface blanche de peau de mouton, comme rappel de la pureté des actions et de la conscience. Selon les rites, ils sont bordés d'un liseré rouge ou bleu clair.

Les symboles du tableau de loge d'apprenti

Regardez la figure 7-1 (p. 140). Elle contient de nombreux symboles. Des planches de cette sorte sont utilisées comme aide-mémoire, tant pour enseigner que pour apprendre les différents exposés sur les rituels des degrés. Dans les sections suivantes, je parcours cette planche et j'explique les symboles que vous y voyez.

Le maillet, le ciseau et la règle à 24 divisions

Ce sont les trois outils symboliques de l'apprenti. Les maçons opératif faisaient les trois huit : huit heures pour le travail, huit heures pour servir Dieu et les autres hommes, et huit heures pour le repos et le sommeil. Une vie bien réglée en quelque sorte. En franc-maçonnerie, la règle à 24 divisions représente la journée d'un franc-maçon dont toutes les heures doivent être utilement employées. Mais chacun est libre de mettre ce qu'il veut derrière le terme utile.

Le maillet et le ciseau sont les outils des tailleurs de pierre. Ils permettent d'enlever les aspérités de la pierre pour la rendre conforme à son usage dans la construction. Transposés sur le plan symbolique, le maillet et le ciseau sont les outils qui permettent à l'apprenti franc-maçon de se transformer lui-même par le travail. Le maillet représente la volonté dans le travail et le ciseau le discernement. Le maillet, c'est la force et le ciseau, la précision. Ces symboles sont toujours présentés ensemble et enseigne que toute force est vaine si elle n'est pas utilisée avec discernement.

Le pavé mosaïque

Sur le tableau de loge comme d'ailleurs sur le sol du temple, au milieu de la loge, se trouve un pavage fait de carreaux noirs et blancs. Toutes les loges ont ce pavé mosaïque au centre de la loge et, quelquefois, c'est tout le sol qui est pavé de cette façon. C'est le symbole de la dualité. En franc-maçonnerie, tout n'est pas blanc ni noir. La lumière produit de l'ombre et l'ombre fait jaillir la lumière. Le pavé mosaïque est le symbole du fait que le bien et le mal sont inhérents à l'espèce humaine. En dehors de la tradition maçonnique, un autre symbole exprime cette dualité et de façon encore plus dynamique, c'est la figure du yin et du yang.

Les trois marches

C'est par trois marches que, sur le tableau de loge, on accède au temple de Salomon. Dans tous les temples, églises, sanctuaires, le lieu le plus saint est placé à une certaine hauteur du sol pour montrer que le sacré n'est pas du domaine terrestre. Mais aussi qu'il est nécessaire de travailler pour accéder à la connaissance. En franc-maçonnerie, ces trois marches peuvent représenter les trois stades de la vie (jeunesse, maturité, vieillesse), les trois degrés symboliques (apprenti, compagnon et maître) ou encore les trois composantes de l'être humain : corps, âme et esprit.

La houppe dentelée

Le tableau de loge, comme la loge dont il est une représentation en deux dimensions, est entouré d'une corde formant des nœuds appelés *lacs d'amour* et terminées par une houppe dentelée. La corde à nœuds était utilisée par les maçons opératifs pour tracer et mesurer sur le chantier. Pas besoin de savoir lire. Il suffisait de faire des nœuds séparés par une distance, la même pour tous les ouvriers du chantier. Plus fort encore, la corde à 13 nœuds (et donc de 12 intervalles) permet de construire un angle droit et donc de remplacer l'équerre en utilisant le fameux théorème de Pythagore. La solution est dans l'encadré « Que de bons souvenirs ! » ci-dessous.

C'ÉTAIT HIER...

Que de bons souvenirs !

L'équation la plus utile au métier de bâtisseur est le théorème de Pythagore : dans un triangle rectangle (un triangle possédant un angle droit), le carré de l'hypoténuse (le côté opposé à l'angle droit) est égal à la somme des carrés construits sur les deux autres côtés. Vous êtes sans doute habitué à son énoncé sous forme de l'équation :

$$a^2 + b^2 = c^2$$

Pythagore a vécu au cours du VIe siècle avant J.-C. en Grèce. Il était mathématicien, philosophe et mystique. L'une des devises de son école était « Nul n'entre ici s'il n'est géomètre » pour montrer l'importance qu'il donnait à la géométrie, considérée comme art sacré à l'époque. Euclide d'Alexandrie vint environ deux siècles plus tard et écrivit ce que l'on considère comme le premier véritable manuel de géométrie. Il rassembla 465 équations, postulats et théorèmes dans son ouvrage en 13 volumes appelé *Éléments*, le théorème de Pythagore étant au rang n° 47.

Le théorème de Pythagore est peut-être l'équation la plus importante de toutes les mathématiques élémentaires. Elle permet d'agrandir des dessins, de poser des fondations et de définir des angles strictement droits. Interrogez votre professeur de géométrie, il vous dira tout.

Le théorème de Pythagore a très tôt permis à des géomètres de déterminer la hauteur d'un sommet. Les astronomes peuvent calculer grâce à lui la distance du Soleil, de la Lune et des planètes. Les marins l'utilisent pour calculer la latitude, la longitude et l'heure vraie lors de la navigation. Il n'est donc pas surprenant qu'on l'ait considéré comme un symbole mystérieux, voire mystique. Ses applications représentaient l'un des plus grands secrets des premiers maçons.

Alors, maintenant que le théorème de Pythagore n'a plus de secret pour vous, saurez-vous faire un angle droit avec un corde à 13 nœuds ? C'est très simple, il suffit de réaliser un triangle dont les cotés sont égaux respectivement à 3, 4 et 5 fois l'unité de mesure indiqué par les nœuds. Le triangle obtenu vérifie le théorème de Pythagore car on a bien 9 + 16 = 25, et toute la corde est utilisée car 3 + 4 + 5 = 12. Rappelez-vous des problèmes d'intervalles : 13 nœuds = 12 intervalles. Le triangle ainsi obtenu est rectangle et l'angle entre les côtés de longueur 3 et 4 est un angle droit.

La corde se terminant par les lacs d'amour symbolise la fraternité qui unit les francs-maçons. Elle est accrochée dans le temple, généralement en haut des murs. Ce symbole rappelle aussi la *chaîne d'union*, sorte de cercle fait par les maçons qui se tiennent la main juste avant la fermeture des travaux (voir chapitre 6, p. 125).

Le soleil et la lune

Ces deux symboles sont toujours associés. Le soleil représente le principe actif, la lumière est associé au feu et à l'or ; la lune représente le principe passif, le reflet est associé à l'eau et à l'argent. Il n'y a pas d'idée de bien et de mal dans cette classification car ces symboles ne sont pas opposés mais complémentaires. Ces deux luminaires sont aussi là pour marquer de leur empreinte les deux régions du temple dans lesquelles vont se répartir, suivant le degré ou leur fonctions les membres de la loge, comme nous l'avons vu au chapitre 6 (voir p. 108).

Le delta rayonnant

Au centre de la loge, à l'orient, derrière le plateau du Vénérable Maître se trouve un triangle équilatéral au centre duquel est dessiné un œil et qui semble rayonner. C'est le delta rayonnant. Il représente le Grand Architecte de l'Univers. Il est bien entendu associé au nombre trois et on trouve souvent associés à ce triangle les mots « liberté, égalité, fraternité » ou encore « voir, entendre, se taire ».

Ce symbole n'a pas été inventé par la franc-maçonnerie spéculative. On trouve l'œil comme représentation de Dieu dans des peintures d'avant la Renaissance. C'est l'œil qui voit tout, qui protège ou qui juge, selon les cas. Il est généralement placé dans le ciel pour montrer que Dieu est partout. Pour un chrétien, l'œil dans un triangle représente la sainte Trinité chrétienne. Pour le franc-maçon, c'est le Grand Architecte de l'Univers pris comme principe créateur indépendamment de toute religion.

Le fil à plomb

Le fil à plomb (voir figure 7-4) comporte un fil au bout duquel se trouve un poids pour permettre à un ouvrier de vérifier la verticalité de ce qu'il vient d'assembler. Le fil à plomb indique le centre de la Terre et la direction du ciel. C'est un symbole de rectitude et de droiture. Les maçons spéculatifs y voient une incitation à être droits dans leurs obligations envers l'humanité. Cette idée ne se retrouve-t-elle pas dans l'expression « être droit dans ses bottes » ou, au contraire, lorsque l'on dit de quelqu'un qu'il est tordu ?

La méthode d'introspection qui est pratiquée en franc-maçonnerie peut être résumée par la formule du philosophe Socrate : « Connais-toi toi-même et tu connaîtras l'univers et les dieux. » Le « connais-toi toi-même » est le premier travail qui est demandé à celui qui veut connaître le monde. Le fil à plomb indique la direction que doit suivre l'apprenti : descendre au plus profond de lui-même et apprendre à se connaître. C'est pour cela que, dans la loge, ce symbole est l'insigne du deuxième surveillant, en charge de l'instruction des apprentis.

Figure 7-4 : Le fil à plomb incite à se comporter avec droiture.

Le niveau

Le niveau (voir figure 7-5) est un outil servant à vérifier l'horizontalité des surfaces. Pour le franc-maçon spéculatif, il symbolise l'égalité. Il enseigne que tous les francs-maçons se rencontrent au même niveau, quelle que soit leur position économique ou sociale dans le monde extérieur. Ce n'est pas un outil pour transformer la matière mais un instrument de vérification. En ce sens, le niveau n'implique pas le nivellement des valeurs.

Le niveau que vous avez dans votre atelier et qui vous sert à vérifier que les étagères que vous venez de poser sont bien horizontales fonctionne avec une goutte d'air emprisonnée dans un petit volume d'eau. Celui qui est présenté dans la figure 7-5 fonctionne avec le fil à plomb. Quelle que soit la technique, c'est la gravité qui est utilisée, signe que pour être à niveau il faut déjà avoir conscience de la verticale et, sur un plan initiatique, se connaître soi-même. On ne peut partir à la découverte du monde sans être armé et la meilleure arme est une parfaite connaissance de soi-même. Voilà le message du niveau, qui est l'insigne du premier surveillant en charge de l'instruction des compagnons.

Figure 7-5 : Le niveau représente l'égalité.

La pierre brute et la pierre taillée

Deux pierres sont présentes sur le tableau de loge d'apprenti. La première est une pierre brute et la seconde une pierre taillée en forme de cube. Le franc-maçon est souvent comparé à une pierre. Ces deux symboles indissociables montrent la progression dans la démarche initiatique : le point de départ et l'objectif. La pierre brute représente l'homme dans son état grossier, impoli, imparfait. Les maçons apprennent que par l'éducation, la culture, la discipline et le travail, ils peuvent devenir des individus plus parfaits, comme la pierre taillée, qui prendre place dans le temple de l'humanité.

Les deux colonnes

Les colonnes (ou piliers) sont des symboles importants de la maçonnerie (voir figure 7-6). Chaque loge possède sous une forme ou une autre une représentation de ces deux colonnes, qui jouent un rôle important dans la cérémonie du degré de compagnon. Comme le soleil et la lune, les deux colonnes représentent les deux principes actif/passif ou encore masculin/féminin.

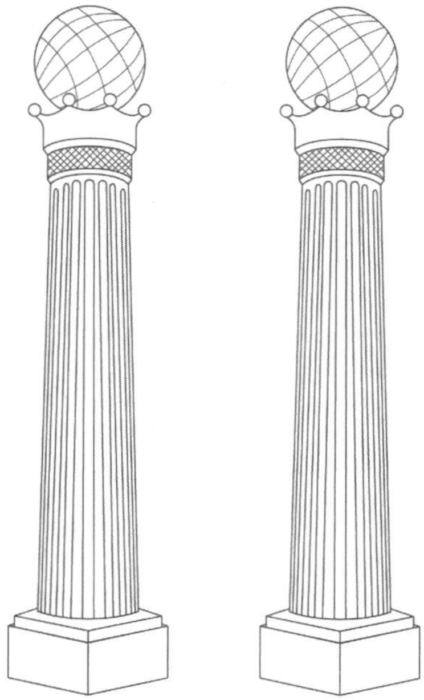

Figure 7-6 : Les piliers du porche, Boaz et Jachin.

Les deux colonnes représentent celles qui ont été érigées à l'entrée du temple du roi Salomon. Elles étaient en bronze et se nommaient Boaz et Jachin, selon la description dans le livre des Chroniques 3:15-17 :

> « Aussi il plaça devant la maison deux piliers de trente et cinq cubits de haut, et le chapiteau placé au-dessus de chacun était de cinq cubits.
>
> « Et il fit des chaînes, comme dans l'oracle, et les plaça sur les têtes des piliers ; et fit un cent de grenades, et les plaça sur les chaînes.
>
> « Et il éleva les piliers devant le Temple, un à droite l'autre à gauche ; et appela le nom de celui sur la droite Jachin, et le nom de celui sur la gauche Boaz. »

Les colonnes que l'on trouve dans les loges maçonniques sont également surmontées de globes, représentant la terre (globe terrestre) et les cieux (globe céleste). Les véritables colonnes du temple de Salomon n'avaient pas de tels globes, l'invention est peut-être due à une illustration de la Bible de Genève publiée en 1560 montrant des coupes, mais qui, sur le dessin imprimé, ressemblaient presque à des globes.

En hébreu, Jachin signifie « il établira » et Boaz « dans la force ». Jachin représente le principe masculin et Boaz le principe féminin. Les deux répondent parfaitement au soleil et à la lune. Ici, pas de supériorité d'un principe sur l'autre, les deux sont complémentaires et indispensable à la vie.

D'autres symboles maçonniques courants

D'autres symboles maçonniques sont très connus et n'apparaissent pourtant pas sur le tableau de loge d'apprenti de la figure 7-1. Ce sont des symboles des autres degrés. Vous les trouvez souvent sur des objets maçonniques. Il se peut que votre collègue de travail mette un discret petit insigne en forme de feuille d'acacia à sa boutonnière…

L'acacia

Il s'agit d'un symbole du degré de maître. C'est un symbole très important pour un franc-maçon et sa signification se trouve dans la légende de l'assassinat du maître Hiram (voir l'encadré « C'est la galère mais il faut bien que quelqu'un Hiram ! » p. 122). Dans cette légende, les trois mauvais compagnons tuent le maître Hiram, enterrent le corps puis plantent un rameau d'acacia sur cette tombe. Dans certains rituels, le rameau d'acacia reprend vie.

L'acacia désigne une famille de plantes dans laquelle on trouve aussi le mimosa, qui pousse dans le sud de la France. Il ne faut pas le confondre avec ce que nous appelons couramment acacia et qui est le robinier ou faux acacia. En raison de son bois dur, solide et imputrescible, l'acacia est un symbole du triomphe sur la mort. Hiram assassiné est censé se perpétuer en la personne de chaque nouveau maître maçon et la branche d'acacia symbolise la jeunesse qui triomphe de la mort, la victoire de la lumière sur les ténèbres. La branche d'acacia qui surgit à la vie à partir d'une branche morte nous rappelle l'espoir d'immortalité qui unit toutes les religions.

Dans certains rituels français et écossais, la loge, au cours du rituel du maître maçon, est habillée de noir et couverte de larmes blanches ou argentées, représentant le chagrin de la mort.

La truelle

La truelle (voir figure 7-7) est, pour les maçons opératifs, l'outil qui sert à étendre le ciment ou le mortier. Ce ciment permet aux briques ou aux pierres de tenir ensemble et, quand il sèche, ces éléments individuels sont reliés en un mur ou un bâtiment solide. Dans la franc-maçonnerie spéculative, la truelle sert à répandre le ciment de l'affection fraternelle unissant les membres individuels de la loge en un groupe de frères étroitement unis. Lorsqu'ils sont rassemblés par les cérémonies et les pratiques de la maçonnerie, les individus s'entraident et aident la société dans son ensemble.

Figure 7-7 : La truelle est un symbole de l'union des membres en un seul groupe de frères.

L'étoile flamboyante et la lettre G

L'étoile à cinq branches est le grand symbole des compagnons. On pense que c'était le signe de ralliement des Pythagoriciens et, au Moyen Âge, elle constituait le symbole des guildes de maçons opératifs. L'étoile à cinq branches était considérée par les Anciens comme un symbole universel de perfection et de beauté. On le retrouve dans des créations artistiques, sur certaines monnaies, dans les rosaces des cathédrales, sur des drapeaux et les insignes de certaines confréries. Certains appellent ce type d'étoile le *pentagramme*, représentant un homme écartant les bras et les jambes comme sur la célèbre figure de Léonard de Vinci, reprise par une société de travail temporaire.

N'OUBLIEZ PAS !

L'étoile flamboyante, comme l'étoile des Rois mages, oriente et indique le chemin à suivre. De la même façon que le compagnon opératif faisait son tour de France, le compagnon franc-maçon est incité à voyager et l'étoile est là pour lui indiquer où il doit se diriger pour revenir.

Au centre de l'étoile flamboyante se trouve la lettre G (voir figure 7-8). Cette lettre a plusieurs significations. Elle désigne souvent la géométrie, qui est l'art sacré des anciens bâtisseurs à l'origine de la franc-maçonnerie. Grâce à la géométrie, les bâtisseurs maçonniques pouvaient traduire des tracés en structures massives, ce qui paraissait à l'époque un talent magique. La géométrie peut aussi servir à prévoir le retour des saisons, à déterminer l'orbite des planètes et à expliquer et explorer les mystères de l'univers.

La lettre G est aussi utilisée pour éviter toute représentation spécifique ou sectaire de Dieu (qui se dit *God* en anglais), de sorte que tous les maçons, quelle que soit leur religion personnelle, puissent désigner le Grand Architecte de l'Univers. Les hommes de différentes croyances ont des noms et des symboles différents pour Dieu, mais à l'intérieur de la loge, le G est utilisé pour les unir et non pour les diviser. Un juif, un musulman et un bouddhiste peuvent tous se tenir côte à côte dans une loge et se référer au Grand Architecte de l'Univers.

Unir le Grand Architecte de l'Univers à la géométrie est une façon de relier le monde spirituel et le monde physique, c'est pourquoi la lettre G se trouve entre l'équerre et le compas. Elle peut signifier autre chose et le compagnon franc-maçon est incité à chercher toutes les significations acceptables de ce symbole.

CHEZ NOS VOISINS

Cette lettre apparaît en Amérique du Nord dans presque toutes les représentations de l'équerre et du compas. Elle est aussi affichée de manière très visible dans les loges des pays anglophones (habituellement au-dessus de la chaise du Vénérable Maître). En France, elle n'est présente en loge qu'au degré de compagnon.

Figure 7-8 : L'étoile flamboyante et la lettre G : grand symbole du compagnon.

Chapitre 8

Mythes et idées fausses sur les maçons

Dans ce chapitre :

- Causes des malentendus
- Réfutation des mythes
- Clarification sur les rosicruciens

Si vous cherchez des informations à propos des francs-maçons sur Internet, les principaux sites que vous trouverez auront une orientation antimaçonnique. Les maçons sont accusés de dominer les gouvernements du monde, d'assassiner des dirigeants non maçonniques, de remuer des potions maléfiques dans des chaudrons, de couver l'Antéchrist. S'ils construisent des orphelinats, c'est bien sûr pour disposer d'un lot inépuisable de petits enfants en vue de les sacrifier selon des rites sataniques.

La franc-maçonnerie a toujours conseillé à ses membres de garder le silence face à ceux qui, par ignorance, ne savent rien sur elle. Le problème est que, si vous ne leur répondez pas, aucune vérité ne vient contrebalancer ce que disent les menteurs pathologiques et les fantaisistes débridés, laissant perplexes ceux qui les entendent.

Dans ce chapitre, j'explique certains des mythes, des idées fausses, des racontars, impostures et autres mensonges répandus sur les francs-maçons depuis des années. J'effectue aussi un petit détour pour explorer un groupe qui est souvent confondu avec la franc-maçonnerie, les rosicruciens. Je parle de certaines de leurs croyances et de leur organisation et vous informe sur leurs rapports avec la franc-maçonnerie.

Pourquoi la franc-maçonnerie est comprise de travers

Pendant très longtemps, les francs-maçons eux-mêmes, dans leur immense majorité, se sont trompés sur le sens du *secret maçonnique*. Techniquement, les « secrets » dont les maçons n'ont pas le droit de discuter avec le monde extérieur sont les poignées de main, les mots de passe, les pas et les signes des degrés. Il s'agit de *modes de reconnaissance* permettant à un maçon d'en identifier un autre dans n'importe quelles circonstances.

Malheureusement, le sens donné à leur obligation de secret par des générations de maçons a été qu'ils ne pouvaient pas discuter de la franc-maçonnerie en dehors de la salle de loge. Or, rien n'est plus faux. On peut parler de la franc-maçonnerie et de son engagement personnel dans cet ordre sans être parjure à son serment. Presque tous les éléments du rituel ont déjà été publiés de nombreuses fois dans des livres ou sur Internet. Il ne fait pas de doute que certains maçons voudront m'éjecter de la franc-maçonnerie pour avoir simplement écrit ce livre, bien que je ne révèle aucune de ces poignées de main, aucun de ces mots, de ces pas et de ces signes.

Si les maçons ne réagissent pas pour combattre les mensonges, c'est en partie parce qu'ils sont sincèrement étonnés que tant de gens dans le monde puissent dénigrer leur organisation fraternelle et charitable, qui cherche à améliorer la société en améliorant les hommes, et en fasse un objet de ridicule, de haine ou de crainte.

Mais certains n'arrivent pas à imaginer que des adultes ayant juré de garder le secret et se réunissant derrière des portes verrouillées, gardées par un type avec une épée, puissent mijoter quoi que ce soit de bon. Ils ne comprennent tout simplement pas.

Le problème est qu'il est facile combler un vide d'information par de fausses informations ou simplement des mensonges, si le but est de vendre des livres et des vidéos ou de promouvoir un site Web. Les mensonges se renforcent, se transmettent, et les antimaçons modernes continuent d'utiliser de fausses citations, des rituels inventés, des sources fausses et des impostures avérées émanant des siècles passés. Et ils n'hésitent pas à en concocter d'autres au besoin. C'est le caractère de fausseté de ces idées que l'on va démonter dans ce chapitre.

Les idées reçues sur la franc-maçonnerie présentées ici viennent presque toutes des pays anglo-saxons. Sur le Web, les sites antimaçonniques les plus virulents sont écrits en anglais, ce qui épargne les francophones. Mais ces sites, en particulier ceux qui se sont attribué une mission évangéliste, traduisent leurs mensonges dans de nombreuses langues, y compris en français. Allez les consulter si vous voulez, mais auparavant lisez ce chapitre.

En France, les francs-maçons ne sont plus vus comme des adorateurs de Satan chevauchant des chèvres au cours d'orgies où sont assassinés de petits enfants. Les idées reçues sur la franc-maçonnerie concernent plus son influence occulte dans les milieux financiers, juridiques ou politiques, nous y reviendrons dans la quatrième partie de ce livre. Toutes ces dérives existent et les obédiences combattent avec sévérité ces pratiques malhonnêtes. Mais c'est justement parce qu'il existe des francs-maçons honnêtes qu'il faut que ceux-ci témoignent par leur comportement et leurs paroles.

Les mythes courants sur la franc-maçonnerie

La franc-maçonnerie moderne existe depuis 1717. Les premières contrevérités relatives à l'ordre des maçons ont été imprimées à peu près au même moment. Les États-Unis ont été en proie à une hystérie antimaçonnique vers la fin des années 1820, et l'Europe, pendant deux siècles, a fait de la critique des maçons un sport très populaire, souvent associé à la propagande antisémite. Internet n'a servi qu'à ressusciter ces mythes, qui sont traînés et répétés partout de nouveau. Voici quelques-uns des plus courants.

Tout ceci me rendra chèvre !

SUPER MENTEUR

Je commence par le plus savoureux : un mythe affirme que les francs-maçons chevauchent une chèvre dans la loge ! Ce mythe a la vie dure dans les pays anglo-saxons et ne semble pas être (encore) arrivé en Europe. C'est normal, car l'origine supposée de la présence de chèvres dans la loge maçonnique vient d'une erreur d'interprétation d'un sigle. En effet, par une fâcheuse coïncidence, certains des premiers livres écrits en anglais sur les rituels maçonniques faisaient référence à Dieu comme *God of All Things* (Dieu de toutes choses) et l'abrégeaient en GOAT, (*goat* veut dire chèvre en anglais). Cet acronyme a vite été remplacé par un autre, GAOTU, pour *Grand Architect of the Universe*. C'est vrai que, si dans nos rituels français, on voyait apparaître quelque chose comme CHEVRE, cela aurait de quoi nous faire sourire…

C'ÉTAIT HIER…

Depuis le Moyen Âge, la chèvre symbolise le diable, et des histoires circulaient alors sur des sorcières invoquant Satan et venant en ville montées sur une chèvre pour participer à des orgies blasphématoires. Lorsque les francs-maçons gagnèrent en popularité, des détracteurs les accusèrent de sorcellerie. C'est probablement l'origine de cette idée des nouveaux initiés montant une chèvre. La franc-maçonnerie n'a jamais eu un tel rituel.

L'âge d'or de la franc-maçonnerie provoqua, à la fin du XIXe siècle, l'éclosion de centaines de groupes lui faisant concurrence. Ces groupes étaient plus ou moins sérieux. Soyez rassuré : il n'y a de chèvre dans aucune loge. Les degrés de la maçonnerie sont pour les francs-maçons une affaire très sérieuse.

Le billet vert en perd son latin

Le verso d'un billet de 1 dollar comporte une image maçonnique de l'*œil qui voit tout*, placé au-dessus d'une pyramide égyptienne (voir figure 8-1). Et tout le monde sait très bien que c'est un symbole maçonnique, non ?

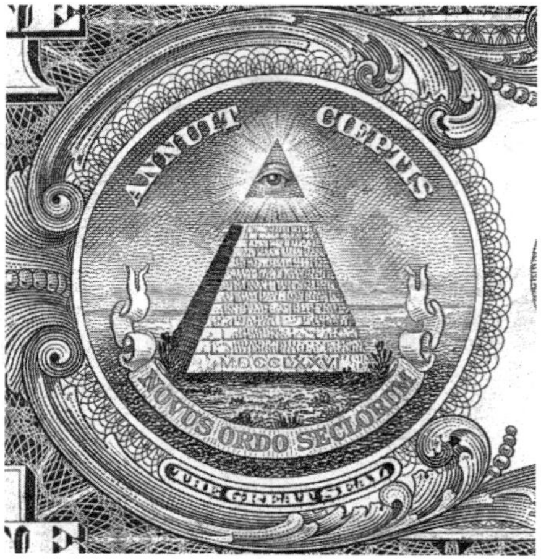

Figure 8-1 : Le grand sceau des États-Unis.

Eh bien, pas vraiment. L'œil et la pyramide font effectivement partie du grand sceau des États-Unis qui fut placé au verso du billet de 1 dollar en 1935. Il y a effectivement un œil qui voit tout flottant au-dessus d'une pyramide non terminée, avec les mots *annuit coeptis* (en latin, « Il [Dieu] a favorisé ce que nous avons entrepris »).

Au-dessous figurent les mots *novus ordo seclorum*, que l'on peut traduire par « un nouvel ordre des âges », et non « un nouvel ordre mondial » comme on le lit trop souvent sur le Net. Cette remarque donne une raison supplémentaire de regretter que les lycées n'enseignent plus le latin. « Nouvel ordre du monde » s'écrirait *novus ordo mundi*, tenez-vous le pour dit. Et maintenant répétez après-moi : *rosa rosa rosam, rosae rosae rosa*…

C'est un comité de quatre hommes, comprenant Benjamin Franklin (le seul franc-maçon du groupe) qui a conçu le grand sceau des États-Unis en 1776. L'image de l'œil dans un triangle pour représenter Dieu a été suggérée par le seul artiste parmi eux, Pierre du Simitiere, qui n'était pas franc-maçon. Le dessin a été modifié par deux ou trois comités avant d'être approuvé. La pyramide non terminée a été suggérée par Francis Hopkinson (un autre non-maçon) et aucun des concepteurs finaux n'était maçon.

L'œil dans un triangle pour représenter Dieu apparaît pendant toute la Renaissance, longtemps avant l'entrée en scène de la franc-maçonnerie spéculative. Quant au triangle, il représente la croyance chrétienne dans la Trinité (Père, Fils et Saint-Esprit). Aucune trace écrite n'associe la franc-maçonnerie à ce symbole avant 1797 et ce symbole n'est en aucune manière en rapport avec les Illuminati bavarois (voir chapitre 4, p. 83).

Quant à la pyramide non terminée, elle représente la nouvelle et forte nation des États-Unis, conçue pour durer des siècles, à l'instar des fameuses pyramides d'Égypte. Elle comporte 13 rangées de pierres, représentant les 13 colonies d'origine, sous l'image de Dieu qui veille sur elles. De nombreuses loges maçonniques, notamment en Europe, affichent l'œil qui voit tout, exactement comme il est représenté sur le billet de 1 dollar, comme une représentation du Grand Architecte de l'Univers, image non sectaire de Dieu. Il n'y a là rien de sinistre ni d'occulte, s'agissant d'une image qui apparaît maintes fois dans l'art chrétien à partir du XVIIe siècle.

To Bible or not to Bible ?

Les maçons ont été accusés d'utiliser leur propre bible, bien sûr satanique, dans leurs cérémonies. De nombreuses personnes ont vu des bibles maçonniques en vente sur eBay et ailleurs et pensent clairement que les bibles utilisées par les maçons sont en quelque manière différentes.

Ce mythe a en fait deux explications. La première explication concerne l'utilisation qui est faite du Volume de la Loi Sacrée dans une loge maçonnique. Toutes les loges régulières, bien gérées, doivent ouvrir un livre considéré comme sacré sur l'autel de la loge durant les tenues. Selon l'endroit du monde où se trouve la loge et les croyances de ses membres, ce livre sacré peut être la Bible, le Tanach hébreux, le Coran musulman, le Véda hindou, le Zend-Avesta ou les proverbes de Confucius. On se réfère à ce livre par l'expression non sectaire Volume de la Loi Sacrée.

On n'utilise pas de bible étrange dans une loge maçonnique. Dans ma propre loge, nous ouvrons la Bible au prologue de l'Évangile de saint Jean. Ce n'est pas une bible spéciale, c'est un livre ancien parce que nous trouvons que les vieux livres reliés sont plus beaux que les livres de poche. Mais ni la version, ni l'aspect importe, car la Bible est prise dans les loges comme symbole.

Certaines personnes ont prétendu que le livre d'Albert Pike *Morals and Dogma* est en fait la bible maçonnique utilisée comme Volume de la Loi Sacrée. J'évoque Albert Pike plus loin dans ce chapitre (voir p. 165), mais ici je vous dis simplement que ce n'est pas vrai. Aucune loge maçonnique – pas même le rite écossais, que Pike admirait particulièrement – n'utiliserait son livre comme Volume de la Loi Sacrée.

Au Grand Orient de France, défenseur de la laïcité, on estime que les croyances religieuses d'un homme – ou l'absence de telles croyances – sont son affaire personnelle et qu'il est malvenu de lui imposer de croire en quoi que ce soit. En outre, au lieu de placer sur l'autel des serments plusieurs livres sacrés pour satisfaire des membres de différentes religions, les loges du Grand Orient de France sont autorisées à y placer un livre aux pages blanches, n'imposant ainsi aucune croyance religieuse à l'un quelconque de ses membres. Mais là encore, on ne peut pas parler de bible maçonnique.

La deuxième explication de ce mythe vient des États-Unis où les loges des communautés principalement chrétiennes ont coutume de faire cadeau au nouveau maître maçon d'une bible commémorative ancienne. Aux États-Unis, la plus courante est la traduction de 1611 de la version du roi James, publiée spécialement pour les loges maçonniques par un éditeur de l'État du Kansas. Elle contient une zone sur laquelle le maçon peut commémorer les dates importantes de son travail de maçon, avec des emplacements pour que ses frères puissent signer la déclaration de ses degrés, et un glossaire de 94 pages des références bibliques utilisées dans les cérémonies maçonniques, ainsi que des essais sur la maçonnerie et certaines questions et réponses courantes. Tout le reste est l'intégralité de la version du roi James de l'Ancien et du Nouveau Testaments, que l'on trouve dans toutes les librairies.

Les francs-maçons et Satan

Une réunion maçonnique n'est pas un acte d'adoration et une loge n'est pas une église. Les francs-maçons utilisent un protocole pour ouvrir et fermer leurs réunions, mais un tribunal, l'Assemblée nationale ou encore un congrès scientifique font de même.

Les francs-maçons prêtent serment (prennent des *obligations*) sur la Bible ou un autre livre sacré en fonction de la religion du candidat concerné. Un serment est une promesse importante qui doit être prise devant quelque chose d'important pour la personne qui prête ce serment. Lorsqu'on promet simplement quelque chose à quelqu'un, c'est souvent l'amitié entre les deux personnes, sa parole ou son honneur qui sont en jeu. Lorsque qu'on prête serment, il y a toujours une sanction associée au cas où l'on devient parjure. C'est la radiation de l'ordre qui vous a fait prêté serment, la déchéance pour les serments sur l'honneur, la perte de la fonction…

Certains ont vu dans les réunions maçonniques une sorte de service religieux bizarre et secret, en l'honneur d'un dieu païen, d'une déesse, d'une chèvre ou de Satan lui-même. Elles ne sont rien de tel. Alors, d'où vient cette idée ridicule ? Eh bien, c'est une longue histoire qui commence chez nos voisins américains.

Albert Pike à l'origine du malentendu

Né en 1809, Albert Pike peut être à juste titre classé parmi les génies selon les critères les plus stricts. Il représente une immense figure de la franc-maçonnerie américaine. En son temps, il était considéré comme le plus grand des érudits et des auteurs maçonniques. Le caractère erroné de ses idées sur l'origine de la franc-maçonnerie a été démontré depuis, mais à l'époque, il était le Monsieur Je-sais-tout de la franc-maçonnerie.

Son exploit le plus célèbre est la récriture des lois, des rituels et des exposés des 33 degrés du rite écossais ancien et accepté (voir, sur ce rite, le chapitre 9, p. 177), qu'il a entamée quatre ans seulement après être devenu maçon en 1850. Les commentaires de Pike sur les degrés ont été publiés en 1871 dans un livre de 860 pages appelé *Morals and Dogma*. La plupart des érudits maçonniques sont aujourd'hui d'accord pour reconnaître que cet ouvrage est volumineux, impressionnant, obscur et… faux dans une bonne partie de ses conclusions.

Pike a puisé une partie des matériaux de son livre dans les ouvrages d'un mystique français appelé Eliphas Levi (son vrai nom est Alphonse-Louis Constant, qu'il fut obligé de changer pour fuir le scandale lié à la sortie de son premier livre *La Bible de la liberté*, pour lequel il fut condamné à onze mois de prison). L'occultisme était un sujet très populaire dans les années 1860 et, dans les années 1890, sa popularité était devenue une véritable manie collective. Levi était un écrivain prolifique dans les domaines mystiques (surtout parce que lorsqu'il ne savait pas, il inventait) et Pike a pris ses écrits pour des vérités.

Levi fut initié en mars 1861 et déclara dans son discours de réception : « Je viens apporter au milieu de vous les traditions perdues, la connaissance exacte de vos signes et de vos emblèmes et, par suite, vous montrer le but pour lequel votre association a été constituée… » Ce fut peine perdue car personne ne l'écouta et il démissionna quelques mois plus tard.

SUPER MENTEUR

Levi affirmait que la franc-maçonnerie venait des anciens mystères païens, de l'alchimie, du mysticisme égyptien, de la cabale, du gnosticisme, du zoroastrianisme, du brahmanisme, et de nombreux autres *-ismes*. Albert Pike ajouta foi à la plupart de ces affirmations. Ces différentes recherches sont certainement très intéressantes pour les amateurs d'histoire de l'ésotérisme mais il faut les prendre avec précautions car, mal utilisées, elles risquent de laisser croire que la franc-maçonnerie est une pratique ésotérique alors qu'il n'en est rien.

L'étrange bête Baphomet

C'est dans le livre de Levi publié en 1855, *Dogme et Rituel de la haute magie*, qu'apparaît Baphomet (voir figure 8-2), ce personnage désormais incontournable des sites antimaçonniques. Baphomet dessiné par Levi montrait une créature avec la tête barbue et cornue d'une chèvre, des seins de femme, des sabots fourchus, des ailes et un pentagramme dressé sur le front. La main féminine pointe vers le soleil et la main masculine pointe vers la lune obscurcie, une illustration du diction hermétique « Comme en haut, de même en bas » et un symbole à la fois du bien et du mal. La tringle enveloppée de serpents qui se dresse gaiement le long de son ventre est un symbole de vie éternelle. Baphomet contient aussi les anciens éléments alchimiques de la terre (il est assis sur un globe), du feu (des flammes d'intelligence brûlent au-dessus de sa tête), de l'air (il a des ailes sur le dos) et de l'eau (des écailles recouvrent son corps).

Figure 8-2 : Baphomet, dans toute sa gloire, tel qu'il apparaît sur la couverture du livre d'Eliphas Levi. Regardez-le bien, vous ne le trouverez jamais dans une loge maçonnique.

Le nom de Baphomet vient des procès des Templiers au début du XIVe siècle et était celui d'une créature démoniaque prétendument adorée par eux (voir encadré « Que sont devenus les Templiers ? » au chapitre 2, p. 32). Levi avait trouvé des gargouilles sur les bâtiments des Templiers. Il s'en était inspiré pour son dessin et croyait que ces gargouilles connaissaient des secrets mystiques de l'univers. Mais il ne considérait pas Baphomet comme une incarnation de Satan.

Il décrivit cette entité particulière comme une représentation illustrée de toutes les forces de l'univers et, en lisant les descriptions qu'il en fait et les intentions qu'il exprime, on voit qu'il s'agit d'un petit dessin d'une grande densité conceptuelle. Malheureusement pour Levi, la plupart des gens ne lui jettent qu'un coup d'œil et s'écrient : « Satan ! » C'est vrai : pieds cornus et tête fourchue, il ressemble à ce que nous pensons tous être l'apparence de Satan. Baphomet apparaît aussi comme une représentation de Satan dans les cartes du jeu de tarots. Quel rapport y a-t-il entre tout ceci et la franc-maçonnerie ? En réalité, absolument aucun, mais une telle réalité n'a jamais stoppé la propagation d'une légende. Il suffit pour cela d'esprits imaginatifs plus ou moins bien intentionnés, qui ont compris comment faire de l'argent en exploitant la peur des gens. Un autre exemple ? Parlons maintenant de Léo Taxil.

Léo Taxil : quitte à mentir, autant en faire des tonnes

Je parle de Léo Taxil au chapitre 18 (voir p. 293) à propos des canulars maçonniques parce qu'il fut l'un des plus grands pourvoyeurs de tous les temps en mensonges sur les francs-maçons. Ce n'est pas mon estimation, c'est la sienne, il en a convenu après avoir dupé le monde occidental pendant des années, en publiant des livres antimaçonniques ridicules l'un après l'autre.

Il est né en 1854 en France et s'appelait alors Gabriel Jogand-Pagès. Après quelque temps passé à écrire des ouvrages contre l'Église catholique et à animer la ligue anticléricale qu'il avait fondée, il change son fusil d'épaule et s'en prend aux francs-maçons. Contrairement à l'Église, il s'agissait d'un groupe sur lequel il pouvait écrire presque n'importe quoi, en toute impunité, puisque les maçons ne se défendaient pas. Son but ultime était de monter une mystification tellement ridicule que les catholiques qui y croiraient auraient l'air d'être des imbéciles. Le pire est que ça a marché et que ça marche encore.

En 1889, Taxil inventa un ordre de la franc-maçonnerie complexe et totalement fictif, extrêmement secret, appelé le *Palladium*, qui était censé admettre les femmes, se livrer à des orgies sexuelles, perpétrer des meurtres rituels et, surtout, adorer un démon appelé Baphomet. Albert Pike était prétendument le chef de l'organisation. Selon Taxil, le 14 juillet 1889, Albert Pike, souverain pontife de la franc-maçonnerie universelle, a adressé aux 23 conseils suprêmes confédérés du monde les instructions suivantes :

> « Ce que nous devons dire à la foule est – Nous adorons un Dieu, mais c'est un Dieu que l'on adore sans superstition. À vous, Souverains Grands Inspecteurs Généraux, nous disons ceci, pour que vous le répétiez aux frères des 32e, 31e et 30e degrés – La religion maçonnique doit être, par nous tous, initiés aux plus hauts degrés, maintenue dans la pureté de la Doctrine Luciférienne.
>
> « Si Lucifer n'était pas Dieu, Adonay, dont les actes prouvent la cruauté, la perfidie et la haine des hommes, le barbarisme et la répulsion pour la science, Adonay et ses prêtres le calomnieraient-ils ? Oui, Lucifer est Dieu, et malheureusement Adonay est aussi Dieu. Car la loi éternelle est qu'il n'y a pas de lumière sans ombre, pas de beauté sans laideur, pas de blanc sans noir, car l'absolu ne peut exister qu'en tant que deux dieux ; l'obscurité étant nécessaire à la statue, et le frein à la locomotive.
>
> « Ainsi, la doctrine du Satanisme est une hérésie ; et la religion philosophique véritable et pure est la croyance en Lucifer, l'égal d'Adonay ; mais Lucifer, Dieu de la Lumière et Dieu du Bien, lutte pour l'humanité contre Adonay, le Dieu de l'Obscurité et du Mal. »

Léo Taxil s'est inspiré de sa secrétaire, Diana Vaughan, qu'il met en scène dans *Les Mystères de la franc-maçonnerie dévoilée* paru en 1886. Pour parachever l'effet de toutes ces divagations, la couverture du livre contenant cette histoire comportait une image d'une femme à la sortie d'une réunion du Palladium, brandissant la tête tranchée d'une victime, tandis que Baphomet est assis à l'arrière-plan, entouré de ses adorateurs maçonniques enthousiastes.

Figure 8-3 : Les délires de Léo Taxil.

Effrayant. Et pas un mot de tout cela n'est vrai. Pike ne l'a jamais dit ou écrit. Pike n'a jamais été souverain pontife de la franc-maçonnerie universelle ; ni personne d'autre, d'ailleurs, la fonction n'ayant jamais existé. Il n'y a pas de religion maçonnique. Et les francs-maçons ne se sont jamais vu enseigner une doctrine luciférienne, quelle qu'elle ait pu être.

CHEZ NOS VOISINS

Aux États-Unis, les maçons qui rejoignent le rite écossais passent les degrés à des moments différents, mais pratiquement tous reçoivent le 32e degré assez rapidement après leur adhésion, même s'ils ne reçoivent pas un grand nombre des autres en même temps. Cela n'aurait donc pas de sens de révéler un formidable secret seulement aux membres des 30e, 31e et 32e degrés. Cela correspondrait de toute façon à 99 % d'entre eux. Par ailleurs, Pike était déjà mort à l'époque. C'est toujours sans danger de calomnier un mort ayant vécu dans un pays lointain.

Quelques années après, en 1897, Taxil alla jusqu'à admettre publiquement qu'il s'agissait de mensonges et à se moquer sans merci de quiconque les avait crus. Il était particulièrement satisfait d'avoir dupé l'Église catholique, jusqu'au pape lui-même, et de l'avoir incité à émettre des déclarations antimaçonniques. Simple histoire d'argent ou volonté de puissance ? Peut-être les deux à la fois.

Malgré cela, les auteurs antimaçonniques continuent de faire appel à ces âneries avec une grande régularité et à affirmer que les maçons adorent Satan. À cause de Taxil, les francs-maçons, Albert Pike et le grand démon cornu Baphomet sont désormais indissociables. Pour plus d'informations sur Taxil, consultez le chapitre 18 (voir p. 293).

L'oncle Albert et Lucifer

L'ouvrage *Morals and Dogma* d'Albert Pike comportait 860 pages. Il avait étudié les religions, les civilisations et les philosophies du monde. Son esprit vorace était avide de nouvelles connaissances. Sa bibliothèque personnelle, préservée aujourd'hui dans la Maison du temple du rite écossais à Washington D.C., est considérable. *Morals and Dogma* est pratiquement un manuel d'étude comparative des religions. Dans cet ouvrage, il explique ce que les cultures anciennes et étrangères ont cru et la façon dont ces croyances ont affecté leurs religions.

Au fin fond du livre se trouve une phrase qui a été citée maintes fois comme preuve qu'Albert Pike était un adorateur de Satan et qu'il avait inséré une prière secrète de Satan dans les degrés du rite écossais. Cette phrase est : « Lucifer, le Fils du Matin ! Est-il celui qui apporte la lumière et par ses splendeurs intolérables aveugle les âmes faibles, sensuelles ou égoïstes ? N'en doutez pas ! »

Nous y sommes, l'équation est simple. Lucifer = Satan, et comme Lucifer apporte la lumière et que les francs-maçons se disent à la recherche de la lumière, les francs-maçons adorent Satan ! C'est écrit, c'est incontournable. Mais tout ceci est faux et la légende vient, ici encore, d'un problème de traduction.

Lucifer et la Bible du roi James

Lucifer apparaît dans l'Ancien Testament, dans Ésaïe 14:12-14 : « Comme tu es tombé du ciel, ô Lucifer, le fils du matin ! Comme tu es fauché par terre, qui affaiblissais les nations ! » C'est la seule référence qui soit faite à Lucifer dans la Bible du roi James et c'est un nom latin, non un nom hébreu.

La version poétique du roi James de la sainte Bible a été traduite et publiée en 1611. Elle a été traduite en anglais non à partir des textes hébreux originaux, mais à partir de textes latins établis par saint Jérôme au IVe siècle. Malheureusement, le fait de ne pas partir des textes hébreux originaux a créé quelques problèmes de traduction.

Selon les érudits de la Bible, le texte original du 14e chapitre d'Ésaïe ne porte pas sur un ange déchu, mais sur un roi babylonien déchu qui a persécuté les Juifs. Satan n'est jamais mentionné dans ce chapitre, ni par son nom ni par déduction. En fait, si vous lisez la totalité de ce chapitre, vous verrez qu'il se réfère clairement au sujet décrit comme à un mauvais roi et donc un homme. Le texte hébreu se référait au roi par son titre cérémonial, *Helal, fils de Shahr*, qui veut dire « étoile du jour, fils de l'aurore ».

En latin, *Lucifer* est le nom donné par les astronomes romains à l'étoile du matin, la planète lumineuse aperçue dans le ciel à l'aurore. Nous l'appelons Vénus. Lucifer vient effectivement du latin *lucem ferre* et veut dire « le porteur de lumière ». Ce corps céleste était ainsi appelé parce qu'il précède et annonce dès l'aube l'arrivée du soleil.

Malheureusement, saint Jérôme a traduit de travers le titre « étoile du jour, fils de l'aurore » par le mot romain *Lucifer*. Lucifer l'étoile du matin a été transformé par des lecteurs inattentifs, à la suite de cette erreur de traduction, en un ange désobéissant, rejeté du ciel pour régner éternellement en enfer. Jérôme n'avait pas compris que le terme décrivait la position du roi comme une étoile du jour et qu'il était déchu de cette position. Dès lors, le terme parut définitivement être un nom et non la description d'un état.

Nous devons en outre à l'ouvrage *Paradis perdu* de John Milton paru en 1667 d'avoir gravé Lucifer dans les esprits occidentaux comme étant le nom approprié de Satan. Des théologiens, des écrivains, des poètes et quelques mystiques ont accentué l'erreur bien au-delà de l'unique référence faite dans Ésaïe, et Lucifer est devenu juste une autre appellation de Satan, le diable, et, paradoxalement, le prince de l'ombre.

La Nouvelle Bible anglaise traduit Ésaïe 14:12 par : « Comme tu es tombé du ciel, lumineuse étoile du matin... » Lucifer ne s'y trouve nulle part. Et pour rendre les choses encore plus obscures, les textes latins originaux ont utilisé le terme *Lucifer* de nombreuses fois pour décrire l'étoile du matin, c'est-à-dire la « porteuse de lumière », y compris dans des descriptions de Jésus lui-même (II Pierre 1:10 et Apocalypse 22:1).

Donc, quoi qu'ait pu vous dire le prêtre au catéchisme, quoi qu'ait écrit Milton dans *Paradis perdu*, le Lucifer évoqué dans Ésaïe 14, la seule référence à Lucifer de la Bible du roi James n'est pas Satan.

Et alors ?

Si la notion de Lucifer est tellement obscure, pourquoi Pike l'a-t-il mise dans son livre, sachant parfaitement que la plupart des chrétiens pensent de toute façon que Lucifer est Satan ? Dans la suite du passage, Pike dit clairement combien il est bizarre que le prince de l'ombre soit appelé d'un nom qui veut dire « porteur de lumière ». *Morals and Dogma* est un livre massif qui s'attache à déterminer d'où viennent les notions culturelles et religieuses. Son auteur tentait de montrer à une population aux mœurs encore frustes et non encore bien éduquée comment rechercher les origines des coutumes et des rituels. Il pensait sincèrement qu'une compréhension plus profonde de ce qui est venu auparavant pouvait rendre l'homme plus religieux et plus contemplatif. Et bien sûr, le livre témoigne aussi de son désir de briller par son érudition. Autrement, il aurait été trois fois moins long et moins lourd.

Notez bien que les mots « Lucifer » et « luciférien » n'apparaissent nulle part dans aucun des rituels ou des exposés reconnus de la franc-maçonnerie, y compris dans les rituels du rite écossais écrits par Albert Pike. Ce dernier était un chrétien dévot et ses propres croyances l'auraient certainement classé aujourd'hui parmi ceux que les américains aujourd'hui appellent les *born again* (qui sont nés à nouveau à la foi chrétienne), ceux-là mêmes qui accusent fréquemment les francs-maçons d'être des adorateurs de Satan.

Les francs-maçons et la prise de contrôle du monde

C'est la rumeur la plus répandue et vous trouverez de nombreux sites Internet qui développent ce mythe en s'appuyant sur des coïncidences, des rumeurs ou des mensonges. Que les francs-maçons veuillent changer le monde, oui, cela est vrai, mais qu'ils souhaitent prendre le contrôle du monde ou instaurer un nouvel ordre mondial, tout ceci est faux.

Les maçons ne sont pas autorisés à discuter de politique dans la loge. Cette interdiction a été instaurée très tôt dans l'histoire de la franc-maçonnerie pour trois raisons :

- éviter les disputes entre frères sur les opinions politiques ;
- éviter que des conspirateurs trouvent refuge dans les loges ;
- éviter que la franc-maçonnerie soit accusée de vouloir prendre le contrôle du monde.

Quand je vois les problèmes que rencontre une loge pour organiser un simple dîner ou une cérémonie particulière, j'imagine mal comment nous pourrions mettre au point la prise du contrôle du monde ! De plus, il n'existe pas de gouvernement international des francs-maçons. Enfin, les rituels des loges diffèrent d'une juridiction à une autre et les obédiences sont en désaccord sur une large gamme de questions. Bref, pour une bande de types en train de prendre le contrôle du monde, nous sommes plutôt inorganisés et incompétents.

La franc-maçonnerie n'aspire pas et n'a jamais aspiré à devenir un empire secret dominant le monde. Elle n'aspire pas non plus à jouer le rôle d'éminence grise derrière les politiques (une autre accusation courante). La franc-maçonnerie est une organisation fraternelle qui essaie simplement d'améliorer les hommes pour qu'ils puissent, à leur tour, améliorer la société autour d'eux. Elle ne leur dit pas comment le faire et ne leur donne pas des ordres de marche politiques, commerciaux ou religieux. Certains rois et chefs religieux des XVIIIe et XIXe siècles se méfiaient de la franc-maçonnerie parce qu'elle encourageait la liberté de pensée, la liberté de religion et la liberté d'expression, c'est-à-dire l'antithèse de ce dont l'accusent la plupart des théories de la conspiration.

Certains francs-maçons, ou des hommes qui se disaient tels, ont-ils utilisé l'organisation et les cérémonies de base de la franc-maçonnerie pour créer leurs propres sociétés secrètes avec des objectifs moins vertueux ? Ceux qui l'ont fait ont bien entendu été exclus des rangs de la franc-maçonnerie dès que leurs activités ont été découvertes. De plus, le Grand Maître d'une obédience a le pouvoir au cours de son mandat de radier les maçons malhonnêtes et même de suspendre des loges entières si leurs membres ont des comportements non maçonniques ou illégaux.

Pourtant, cette idée que les maçons veulent dominer le monde demeure l'une des croyances erronées les plus courantes concernant la franc-maçonnerie. Si vous êtes vraiment persuadé de cela, même après avoir lu ce livre, je pense que je ne pourrai jamais vous convaincre du contraire.

Les francs-maçons et les contraventions aux lois

Le fait d'être franc-maçon et de l'afficher d'une façon ou d'une autre ne vous évitera pas une amende si vous êtes en infraction, inutile d'essayer. Les juges et les policiers frères ne s'abstiennent pas d'appliquer la loi simplement parce qu'un maçon leur donne une poignée de main secrète. Au contraire, les maçons sont très respectueux des règles, les policiers aussi, alors imaginez un policier franc-maçon !

Pour les amateurs de conspirations, les sociétés secrètes sont des cibles formidables. La vérité est que la franc-maçonnerie est une institution, qu'elle n'exerce pas de contrôle sur ses membres, ni à titre privé ni à titre professionnel. Les non-maçons croient que les francs-maçons jurent de se protéger mutuellement et de garder les secrets les uns des autres, mais les maçons ne s'engagent pas par serment à garder secrets des trahisons, des meurtres ou d'autres actes criminels. Ils s'engagent à ne jamais révéler l'appartenance à la franc-maçonnerie d'un autre franc-maçon. C'est une règle absolue et incontournable. Pour lui-même, le franc-maçon est libre. Il peut révéler qu'il est franc-maçon comme il peut garder cela pour lui. Ce serment est le garant du respect de la vie privée des individus.

Le devoir d'un maçon est en revanche de respecter les lois du pays dans lequel il réside et ses obligations envers son pays et sa propre famille passent avant ses obligations envers ses frères maçons. En outre, des maçons qui se livrent à des activités illégales s'exposent à être radiés de l'ordre maçonnique.

Quelques mots sur les rosicruciens

Pendant trois siècles, il a été dit et redit que la franc-maçonnerie était une émanation d'un ordre entièrement différent, les rosicruciens. Le rite français et le rite écossais ancien et accepté possèdent des degrés où le terme rose-croix apparaît, ce qui laisse planer le doute. Les francs-maçons sont-ils des rosicruciens, et vice versa ? Non, les noms des grades des différents rites étant inspirés des traditions et mystères en vogue à certaines époques, il ne faut pas s'étonner des ressemblances de termes entre des choses qui n'ont rien à voir. Comme aujourd'hui, au XVIIIe siècle, ces deux sociétés étaient bien distinctes. Mais il est vrai qu'elles travaillaient pour le renouveau spirituel et moral de l'Europe, ce vaste mouvement qu'on a appelé les Lumières.

Rose + croix = rose-croix

Le terme de rose-croix vient de l'association d'une rose et d'une croix qui, depuis le XVIIe siècle, est un symbole occulte populaire. La rose peut, selon votre sensibilité, représenter l'amour, la passion amoureuse ou chrétienne, ou encore le sang versé pour de nobles causes. La rose au centre de la croix évoque aux chrétiens le sang versé par le Christ sur la croix et qui s'écoule pour former une rose. Chez les rosicruciens, la rose rouge est placée au centre de la croix. Cela désigne un état spirituel à atteindre et la révélation d'une connaissance d'ordre supérieur.

Une autre interprétation peut aussi être envisagée, dans l'évolution spirituelle de l'homme : la croix représente le corps physique et la rose l'esprit en voie d'évolution, comme la fleur s'ouvre lentement à la lumière. Certains y voient la même signification que l'équerre (croix) et le compas (rose). On retrouve également ce symbole dans les textes de la tradition alchimiste.

L'ordre des Rose-Croix est un sujet bizarre et complexe. Son ampleur dépasse les limites de ce livre. Il est lié à la franc-maçonnerie, mais seulement parce que certains hommes intéressés par l'un des deux groupes se sont intéressés à l'autre. Au fil des années, on a maintes fois tenté de faire croire à des liens plus forts que ceux qui ont existé réellement. Mais l'ordre des Rose-Croix mérite d'être expliqué avec quelques détails du fait de son importance et parce que les chemins des deux groupes, il est vrai, se croisent fréquemment, surtout dans les livres et les sites Web les plus fantaisistes.

La balade de Christian Rosenkreutz

Tout commence par une série de livres publiés en Allemagne et qui racontent la vie d'un moine nommé Christian Rosenkreutz (le nom signifie Chrétien Rose-Croix). Celui-ci est censé être né en Allemagne en 1378 et avoir été élevé dans un monastère. Sa quête de connaissances spirituelles et mystiques le conduisit en Égypte, au Maroc et dans d'autres parties du Moyen-Orient et de l'Afrique, où il étudia sous la direction de maîtres des arts occultes.

Lorsqu'il revint en Allemagne en 1407, il commença la construction d'une maison du Saint-Esprit, le *spiritus sanctum*. Il se joignit à trois autres moines, avec l'objectif de rassembler les connaissances mystiques et scientifiques de tous les âges. L'ordre finit par compter sept membres, qui devaient voyager dans le monde et revenir chaque année à leur siège pour partager leurs connaissances avec les autres membres. Christian Rosenkreutz est mort en 1484 à l'âge de 106 ans et fut enterré dans le spiritus sanctum, où il fut promptement oublié. La tombe fut découverte accidentellement en 1604, alors que les moines de l'ordre clouaient une liste des membres sur un mur, lequel s'ouvrit, révélant le corps parfaitement conservé de Rosenkreutz ainsi que les connaissances secrètes qui avaient été enterrées avec lui. C'est en tout cas ce que dit la légende…

Trois livres ont été publiés, entre 1614 et 1616, racontant cette histoire avec force détails et embellissements romantiques : *Fama Fraternitatis*, *Confessio* et *Les Noces chymiques de Christian Rosenkreutz*, censés avoir été écrits par le vieux moine lui-même au milieu du XVe siècle et récemment « redécouverts ».

Ces publications suscitèrent une incroyable agitation et les interprétations les plus fantaisistes. Et le fait que les vrais membres étaient tenus au secret, mystérieux, quasiment introuvables n'arrangea pas les choses.

La vérité est que l'histoire de Rosenkreutz a surgi tout entière de l'imagination fertile d'un seul homme : Johann Valentin Andrae. Ce pasteur luthérien, né en 1586, inventa une organisation qui devait réformer la vie sociale par le biais de nouvelles connaissances et d'une recherche des secrets de la vie, de l'univers et de toutes choses. Les préceptes de base de l'ordre étaient la piété religieuse, la charité, l'anonymat et le secret. Le but était d'améliorer les hommes sans que la société ait conscience de ce groupe silencieux, bienfaisant et secret.

Le livre d'Andrae fut un succès immédiat. Des sociétés rosicruciennes commencèrent à émerger partout en Europe, mais surtout en Allemagne et en Hollande. L'âge des Lumières était une période propice à la recherche de réponses scientifiques aux questions religieuses et l'ordre de la Rose-Croix arrivait à point nommé. Il combinait la science, la religion et l'occultisme – l'alchimie, la magie, le mysticisme égyptien, la kabbale juive, ainsi que les enseignements chrétiens – en mettant l'accent sur la réincarnation. Malheureusement, l'ordre de la Rose-Croix devint rapidement très différent de ce que les livres d'Andrae avaient envisagé. Les fans s'enflammèrent pour tout le méli-mélo mystique et ignorèrent l'aspect amélioration charitable et anonyme de la société.

Il n'est pas douteux que les premiers maçons spéculatifs du XVIIe siècle étaient au courant de l'ordre de la Rose-Croix. Elias Ashmole, alchimiste, membre de la Royal Society et l'un des premiers maçons spéculatifs connus, étudiait la Rose-Croix.

Tout au long du XIXe siècle et à la suite des campagnes d'Égypte, l'intérêt pour l'ésotérisme et l'occultisme continua d'augmenter. Les nouvelles découvertes de temples égyptiens et des connaissances qui s'y trouvaient provoquèrent un intérêt passionné pour tout ce qui était égyptien. Beaucoup de personnes, à la recherche de ces connaissances secrètes, rejoignirent la franc-maçonnerie mais finirent par la quitter, déçues de ne pas y trouver de réponses aux secrets de l'alchimie, de la lévitation, de la réincarnation, de la projection astrale et d'autres matières légendaires. Au chapitre 11, j'évoque cependant les rites maçonniques dits égyptiens qui sont nés de cet engouement (voir p. 214).

UN PEU DE TECHNIQUE

Des chiffres et des lettres

Ce petit encadré peut vous sembler d'une lecture difficile, n'hésitez pas à le sauter si vous en avez envie. Mais si vous faites des recherches sur des sujets ésotériques, hermétiques ou d'une certaine manière mystique dans des livres ou sur Internet, vous y trouverez mention de quelque chose appelé *kabbale* (ou cabale, cabbale, cabal, kabale, kabbala, qabalah ou encore cabbalah, toutes les orthographes sont bonnes). Le mot « cabale » signifie aussi en français une association de personnes qui organisent des manœuvres secrètes contre quelqu'un ou quelque chose. Mais ce n'est pas ce sens là qui nous intéresse ici.

La kabbale est une science traditionnelle juive extraordinairement complexe et mystique qui propose une méthode d'interprétation et d'étude ésotérique de l'Ancien Testament. Les différentes orthographes donnent un tout petit avant-goût des complexités incroyables de la kabbale, traduite selon le cas par « reçu » ou « tradition » (ce qui veut dire la tradition orale de formules mystiques reçues par les initiés des adeptes érudits de la kabbale). Pendant des siècles, cette méthode fut transmise de bouche à oreille par ces savants. Un étudiant devait être âgé d'au moins 40 ans pour être considéré comme suffisamment digne d'en entendre seulement parler. La kabbale a connu ses premiers écrits formalisés au début du XIIe siècle, mais la tradition du mysticisme juif remonte bien plus loin dans le temps, au moins au VIe siècle avant J.-C.

Le but essentiel de la kabbale est de trouver les faces cachées de Dieu et de comprendre les origines et le fonctionnement de l'univers. Comme dans le judaïsme traditionnel, son livre le plus sacré est la Torah, qui comporte les cinq premiers livres de la Bible (ou Pentateuque) et les exégèses (commentaires) sur ces cinq premiers livres et les lois juives qui étaient, à une certaine époque, strictement réservés à la tradition orale. La kabbale emploie constamment la métaphore de l'arbre de vie, avec dix branches émanant du *sephiroth*, les dix nombres sacrés hébreux, l'arbre entier représentant un chemin progressif jusqu'à la lumière et la connaissance de Dieu. Les dix officiers de la loge maçonnique (voir chapitre 5, p. 98) se situent parfaitement sur le sephiroth.

Les aspects bien plus célèbres de la kabbale sont dans la tradition pratique, magique. Le plus connu d'entre eux est la *guematria* ou la pratique mystique de la numérologie. En hébreu, chaque lettre a un équivalent numérique et les kabbalistes pensaient que des vérités et des prophéties cachées pouvaient être découvertes par un constant brassage et réaménagement des lettres des livres saints, donnant toutes sortes d'effets, depuis de simples anagrammes jusqu'à des calculs géométriques complexes. La guematria est une méthode établissant une correspondance entre les lettres, mots et versets de la Torah d'une part et des nombres d'autre part ; comme telle, elle permet d'ouvrir de nouveaux horizons dans la compréhension du texte.

Une *anagramme* est un mot ou une expression formés en réarrangeant les lettres d'un autre mot ou d'une autre expression (*niche* est l'anagramme de *chien*). On en trouve un exemple très simple chez les premiers chrétiens (oui, il y avait aussi des cabalistes chrétiens et cela complique un peu plus les choses). L'un des premiers symboles chrétiens était un poisson. En effet, le mot grec pour poisson, *ichthus*, était utilisé comme anagramme pour les premières lettres de l'expression « Jésus Christ, le Fils de Dieu, le Sauveur » : I = Jésus ; CH = Christ ; TH = Dieu ; U = Fils ; S = Sauveur (le « jeu de mot » fonctionne beaucoup mieux en grec). En hébreu, l'anagramme la plus connue est le *tétragramme*, le nom de Dieu en quatre lettres, YHVH, ou parfois IHVH, traduit par Jéhovah ou Yahvé. Les quatre lettres sont un anagramme de la parole par Dieu à Moïse sur son identité : « Je suis qui je suis. » Pour les Juifs, cette anagramme était le grand et indicible nom de Dieu, trop saint pour être prononcé à voix haute.

Du fait de la manipulation complexe de la langue, il est à peu près impossible de comprendre vraiment la kabbale sans connaître l'hébreu. Cependant, il est important d'avoir au moins des notions sur la kabbale, car la tradition maçonnique ainsi que toutes les organisations occultes, qu'elles se composent d'adeptes sérieux ou de doux rêveurs, l'ont adaptée, lui ont emprunté ou volé des éléments.

La Rose-Croix moderne

L'un des principaux enseignements de l'ordre mystique était que les moines rassemblés par Rosenkreutz devaient parcourir le monde soignant gratuitement les malades. L'une des marques distinctives de la Rose-Croix moderne a été l'assemblage presque comique d'imposteurs, de charlatans et de « guérisseurs spiritualistes » formant de nouveaux groupes, promettant l'immortalité, des élixirs magiques alchimiques et des prédictions astrologiques. Et, malheureusement, le rêve utopique des rosicruciens de Johann Andrae soignant gratuitement les malades paraît ne pas avoir marqué les pratiquants les plus récents de l'ordre mystique.

Il y a de nombreuses sociétés rosicruciennes dans le monde, en voici six.

Societas Rosicruciana in Anglia (SRIA)

Un franc-maçon anglais nommé Robert Wentworth Little était employé à la bibliothèque du Freemason Hall de Londres. En 1865, il prétendit y avoir découvert une cachette renfermant des documents rosicruciens. En 1867, il fonda la Rosicrucian Society of England. Le nom fut par la suite latinisé en Societas Rosicruciana in Anglia.

La Societas Rosicruciana in Anglia confère une série de degrés (ou grades) basés sur la structure de l'arbre de la kabbale (voir l'encadré « Des chiffres et des lettres » dans ce chapitre), mais c'est principalement un groupe d'étude, avec un nombre très limité de membres, recrutés uniquement sur invitation. Eliphas Lévi dont j'ai parlé au début de ce chapitre en a fait partie.

Hermetic Order of the Golden Dawn

En 1888, à Londres, la Fraternity of the Esoteric Order of the Golden Dawn est fondée, qui changea de nom pour Hermetic Order of the Golden Dawn (Ordre hermétique de l'aube dorée).

L'Ordre kabbalistique de la Rose-Croix

Cet ordre fut fondé en 1888 par Stanislas de Guaita et Joséphin Péladan. Parmi ses membres, on peut relever le nom de Papus (voir l'encadré « Raspoutine ? Gérard en cause toujours », p. 216) et ceux des compositeurs Erik Satie et Claude Debussy.

Rosicrucian Fellowship

Créée au début du siècle, la Rosicrucian Fellowship existe en France sous le nom de l'Association rosicrucienne. Elle se définit comme une association internationale ayant pour but de répandre des enseignements bien définis sur l'origine, l'évolution et le développement de l'univers et de l'homme. Les enseignements sont essentiellement dispensés bénévolement sous forme de cours par correspondance ou par e-mail.

L'Ancien et Mystique Ordre de la Rose-Croix (AMORC)

C'est, en France, la plus connue des associations rosicruciennes. Elle a été fondée en 1915 par l'Américain Harvey Spencer Lewis. De nos jours, l'AMORC est divisé en juridictions de langues, chacune ayant un siège distinct. L'ordre regroupe environ 250 000 membres dans le monde, dont approximativement 30 000 pour la juridiction francophone.

Les membres de l'AMORC étudient librement les documents rosicruciens chez eux. Ils peuvent aussi fréquenter des loges, mais ce n'est pas une obligation.

L'École de la Rose-Croix d'or (Lectorium Rosicrucianum)

Cette association créée en 1924 aux États-Unis compte environ 15 000 membres à l'échelle mondiale. En France, l'École de la Rose-Croix d'or compte environ 700 élèves et fonctionne en tant qu'association loi 1901.

Rosicruciens et maçons… et puis quoi encore ?

Sous l'emprise de l'immense popularité du spiritualisme et de l'occultisme au milieu du XIXe siècle, un petit groupe de maçons britanniques s'est intéressé à la Rose-Croix. Beaucoup de ces francs-maçons formèrent des groupes rosicruciens en dehors de la maçonnerie, comme Hermetic Order of the Golden Dawn. Les rosicruciens n'ont jamais manifesté beaucoup d'intérêt pour la franc-maçonnerie en tant qu'institution et ces hommes représentent un minuscule groupe marginal qui a fini par opérer en dehors de la franc-maçonnerie régulière et reconnue.

Il n'existe pas de liens officiels entre la franc-maçonnerie et la Rose-Croix. Cependant, à titre personnel, rien n'interdit à un rosicrucien d'être franc-maçon et réciproquement.

Le rapport parlementaire sur les sectes de 1996 a établi une liste d'organisations étiquetées comme sectes. Ce rapport a épinglé un certain nombre d'associations se réclamant de la Rose-Croix. Mais depuis, il faut signaler que ces associations ont été réhabilitées. En outre, l'État français a jugé ce rapport impartial et a adopté, en 2005, un texte invalidant la liste des organisations sectaires en s'accordant sur le principe de liberté en matière de culte et de la laïcité. Ceci montre que ces problèmes sont complexes et que parfois, derrière des noms étranges et des pratiques mystérieuses, se cachent aussi des associations honnêtes.

Troisième partie

Pour aller plus loin

Oui, c'est exact. Je viens juste de rejoindre l'Ordre Mystique de la Noble Courge. Comment l'as-tu deviné ?

Dans cette partie...

La franc-maçonnerie est surtout connue par la pratique des trois premiers degrés. Mais nous pouvons aller encore plus loin. Les maçons se sont dit que si trois degrés étaient formateurs et amusants, davantage de degrés seraient encore plus formateurs et encore plus amusants. Il y a quelque chose pour chacun dans la franc-maçonnerie, et je le prouve dans cette partie. Je parle des hauts grades ou degrés qui viennent après les trois premiers, je présente différents rites pratiqués dans la franc-maçonnerie et montre que la franc-maçonnerie peut aussi être féminine ou mixte. Enfin, je présente des organisations qu'on pense souvent liées ou proches de la franc-maçonnerie, à tort ou à raison.

Chapitre 9

Le rite écossais ancien et accepté

Dans ce chapitre :

- Tout connaître du rite écossais ancien et accepté
- Découvrir l'histoire de ce rite
- Comprendre sa structure et son organisation
- Parcourir ses 33 degrés

Le rite écossais ancien et accepté (ou encore REAA, prononcez *èr/eu/a*) est pratiqué par les francs-maçons de la Grande Loge de France, du Grand Orient de France et de la Grande Loge Féminine de France. Comme son nom ne l'indique pas, il n'est ni ancien ni écossais puisqu'il a été fondé aux États-Unis d'Amérique en 1801 à Charleston puis est venu en France où il s'est développé pour devenir le rite le plus pratiqué en France et dans le monde. Pour comprendre le fonctionnement de la franc-maçonnerie française, il faut donc connaître le rite écossais ancien et accepté.

Comme la plupart des rites maçonniques, il est organisé en degrés. Les trois premiers sont les degrés d'apprenti, de compagnon et de maître, degrés communs à tous les rites maçonniques traditionnels ; les suivants sont désignés sous le nom de *hauts grades*. Dès le début de la franc-maçonnerie, les francs-maçons ne purent résister à l'envie d'ajouter des degrés aux trois existants. Les degrés supérieurs ou hauts grades sont donc nés au milieu du XVIIIe siècle, avec la naissance de la franc-maçonnerie. Les francs-maçons qui désirent continuer à se parfaire au travers de la méthode maçonnique peuvent, après le degré de maître, continuer dans ces degrés. À condition que le rite qu'ils pratiquent le permette. C'est le cas pour le rite écossais ancien et accepté.

L'histoire du rite écossais ancien et accepté se confond avec l'histoire de France. Je vous montrerai comment ce rite a pu se construire et s'enrichir au cours des années et quelles sont les organisations actuelles qui continuent à le conserver et à l'enrichir.

Nous visiterons ensemble les 33 degrés de ce rite à la rencontre d'un chevalier Kadosch ou d'un chevalier du serpent d'airain. Ne riez pas. Ils sont peut-être armés d'une épée !

LA VOIX DU MAÎTRE

Ailes en l'air ou ailes en bas ?

Si vous surfez sur Internet à la recherche de sites consacrés au rite écossais ancien et accepté, vous rencontrerez certainement le symbole de l'aigle à deux têtes. Quelquefois ailes baissées, comme sur le logo de la juridiction américaine Southern Masonic Jurisdiction, quelquefois ailes levées comme sur l'emblème du Suprême Conseil de France. L'aigle à deux têtes apparaît dans la franc-maçonnerie française avec le 30e degré (Grand Élu Chevalier Kadosch).

On peut interpréter les deux têtes de l'aigle comme étant une représentation des deux solstices d'été et d'hiver, reprise dans la symbolique chrétienne par les deux Saint-Jean, elle-même adaptée de la figure de Janus, divinité romaine à deux têtes humaines regardant dans deux directions opposées. Ces deux têtes symbolisent la rencontre entre le passé et le futur, c'est-à-dire l'instant ou encore l'éternité insaisissable. Cet aigle vous fait penser à l'Allemagne ? C'est normal, il est au centre du blason du Saint Empire romain germanique, créé en 962 et battu par Napoléon en 1806. Au-delà de l'histoire, cette organisation politique symbolise l'alliance du pouvoir temporel et du pouvoir spirituel. Le mythe du Saint Empire où l'empereur est le médiateur entre le Ciel et la Terre exprime la vision du monde du rite écossais ancien et accepté : aussi bien sur le plan temporel que spirituel, l'Empire est un monde organisé autour d'un centre. À titre individuel, ce symbole incite le franc-maçon du rite écossais ancien et accepté à réfléchir sur sa double mission : spirituelle et terrestre.

La devise latine *Deus Meumque Jus* que l'on peut traduire par « Dieu et mon droit » insiste sur la double nature du Grand Architecte de l'Univers : divine et humaine ! Cet emblème est présent sur le tablier du Grand Élu Chevalier Kadosch (30e degré), du Sublime Prince du royal secret (32e degré) et du Souverain Grand Inspecteur général (33e degré), ainsi que sur tous les document officiels, sceaux, armoiries et bannières du Suprême Conseil de France. C'est dire l'importance de ce volatile à deux têtes !

Une histoire mouvementée

On ne peut séparer l'origine du rite écossais ancien et accepté de l'histoire de France. Revenons un peu en arrière et essayons de comprendre comment est né ce rite. Pour résumer, on pourrait dire qu'il a été construit par des francs-maçons soucieux de spiritualité mais désireux aussi de se détacher des religions jugées trop dogmatiques. Trouver en quelque sorte une spiritualité qui ne soit ni laïque ni religieuse. Le sujet est toujours d'actualité mais sans rentrer dans ce débat complexe, tournons-nous vers le passé… pour comprendre le présent.

Des bâtisseurs qui deviennent chevaliers

Au XVIIIe siècle, la spiritualité est essentiellement religieuse. Lorsque la franc-maçonnerie s'installe en France (entre 1720 et 1730), il n'y a pas encore cette variété de rites que nous rencontrons aujourd'hui. Toutes les loges pratiquaient un rite en trois degrés (apprenti, compagnon, maître) issu de la Grande Loge de Londres de 1717. D'ailleurs, cette date est considérée par tous les historiens comme la date de naissance de la franc-maçonnerie *spéculative* (c'est-à-dire intellectuelle, en opposition à la franc-maçonnerie dite *opérative* ou encore, de métier) telle que nous la connaissons aujourd'hui. C'est l'époque de la franc-maçonnerie d'inspiration chrétienne, directement fondée sur les Constitutions d'Anderson (voir chapitre 19, p. 310). Presque tous les francs-maçons sont alors nobles et la plupart catholiques.

Peu de rituels sont écrits et encore moins publiés. En 1736, le chevalier de Ramsay, Grand Orateur de l'ordre maçonnique en France prononce puis publie un discours (voir chapitre 19, p. 313) qui marque fortement la franc-maçonnerie française. Ce texte est, à l'origine, un discours de bienvenue prononcé par chaque orateur à destination des nouveaux initiés. Il est caractéristique de la franc-maçonnerie du Siècle des lumières, offrant un cadre accueillant à ceux qui veulent redonner vie à une tradition alliant action et spiritualité.

Soucieux de donner du panache à une noblesse qui en avait besoin, Ramsay exploita les idées, les rêves et les spéculations que la chevalerie suscitait dans les loges et fonde une nouvelle maçonnerie sur la symbolique des croisades et des Templiers. Historiquement, c'est faux, mais peu importe. Le génie de Ramsay est d'avoir présenté cette filiation d'un point de vue légendaire et ainsi enflammé l'imaginaire des francs-maçons. Le mythe était né: les francs-maçons descendent des Templiers et sont les héritiers de leur dernier Grand Maître, Jacques de Molay! De bâtisseurs, ils deviennent chevaliers et, pour reprendre les termes mêmes du chevalier de Ramsay: «Ils tenaient la truelle d'une main et l'épée de l'autre.»

Pourquoi écossais, ancien et accepté ?

Si le REAA est écossais, c'est avant tout pour dire qu'il n'est pas anglais! Comme son histoire le montre, il est inspiré des loges écossaises installées en particulier à Saint-Germain-en-Laye par les stuartistes.

Si le REAA est ancien, c'est avant tout qu'il n'est pas moderne. Merci monsieur de La Palisse, mais la réalité est plus complexe. Le terme de moderne en maçonnerie fait référence à la Grande Loge de Londres de 1717, alors que le terme d'ancien fait référence à la Grande Loge des anciens créée en 1751. Vous suivez? Disons que la franc-maçonnerie des anciens a été créée en réponse aux modernes jugés trop modernes, justement! Un retour aux sources en quelque sorte.

Enfin, ce n'est pas le REAA qui est accepté. Au XVIe siècle, dans les loges anglaises, on désignait par le terme de maçon accepté les membres extérieurs aux métiers traditionnels de la franc-maçonnerie opérative: commerçants, artistes, ecclésiastiques ou nobles.

Le mouvement initié par le discours de Ramsay a donné naissances aux hauts grades, c'est-à-dire des degrés maçonniques qui sont au-delà des degrés d'apprenti, compagnon et maître. À cette époque, c'est le rite de perfection qui domine la scène maçonnique française. Ce rite compte 25 degrés soit les 3 degrés traditionnels plus 22 degrés. Mais l'imagination des francs-maçons dépassa les espoirs de Ramsay et, entre 1740 et 1765, les historiens de la franc-maçonnerie française dénombrent plus de 200 degrés ! Peu ont survécu et certains ne sont connus que grâce à un seul manuscrit. Mais tous, dans leur diversité, comportent un rituel d'ouverture qui permet d'ouvrir les travaux à ce degré, un rituel de fermeture qui, vous l'avez deviné, permet de fermer la loge à ce degré, d'une cérémonie dite de réception qui permet de recevoir un candidat à ce degré et enfin une instruction qui concentre tout l'enseignement de ce degré.

Les hauts grades sont nés, mais il faudra un drôle d'aller-retour entre la France et l'Amérique pour que naisse le rite écossais ancien et accepté. L'histoire est curieuse et mérite d'être connue.

Un curieux aller-retour entre la France et l'Amérique

On est en 1761. Étienne Morin, commerçant bordelais et franc-maçon zélé, va devenir l'homme le plus important du rite écossais ancien et accepté. Il est initié au grade de prince du royal secret (25e et dernier degré du rite de l'époque) et il dispose donc de tous les documents du rite. Il part à Saint-Domingue tenter sa chance dans le négoce entre la métropole et les îles françaises d'Amérique. Il emmène dans ses valises un document de la Grande Loge des maîtres de Paris appelé patente et qui lui permet de créer de nouvelles loges et ainsi de propager la franc-maçonnerie sur le nouveau continent. C'est un véritable mandat en blanc qui lui permet de « multiplier l'ordre royal des maçons libres dans tous les grades parfaits et sublimes ».

Morin consacre sa vie à cette mission : introduire et développer les hauts grades dans les îles françaises d'Amérique. Mais il fait preuve d'un tel zèle qu'il organise les degrés « écossais » en un rite cohérent qu'il coiffe d'un degré supplémentaire qu'il appelle « prince du royal secret ». D'ailleurs, c'est le nom qu'il retient pour nommer son rite en 25 degrés : le royal secret. Il transmet également cette mission à d'autres maçons illustres comme Henry Andrew Francken. Morin meurt dix ans plus tard à Kingston, en Jamaïque, sans savoir que, en 1804, le rite qu'il a contribué à enrichir et propager reviendra à Paris et prendra le nom de rite écossais ancien et accepté grâce à un autre homme, le comte de Grasse Tilly qui fondera le Suprême Conseil de France.

Pendant que le rite royal secret se propage dans le Nouveau Monde, la France vit sa Révolution. Ces périodes de grand bouleversement politique balaient, au passage, la franc-maçonnerie française essentiellement constituée de nobles. Le résultat est que, en 1796 en France, il n'y a plus que 18 loges qui se réunissent à peu près régulièrement.

Les francs-maçons ont appris très vite à garder leur secret afin d'éviter d'être persécutés par les ennemis de la franc-maçonnerie et en particulier par l'Église catholique. Bien sûr, le secret est une arme à double tranchant puisqu'il génère aussi une part de mystère qui laisse les interprétations les plus fantaisistes s'installer. L'idée de coder par un alphabet spécial des textes secrets n'est pas neuve. Le code présenté ci-après était en vigueur au milieu du XVIIIe siècle. Il n'est plus utilisé actuellement.

Les lettres de l'alphabet sont placées dans une grille géométrique comme sur la figure. Ensuite, chaque lettre est traduite par un signe reproduisant sa position dans la grille (on ajoute un point pour distinguer la première lettre de la deuxième, ainsi *a* devient ⅃, *r* ⊓ et *z* ∧.

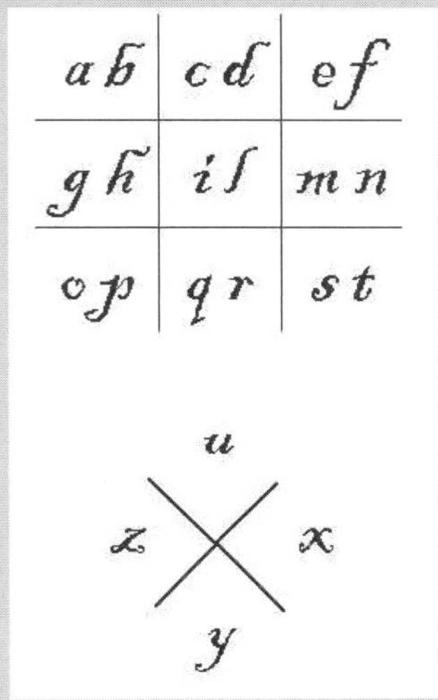

Le comte de Grasse Tilly, un infatigable maçon

C'est donc dans ce paysage dévasté qu'agit le comte de Grasse Tilly. Cet infatigable maçon et personnage illustre de la maçonnerie française est né en 1765 à Versailles. En 1783, il est initié dans la loge Saint-Jean d'Écosse du contrat social à Paris. En 1789, il débarque à Saint-Domingue pour prendre possession d'une importante plantation, héritage de son père. Chassé de Saint-Domingue et ruiné, il débarque à Charleston en 1793, où il rejoint la Grande Loge des maçons francs et acceptés de Caroline du Sud. En 1801, il participe à la fondation du premier suprême conseil du monde à Charleston, dont il restera grand commandeur à vie.

La première tâche de ce suprême conseil fut d'ajouter 8 degrés au rite de perfection et, ainsi, fonder un rite en 33 degrés : le rite écossais ancien et accepté ! Vous trouvez ce nom un peu long ? Ce n'est rien, sachez que sa première version était : ordre royal et militaire de l'ancienne et moderne franche-maçonnerie ! L'écriture des rituels sera l'œuvre de Grasse Tilly. La devise *Ordo Ab Chaos* sera adoptée ainsi que la séparation avec l'administration des trois premiers degrés qui est toujours en vigueur.

Mais la vie est dure pour notre homme et, de nouveau sans ressources, Grasse Tilly reprend du service et réintègre l'armée française. Il rentre en France en 1804. Il apporte dans ses bagages une lettre de créance délivrée par le suprême conseil de Charleston dont il était membre fondateur. Ce document lui donne autorité pour créer un suprême conseil, ce qu'il fit en 1804. C'est sous cette juridiction que se réunissent alors les loges écossaises lâchées par le Grand Orient de France. Le Suprême Conseil de France est en rivalité avec le Grand Orient soutenu par le nouveau régime.

Obligé de démissionner de son poste de souverain grand commandeur, Grasse Tilly part comme aide de camp du vice-roi d'Italie et fonde le suprême conseil d'Italie dont il devient le grand commandeur. Muté en Espagne comme aide de camp de Kellermann, il fonde le suprême conseil des Espagnes et des Indes, dont il sera, là encore grand commandeur ! Mais le rite écossais ancien et accepté fait des envieux et une lutte terrible s'engage entre le Suprême Conseil de France et le Grand Orient pour savoir qui sera le grand vizir. Pardon, je voulais dire, le seul et unique gardien du rite ! Grasse Tilly est de tous les combats et au centre de toutes les guerres. Il meurt en 1845. Maçon engagé, il aura créé plus de quatre suprêmes conseils. Mais qui est *le* gardien du rite ? La lutte continue !

Deux rites coexistent dans la France du début du XIXe siècle : le rite écossais ancien et accepté, porté par le Suprême Conseil de France et le rite français, porté par le Grand Orient.

Cherchant à imposer la pratique du rite français qui comporte sept degrés (voir chapitre 10, p. 197), le Grand Orient proscrit les autres rites et c'est ainsi que tout naturellement les loges travaillant au rite écossais se regroupent sous la bannière du Suprême Conseil de France nouvellement créé par le comte de Grasse Tilly. Une entente est conclue rapidement avec le Grand Orient, mais ce dernier la rompt en créant, en 1805, le grand directoire des rites (qui deviendra en 1823 le grand collège des rites, puis enfin suprême conseil grand collège du rite écossais ancien et accepté).

Mais sitôt créé, le rite écossais ancien et accepté doit être mis en sommeil en raison de la situation politique. En effet, c'est le début du premier Empire et la maçonnerie va devenir un instrument de pouvoir, à condition de la contrôler, ce que Napoléon va tenter très rapidement de faire.

En effet, que se passe-t-il en France à cette époque ? Voici un bref rappel des événements historiques de l'Hexagone :

- 1789 : Révolution française ;
- 1792 : proclamation de la Première République ;
- 1799 : Consulat (Bonaparte) ;
- 1804 : Premier Empire (Bonaparte devient l'empereur Napoléon Ier) ;
- 1805 : bataille d'Austerlitz ;
- 1812 : retraite de Russie ;
- 1815 : première Restauration (Louis XVIII et Charles X) ;
- 1815 : Les Cent Jours (Napoléon) ;
- 1830 : Monarchie de Juillet (Louis-Philippe) ;
- 1848 : Deuxième République (Louis Napoléon Bonaparte) ;
- 1852 : Second Empire (Louis Napoléon Bonaparte devient Napoléon III) ;
- 1870 : Troisième République.

Cambacérès et le cumul des mandats !

Jugez plutôt. Cet homme de confiance de Napoléon fut nommé archichancelier, puis sénateur, conseiller d'état, membre du conseil privé, prince avec le titre d'Altesse sérénissime et duc de Parme, bref c'est une sorte de Premier ministre avant l'heure ! On lui doit la rédaction du code civil et les innovations concernant le divorce, l'adoption et les droits des enfants naturels. Il poursuit l'œuvre législative : rédaction des codes de commerce, du code pénal, du code de procédure et la création de la Cour des comptes.

Mais notre homme a une double vie. Initié à 20 ans dans une loge de Montpellier, il poursuivra pendant quarante ans une vie maçonnique très active. Voyez plutôt : il atteint le grade de chevalier Rose-Croix à la veille de la Révolution. Parallèlement à sa vie politique (mais à cette époque, les parallèles n'en étaient pas), il est aussi nommé Grand Maître adjoint du Grand Orient, très puissant souverain grand commandeur du Suprême Conseil de France à la suite de Grasse Tilly, Grand Maître d'honneur du rite d'Herodom, Grand Maître du rite écossais philosophique, Grand Maître du rite primitif de Narbonne, Grand Maître du rite régime rectifié et de l'ordre des chevaliers bienfaisants de la cité sainte, Grand Maître des directoires d'Auvergne et de Montpellier et enfin président du Grand Consistoire.

Rassurez-vous, ceci ne dura que le temps du premier Empire, car il quitte la vie politique durant la première Restauration et sera même banni de France lors de la seconde, en 1816. Il termine sa vie en administrant son immense fortune. Si sa vie politique est finie, il reste un franc-maçon engagé, en particulier en Belgique où il se réfugie. Il meurt en 1824.

Belle carrière pour cet homme qui ne cacha jamais son penchant pour les hommes. Un jour, Cambacérès se présenta en retard devant l'Empereur et dit ironiquement pour s'en excuser : « Sire, j'ai été retenu par des dames. » Napoléon, pas dupe, lui répondit : « Quand on est attendu par l'Empereur, on dit à ces dames de prendre leur canne et leur chapeau et de foutre le camp. »

Quand le pouvoir s'en mêle, tout s'emmêle

Le Suprême Conseil de France ne reprit véritablement ses travaux qu'en 1821 et s'attaqua à la réorganisation du rite écossais ancien et accepté en France. La première décision tombe en 1822 : le suprême conseil crée la Grande Loge centrale, chargée, sous sa direction, de l'administration de toutes les loges. Dans cette époque troublée, les loges réussissent à rester en action certainement parce qu'il y était interdit de parler ni de religion, ni surtout de politique dans les réunions maçonniques (cette interdiction est d'ailleurs toujours en vigueur au sein de la Grande Loge de France). Au milieu du XIXe siècle, le paysage maçonnique est très hétérogène : nombreux rites, nombreux degrés.

Napoléon fit de la franc-maçonnerie une institution officieuse et protégée. Certains disent qu'il aurait été initié lors de la campagne d'Égypte mais rien ne peut l'établir formellement. Ce qui est sûr par contre, c'est que la majorité des officiers des armées napoléoniennes étaient francs-maçons et au cours de leurs déplacements beaucoup de loges furent créées.

Mais être trop proche du pouvoir peut aussi créer des problèmes. L'histoire suivante est intéressante à ce titre. En 1862, Napoléon III nomma le maréchal Magnan Grand Maître du Grand Orient de France alors qu'il n'était même pas franc-maçon ! Il est initié et passe tous les degrés en une journée en violation des règlements en vigueur. Sa mission ? Faire une véritable OPA sur le Suprême Conseil de France, annexer toutes les loges et les forcer à travailler au rite français en vigueur au Grand Orient de France. Mais la bataille fut perdue et le Suprême Conseil de France devint le symbole de la résistance aux forces politiques. Le nombre de loges françaises travaillant au rite écossais ancien et accepté croît.

Quelques dizaines d'années de lutte, de scission, de réunion et de séparation plus tard, le Suprême Conseil de France, enfin solide, suscite un convent : réunion des représentants de tous les suprêmes conseils du rite écossais ancien et accepté. Ce convent se tient à Lausanne en 1875 avec comme but de fonder le rite tel qu'il est encore pratiqué. Douze suprêmes conseils sur les 22 existant à cette époque participèrent aux travaux : France bien sûr, mais aussi Italie, Belgique, Irlande, Pérou, Angleterre, Écosse, Cuba, Portugal, Hongrie, Grèce et Suisse. Le temps était venu d'harmoniser les pratiques du rite écossais ancien et accepté et d'organiser les échanges entre les différentes juridictions des différents pays. Ces travaux conduirent, entre autres, à l'introduction du symbole du Grand Architecte de l'Univers dans le premier article de la Déclaration de principes : « La franc-maçonnerie proclame l'existence d'un principe créateur sous le nom de Grand Architecte de l'Univers » (voir chapitre 19, p. 316).

Comment parler de Dieu sans parler de Dieu ?

Les francs-maçons ont trouvé le truc ! Comme il est interdit d'aborder en loge des questions de religion alors qu'il est souvent traité de questions spirituelles, il est difficile de ne pas parler de Dieu. Mais parler de Dieu, est-ce parler du Dieu des chrétien, des juifs ou des musulmans ? La recette est simple : ne parlons plus de Dieu, qui reste une affaire privée, et parlons plutôt du Grand Architecte de l'Univers qui est l'expression d'un principe créateur. Les hommes se parlent et se comprennent, même lorsqu'ils parlent de Dieu. Accepter l'existence d'un principe créateur est d'ailleurs fondamental pour se dire franc-maçon du rite écossais ancien et accepté qui se positionne entre deux extrêmes qui sont l'approche laïque et l'approche déiste. Laissons à Adolphe Crémieux, grand commandeur du Suprême Conseil de France en 1876 nous présenter le Grand Architecte de l'Univers dans un style pur XIXe siècle : « Nous ne donnons aucune forme au Grand Architecte de l'Univers, nous laissons à chacun le soin de penser ce qu'il veut. Quant à nous, nous nous inclinons devant l'Infini, l'Incompréhensible, et nous n'imposons pas plus la religion de Jupiter que celle d'Adonaï : toutes sont égales à nos yeux... »

Mais ce symbole de Grand Architecte de l'Univers ne pouvait pas plaire à tout le monde. Deux courants extrêmes rejetèrent ce principe créateur, ne le jugeant pas assez laïque pour les partisans du libéralisme anticlérical et pas assez spiritualiste pour les partisans d'une franc-maçonnerie d'inspiration religieuse. Ainsi les suprêmes conseils anglo-saxons et celui de Grèce reformulèrent-ils le premier article de la Déclaration de principes en : « La franc-maçonnerie proclame l'existence de Dieu, le Grand Architecte de l'Univers, et l'immortalité de l'âme. » L'autre courant, qui avait refusé l'évocation du Grand Architecte de l'Univers, se radicalisa. Au nom de la laïcité et de la liberté de conscience, une partie des francs-maçons du Grand Orient estima qu'il fallait supprimer l'invocation au Grand Architecte de l'Univers.

Ainsi le symbole du Grand Architecte de l'Univers qui se voulait être rassembleur a fait s'affirmer deux courants : une franc-maçonnerie laïque qui deviendra républicaine et une maçonnerie où la croyance en Dieu est nécessaire.

Face à ce convent, Albert Pike, grand commandeur de la juridiction sud des États-Unis adopta une position de défenseur de la religion et de partisan d'un Dieu personnel. Cette attitude allait contribuer à éloigner encore plus la franc-maçonnerie anglo-saxonne de la franc-maçonnerie française.

Mais les rituels du rite écossais ancien et accepté était encore marqué par la religion. La montée de l'anticléricalisme de la deuxième moitié du XIXe siècle conduisit le Suprême Conseil de France à réformer, en 1877, les rituels des trois premiers degrés du rite écossais ancien et accepté, afin de les recentrer sur leur nature initiatique et d'éliminer les connotations religieuses trop fortes : suppression des diacres (les deux assistants du Vénérable Maître en loge) et de la prière ; les travaux ne sont plus ouverts « au nom de Dieu et de saint Jean » mais « à la gloire du Grand Architecte de l'Univers ».

Vers une spiritualité laïque

En 1895, dix ans avant la loi de la séparation de l'Église et de l'État, le Suprême Conseil de France crée la Grande Loge de France et dessine le paysage français du rite écossais ancien et accepté tel qu'il existe encore aujourd'hui, proposant un courant spiritualiste à mi-chemin entre la franc-maçonnerie religieuse et la franc-maçonnerie républicaine. À cette époque et encore aujourd'hui, cette franc-maçonnerie répondait à une demande de spiritualité non religieuse, ce qui explique que le rite écossais ancien et accepté devienne progressivement le rite maçonnique le plus pratiqué au monde.

Tout sur le rite écossais ancien et accepté

Pourquoi un rite ?

Pour aborder le REAA, il faut revenir à la définition d'un rite maçonnique : une méthode qui organise la progression d'un franc-maçon selon des degrés (ou grades) qui sont gravis les uns après les autres, du premier jusqu'au dernier. Pour passer d'un degré au degré suivant, le candidat doit montrer qu'il a travaillé les symboles de son degré et qu'il a progressé dans sa démarche initiatique. En effet, chaque degré propose une instruction que chaque franc-maçon doit méditer plus qu'apprendre afin d'en tirer pour lui même un enseignement pour sa vie de tous les jours.

N'OUBLIEZ PAS !

La meilleure image pour comprendre ce fonctionnement en degrés est celle des ceintures de différentes couleurs qui sanctionnent le parcours d'un judoka : comme dans de nombreux arts martiaux, le niveau de maîtrise des pratiquants est représenté par un grade correspondant à une couleur de ceinture. Les grades représentent l'acquisition de compétences dans trois valeurs : l'esprit, la technique et le corps. En franc-maçonnerie, vous remplacez la ceinture par le tablier ! À chaque degré correspond un tablier décoré par certains éléments symboliques important de ce degré.

N'OUBLIEZ PAS !

Le rite écossais ancien et accepté est un rite en 33 degrés ou, pour être encore plus précis, en 3 + 30 degrés puisque pour la franc-maçonnerie traditionnelle seuls les trois premiers degrés comptent, les degrés suivant étant appelés degrés supplémentaires. Cependant, le rite écossais ancien et accepté est un rite très cohérent puisque les hauts grades permettent aux initiés d'approfondir l'enseignement contenu dans la légende de la construction du temple de Salomon qui est à la base des trois premiers degrés.

Aux États-Unis, le rite écossais ancien et accepté, aussi appelé rite écossais (Scottish Rite), commence à partir du quatrième degré. Il est donc considéré comme un ensemble additionnel (*appendant body*), voire non indispensable de degrés venant se greffer sur les trois premiers degrés.

Lever de rideau sur les degrés du rite

Les 33 degrés du rite écossais ancien et accepté

Le rite écossais ancien et accepté est un rite qui comprend 33 degrés. L'initiation, c'est-à-dire le fait de devenir franc-maçon, se fait toujours dans une loge symbolique (voir chapitre 5, p. 94). Le nouveau frère est donc initié au degré d'apprenti puis, au cours de son avancement, monte dans les degrés, augmentant ainsi sa connaissance. Un jour peut-être, il atteindra le 33e degré !

Chaque degré doit être vu comme une étape et non comme une promotion. Même si l'on parle d'*augmentation de salaire* lorsqu'on passe d'un degré à un autre, il ne s'agit pas d'argent et encore moins de hiérarchie. N'oublions jamais qu'en franc-maçonnerie tout est symbole et le salaire est ici ce qui récompense le travail, c'est-à-dire plus de connaissance, plus de conscience et, pour certains, plus de sagesse.

Le tableau 9-1 montre les 33 degrés classés par catégories. La première catégorie correspond aux degrés d'apprenti, de compagnon et de maître. On les appelle les degrés symboliques en référence aux noms des loges qui travaillent à ces degrés. Ces trois premiers degrés tirent leur histoire des corporations des tailleurs de pierre et les outils et symboles de ces degrés proviennent des métiers des constructeurs de cathédrales. Après le troisième degré, on parle de hauts grades (ou degrés supérieurs).

Mais avant de les lister, précisons que les termes utilisés et qui peuvent prêter à rire ne doivent pas être pris au pied de la lettre. Ici, tout est symbole. Chaque terme, titre, proposition doit être pris dans son sens symbolique et doit être relié à la légende qui accompagne le grade. Cette légende illustre le plus souvent des valeurs morales sur lequel l'initié devra réfléchir et travailler. Par exemple, le 4e degré (maître secret) fait évidement référence au secret, mais aussi au silence, à l'obéissance et au devoir du franc-maçon envers lui-même et les autres.

Alors si les termes « illustre élu des quinze », « grand pontife » ou « grand inspecteur inquisiteur commandeur » vous font sourire, pensez qu'ils ont un sens pour ceux qui les portent et que ce sens est à découvrir par le travail sur les symboles associés à ces différents degrés.

Tableau 9-1 : Les 33 degrés du rite écossais ancien et accepté

Répartition	*Degré*	*Dénomination*
Loges symboliques	1°	Apprenti
	2°	Compagnon
	3°	Maître
Ateliers de perfection	4°	Maître secret
	5°	Maître parfait
	6°	Secrétaire intime
	7°	Prévôt et juge
	8°	Intendant des bâtiments
	9°	Maître élu des neuf
	10°	Illustre élu des quinze
	11°	Sublime chevalier élu
	12°	Grand maître architecte
	13°	Chevalier de Royal-Arche
	14°	Grand élu, parfait et sublime maçon
Chapitres	15°	Chevalier d'Orient et de l'épée
	16°	Prince de Jérusalem
	17°	Chevalier d'Orient et d'Occident
	18°	Chevalier Rose-Croix
Aréopages	19°	Grand pontife
	20°	Vénérable grand maître des loges régulières
	21°	Noachite ou Chevalier prussien
	22°	Chevalier de Royal-Hache
	23°	Chef du tabernacle
	24°	Prince du tabernacle
	25°	Chevalier du serpent d'airain
	26°	Écossais trinitaire ou prince de Mercy
	27°	Grand commandeur du temple
	28°	Chevalier du soleil
	29°	Grand écossais de Saint-André
	30°	Chevalier Kadosch
Degrés administratifs	31°	Grand inspecteur inquisiteur Commandeur
	32°	Sublime prince du royal secret
	33°	Souverain grand inspecteur général

Pour être plus précis, les degrés ne sont pas logés à la même enseigne. Certains degrés donnent lieu à de véritables cérémonies de réception. C'est le cas des trois premiers degrés de la maçonnerie bleue, ainsi que des degrés de maître secret ou maître élu des neuf. Pour ces types de degrés, il existe donc un rituel d'ouverture, un rituel de réception et un rituel de fermeture de la loge. Les autres degrés sont des degrés de passage. Il n'y a pas à proprement parler de réception de ces degrés mais il existe une légende, une instruction, des symboles et des décors associés. Ce corpus symbolique est simplement présenté au candidat.

Bible ou pas Bible ?

Le rite écossais ancien et accepté, tel qu'il est pratiqué à la Grande Loge de France, implique la présence en loge, sur l'autel des serments, des trois grandes lumières de la franc-maçonnerie, qui sont : le Volume de la Loi Sacrée, le compas et l'équerre. Nous avons déjà vu au chapitre 7 (voir p. 135) la signification de ces symboles. Rappelons donc simplement ici que, pour le rite écossais ancien et accepté, le Volume de la Loi Sacrée est la Bible, prise non pas comme livre religieux mais comme symbole de la tradition et de la connaissance vivante qui se transmet de génération en génération et construit ainsi l'humanité à laquelle nous appartenons. La Bible est ouverte au prologue de l'Évangile de saint Jean. Vous connaissez certainement : « Au commencement était le Verbe » etc. Cependant, respectueux des croyances de chacun, les serments maçonniques peuvent être prêtés sur un autre livre que la Bible. Ainsi sont autorisés les livres suivants : le Veda de l'hindouisme, le Tripitaka du bouddhisme, le Coran des musulmans, le Tao Te King des taoïstes, les Quatre Livres de la doctrine de Confucius et le Zend-Avesta du zoroastrisme.

Symbolique des degrés

La symbolique des trois premiers degrés provient des métiers des constructeurs de cathédrales. Jusqu'au 14e degré, la symbolique du rite écossais ancien et accepté est fortement inspirée par la légende de la disparition du maître Hiram. Le troisième degré se termine par l'assassinat d'Hiram, architecte du temple du roi Salomon. Le maître est mort, le chantier est inachevé et les secrets sont perdus. Le premier cycle de l'initiation se termine donc par la nécessité de chercher encore, d'acquérir plus de connaissances pour être à même de terminer l'œuvre.

Qui a tué Hiram ?

Le rite écossais ancien et accepté est centré sur la légende d'Hiram elle-même tirée d'un passage de l'Ancien Testament (*cf. La Bible pour les Nuls*, p. 186) qui relate la construction du Temple de Jérusalem par l'architecte Hiram sous les ordres du roi Salomon (Livre des Rois, chapitres 5 à 8). Hiram est fils d'une veuve et c'est d'ailleurs de là que vient l'expression « les enfants de la veuve » pour désigner les francs-maçons.

Suivant cette tradition, Hiram est donc le premier architecte d'un temple religieux. La légende nous dit que, avant l'achèvement du chantier, trois compagnons souhaitant devenir maîtres avant la fin de leur apprentissage tentèrent d'arracher de force le mot de passe des maîtres à Hiram. Comme ce dernier le leur refusait, ils le tuèrent et enterrèrent son corps loin de la ville, dans un lieu solitaire. La mort de l'architecte laisse le chantier inachevé. Cette légende qui, au cours des temps a été enrichie, devint le support d'un enseignement moral. Les trois compagnons symbolisent respectivement notre ignorance, notre ambition démesurée et notre fanatisme, autant de risques sur le chemin de l'initié. La mort d'Hiram et la perte de ses secrets nous montrent que le chantier est ouvert et que tout est à reconstruire, indiquant ainsi l'aspect éphémère de notre passage sur terre et l'impérieuse nécessité de rechercher partout ce qui nous permettra de construire le temple de Salomon, symbole de notre temple intérieur. La beauté de cette légende a inspiré de nombreux auteurs comme Goethe qui reprend, dans *Nostalgie bienheureuse*, l'idée de construction du temple intérieur ou encore Gérard de Nerval dans la légende d'Hiram, extraite de son *Voyage en Orient* (voir chapitre 19, p. 322).

Les loges de perfection poursuivent du 4e au 14e degré ce mythe. Il faut continuer l'œuvre commencé par Hiram et punir ses assassins. Une sépulture est construite pour Hiram et le temple peut être reconstruit. Le 14e degré clôt la référence à la construction du temple de Salomon.

Du 15e au 18e, l'inspiration symbolique provient de la tradition des chevaliers, de la Bible, des Templiers et de la Rose-Croix. Le temple de Jérusalem a été détruit et il convient de le reconstruire. Le 17e degré évoque la naissance de la chevalerie dont s'inspire l'écossisme. La mission des chevaliers d'Orient et d'Occident est d'établir la synthèse entre ces deux mondes. La légende des 15e et 16e degrés s'inspire des livres d'Esdras et de Néhémie. Après une captivité de soixante-dix ans, les juifs obtinrent du roi de Perse l'autorisation de retourner à Jérusalem et de reconstruire le Temple. Comme ils étaient environnés d'ennemis de toute part, ils travaillèrent, tenant une truelle à la main et une épée de l'autre.

Au-delà du 18e degré, les symboles sont puisés dans le monde chevaleresque, puis de la Rose-Croix.

SUPER MENTEUR

Le terme de Rose-Croix ne doit pas laisser croire à une relation directe avec les rosicruciens. La franc-maçonnerie et les rosicruciens n'ont pas de liens directs (voir chapitre 8, p. 169).

N'OUBLIEZ PAS !

La franc-maçonnerie est une organisation très cloisonnée. Les francs-maçons des trois premiers degrés n'ont pas accès aux loges des degrés supérieurs qui se réunissent d'ailleurs souvent dans d'autres lieux et à d'autres dates. Cette séparation est nécessaire pour respecter le rythme de progression de chacun et éviter la tentation de brûler les étapes, pour garantir également à chaque loge le climat de calme propice aux travaux et à la réflexion. D'un point de vue très pratique, cette séparation est aussi indispensable car les salles, ou temples, recevant les loges symboliques ne sont pas conçues de la même façon que celles dédiées aux ateliers de perfection. Ainsi les deux colonnes qui encadrent la porte de la loge symbolique n'existent-elles pas dans les autres loges. Un peu comme si vous vouliez transformer un gymnase en salle de bal !

De la même façon que la grippe espagnole n'est pas venue d'Espagne, le rite écossais ancien et accepté n'est pas né en Écosse mais aux États-Unis d'Amérique puis introduit en France. L'adjectif écossais fait référence à l'écossisme, qui est plus une démarche qu'une appartenance géographique.

L'écossisme

L'écossisme désigne tous les types de rites maçonniques qui comportent en plus des trois premiers degrés des hauts grades en nombre variable. C'est aussi une démarche spirituelle qui concilie l'existence d'un principe créateur appelé Grand Architecte de l'Univers avec le respect de la liberté de conscience. Contrairement à ce que l'on pourrait croire, aucun des hauts grades n'est né en Écosse mais en France au XVIIIe siècle. Cependant l'écossisme s'appuie sur la tradition des anciens maçons opératifs d'Écosse et les hauts gardes français ont été nommés écossais en hommage aux maçons d'Écosse et à leur rôle historique pour la restauration de la franc-maçonnerie après la Renaissance et la Réforme sous le règne d'Élisabeth I.

Les règles de progression dans le rite écossais ancien et accepté varient d'un pays à l'autre et, dans un même pays, d'une juridiction à l'autre. Aux États-Unis par exemple et pour certaines juridictions maçonniques, l'initiation aux hauts grades est faite « à l'américaine », au cours de grandes cérémonies mises en scène avec décors, costumes, maquillages, son et lumière. En une journée et avec quelques dollars, on peut ainsi passer de l'état de profane à celui d'un franc-maçon du 32e degré du rite écossais ancien et accepté. Sur le vieux continent, les choses sont plus lentes et l'argent ne fait rien à l'affaire. Seul le travail personnel est pris en compte.

Organisation et structure du rite

L'administration

Le rite écossais ancien et accepté est pratiqué en Europe continentale (France, Belgique, Suisse, Italie...) et en Amérique latine.

Actuellement en France, quatre suprêmes conseils administrent le rite écossais ancien et accepté pour chaque obédience :

- le Suprême Conseil de France (1804) gère les degrés autres que les trois premiers degrés de la Grande Loge de France ;

- le suprême conseil du rite écossais ancien et accepté (1815) gère les degrés autres que les trois premiers degrés du Grand Orient de France ;
- le suprême conseil pour la France (1965) gère les degrés autres que les trois premiers degrés pour la Grande Loge Nationale Française ;
- le suprême conseil féminin de la France (1972) gère les degrés autres que les trois premiers degrés pour la Grande Loge Féminine de France.

En Belgique, ce rite connaît une variante : le rite écossais pour la Belgique transmis par le souverain collège du rite écossais. Cette obédience a repris la physionomie générale du rite écossais mais en a laïcisé les rituels (voir plus bas dans ce chapitre).

Aux États-Unis, le rite écossais ancien et accepté est géographiquement régi par deux juridictions, l'une pour le Nord : la Northern Masonic Jurisdiction (NMJ) qui comprend 15 États et l'autre pour le Sud, la Southern Masonic Jurisdiction (SMJ) qui gère 35 États. Chaque territoire est administré par son suprême conseil. Ces deux organisations respectent leur découpage géographique et sont seules autorisées à octroyer les degrés du rite écossais ancien et accepté aux francs-maçons de leur territoire. Par contre, elles n'ont aucune autorité pour tout ce qui concerne les trois premiers degrés qui sont du domaine des loges sous la direction des Grandes Loges. La majorité des francs-maçons américains se contentent des trois premiers degrés au rite d'York (voir chapitre 11, p. 210) et ne prennent du rite écossais ancien et accepté que le 32e degré.

L'association Grande Loge de France et Suprême Conseil de France est originale puisque ces structures gèrent à elles deux la totalité des grades du rite écossais ancien et accepté. De plus, les loges de la Grande Loge de France et celles du Suprême Conseil de France travaillent exclusivement à ce rite. C'est pour cela qu'on dit que ces obédiences sont monorites. Ainsi les francs-maçons de la Grande Loge de France ne sont pas obligés de quitter l'obédience lorsqu'ils souhaitent continuer leur démarche initiatique dans les hauts grades.

Le suprême conseil grand collège du rite écossais ancien et accepté du Grand Orient de France, créé en 1823, administre 330 ateliers regroupant plus de 7 000 frères, obligatoirement membres actifs du Grand Orient de France et dont l'immense majorité pratiquent le rite français en loge bleue.

Tout commence en loge bleue

Les 33 degrés du rite écossais ancien et accepté sont organisés en sept catégories qui suivent la numérotation. À chaque catégorie correspond un type de loge. Les sept types de loges du rite écossais ancien et accepté sont :

- les loges symboliques (encore appelées loges bleues) : en loge symbolique, les francs-maçons travaillent du 1er au 3e degré du rite, elle réunit donc les apprentis, les compagnons et les maîtres dans un même atelier ;

- les loges de perfection : les degrés dits de perfection qui vont du 4e au 14e degré sont travaillés dans les loges de perfection ;
- les souverains chapitres : ces loges travaillent du 15e au 18e degré ;
- les sublimes aréopages : du 19e au 30e degré ;
- les tribunaux : au 31e degré ;
- les consistoires : au 32e degré ;
- le suprême conseil : au 33e degré.

Le cas du suprême conseil est différent. Il n'y a qu'un seul suprême conseil. En fait, le suprême conseil n'est pas une loge proprement dite. Il est constitué par cooptation parmi les francs-maçons du 33e degré et est composé de 9 à 33 membres nommés à vie. Le suprême conseil est en charge de l'administration de toutes les loges à partir des loges de perfection et est le défenseur et le gardien du rite écossais ancien et accepté sur le territoire couvert par sa juridiction. Il est présidé par un Très Puissant Souverain Grand Commandeur assisté par un collège de Grands Officiers parmi les lesquels un Grand Secrétaire Général, un Grand Chancelier, un Grand Trésorier.

En 2004, lorsque le Suprême Conseil de France fête son deuxième centenaire, il affiche 6000 membres, 159 loges de perfection, 73 chapitres et 49 aréopages.

La Grande Loge de France

La Grande Loge de France fédère des loges symbolique qui travaillent aux trois premiers degrés du rite écossais ancien et accepté. Les loges de la Grande Loge de France ne reçoivent pas de femmes et ses membres sont donc exclusivement masculins. Elle a adopté comme texte de référence les Constitutions d'Anderson (voir chapitre 19, p. 310) et invoque, dans tous ses travaux, le Grand Architecte de l'Univers, expression symbolique du principe créateur, librement interprétable par chacun des membres de l'obédience.

La Grande Loge de France est une fédération de loges. Chaque loge dispose de son autonomie, dans le respect de la tradition maçonnique. Elle doit se conformer à la constitution et aux règlements généraux de la Grande Loge de France.

La Grande Loge de France est dirigée par un conseil fédéral de 33 membres, élus par tiers pour trois ans par une assemblée souveraine (le convent) composée des députés de chacune des loges. Ainsi, chaque année les loges élisent un député qui la représentera au convent annuel.

Le conseil fédéral est présidé par le Grand Maître, qui est élu directement par les députés, en convent, pour en période de un an. Au sein de ce conseil fédéral, les grands officiers sont également élus à l'image d'une loge. C'est simple : il suffit d'ajouter « Grand » devant le nom d'un officier : on aura donc un

Grand Expert, un Grand Hospitalier, un Grand Trésorier et un Grand Maître des cérémonies. Puisque la Grande Loge n'a ni apprenti, ni compagnon, les second et premier surveillants sont remplacés par un Premier Grand maître adjoint et un deuxième Grand Maître adjoint.

Cette structure est très démocratique puisque tout maître maçon peut devenir député de sa loge, puis conseiller fédéral et enfin Grand Maître. L'appartenance aux grades supérieurs n'est pas requise, ce qui est logique puisque la Grande Loge de France est indépendante du Suprême Conseil de France et ne se préoccupe donc que des trois premiers degrés du rite écossais ancien et accepté.

Chaque pays où le rite écossais ancien et accepté est représenté a un suprême conseil. On trouve par exemple un suprême conseil au Luxembourg (créé en 1976), aux Pays-Bas (créé en 1913), en Belgique (créé en 1817), en Suisse (créé en 1873 à Lausanne), en Roumanie (créé en 1923), en Bulgarie (créé en 1936)

Les autres rites écossais

Le rite écossais rectifié

Le rite écossais rectifié (RER, prononcez *èr/eu/èr*, comme le métro du même nom) est pratiqué en Suisse, en Belgique et en France par la Grande Loge Nationale Française, la Grande Loge Traditionnelle et symbolique Opéra, le Grand Orient de France, le Grand Prieuré des Gaules et le Grand Prieuré de Nouvelle France.

Le rite écossais rectifié est un rite chevaleresque, structuré en huit degrés classés en trois classes :

- loges bleues : pour apprenti, compagnon, maître et maître écossais de Saint-André ;
- ordre intérieur : pour écuyer novice et chevalier bienfaisant de la cité sainte (CBCS) ;
- classe secrète : pour profès et grand profès.

Il a été créé lors du convent de Wilhelmsbad en 1782, essentiellement sous la direction de Jean-Baptiste Willermoz. Le RER est chrétien, mais dans le sens le plus large du terme, donc non dogmatique.

Tout commence dans la deuxième moitié du XVIIIe siècle, quelques décennies après la rédaction des *Constitutions* d'Anderson qui marquent les débuts de la franc-maçonnerie actuelle. De nombreux maçons commencent à s'interroger sur l'origine et l'objet de leur organisation. Deux courants maçonniques naissent alors indépendamment l'un de l'autre mais chacun se voulant être la seule maçonnerie authentique.

Le premier s'appelle l'ordre des chevaliers maçons élus Coëns de l'univers, fondé en France par Martinès de Pasqually. Grande originalité pour l'époque, les femmes sont admises. Cet ordre ne compta au mieux qu'une douzaine de temples et quelques dizaines de membres. Il disparut au début du XIXe siècle.

Le deuxième courant est appelé la Maçonnerie réformée de Dresde, plus connue comme Stricte Observance templière, fondée par Karl Von Hund, et qui d'Allemagne se répand rapidement à l'ensemble du monde germanique, à la Scandinavie et à la France. Mais cet ordre disparut lui aussi au début du XIXe siècle.

Mais c'est là qu'intervient Jean-Baptiste Willermoz, qui orchestre une habile synthèse de ces deux courants éphémères et donne naissance au rite écossais rectifié. Ce rite disparaît au XIXe siècle pour réapparaître vers 1930. Sa disparition provisoire lui a permis d'échapper aux réformes françaises qu'ont subi les autres rites et sa renaissance en fait un rite certainement assez proche des rites anciens.

Le rite écossais

Ce rite porte bien son nom puis qu'il est belge et que ce n'est pas un rite mais plus une organisation !

Attention aux traductions hâtives : il ne faut pas confondre le rite écossais décrit ici avec le *Scottish Rite* américain qui n'est autre que le rite écossais ancien et accepté.

Il est né en 1962 d'un mouvement de révolte au sein de la maçonnerie belge. Des maçons, membres du Grand Orient de Belgique et revêtus desdits degrés écossais (du 4e au 33e degré du rite écossais ancien et accepté) rejetèrent la structure hiérarchique du suprême conseil de Belgique et la décision de celui-ci de reconnaître la Grande Loge de Belgique comme seule obédience « régulière ». Ces maçons installèrent une nouvelle juridiction de hauts grades écossais sous le nom de souverain collège du rite écossais pour la Belgique.

Le souverain collège du rite écossais fut installé le 9 décembre 1962 et aujourd'hui cette juridiction regroupe 14 chapitres et 10 aréopages, ainsi qu'un conseil supérieur qui attribue les 31e, 32e et 33e degrés. Le fonctionnement de cette juridiction est calqué sur le modèle parlementaire. Chaque atelier choisit par élection ses délégués qui siègent au conseil général de la juridiction, organe législatif. Les décisions sont prises à la majorité des voix. Un bureau exécutif national exécute les décisions du conseil général.

Le rite écossais primitif

Le rite écossais primitif (ou *Early Grand Scottish Rite*) est introduit en France en 1688 par les loges militaires des régiments écossais et irlandais ayant suivi le roi Jacques II Stuart en exil. Rapidement d'autres loges furent créées et se regroupèrent en 1725 sous le beau nom « ancienne et très honorable société des francs-maçons dans le royaume de France ». Puis, au cours de l'histoire, ce rite disparaît pour renaître en 1985 à la Grande Loge française du rite écossais primitif. Les loges sont mixtes, masculines ou féminines.

Le rite écossais primitif comprend cinq grades auxquels s'ajoutent les deux degrés de l'ordre intérieur. C'est donc un rite en sept degrés classés en trois catégories :

- loges bleues : pour apprenti, compagnon et maître :
- loges rouges : pour maître installé (ou encore maître de Saint-Jean ou maître de loge) et maître écossais et chevalier de Saint-André-du-Chardon (équivalent au 18e degré du REAA) ;
- ordre intérieur : pour écuyer novice du temple (équivalent au 30e degré du REAA) et chevalier du temple (équivalent au 33e degré du REAA).

Le rite écossais philosophique

À la fin du XVIIIe siècle existait un système qui n'est plus pratiqué aujourd'hui en France et qui s'intitulait officiellement le rite écossais philosophique. Ce rite différait assez peu de celui du Grand Orient dans les grades bleus, il en différait surtout dans les hauts grades.

Le rite écossais philosophique naquit à Marseille, mais c'est d'Avignon qu'il parvint à Paris et, de là, dans les Pays-Bas.

Le rite disparut ensuite en France mais resta vivant tant en Hollande qu'en Belgique, tant dans ses hauts grades récupérés en partie par le rite écossais ancien et accepté que dans ses grades symboliques sous le couvert des patronymes rite ancien hollandais ou rite belge moderne, pour reprendre ensuite son titre réel.

Chapitre 10

Le rite français

Dans ce chapitre :

- Découvrez l'histoire du rite français
- Sa structure et son organisation
- Les variantes de ce rite

Son nom pourrait vous faire croire qu'il s'agit du rite le plus pratiqué en France. C'est faux. Le palme revient au rite écossais ancien et accepté que je vous ai présenté au chapitre 9. Le rite français appelé aussi rite français moderne ou simplement rite moderne en Belgique est un rite en sept degrés. Il a été créé en 1786 par le Grand Chapitre Général de France. Le rite français et ses différentes variantes présentées plus loin sont actuellement pratiqués par les loges du Grand Orient de France et par les loges au Grand Orient de Belgique.

Histoire du rite français

Merci messieurs les Anglais

Imaginez-vous franc-maçon en 1786 : beaucoup de rites maçonniques existent qui viennent tous de la maçonnerie écossaise ou anglaise. En effet, depuis le début du XVIIIe siècle, la maçonnerie anglaise s'est installée en France, en partie grâce aux « réfugiés » anglais qui fuient les protestants qui viennent de prendre le pouvoir. La maçonnerie qui se développe en France est donc une maçonnerie travaillant avec des rituels traduits de l'anglais et sans grande cohérence ni adaptation à l'esprit français de l'époque. C'est une maçonnerie d'inspiration moderne.

À cette époque, tout va mal dans le royaume anglais. Guerre civile, guerre religieuse, guerre de succession : la dynastie des Stuarts catholiques contre la dynastie des protestants de la maison de Hanovre. Le roi Jacques II Stuart, roi d'Angleterre et d'Écosse, accède au trône en 1685. Sa conversion au catholicisme et sa première descendance mâle laissent place à la perspective d'une dynastie catholique, ce qui n'est pas pour plaire à tout le monde, en particulier à sa fille Marie qui, avec son époux, le Hollandais Guillaume d'Orange, le renversent pour prendre sa place sur le trône anglais. Le pauvre roi chassé par sa propre fille se réfugie en France et est hébergé par son cousin qui n'est autre que le roi Louis XIV qui lui offre le château de Saint-Germain-en-Laye. Faut bien s'aider entre cousins ! Jacques Stuart vient accompagné de ses fidèles qui apportent avec eux la pratique de la franc-maçonnerie.

Le souvenir de Jacques II, dernier roi de la dynastie des Stuarts, se perpétue dans le nom de la ville de New York. La Compagnie hollandaise des Indes orientales explore la côte nord-américaine depuis 1609 et décide d'établir un fort sur une île appartenant aux Indiens Manhatte. L'endroit est baptisé Nouvelle-Amsterdam. Mais en 1664, les Anglais s'emparent de ce port et le rebaptise New York en l'honneur du duc d'York, frère du roi Charles Ier et qui deviendra Jacques II.

Le terme de moderne en maçonnerie fait référence à la franc-maçonnerie issue de la Grande Loge de Londres de 1717, alors que le terme d'ancien fait référence à la Grande Loge des anciens, créée, toujours à Londres, en 1751. Les anciens sont donc plus récents que les modernes. Étonnant, non ? L'explication est simple. La franc-maçonnerie des anciens a été créée en réponse à une maçonnerie jugée trop moderne par rapport aux textes fondateurs. Les anciens se sont donc nommés ainsi pour montrer qu'ils faisaient une sorte de retour aux sources.

De nombreuses loges de cette époque évoquent le souhait d'avoir une version unique des rites pratiqués en regards à l'ensemble des rites qui naissent chacun avec des apports des traditions juive, chrétienne ou templière. C'est à cette époque que va naître, par exemple, le rite écossais rectifié (voir chapitre 9, p. 194). Le Grand Orient de France, créé en 1774, souhaite contrôler cette franc-maçonnerie naissante. Soucieux de mettre un terme à l'augmentation du nombre de rites maçonniques divers et variés depuis une quarantaine d'années, il crée un système simple, lisible et fédérateur en sept degrés.

Un rite bien de chez nous

En 1783, le Grand Orient de France crée, sous la direction d'Alexandre-Louis Roëttiers de Montaleau, un Grand Chapitre Général de France. Ce collège de maçons synthétise, fixe et rédige différents hauts grades existant déjà depuis une vingtaine d'années en France. Ce souci d'uniformisation est aussi guidé par la volonté de supprimer certaines épreuves un peu trop grand-guignolesques (épreuves du sang, épreuve du fer rouge, on peut imaginer la scène). De plus, le Grand Chapitre général de France ajoute quatre degrés aux trois premiers degrés des modernes (apprenti, compagnon et maître) et aboutit, en 1787, au rite français.

Mais former un rite ne consiste pas seulement à lister les degrés, en préciser le contenu symbolique et rédiger les rituels d'ouverture, de fermeture et de réception. C'est aussi créer une structure en charge de sa conservation, de son évolution et, surtout en ces périodes troublées – on est à l'aube de la Révolution –, de sa protection. Pour cela, le Grand Chapitre général de France nouvellement créé est intégré au Grand Orient de France.

La Révolution française, nous l'avons vu, provoque de gros dégâts dans la franc-maçonnerie. Les loges constituées en grande partie par la noblesse sont dévastées. Il faudra du temps à la franc-maçonnerie pour se reconstruire. Les loges sont mises en sommeil souvent faute de membres. La France gronde, la franc-maçonnerie attend des jours meilleurs.

Qui a dévoilé les mystères de l'ordre ?

Le Grand Orient de France fixe tout d'abord les textes de référence des trois puis des quatre grades suivants. Ces textes sont manuscrits et leur diffusion est, bien entendu, très limitée. Mais en 1801 un livre au titre évocateur de *Régulateur du Maçon* paraît au grand dam du Grand Orient de France qui cherche à en limiter la diffusion clandestine. Dans ce livre, tous les mystères de l'ordre étaient décrits : les rituels des trois premiers degrés, ouverture et fermeture des travaux, cérémonies d'initiation aux trois premiers degrés (apprenti, compagnon, maître) et même les rituels de table. Les mystères et secrets du rite se retrouvaient ainsi livrés au public au grand malheur de la franc-maçonnerie soucieuse de garder ses secrets (mais, il faut le dire, au grand bonheur des historiens qui purent retrouver ainsi l'ensemble des rituels du rite français).

Extrait du Régulateur du maçon : « Conditions de réception au grade de maître »

« Un compagnon ne pourra être admis au troisième grade qu'il n'ait fait son temps, c'est-à-dire qu'après trois mois et demi au moins depuis son admission au grade de compagnon (on entend par là que le compagnon ait assisté à sept assemblées, qu'on a supposé se tenir de quinzaine en quinzaine) en supposant qu'il ait l'âge requis par les règlements, qui est 25 ans accomplis). Tout compagnon qui, ayant rempli les conditions précédentes, désirera être admis au grade de maître, en fera la demande en particulier au frère premier surveillant. Au moment où ce dernier jugera que les travaux permettront de s'occuper de cette demande, il dira : "Très Vénérable, le Frère…, compagnon de cette Respectable Loge, demande la faveur d'être admis au grade de maître". »

L'appellation « rite français » ne date pas du début du XVIIIe siècle. En effet, le Grand Orient n'a pas, dès l'origine, utilisé le terme de rite français et cette appellation n'apparaît jamais ni dans les rituels et règlements originels, ni dans les délibérations au cours desquelles ces rituels et règlements ont été approuvés. L'expression « rite français » apparaît dans un procès-verbal du Grand Orient en date du 25 décembre 1799, à propos d'une loge constituée à l'Orient de New York sous le « Rit Français ». Toutefois, un document du 24 mars 1800 parle simplement du « système du Grand Orient ».

Un autre rite appelé rite moderne et né dans la mouvance du rite français reste tellement proche de ce dernier que, pendant des années, on utilise le terme de rite moderne à la place de celui de rite français. Les choses s'inversent à la fin du XIXe siècle, quand le terme de rite moderne disparaît (sauf en Belgique). Le rite Moderne en Belgique est donc l'héritier direct du rite français.

À sa naissance, le rite français prône la croyance en un Dieu unique, Être Suprême créateur de l'univers. Nous sommes au XVIIIe siècle et c'est assez naturel. Moins d'un siècle après, en 1858, le Grand Maître du Grand Orient, Lucien Murat, publie une nouvelle version du *Régulateur du maçon*. Le courant anticlérical vient plus tard. Pour le moment, Murat reste dans la philosophie des Lumières et dans un spiritualisme suffisamment vague pour ne pas trop gêner les consciences.

Il ne faut pas confondre Lucien Murat avec Joachim Murat, maréchal de l'Empire et roi de Naples, qui fut également, histoire de rendre les choses un peu plus compliquées, Grand Maître adjoint du Grand Orient de France en 1805.

Lucien Murat : Grand Maître contestable

Lucien Murat (1803-1878), homme politique devenu Grand Maître du Grand Orient, est certainement plus connu comme neveu de Napoléon Ier et cousin de Napoléon III que par ses qualités de maçon. Après le coup d'État de 1851, le Grand Orient avait tout intérêt à trouver un Grand Maître proche des autorités politiques. Ce qui était avant tout visé, c'était la sécurité de l'ordre. Il fit voter la Constitution de 1854 qui donnait de grands pouvoirs au Grand Maître. On lui doit l'achat d'un immeuble au 16 de la rue Cadet à Paris (actuel siège du Grand Orient de France) et une révision complète des constitutions de l'ordre. Dans son texte, il fait référence aux bases de l'ordre qui sont : l'existence de Dieu, l'immortalité de l'âme et l'amour de l'humanité. Mais c'est sur le terrain financier que Murat a échoué. Le Grand Orient perd de nombreuses loges populaires incapables de payer de lourdes charges et ne restent que les loges proches du pouvoir. En 1855, il ne subsiste plus que 240 loges contre 320 avant l'arrivée de Murat.

À bas la calotte !

Mais dès le milieu du XIXe siècle, le rite français s'ouvre aux idées jugées modernes de laïcité et même d'athéisme ! C'est en Belgique que le Grand Architecte de l'Univers disparaît des constitutions et rituels dès 1871. Depuis une quarantaine d'années déjà et en violation de ses propres statuts, le Grand Orient de Belgique autorisait ses loges à aborder des sujets politiques aux cours des tenues maçonniques. Cette tolérance contribue au fait qu'à cette époque la franc-maçonnerie belge recrute presque exclusivement dans la bourgeoisie libérale anticléricale.

Suivant l'exemple belge, en 1877 le Grand Orient de France supprime l'invocation obligatoire au Grand Architecte de l'Univers et les références à l'immortalité de l'âme. Le Grand Orient, suivant le courant anticlérical de la fin du XIXe siècle, réagit à la déclaration du convent de Lausanne de 1875 qui proposait à la franc-maçonnerie le concept de Grand Architecte de l'Univers pour « parler de Dieu sans parler de Dieu ». Ces deux Grands Orients de Belgique et de France transforment donc considérablement le rite français. À partir des années 1880, il est expurgé de toutes références divines pour devenir véritablement un rite agnostique, c'est-à-dire sans croyance en Dieu affirmée mais conservant cependant un caractère maçonnique indéniable. Cette position entraîne la non-reconnaissance immédiate de la Grande Loge Unie d'Angleterre pour qui les francs-maçons doivent croire en un Dieu révélé (j'aborde cette question de la régularité au chapitre 5, p. 110).

C'ÉTAIT HIER...

Le positivisme : le comment plutôt que le pourquoi

C'est le scientifique et philosophe Auguste Comte (1798-1857) qui introduit ce terme dans la pensée française au début du XIXe siècle. Pour lui, la science lève progressivement toutes nos interrogations et remplace nos croyances. Inutile donc de s'embarrasser avec la question : « Pourquoi le monde existe ? », et remplaçons-la par : « Comment le monde existe ? » Pas la peine de rechercher le sens, cherchons plutôt à décrire les lois de la nature dans le but d'être utile à la société.

Le courant positiviste connaît un important développement à travers toute l'Europe. C'est le triomphe de la raison sur la croyance. La science est élevée au degré le plus élevé de la connaissance humaine. À la fin de sa vie, Auguste Comte fait évoluer le positivisme vers une religion sans Dieu où la déesse de l'Humanité est constituée de « l'ensemble des êtres passés, futurs et présents qui concourent librement à perfectionner l'ordre universel ». Le style est un peu ampoulé, certes, mais on est dans les années 1850 !

Dans sa sociologie, Comte décrit finement la séparation des pouvoirs spirituel et temporel des sociétés humaines. Ça vous rappelle la loi de 1905 sur la séparation des Églises et de l'État ? C'est normal, car elle s'en inspire fortement.

Le positivisme trouva un fort écho dans les loges françaises et plus particulièrement dans celles portées par le rite français. L'anticléricalisme naissant de la fin du XIXe siècle et la naissance de l'idée de laïcité se sont également accordés avec le rite français et surtout avec les loges du Grand Orient de France le pratiquant. Encore aujourd'hui, il n'est pas rare d'entendre des maçons du Grand Orient de France crier « À bas la calotte ! » à la fin des tenues ! Cri de guerre, clin d'œil à l'histoire ou humour ? Allez savoir...

Un rituel à l'Amiable

En 1886, une commission présidée par l'avocat Louis Amiable procède à une nouvelle révision du rite français. Le nouveau rite, appelé le rituel amiable, se réfère grandement au positivisme. Sa philosophie générale est la « neutralité entre les diverses croyances et le fait que les données certaines fournies par l'état actuel de la science devaient être mises à profit ».

Le rituel amiable, quelque peu modifié en 1907, reste en l'état jusqu'en 1938, date où, sur l'initiative d'Arthur Groussier, alors Grand Maître du Grand Orient pour la neuvième fois, un nouveau modèle du rite français est adopté. La nouvelle version est une tentative de retour aux sources symboliques du système français, et non une nouvelle mouture encore plus ultrapositiviste.

Le rite français traditionnel dit de Groussier

L'idée d'Arthur Groussier était de revenir aux sources traditionnelles du rite français en reprenant les quatre ordres décrivant les sept degrés et surtout s'éloigner du positivisme trop présent à cette époque aux yeux des francs-maçons. Tels furent les deux objectifs qu'Arthur Groussier s'était fixés dans son travail de refonte du rite français. C'est en 1955 que ce rite appelé rituel Groussier est diffusé.

Il est actuellement pratiqué au Grand Orient de France par 80 % des frères, par la Grande Loge Mixte Universelle (38 loges sur 40) et majoritairement à la Grande Loge Mixte de France (41 loges sur 75).

C'ÉTAIT HIER...

La longue barbe blanche d'Arthur Groussier

Il faut imaginer Arthur Groussier en tenue officielle. Le visage rayonnant d'un patriarche de 60 ans, sa longue barbe blanche cache presque son sautoir de Grand Maître ! Initié en 1885 à l'âge de 22 ans, il fut un maçon exemplaire. Diplômé des Arts et métiers d'Angers, il devient socialiste et est élu député en 1910. Arthur Groussier est connu des profanes comme un spécialiste des questions sociales et plus particulièrement de la protection légale des travailleurs : protection des femmes et des enfants au travail, réduction du temps de travail, congés payés. Pour lui, le travail maçonnique inspire la politique, mais pas l'inverse, et il n'a de cesse que d'œuvrer pour une sorte de dépolitisation de la franc-maçonnerie et pour le retour à des questions philosophiques. Mais il est surtout connu des francs-maçons pour sa réforme du rite français qui est d'ailleurs souvent appelé rite Groussier. Le grand temple du Grand Orient de France porte son nom et Léon Blum dira à son propos : « On ne peut pas connaître Arthur Groussier sans l'aimer. On ne peut pas connaître Groussier sans le respecter. »

Le rite français tel qu'il est pratiqué aux Grands Orients de France et de Belgique a perdu au fil du temps son caractère initiatique. Il est devenu une méthode de réflexion collective efficace permettant d'aborder des problèmes sociaux complexes en laissant la part aux débats contradictoires. Les quatre degrés supplémentaires qui avaient fait, à sa création, son originalité par rapport à la franc-maçonnerie traditionnelle en trois degrés tombent en désuétude. D'ailleurs, aujourd'hui, certains maçons pratiquent le rite français pour les trois premiers degrés et adoptent ensuite les hauts grades du rite écossais ancien et accepté.

Comment distinguer un franc-maçon travaillant au rite français d'un franc-maçon travaillant au rite écossais ancien et accepté ? C'est simple : à la couleur de son tablier ! Le tablier de maître au rite français est blanc bordé de bleu clair alors que le tablier de maître au rite écossais ancien et accepté est blanc bordé de rouge. Le bleu des tabliers et des sautoirs du rite français provient vraisemblablement du fait que les maçons du XVIIIe siècle cherchèrent ce qu'il y avait de plus prestigieux à l'époque : l'ordre de la Jarretière et son bleu prestigieux (*blue garter*). Les tabliers rouges viennent certainement plus tard, pour se distinguer de la maçonnerie anglaise. Les francs-maçons du rite écossais ancien et accepté adoptent, eux, le rouge de la Légion d'honneur.

Le réveil du rite français

Dans les années 1970, un groupe de maçons s'attaquèrent au réveil du rite français. Il faut entendre par réveil la volonté de retrouver les racines du rite et lui redonner son caractère initiatique perdu au fil du temps comme nous venons de le voir. Mais un problème de taille survint : comment retrouver les hauts grades du rite français qui avaient disparu dans la plupart des pays et notamment en Europe ? Après des années de recherches, ils furent retrouvés… au Brésil ! Ce n'est pas la première fois dans l'histoire de la franc-maçonnerie qu'on observe un aller-retour d'un pays à l'autre. Le suprême conseil du rite moderne pour le Brésil, fondé en 1822, offrit donc la patente qui permit la création du Grand Chapitre français en 1989. Le rite ainsi ressource prit le nom de rite moderne français rétabli ou encore rite français rétabli.

Structure et organisation

Les différents degrés du rite français

Comme la majorité des rites maçonniques, le rite français s'appuie sur la franc-maçonnerie traditionnelle. Les trois premiers degrés sont donc : le degré d'apprenti, le degré de compagnon et le degré de maître.

À ces trois degrés ont été ajoutés quatre degrés de sagesse appelés aussi ordres regroupés en chapitres. À chacun des quatre premiers ordres, correspond un grade unique relevant de cet ordre :

- premier ordre de Rose-Croix : 4e degré, maître élu ;
- second ordre de Rose-Croix : 5e degré, maître écossais ;
- troisième ordre de Rose-Croix : 6e degré, chevalier d'Orient ;
- quatrième ordre de Rose-Croix : 7e degré, souverain prince Rose-Croix.

Le cinquième ordre fut à l'origine créé pour réunir tous les grades ne rentrant pas dans les ordres précédents et non destinés à être pratiqués mais seulement étudiés.

Les loges travaillant aux trois premiers degrés du rite français s'appellent des loges symboliques ou encore loges bleues. Les loges travaillant aux degrés suivants s'appellent des chapitres.

Le parcours initiatique d'un maçon du rite français, dans les hauts grades, passe par quatre grades : le grade d'élu secret, qu'il reçoit dans le chapitre ouvert en son premier ordre ; le grade de grand élu écossais, qu'il reçoit dans le chapitre ouvert en son deuxième ordre ; le grade de chevalier d'orient, qu'il reçoit dans le chapitre ouvert en son troisième ordre ; et le grade de chevalier Rose-Croix, qu'il reçoit dans le chapitre ouvert en son quatrième ordre.

Cette idée de classer les degrés en ordre est une nouveauté en 1783, époque où le rite français fut construit dans un souci d'unifier les nombreux rites et pratiques maçonniques existants. Tous les grades qui n'entraient pas dans les quatre ordres ainsi créés furent réunis dans le cinquième ordre. Il fut décidé de rédiger, pour chacun des quatre premiers ordres, un grade unique relevant de cet ordre.

Un ordre est un ensemble de grades, chaque grade pouvant lui-même exister en plusieurs versions. Ainsi le premier ordre comprenait-il le grade d'élu, mais aussi un certain nombre d'autres grades qui se conféraient habituellement entre la maîtrise et le grade d'élu. Le deuxième ordre comprenait les grades d'écossais. Le troisième ordre comprenait essentiellement un seul grade, celui de chevalier d'orient et il en était de même du quatrième ordre, correspondant au grade de Rose-Croix.

En fait, on peut relier les degrés du rite français aux degrés du rite écossais ancien et accepté.

Tableau 10-1 : Correspondance des degrés des rites français et écossais ancien et accepté

Degré du rite français	*Degré du rite écossais ancien et accepté*
4e degré : élu	9e degré : élu des neuf
5e degré : écossais	14e degré : grand élu, parfait et sublime maçon
6e degré : chevalier d'Orient	15e degré : chevalier d'Orient ou de l'épée
7e degré : chevalier Rose-Croix	18e degré : chevalier Rose-Croix

Confusion chez les chevaliers Rose-Croix

Le rite français apparaît en 1801 et le rite écossais ancien et accepté en 1804. Au XIXe siècle, les deux rites cohabitent donc mais non sans quelques difficultés. Imaginez la confusion : le degré de Rose-Croix est-il le 4e ordre du rite français ou le 18e degré du rite écossais ancien et accepté (voir chapitre 9, tableau 9-1, p. 188) ? Certains maçons ont vu dans ce rapprochement une façon pratique de passer d'un rite à l'autre. À partir de 1860, les loges travaillant au rite français eurent le droit de donner le grade de Rose-Croix directement à partir du grade de maître en supprimant les degrés 4, 5 et 6 du rite. Le résultat fut une échelle de 4 grades pour l'accession au grade de Rose-Croix, puis un passage direct au18e degré du rite écossais.

Commencer la franc-maçonnerie au rite français, jusqu'au plus haut grade puis poursuivre dans les hauts grades proposés par le rite écossais ancien et accepté, cela s'est pratiqué au XIXe siècle. À tel point que le Grand Chapitre Général devint un Grand Chapitre du rite écossais ancien et accepté. Le rite français perdit de sa spécificité et se trouva absorbé progressivement par le rite écossais ancien et accepté.

La symbolique du rite français

Comme les autres rites maçonniques traditionnels, le rite français emprunte sa symbolique aux métiers des bâtisseurs. Mais attention, pas question de se salir les mains. Le travail est spéculatif, c'est-à-dire essentiellement intellectuel. Ainsi, chaque outil devient un symbole. Le rite français présente quelques particularités par rapport au rite écossais ancien et accepté qu'il est intéressant de noter.

L'inversion des colonnes

Si vous visitez un temple maçonnique, vous remarquerez, juste après la porte d'entrée, deux grandes colonnes portant l'une la lettre B et l'autre la lettre J. Ces colonnes représentent les colonnes du temple de Salomon. Elles sont certainement les plus anciens symboles de la mythologie maçonnique, car elles sont déjà présentes dans la maçonnerie écossaise du XVIIIe siècle. La colonne B porte le nom de *Boaz* (mot hébreu signifiant « il établira ») et est associée aux apprentis. La colonne J porte le nom de *Jakin* (mot hébreu signifiant « en force ») et correspond aux compagnons.

Au rite écossais ancien et accepté, la colonne B est à gauche de la porte d'entrée et la colonne J est à droite. Au rite français, les colonnes sont inversées. Le premier surveillant se trouve au pied de la colonne B, avec les compagnons dans le prolongement, et le second se trouve au pied de la colonne J avec les apprentis dans le prolongement. Cette inversion s'est vraisemblablement produite au XVIIIe siècle. Pourquoi cette inversion ? Retour aux sources ou façon pour les maçons français de se démarquer de la maçonnerie anglaise, la question est encore posée.

La truelle pour terminer la construction

Ce symbole du rite français n'apparaît pas dans les rites écossais. La truelle est le dernier outil qui sert à parfaire et terminer l'œuvre de la construction. Il sert avec le ciment à lier les pierres, à lisser les derniers travaux et à effectuer les finitions. Il est le symbole du liant, de l'amour fraternel ou de la bienveillance entre frères nécessaire pour travailler ensemble.

Au cours de la cérémonie de réception au grade de compagnon, ce dernier effectue cinq voyages symboliques (voir les différentes cérémonies maçonniques chapitre 6, p. 132). Au rite français, le dernier voyage est effectué une truelle à la main. Au rite écossais ancien et accepté, ce dernier voyage symbolique se fait les mains libres.

La ruche entourée d'abeilles

C'est un symbole fort de la franc-maçonnerie, en particulier du rite français. On retrouve ce symbole comme emblème sur de nombreux tabliers de maîtres francs-maçons du XVIIIe siècle à la fin du XIXe, mais aussi sur des blasons et armoiries comme sur celui de la ville de Chaux-de-Fonds en Suisse. La ruche et les abeilles sont généralement associées au travail. Travail profane dans l'usage classique de la ruche comme lieu d'une intense activité mais aussi travail maçonnique. Essayons de décoder : les abeilles (les francs-maçons) butinent de fleur en fleur (parcourent le monde) et transforment le nectar (le fruit de leur réflexion) en miel (connaissance supérieure). Il n'est pas rare de retrouver la ruche entourée de sept abeilles. Le nombre sept est le nombre associé au grade de maître puisqu'il suffit de sept maîtres maçons pour créer une loge.

Qui pratique le rite français ?

Le Grand Orient de France pratique essentiellement le rite français dit de Groussier et uniquement pour les trois premiers degrés. Le rite français est aussi pratiqué dans quelques loges de la Grande Loge suisse Alpina. Le

Grand Orient de Belgique, la Grande Loge Féminine de France, la Grande Loge de Belgique, la Grande Loge Mixte de France et enfin la Grande Loge Mixte Universelle.

Les diverses variantes du rite français

Citons tout d'abord la variante dite « de Groussier » que nous avons déjà vue plus haut. Elle peut être considérée plus comme une évolution que comme une variation. Mais il y en a d'autres. En effet, depuis l'adoption par le Grand Orient de France, en 1785 pour les trois grades bleus (ou symboliques) et en 1787 pour les hauts grades, des variantes apparaissent qui sont encore pratiquées.

Le rite français rétabli

Le terme « rétabli » signifie qu'il est né de la volonté des maçons de retrouver les sources du rite français et de faire revivre tradition maçonnique française du XVIIIe siècle. Car l'écossisme que nous avons présenté au chapitre 9 attire de nombreux frères du Grand Orient de France qui désirent continuer vers les hauts grades. Ces frères repartent alors du texte fondateur du rite français, à savoir le *Régulateur du maçon* de 1801 et ajoutent des éléments tirés de documents maçonniques du XVIIIe siècle. Ainsi naît le rite français rétabli.

Aujourd'hui, le rite français rétabli est pratiqué par sept loges du Grand Orient de France et par un dixième des loges de la Grande Loge Traditionnelle et Symbolique Opéra.

Le rite français traditionnel (ou ancien)

L'histoire du rite français traditionnel se confond avec l'histoire de la Loge Nationale Française et de son fondateur René Guilly (1921-1992).

Attention de ne pas confondre la Loge Nationale Française avec la Grande Loge Nationale Française qui est plus ancienne (1913).

Cette jeune obédience est créée en 1968 par trois loges issues de la Grande Loge Traditionnelle et Symbolique Opéra qui souhaitent renouer avec l'esprit de la maçonnerie d'origine et rompre avec un esprit institutionnel. La Loge Nationale Française est une fédération de loges qui se distingue particulièrement par les études sur les sources historiques de la tradition maçonnique publiées par sa revue *Renaissance traditionnelle*. La devise de la Loge Nationale Française est *God is our Guide*, empruntée à la Compagnie des maçons de Londres de 1472.

Chapitre 11

Les autres rites maçonniques

Dans ce chapitre :

- Le rite d'York et le rite émulation
- Les rites égyptiens
- Le rite suédois

Depuis toujours, les hommes ont développé des pratiques rituelles pour essayer de se mettre en condition pour comprendre ce qui les dépasse. Les rites initiatiques, qu'ils soient maçonniques ou non, sont là pour aider les femmes et les hommes à se transformer, à augmenter leur champ de conscience afin de tendre vers plus de connaissances.

Les rites sont vivants : ils naissent dans une culture, ils se transforment en intégrant des courants de pensée en vogue ou des traditions anciennes. Ils sont souvent portés par des hommes et des femmes en recherche d'authenticité mais aussi quelquefois de pouvoir. Certains rites disparaissent et d'autres renaissent. Bref, le panorama des rites initiatiques est très large et je me suis focalisé dans ce chapitre sur les rites maçonniques peu pratiqués en France mais très en vogue à l'étranger, comme le rite d'York et le rite émulation. Enfin, il m'a semblé également intéressant de présenter d'autres rites, moins pratiqués également mais indispensable à un panorama représentatif des rites maçonniques.

Dans tous ces rites, les trois premiers degrés sont toujours les mêmes : apprenti, compagnon et maître. Ils se réfèrent tous, avec plus ou moins de précision, aux mêmes textes anciens les Anciennes Charges.

Les rites maçonniques traditionnels

Le rite d'York

Le rite d'York, appelé aussi rite américain, est le rite pratiqué par la majorité des loges américaines. Il est peu pratiqué en France, sauf par les frères américains vivant là et se réunissant à la Grande Loge Nationale Française.

Les 14 degrés qui composent le rite d'York sont considérés comme concordant aux trois premiers degrés maçonniques, ce qui veut dire qu'ils étendent les trois premiers degrés conférés par la loge symbolique.

C'est un système en 14 degrés classés en 5 catégories (j'indique entre parenthèses le terme anglais) :

- les loges bleues : pour apprenti, compagnon, maître ;
- les chapitres : pour maître de la marque (*Mark Master*), passé maître (*Past Master*), très excellent maître (*Most Excellent Master*), maçon de l'arche royale (*Royal Arch*) ;
- les conseils : maître royal (*Royal Master*), maître select (*Select Master*), super excellent maître (*Super-Excellent Master*) ;
- les commanderies : chevalier de la Croix-Rouge, chevalier de Malte, chevalier du temple :
- les grands camps : chevalier de la Croix-Rouge de Constantin (*Red Cross of Constantine*).

CHEZ NOS VOISINS

Le degré de passé maître n'est pas pratiqué dans le rite d'York utilisé en Grande-Bretagne.

UN PEU DE TECHNIQUE

Le degré de maître de la marque n'a rien à voir avec les marques publicitaires ni une quelconque distinction. Le degré de *Mark Master* est, à l'origine une continuation de l'ancien grade opératif de compagnon. Son enseignement met l'accent sur la fameuse « pierre angulaire » dont il est fait mention dans la Bible et qui est devenue la pierre d'angle maîtresse de l'œuvre. Sur cette pierre en forme de coin, qui n'est autre que la clé de voûte de l'édifice, le *Mark Master* inscrit sa « marque », signe géométrique que l'on retrouve sur les édifices monumentaux et religieux.

Il n'est pas rare que les francs-maçons américains travaillant au rite d'York appartiennent également aux hauts grades du rite écossais ancien et accepté (voir chapitre 9, p. 192). Mais ils considèrent souvent les hauts grades comme des degrés « optionnels ». Il existe de plus des passerelles entre ces deux rites qui s'inspirent tous les deux, dans les hauts grades, de la tradition des chevaliers de l'ordre du Temple.

En fait, le rite d'York n'est pas administré par une autorité centrale et son organisation et même sa structure dépendent de la région. On trouve également associé à ce rite de nombreuses organisations maçonniques ou non comme par exemple le collège du rite d'York. Créé à Detroit en 1957, le Collège du rite d'York regroupe environ 200 membres et est administré par le souverain collège de l'Amérique du Nord. Son but est de promouvoir le rite d'York. Le Collège du rite d'York délivre une distinction, la *Purple Cross*, aux personnes s'étant distinguées dans leur action au service de la défense du rite d'York.

C'ÉTAIT HIER...

Les premiers maçons étaient des gens bons d'York

On admet généralement que York, dans le nord de l'Angleterre, est à l'origine de ce qui est devenu la franc-maçonnerie moderne. Les premières guildes de maçons étaient organisées dans cette ville, peut-être dès 600 après J.-C. Le bon vieux roi Athelston, petit-fils d'Alfred le Grand et premier roi reconnu de « toute l'Angleterre » a accordé sa charte à la première Grande Loge de maçons à York en 926 après J.-C.

Lorsque les Anciens et les Modernes d'Angleterre s'opposaient pour savoir qui finirait par gouverner la maçonnerie anglaise au cours du XVIIIe siècle (voir chapitre 2, p. 37), les Anciens proclamaient que York était le siège ancien de la maçonnerie du fait de son long héritage, tandis que Londres n'avait qu'un groupe de néophytes.

« Qui était là le premier ? » a toujours été une question importante dans les débuts de la maçonnerie à la recherche de ses origine, et c'est pourquoi le mot « ancien » était appliqué à tant de choses, même à des choses qui venaient d'être inventées.

Alors que les loges de Londres conféraient seulement les trois premiers degrés d'apprenti, de compagnon et de maître maçon, dans la seconde moitié du XVIIIe siècle, la loge d'York conférait un total de cinq degrés : les trois premiers, plus les degrés de l'arche royale et des chevaliers du Temple. Des degrés encore plus élevés commencèrent à surgir à partie de 1737 environ, pour permettre aux frères d'approfondir l'enseignement contenu dans l'histoire du temple de Salomon.

Il est intéressant de constater que le système américain et les rituels sont en fait plus proches de leurs origines d'York que leurs homologues actuels d'Angleterre, du fait des nombreux compromis visant à réunifier les Grandes Loges anglaises en 1813.

Une autre raison de l'adoption du terme rite d'York est d'établir une distinction avec le rite écossais ancien et accepté (voir chapitre 9, p. 177) qui offrait un système de degrés supérieurs différent. Ranger les trois groupes séparés sous l'unique bannière du rite d'York fournissait une manière plus simple de s'y référer.

Le rite émulation

Histoire

Le nom d'émulation est traduit de l'anglais *emulation* et vient du nom de la loge Emulation Lodge of Improvement, qui a joué un rôle important au moment de la réunion des deux courants de la franc-maçonnerie anglaises, les Anciens et les Modernes.

Petit rappel technique : le terme de moderne en maçonnerie fait référence à la Grande Loge de Londres de 1717 alors que le terme d'ancien fait référence à la Grande Loge des Anciens, créée en 1751. Anachronisme ? Non. Disons que la franc-maçonnerie des Anciens a été créée en réponse à une maçonnerie jugée trop modernes, justement ! À partir de là, deux courants se sont développés et ce n'est qu'en 1813 qu'ils ont été réunis. Mais imaginez donc le travail qu'il restait à faire puisque ces deux maçonneries s'étaient développées en s'ignorant ! Il a fallu harmoniser les pratiques en vigueur et surtout les diffuser auprès des frères. Ce fut le rôle de la loge Emulation Lodge of Improvement créée spécialement pour cette mission. Certes, me direz-vous, il aurait peut-être suffi d'imprimer et de distribuer les rituels à tous les frères. Mais fidèle à la tradition des bâtisseurs, l'accent fut mis sur le caractère oral de la transmission et l'interdiction d'écrire les rituels.

En France, le rite émulation a été introduit en 1925, par les frères Drabble. Le texte était initialement en anglais et les frères l'utilisaient tel quel. Il a ensuite été traduit et cette traduction est toujours utilisée par les loges de la Grande Loge Nationale Française.

Ce qui surprend au cours d'une tenue au rite émulation, c'est que les officiers de la loge ne lisent pas les rituels comme cela se fait dans la majorité des autres loges. Les officiers connaissent les rituels par cœur et les suivent sans s'aider du texte. On peut voir cette démarche comme le respect d'une tradition ancienne où le texte imprimé n'existait pas, mais aussi comme un exercice qui consiste à « graver d'une manière indélébile dans son cœur les enseignements du rite » comme cela est précisé dans le rituel. C'est-à-dire apprendre par cœur !

Les cérémonies du rite émulation ressemblent à un office religieux. Tout ce qui est échangé est écrit dans le rituel et dit par cœur par les officiers. Aucun rituel n'est ouvert pendant les cérémonies. Les dialogues ne font référence qu'au rituel et il n'y a pas de débat contradictoire. Ceux-ci sont relégués à un autre moment. On est loin des débats enflammés sur des problèmes de société. La franc-maçonnerie du rite émulation n'interdit pas les planches en loge, mais elles doivent porter exclusivement sur un sujet maçonnique et elles sont exceptionnelles. Enfin, l'atelier est mis en récréation pendant la lecture. L'avancement des officiers et l'élection du Vénérable sont joués à l'avance. Dans l'esprit du rituel, le parrain d'un candidat peut, le jour de son initiation, lui annoncer qu'il sera Vénérable et pratiquement quelle sera l'année où il accédera au vénéralat !

Lorsque la franc-maçonnerie devient spéculative, c'est-à-dire ouverte aux personnes étrangères aux métiers des bâtisseurs, elle perd le caractère strictement oral de la transmission des savoirs. Aujourd'hui, les francs-maçons reçoivent le texte du rituel correspondant à leur degré. Mais pour conserver l'importance de cette tradition orale, les rituels maçonniques, comme en particulier celui du premier degré, insistent sur le secret et ajoutent même des formules comme : « Je préfèrerai avoir la gorge tranchée plutôt que de raconter à autrui les secrets qui m'ont été révélés. » Rassurez-vous, en franc-maçonnerie, tout est symbolique !

Structure

Le rite émulation est un rite traditionnel composé de trois degrés : apprenti, compagnon et maître. Cependant, il existe un degré supplémentaire appelé compagnon de l'arche royale (*Royal Arch*). Ce degré de l'arche royale est considéré comme un complément au grade de maître (et non comme un quatrième grade) censé contenir la quintessence de la philosophie maçonnique. Il possède son propre rituel et est administré par un chapitre de l'arche royale.

Comme au rite d'York, le degré de *Mark Master* ou *Mark Mason*, dit de la maçonnerie de la marque, est une continuation de l'ancien grade opératif de compagnon. Son enseignement met l'accent sur la fameuse pierre angulaire rejetée par les bâtisseurs, dont il est fait mention dans la Bible (Psaume 118:22, Matthieu 21:42, Marc 12:10, Luc 20:17) et, qui est devenue la pierre d'angle maîtresse de l'œuvre. Sur cette pierre en forme de coin, qui n'est autre que la clé de voûte de l'édifice, le *Mark Master* inscrit sa « marque », signe géometrique que l'on retrouve sur les édifices monumentaux et religieux.

Le degré de compagnon de l'arche royale ne fait pas partie du rite émulation mais les deux rites sont en parfaite harmonie et se complètent très bien. La confusion est tenace et de nombreuses personnes (même parmi les francs-maçons) sont persuadées que le rite émulation comporte quatre degrés.

C'est le rite le plus pratiqué au sein de la Grande Loge Unie d'Angleterre.

Le tablier d'apprenti au rite émulation est blanc. Celui du compagnon est également blanc, mais il a deux rosettes tricolores. Le tablier du maître au rite émulation est blanc bordé de bleu clair. Il a trois rosettes tricolores et présente de chaque côté deux rubans bleus se terminant par des chaînettes métalliques qu'on appelle des pendeloques argentées.

Qui pratique le rite émulation en France ?

La Grande Loge Nationale Française pratique majoritairement le rite émulation ainsi que les loges de la Loge Nationale Française et de la Grande Loge Traditionnelle Symbolique Opéra. Quelques loges de la Grande Loge de France le pratiquent également.

Il ne faut pas confondre la Grande Loge Nationale Française avec la Loge Nationale Française. Les noms se ressemblent mais ces deux obédiences sont très différentes. La Grande Loge Nationale Française a été créée en 1913. C'est la seule obédience française à être régulière aux yeux de la Grande Loge Unie d'Angleterre (sur cette question délicate de la régularité, voir chapitre 5, p. 110). Elle regroupe environ 20000 frères. La Loge Nationale Française est plus récente puisqu'elle a été créée en 1968.

Les rites dits égyptiens

Non les rites égyptiens ne viennent pas directement d'Égypte comme on pourrait le croire. Ils ont été créés en Italie par des Français ! Décidément la franc-maçonnerie nous montre une bien curieuse géographie…

Ces rites sont nés d'un regain d'intérêt de la société française pour la culture égyptienne à la suite de campagne d'Égypte de 1798. Rappelez-vous Napoléon en équilibre sur le sommet pointu d'une pyramide d'Égypte et s'adressant à ses soldats : « Du haut de ces pyramides… » L'armée embarquée comprend environ 37 000 hommes, auxquels il faut ajouter les 167 membres de la Commission des sciences et des arts.

Ces hommes rapportèrent une importante documentation à propos de l'Égypte antique et provoquèrent un grand engouement de la société française pour l'Égypte et l'orientalisme : le style Empire est plein de sphinx, de hiéroglyphes, de têtes de chats, etc. En matière de religion, le mystère égyptien est justement suffisamment mystérieux pour laisser place à de multiples interprétations. La religion des anciens d'Égypte est alors présentée comme la religion naturelle de l'humanité et de nombreux rites, maçonniques ou pas, niassent à cette époque. Ils sont appelés rites égyptiens. Deux se dégagent, le rite de Misraïm et le rite de Memphis.

Le rite de Misraïm

Il naît en Italie au début du XIXe siècle au sein des loges des militaires et des administrateurs de l'Empire en place en Italie et en mal d'exotisme. Il comporte un nombre incroyable de degrés, 90, mais qui ne sont pas tous pratiqués. Les 60 premiers sont une traduction des hauts grades existant à l'époque, en particulier les 33 degrés du nouveau rite écossais ancien et accepté.

Ironie, ce sont trois frères, les frères Bédarride, officiers de l'armée impériale, qui créent ce rite qu'ils disent créé par Dieu lui-même et donné ensuite à Adam !

Ce qui est étonnant pour ce rite égyptien, c'est que, à part son nom, il n'est fait que très rarement allusion à l'Égypte ancienne. Par contre, on y trouve de nombreuses références à la Kabbale, c'est-à-dire à la tradition juive (voir encadré « Des chiffres et des lettres » p. 171).

Les loges qui pratiquent le rite de Misraïm se développent partout en Europe. Mais cela est de courte durée, car ces loges sont fermées en 1822. En effet, elles sont soupçonnées, certaines à tort et d'autres à raison, d'abriter des comploteurs contre les Bourbons. Je vous ai pourtant dit et répété que les discussions politiques étaient interdites en loge. C'est vrai aujourd'hui, mais ce n'était pas vrai en France pendant la troisième République où la franc-maçonnerie et la politique ne faisaient qu'un (je consacre un passage du chapitre 2 à cette question, voir p. 47).

Le rite de Misraïm continue à vivre entre crises, fusions et scissions puis finit par disparaître au début du XXᵉ siècle.

Le rite de Memphis

C'ÉTAIT HIER...

C'est à cette époque que naît l'autre rite égyptien connu : le rite de Memphis (non, il n'est pas né dans le Tennessee aux États-Unis et les rituels ne sont pas rythmés par les chansons d'Elvis Presley). Les origines de ce rite restent obscures. Il a été fondé par un certain Jacques-Étienne Marconis de Nègre qui le fait remonter à une parole de Dieu à Adam : « Je te donne les outils symboliques : l'équerre, le compas, le niveau, la truelle et la règle », puis aurait circulé en Perse, en Éthiopie puis en Égypte. Memphis est une cité de l'Égypte ancienne située à la pointe du delta du Nil (ouf ! pour un rite égyptien, il fallait bien tout de même qu'il fasse un petit détour du côté du Nil). Marconis, comme les frères Bédarride, ne manque pas d'imagination, mais fait encore plus fort. Comme le principal rite concurrent, le rite de Misraïm comporte 90 degrés, Marconis en crée 95 !

Mais les deux rites, Misraïm et Memphis, deviennent chacun les refuges de deux courants politiques opposés. Le rite de Misraïm rassemble les Jacobins nostalgiques de la République et le rite de Memphis regroupe les bonapartistes demeurés fidèles à l'Empire. Mais le Grand Orient de France, majoritairement monarchiste, obtient la dissolution du rite de Memphis. En 1826 cependant, ce dernier reprend ses travaux sous l'obédience du Grand Orient de France. Dissout comme Misraïm en 1841, Memphis entre, lui aussi, dans la clandestinité. Il ne réapparaît qu'avec la République en 1848, se développe puis disparaît à nouveau pour de bon en 1870 quand les frères qui le pratiquent adoptent finalement le rite français du Grand Orient de France (voir chapitre 11, p. 197).

Le rite de Memphis-Misraïm

C'ÉTAIT HIER...

Son vrai nom est rite ancien et primitif de Memphis-Misraïm. En 1908, le rite de Misraïm et le rite de Memphis sont fusionnés dans le rite de Memphis-Misraïm toujours pratiqué de nos jours. Quand il fut constitué sous la grande maîtrise de Giuseppe Garibaldi, le rite de Memphis-Misraïm fut doté d'une échelle de grades fixée à 95. Aujourd'hui, il en comporte 99 dans la mesure où l'on y ajoute les grades administratifs des Grands Maîtres. Les 33 premiers sont communs avec ceux du rite écossais ancien et accepté. Les suivants sont appelés degrés ésotériques puis degrés administratifs.

Raspoutine ? Gérard en cause toujours

Si vous traversez le cimetière du Père-Lachaise, arrêtez-vous un instant sur la tombe de Gérard Encausse dans la 93e division. Ce nom ne vous dit rien ? Plus connu sous le nom de Papus, Gérard Encausse fut une figure célèbre du XIXe siècle. Né en 1865, il fut d'abord médecin mais aussi et surtout un ardent défenseur de l'ésotérisme qu'il voulait être un rempart contre le scientisme triomphant de l'époque.

Il donne des conférences, écrit des livres et, comme il le dit lui-même, ayant la maladie de fonder des associations, il crée en 1891 l'ordre martiniste qui utilise le rite de Memphis-Misraïm dans ses loges. Cet ordre recrute vite des membres dans de nombreux pays puis disparaît provisoirement pendant les guerres. En 1931, il fut renommé ordre martiniste traditionnel. Ses membres sont répartis en trois degrés et travaillent dans des heptades (des loges). Le degré le plus élevé est celui de supérieur inconnu. Les femmes y sont admises aussi bien que les hommes. Les enseignements de cet ordre s'inspirent de l'œuvre de Louis Claude de Saint-Martin (1743-1803) et se rapportent à l'ésotérisme et à la mystique judéo-chrétienne.

En 1905, quelques années avant la Révolution russe, le tsar Nicolas II appelle Papus auprès de lui pour lui demander conseil. Papus évoque alors, au cours d'une opération magique, l'esprit d'Alexandre III, qui recommande la répression et annonce une révolution de grande ampleur. Là, Papus a raison, mais il se trompe quand il affirme au tsar que cette révolution n'éclatera pas tant que lui-même sera vivant. En effet, quand Nicolas II et sa famille sont exécutés sur ordre de Lénine en 1918, la Révolution russe, elle, a déjà eu lieu. L'ordre martiniste était répandu en Europe y compris en Russie. Mais Papus avait un concurrent sérieux auprès du tsar et de son épouse l'impératrice Alexandra Fedorovna. Raspoutine, ça vous dit quelque chose ?

Aujourd'hui, le rite de Memphis-Misraïm est pratiqué, en France, par la Grande Loge Traditionnelle de Memphis-Misraïm et par la Grande Loge Féminine de Memphis-Misraïm. Cette dernière obédience exclusivement féminine regroupe un millier de sœurs portant des robes blanches avec des décors turquoise bordés de violet.

Le rite suédois

La maçonnerie suédoise est intéressante. C'est un cas à part car elle a donné naissance à un rite unique, le rite suédois, qui est aujourd'hui adopté par tous les pays scandinaves et par une obédience allemande.

La première loge a été créée en 1735 par un noble qui avait été initié à Paris. Quelques années plus tard, la mère loge de Suède est créée et d'autres loges sont formées à partir de celle-ci. C'est le début de ce rite qui comporte au départ sept grades : trois grades de Saint-Jean, deux grades de Saint-André, un grade dit de frère confident de Saint-Jean et enfin le grade de frère élu. En

1774 le prince Charles, futur roi Charles XIII, fut élu Grand Maître de la Grande Loge Nationale de Suède nouvellement créée. C'est lui qui fixa les constitutions définitives du rite suédois qui est une synthèse de l'ancienne maçonnerie anglaise, des hauts grades écossais, des Templiers, du rite de Swendenbord, bref, une belle cuisine mais qui devait avoir du sens puisque la franc-maçonnerie suédoise s'est rapidement propagée et ce rite est toujours utilisé.

Le rite Suédois est d'inspiration fortement chrétienne. Il comprend dix grades répartis en trois catégories :

- la première catégorie s'appelle loge de Saint-Jean et reprend les trois premiers degrés de la franc-maçonnerie traditionnelle : apprenti, compagnon et maître ;
- la deuxième catégorie s'appelle loge de Saint-André, où l'on trouve les degrés : apprenti de Saint-André, compagnon de Saint-André et maître de Saint-André ;
- la troisième catégorie s'appelle le chapitre et possède quatre degrés : très illustre frère, plus qu'illustre frère, frère éclairé et enfin très éclairé frère et le dixième degré de chevalier commandeur de Croix-Rouge qui est un degré honorifique.

L'idée de l'ordre est que l'initiation donne à chacun la possibilité de connaître Dieu en reconnaissant la part de divin qu'il porte en lui.

Aujourd'hui, la franc-maçonnerie suédoise est très active sur le terrain social et caritatif. Les maçons suédois sont environ 15 000 et sont placés sous l'autorité de la Grande Loge de Suède qui travaille au rite suédois. Elle compte 44 loges de Saint-Jean (les trois premiers degrés), 23 loges de Saint-André (du quatrième au sixième degré) et 7 loges provinciales (les quatre derniers degrés des chapitres).

Le chef de l'ordre s'appelle vicaire de Salomon et cette charge est, par tradition, occupée par le roi. Actuellement, Sa Majesté le roi Carl Gustav XVI est le haut protecteur de l'ordre. Mais il n'est pas obligé d'aller aux tenues des loges tous les quinze jours puisqu'il s'agit d'un titre honorifique.

Chapitre 12

Du côté de nos sœurs…

Dans ce chapitre :

- L'histoire de la franc-maçonnerie féminine
- La question de la mixité
- La franc-maçonnerie féminine aujourd'hui
- Les loges féminines ne sont pas régulières

Comment la franc-maçonnerie vint aux femmes

Des femmes sur les chantiers

Les opposants de la franc-maçonnerie féminine avancent que les femmes n'étaient pas admises dans les confréries médiévales. C'est mal connaître l'histoire car, très tôt, on trouve la présence de femmes dans les corporations de métiers de la fourrure, de l'alimentation, de la joaillerie, de la coutellerie, de la chaudronnerie… Métiers de femmes ? Pas seulement, car les femmes étaient présentes au début du XIVe siècle dans les métiers du bâtiments : on y trouve des plâtrières, des mortellières et des poseuses de pierres. Non pas par soucis de mixité ou d'égalité, mais plus parce qu'elles représentaient une main d'œuvre moins chère. Bien sûr, la majorité des ouvriers sont des hommes mais en Europe et en Angleterre on trouve des femmes maîtresses maçonnes qui emploient des apprentis hommes et même femmes dès le début du XVIIIe siècle. Tout ceci est marginal et toléré.

Mais quand il s'agit de maçonnerie spéculative, c'est-à-dire du passage du chantier aux loges, là, plus de femmes. Et pourtant, si les femmes n'étaient pas les bienvenues sur les chantiers à cause de leur faiblesse physique, on pourrait penser qu'elles auraient pu assister aux travaux des loges spéculatives. Ces derniers, il est vrai, ne demandaient pas de gros efforts physiques. Mais les femmes en furent exclues. Cela vous parait injuste ?

Vous avez raison, mais il faut se replacer dans l'état d'esprit de l'époque : les femmes n'avaient pas le statut qu'elles ont aujourd'hui. Elles étaient soumises à l'autorité de leur mari. Rappelons qu'en 1771, à l'article femme de l'encyclopédie britannique, on trouve en tout et pour tout comme définition trois mots : « femelle de l'homme » !

C'ÉTAIT HIER...

Travailleuses, travailleurs...

Au Moyen Âge, la société française est surtout rurale et les femmes sont avant tout des paysannes. Mais à Paris et dans les grandes villes, les femmes travaillent auprès des hommes et certaines ouvrières ont les mêmes droits que les ouvriers.

En 1268, le roi de France Louis IX demande à Étienne Boileau, prévôt de Paris, de recenser les métiers exercés dans la ville. Son but est très intéressé. Le roi souhaite mieux contrôler l'activité professionnelle pour mieux percevoir les taxes. À cette époque déjà, tout se payait : droit de circulation, droit d'entrer dans les villes, droit de vendre, etc. Ce recueil des métiers est historiquement intéressant car on note que les femmes sont soumises aux mêmes règles que les hommes. Il y a des métiers mixtes (20 % des métiers) et des métiers exclusivement féminins comme les métiers de la soie. Le compagnonnage est mixte puisque, dans les textes du Moyen Âge, on trouve les termes d'apprentis et d'apprenties, de maître et de maîtresse.

Dans ce recueil des métiers, on trouve aussi comment une veuve peut continuer l'activité professionnelle de son mari. Si elle ne se remarie pas et qu'elle prend à son service un homme du métier (au cas où elle n'aurait pas elle-même la compétence requise) ou si elle se remarie avec un homme du métier, elle peut travailler et gérer l'atelier.

Les statuts du XIIIe siècle montrent les femmes regroupées en communautés féminines ou travaillant avec des hommes, dans les métiers du textile, dans ceux du vêtement et de la parure, mais pas ou peu dans le bâtiment, ni dans les métiers du bois ou des métaux.

Le recueil des métiers de 1268 décrit un monde artisanal bien ordonné, où les femmes disposent d'initiative et d'autonomie matérielle. Il y a même des sortes de bureaux de placement organisés par des femmes pour les emplois féminins, comme les nourrices. On les nomme commanderesses ou recommanderesses.

À Paris, près des Halles, la rue de la Coutellerie se nommait rue des Recommanderesses, ce qui témoigne de l'importance de ce métier : c'était là, sans doute, l'emplacement principal de cette activité.

La maçonnerie androgyne

Les premières réunions maçonniques étaientuniquement composées d'hommes. Cela ne devait choquer personne à l'époque, car la vie sociale britannique, d'où vient la maçonnerie, était essentiellement masculine. En France, les choses étaient un peu différentes car l'élite intellectuelle était composée aussi bien d'hommes que de femmes. Par conséquent, les femmes se dirent qu'elles pourraient tout aussi bien que les hommes s'adonner à cette pratique intéressante qu'était la franc-maçonnerie spéculative.

De plus, les femmes étant par nature curieuses des hommes, elles ont souhaité très tôt savoir ce qui se passait lors de ces réunions masculines et si, à la fin des réunions, les hommes ne profitaient pas de leur absence pour inviter d'autres femmes... Les hommes étant par nature curieux des femmes !

Les hommes laissèrent entrer les femmes, mais pas totalement. Ainsi les femmes constituèrent-elles une franc-maçonnerie particulière, appelée la maçonnerie androgyne et qui n'était qu'une parodie de la maçonnerie masculine. Cette maçonnerie était faite par et pour les aristocrates, les bourgeois et les artistes reconnus, bref, pour les personnes de haut rang et de haut mérite, influentes dans la bonne société et à l'autonomie financière non négligeable. Bref, le gratin. On s'y amusait beaucoup, mais les femmes étaient toujours sous la tutelle de loges maçonniques masculines.

Des sociétés maçonniques androgynes furent nombreuses dans la France du XVIIIe siècle. Celles-ci bénéficièrent à la fois du développement du phénomène associatif et de la libération des mœurs, qu'elles soient des sociétés secrètes galantes, licencieuses, badines ou des ordres qui imitaient la franc-maçonnerie.

La bulle papale interdisant la franc-maçonnerie tombe en 1738. Quelques loges fermèrent et se recréèrent sous d'autres noms, essayant de gommer l'étiquette franc-maçonnerie et s'instaurant en sociétés savantes ou sociétés philosophiques ou de bienfaisance. C'était aussi un jeu à la mode, comme les salons littéraires ou les cafés philosophiques de nos jours.

Ordre de la félicité, Chevaliers de l'ancre, Chevaliers de la rose, les termes ne manquent pas pour nommer ces sociétés de femmes et d'hommes qui exaltent les valeurs de l'honneur, de la fidélité, de l'amour et imitent les rituels maçonniques. Parmi toutes ces associations, deux eurent une vie un peu plus longue.

- En 1774, l'ordre des fendeurs (et fendeuses) est remis en activité par un franc-maçon, le chevalier de Beauchaine. Cet ordre qui s'inspire non pas des métiers du bâtiment mais des métiers du bois a duré jusqu'en 1825. Originalité : il était mixte. La loge s'appelait le chantier, les réunions se tenaient dans des bois ou forêts et les symboles n'étaient pas le maillet, le ciseau, l'équerre et le compas, mais la cognée, le coin et la hache. Les officiers prenaient des noms d'arbres (Duchêne, Delorme, Duhêtre, etc.) et les assemblées étaient composées de bourgeois, de gentilshommes... et de femmes !
- L'ordre des mopses en Allemagne eut aussi une existence durable. Le thème glorifié était la fidélité à la religion mais aussi aux frères et aux sœurs de l'ordre. Le mot de passe était... l'aboiement du chien, symbole de la fidélité.

La maçonnerie des dames

Dès 1774, le Grand Orient de France organise la maçonnerie androgyne en créant des loges d'adoption. L'idée est simple et vous verrez que la présence féminine et encore très timide et toujours sous tutelle. Une loge d'adoption est une loge composée de femmes mais sous tutelle d'un atelier masculin. Les cérémonies des loges d'adoption ont lieu généralement après les cérémonies des loges masculines. En général, la direction de la loge d'adoption est confié à un Vénérable Maître (un homme) assisté par une Grande Maîtresse (une femme donc). Cela nous semble aujourd'hui un peu surprenant mais, pour l'époque, ce fut certainement une grande révolution. Ce changement ne franchit d'ailleurs jamais la Manche car la franc-maçonnerie britannique continuait à ignorer les femmes.

Au début, vers les années 1750, la maçonnerie des dames n'a pas de rite approprié. Elle se contente de suivre les rites de la loge masculine qui la dirige en adaptant cependant certains degrés à la sensibilité féminine. On a vu par exemple le grade de l'Amazone anglaise apparaître au milieu du XVIIIe siècle. Mais rassurez-vous, tout est symbolique en franc-maçonnerie et on ne demandait pas aux femmes de se couper un sein.

C'est en 1779 qu'un livre fixe les règles de cette maçonnerie d'adoption : *La Vraie Maçonnerie d'adoption*, de Louis Guillemain Saint Victor (eh oui, encore un homme). Cet ouvrage présente donc un rite adapté pour les loges féminines mais qui est fortement inspiré de la maçonnerie masculine de l'époque. Cette maçonnerie des dames se compose de cérémonies d'initiation et d'organisation d'œuvres caritatives. À tel point qu'on peut se demander si les frères maçons de l'époque n'avaient pas trouvé là le moyen de se décharger de cette activité de bienfaisance sur les femmes. En tout cas, la maçonnerie d'adoption connut un incroyable développement.

Attention à ne pas confondre le rituel d'adoption qui est un rituel créé pour les loges féminines adoptées par des loges masculines avec le rituel d'adoption qui est un rituel qui permet à une loge de reconnaître un enfant d'un frère de la loge et, en cas de besoin, lui porter assistance. Ce rituel, très en vogue au XIXe siècle, n'est plus utilisé de nos jours.

No woman, no cry! Telle est la devise qu'un maçon britannique aurait pu brandir quand on lui parlait de laisser entrer les femmes dans les loges. Les associations féminines existaient bien aux XVIIe et XVIIIe siècles en Angleterre, mais elles étaient très souvent cantonnées dans des domaines strictement féminins comme l'éducation des enfants, la charité, la religion et la morale. Le principe de la maçonnerie d'adoption à la française ne fut copiée qu'en Allemagne, en particulier à Hambourg dans les loges Concordia et Le Bonheur suprême. (Les noms des loges n'ont certainement pas été choisis au hasard.)

Dans la seconde moitié du XIXe siècle, les femmes deviennent un enjeu entre la franc-maçonnerie et l'Église catholique au moment où s'affrontent les deux idéologies qui dominent cette période : la conception laïque et la conception confessionnelle de l'État. La femme doit-elle rester à la maison et s'occuper de son foyer en laissant à l'homme le soin de travailler et de se cultiver, ou bien lui est-il permis de s'instruire et de participer à la vie de la cité ? D'une guerre à l'autre, elles assistent, de plus en plus actrices mais toujours sous tutelle, à de nouvelles perspectives.

Il ne faut pas oublier que c'est dans les loges maçonniques de la troisième République que sont élaborées des lois très innovantes pour l'époque et qui défendent les droits des femmes : divorce, travail, santé, éducation.

Mais la franc-maçonnerie est plus audacieuse pour les autres que pour elle-même et lorsque des francs-maçons, très minoritaires, soutiennent les revendications féminines et demandent pour elle l'initiation maçonnique, la grande majorité d'entre eux rejette cette proposition. Il fallait alors un événement pour bousculer la règle établie et c'est l'initiation d'une femme dans une loge d'homme qui va véritablement changer les choses.

Le 14 janvier 1882, une loge du Pecq, Les Libres Penseurs, initie une femme, Maria Deraismes. C'est un grand changement car, dans les loges d'adoption, les femmes étaient admises mais jamais ou rarement initiées ou, lorsque c'était le cas, c'était toujours avec des rituels dénaturés, édulcorés, voire féminisés avec parfums, fleurs et autres objets décoratifs.

C'était aussi un acte illicite au regard de la franc-maçonnerie de l'époque. Mais cela n'a pas été fait en douce puisque le banquet républicain qui suivit la cérémonie réunit plus de 400 personnes. Mais cette loge fut mise au ban de la franc-maçonnerie et Maria Deraismes resta une franc-maçonne sans loge pendant douze ans. Finalement, elle créa sa propre obédience : Le Droit Humain, première obédience mixte du monde qui compta jusqu'à 1 000 membres en 1914.

Qui était la première femme franc-maçonne ?

Maria Deraismes est considérée comme la première femme à avoir été initiée « comme un homme » dans une loge masculine. Elle est née en 1828 et vers l'âge de 35 ans elle se lance dans la lutte pour le droit des femmes. Elle participe ainsi à la création de la Société pour l'amélioration de la femme. Après la guerre de 1870, elle reprend son combat en publiant des pamphlets. Elle organise des banquets féministes, adhère au mouvement des libres-penseurs et monte, avec un autre militant nommé Léon Richer, le premier Congrès international du droit des femmes et la Ligue française pour le droit des femmes.

Le soir de son initiation, le compte-rendu de la loge précise que « aucune épreuve physique ne lui a été imposée » et signale que le banquet eut un « caractère anticlérical et profondément démocratique ». Maria Deraismes déplore dans son discours d'« être obligée de constater l'abandon et le mépris qui a été fait aux forces que la femme eût pu mettre au service de la démocratie naissante dans sa lutte contre les iniquités et les erreurs du passé sous toutes ses formes et principalement contre le catholicisme ».

Après son initiation, les loges referment leur porte. Maria Deraismes n'assiste plus à aucune tenue dans une loge masculine et, pour pouvoir continuer à travailler, elle fonde, avec Georges Martin, une structure maçonnique autonome pour les femmes. Les réunions se déroulent dans l'appartement de Maria Deraismes pendant quelques années. L'objectif de ces tenues clandestines est de fonder une nouvelle obédience pour les femmes et les hommes, sans distinction. Cela est fait en 1893 et Maria Deraismes devient la première Vénérable de la première loge mixte. Elle préside une dizaine de tenues au cours desquelles seize femmes sont initiées. Elle meurt un an plus tard à Paris, laissant à Georges Martin le soin de propager mouvement de la franc-maçonnerie mixte au monde entier. L'obédience prend le nom de Fédération internationale du Droit Humain. Elle est aujourd'hui présente dans plus de soixante pays du monde.

Les loges d'adoption de la Grande Loge de France et la Grande Loge Féminine de France

La création du Droit Humain a ouvert une brèche. La franc-maçonnerie se trouvait à cette époque dans une grande contradiction vis-à-vis des femmes. Elle avait œuvré pour l'égalité des hommes et des femmes, mais refusait encore l'initiation de ces dernières. Le problème était complexe et les francs-maçons sentaient bien que les choses devaient se faire en douceur afin de ne pas bousculer le monde maçonnique, paradoxalement à la fois innovateur et conservateur.

Au début du XXe siècle, la Grande Loge de France élabore une constitution des loges d'adoption qui permet à des loges féminines de se réunir sous les auspices de la Grande Loge de France. Ces loges travaillent suivant un rituel des dames rénové. En 1935, la Grande Loge de France décide de se séparer de ses loges d'adoption en les aidant à prendre leur autonomie et… à quitter les lieux ! Les loges d'adoption refusèrent ce qu'elles ressentaient comme un abandon plus que comme un cadeau. Mais cet événement provoqua chez nos sœurs la volonté de construire une maçonnerie féminine et indépendante. Juste avant la Deuxième Guerre mondiale, les loges d'adoption regroupaient environ 300 sœurs dans huit loges.

C'est après la guerre que la franc-maçonnerie féminine se constitue. La Grande Loge de France abroge la Constitution des loges d'adoption, rendant ainsi aux loges féminines leur indépendance. Elles forment alors l'Union maçonnique féminine de France qui changera de nom en 1952 en Grande Loge Féminine de France. Mais ce n'est qu'en 1959 que les loges féminines de la Grande Loge Féminine de France abandonneront le rite d'adoption pour le remplacer par le rite écossais ancien et accepté.

Aujourd'hui en France on compte environ 25 000 sœurs qui représentent un quart de la franc-maçonnerie française. Elles sont regroupées dans les obédiences féminines (Grande Loge Féminine de France et Grande Loge Féminine de Memphis-Misraïm) ou dans des obédiences mixtes (Fédération française du Droit Humain, Grande Loge Mixte de France, Grande Loge Mixte Universelle).

Pourquoi le sexe est-il toujours un problème ?

Comme souvent dans ce genre question, tout vient des textes fondateurs et de leur interprétation.

L'admission à une loge est interdite « aux femmes comme aux esclaves » ou aux « hommes immoraux ou scandaleux ». Ce principe de base est bien inscrit dans le texte fondateur de la franc-maçonnerie, les célèbres Constitutions d'Anderson de 1723 (j'en présente des extraits au chapitre 19, p. 310) qui sont la référence pour la maçonnerie dite régulière.

La franc-maçonnerie régulière majoritaire aux États-Unis respecte à la lettre ces principes. La franc-maçonnerie féminine n'est donc pas reconnue et il est interdit aux francs-maçons d'assister à des tenues dans des loges féminines ou mixtes et même de causer de franc-maçonnerie avec des femmes ! Vu de France, cela nous paraît incroyable. Mais ce n'est pas une question de rejet. C'est plus une question d'identité. Pour intégrer les femmes, les francs-maçons américains ont développé ou aidé au développement d'organisations paramaçonniques mixtes ou féminines. La plus célèbre s'appelle l'ordre de l'Étoile d'Orient (Eastern Star) créée en 1850.

Dans cet ordre, seules les femmes sont admises à condition d'appartenir à la famille d'un maître maçon. Le rituel adopté utilise un symbolisme spécifiquement féminin et exclue les éléments tirés des métiers des bâtisseurs. L'étoile à cinq branches en est le symbole central. Chaque branche correspond à une femme célèbre de la Bible (Adah, Martha, Ruth, Electa et Esther) et symbolise une figure mythique de femme. La loge ne peut se réunir régulièrement que si un homme au moins est présent. Les activités de l'Eastern Star sont essentiellement caritatives.

Sur le fond, aucun argument ne peut interdire l'accès à l'initiation maçonnique aux femmes. Ceci dit, dans la forme, les choses sont un peu plus compliquées. Historiquement, on se rend rapidement compte que ce n'était pas la question sur la spécificité initiatique de la femme qui a présidé les débats. La question de l'initiation féminine était surtout un enjeu politique et social.

Au XVIIIe siècle, les arguments en faveur de l'interdiction de l'initiation féminine portaient principalement sur l'indiscrétion féminine et les désordres que pourraient occasionner une présence féminine dans une loge masculine. De plus, il fallait compter avec le danger de voir les autorités civiles et ecclésiastiques accuser les loges de libertinage.

Il existe plusieurs types d'arguments avancés pour légitimer la franc-maçonnerie masculine. Le premier est dicté par les textes fondateurs. Un second met l'accent sur la difficulté pour les hommes de travailler avec des femmes et de mettre de côté leur désir de plaire et de séduire. Cet argument est intéressant mais devrait également mettre de côté les homosexuels prêts à succomber aux charmes de leurs frères. Cet argument ne tient donc pas.

Les francs-maçons qui ont le choix et qui souhaitent travailler dans des loges exclusivement masculines sont souvent traités de misogynes, d'adversaires de la mixité et de défenseurs de l'inégalité des sexes. C'est mal connaître la franc-maçonnerie. Les hommes qui décident de ne travailler que dans des loges masculines le font parce qu'ils aiment cela. C'est aussi simple que ça. La plupart ne sont pas misogynes et respectent beaucoup les franc-maçonnes.

Les loges féminines acceptent les hommes en tant que visiteurs mais les femmes maçonnes souhaitent de plus en plus rester entre elles. Elles font souvent la remarque que dans les loges mixtes, ce sont les hommes qui monopolisent la parole. Les femmes ne sont libres qu'entre elles et leurs travaux en loge sont de meilleure qualité sans homme, d'autant plus que les échanges ne sont pas parasités par les mécanismes de séduction.

Ceux qui choisissent la mixité trouvent au contraire que la maçonnerie mixte est un lieu unique où les femmes et les hommes peuvent échanger librement et sur un pied d'égalité.

La franc-maçonnerie est un univers autonome avec ses règles, ses rites, son histoire et ses coutumes. C'est un monde à part et qui doit le rester. Mais quel que soit le choix des uns ou des autres, il n'est jamais question de rejet mais au contraire de liberté.

En France, les principales obédiences ont des positions différentes concernant la mixité.

Les obédiences suivantes sont masculines et voici quelle est leur position :

- le Grand Orient de France reconnaît la franc-maçonnerie féminine et les loges sont autorisées à inviter des maçonnes à leur tenue ;
- la Grande Loge de France ne reçoit pas de femmes dans ses loges, mais elle reconnaît la franc-maçonnerie féminine ;
- la Grande Loge Nationale Française est une obédience masculine régulière (au sens de la régularité que je présente au chapitre 5, p. 110) et, par conséquent, ne reconnaît pas la maçonnerie féminine.

Les obédiences suivantes sont mixtes :

- Droit Humain ;
- Grande Loge Mixte de France ;
- Grande Loge Mixte Universelle.

Les femmes et les hommes sont à égalité par rapport à l'initiation et au parcours maçonnique.

Enfin, certaines obédiences sont exclusivement féminines :

- Grande Loge Féminine de France ;
- Grande Loge Féminine de Memphis-Misraïm.

Leurs loges sont composées uniquement de femmes mais les maçons sont reçus en tant que visiteurs à certaines tenues.

Celui ou celle qui souhaite devenir franc-maçon a donc le choix.

Chapitre 13

Autour de la franc-maçonnerie

Dans ce chapitre :

- Les fraternelles et les affaires
- Les clubs et l'entraide fraternelle
- Rotary et Lions Club

La franc-maçonnerie n'a pas le monopole des démarches initiatiques ni des groupes qui œuvrent pour le bien-être de l'humanité. Souvent les choses sont confondues et, par exemple, beaucoup de personnes pensent que le Rotary, le Lions Club et la franc-maçonnerie sont la même chose : un club de notables de province qui se retrouvent pour faire de bons dîners et accessoirement faire des bonnes œuvres. S'il est vrai que le Rotary et le Lions Club recrutent plus dans la bourgeoisie, la franc-maçonnerie n'est pas attachée à une classe sociale particulière, même si, il faut le reconnaître, surtout en province, elle recrute plus dans les classes sociales élevées que dans les autres. Par contre il n'y a aucun lien entre le Rotary, le Lions Club et la franc-maçonnerie. D'autres organisations associées font souvent parler d'elles. Ce sont les fraternelles, ces clubs à mi-chemin entre franc-maçonnerie et réseau professionnel. Ce sont dans ces fraternelles que sont apparues les « affaires » dans les années 1980.

Les fraternelles : organisations professionnelles de maçons

Au sein de chaque obédience et même surtout de façon interobédientielle, des francs-maçons ont pris l'habitude de se regrouper en fonction de leurs métiers ou centres d'intérêt. Au départ, l'idée était louable. Il s'agissait de favoriser les échanges professionnels en s'affranchissant des conventions sociales, bref d'établir un réseau professionnel comme il en existe tant d'autres. Ces groupes s'appellent des fraternelles. Pour en faire partie, il faut être maître maçon et avoir été parrainé.

Les fraternelles ne sont pas des loges, ne pratiquent aucun rituel et n'ont aucun pouvoir maçonnique. Il existe des fraternelles de commerçants, de médecins, d'artisans, d'administrateurs judiciaires, d'avocats, d'experts comptables, de fonctionnaires, de policiers, de parlementaires, d'enseignants, de chasseurs, des fraternelles de tout ce que vous voudrez…

La plupart du temps, les fraternelles organisent des rencontres, des dîners, des conférences, invitent des personnalités extérieures à la franc-maçonnerie pour faire passer des messages. Ce sont des lieux de rencontre et d'échange dont les sujets tournent souvent sur la façon de concilier la pratique professionnelle avec l'éthique maçonnique. Elles permettent aussi à des membres d'obédiences non mixtes de rencontrer des francs-maçons de l'autre sexe.

Le problème au sein de ce type d'organisations est que l'on ne sait pas très bien où commencent et où finissent l'intérêt personnel et l'intérêt collectif. Si l'on peut penser que la fraternelle de l'enseignement sert à débattre de problèmes particuliers à la profession, il est difficile de penser que la fraternelle du BTP (bâtiment travaux publics) ne sert qu'à discuter des caractéristiques du béton précontraint. On imagine assez vite que les fraternelles professionnelles peuvent devenir facilement des nids d'affairisme. Elles posent de vrais problèmes puisque, souvent, elles deviennent à la fois juges et parties. Comme la fraternelle des HLM, qui regroupait architectes, responsables d'offices et cadres du BTP. Les fraternelles de la police, de la gendarmerie, de la magistrature, des mandataires de justice posent d'autres problèmes, que l'on voit régulièrement à la une des journaux.

L'idéal maçonnique est de rassembler des hommes et des femmes de toute condition et de toute origine dans les mêmes loges. Ce qui attire souvent les jeunes francs-maçons, c'est de rencontrer au sein de leur loge des personnes issues d'un monde professionnel très différent du leur. Si vous êtes ingénieur en télécoms, vous avez peu de chance de rencontrer un instituteur, un artiste lyrique ou un médecin avec lesquels vous pourrez entretenir des relations plus amicales. La franc-maçonnerie le permet.

Le Groupement interprofessionnel du tourisme européen (Gite) regroupe restaurateurs et hôteliers francs-maçons et édite un guide touristique permettant aux francs-maçons qui voyagent de trouver les « bonnes adresses ». Le Gite vend également un macaron à coller sur le pare-brise, histoire de faire un clin d'œil aux passants : coucou, je suis franc-maçon !

En principe, les obédiences ne reconnaissent pas les fraternelles et certaines mettent même en garde leurs membres ou vont jusqu'à les condamner. D'autres ont mis en place une sorte de label de bonne conduite pour quelques fraternelles et tout membre souhaitant adhérer à une fraternelle est encouragé à se renseigner sur cette dernière auprès de son obédience.

L'affairisme

Les fraternelles sont à l'origine de ce que les francs-maçons appellent l'affairisme. Il s'agit pour certains francs-maçons d'utiliser le réseau maçonnique, en particulier via les fraternelles, pour faire des affaires. Cela existe. Les journaux se font l'écho très régulièrement de ces affaires ou délits d'initiés dans lesquels des francs-maçons sont impliqués. Ce qui est regrettable c'est que le grand public ne voit la franc-maçonnerie qu'au travers de ces événements spectaculaires.

Si j'ai besoin d'un médecin, il y a de grande chance pour que je contacte un médecin de ma loge. Non pas pour passer avant tout le monde ou pour ne pas payer la consultation, d'ailleurs remboursée par la Sécurité sociale, mais parce que je le connais bien, que je peux l'appeler sur sa ligne directe et qu'il me parlera de façon franche. Passe-droit, diront certains ? Oui, mais si ce médecin, au lieu de partager la même loge que moi, avait été au même club de sport ? Auriez-vous dit la même chose ?

Ceci dit, entre appeler directement un frère médecin pour obtenir un rendez-vous et utiliser son réseau de frères pour faire des affaires, il y a une grande différence. Les fraternelles favorisent ces dérapages parce qu'elles mettent en relation des francs-maçons de la même branche professionnelle. Les relations fraternelles se transforment pour certains en relation de copinage puis en relation d'affaires.

L'affaire Stavisky

Tout a commencé avec l'affaire Stavisky qui fut certainement la première affaire d'escroquerie où fût mêlée la franc-maçonnerie. L'affaire éclate deux ans avant le Front populaire, Stavisky était un escroc habile qui savait manipuler le milieu maçonnique, les journalistes, quelques avocats véreux et des policiers douteux. Il avait réussi à dérober 800 millions à l'épargne française.

Stavisky était un aventurier, jouant le généreux « mécène » dans la sphère politico-financière. Il subventionnait les campagnes électorales des partis politiques et les fonds occultes des personnages influents, parmi lesquels des francs-maçons. Quand l'affaire éclata, la franc-maçonnerie comme la République s'étaient compromises. Les antimaçons se réjouirent et organisèrent une grande manifestation qui faillit faire renverser la Troisième République. Le 6 février 1934, de nombreux fascistes profitèrent de l'événement pour réclamer la fin du régime parlementaire et l'interdiction de la franc-maçonnerie.

Les années 1980, années de tous les scandales

Même si le grand public pense le contraire, il faut réaffirmer qu'il y a peu de francs-maçons chez les grands patrons français et chez les hauts fonctionnaires de Bercy. Méfiance, manque de temps, indifférence ou hasard ?

Par contre, des francs-maçons existent dans l'économie locale : patrons de PME, collectivités locales, assurances, banques, services… Pendant les années 1980 où la gauche était au pouvoir, certains francs-maçons se sont trouvés proches à la fois de la sphère politique et de la sphère économique. La tentation était trop forte alors de faire se rejoindre ces deux sphères. Beaucoup ont résisté, mais certains ont cédé. Toutes les obédiences ont été touchées par l'affairisme des années 1980, sauf les obédiences féminines. Les femmes sont-elles plus honnêtes ou simplement éloignées des sphères du pouvoir ?

Il y eut l'affaire Urba qui a porté sur les conditions d'attribution des marchés publics de la ville de Marseille de janvier 1987 à février 1989 et indirectement sur le financement occulte du Parti socialiste français. Plusieurs francs-maçons furent condamnés.

Puis il y eut l'affaire du Carrefour du développement, qui dévoila les pratiques occultes du ministère de la Coopération et le rôle de certains francs-maçons d'obédiences différentes. Enfin, l'affaire des HLM de la Ville de Paris est également exemplaire à cet égard et met en scène des francs-maçons, toutes obédiences confondues.

Opération gants blancs

Certes, ces affaires sont spectaculaires et mettent en jeu de grosses sommes d'argent. Les amateurs de complots imaginent que ce n'est que la partie visible de l'iceberg et que le pire est caché. Pour les francs-maçons honnêtes – et ce sont les plus nombreux – ces histoires regrettables et leur médiatisation ont eu un effet bénéfique. Elles ont décidé la majorité des obédiences françaises à faire le ménage et à être plus vigilantes en matière de recrutement.

Ainsi, depuis quelques années, les obédiences ont décidé de faire le ménage au sein de leurs propres rangs. Les frères impliqués dans des histoires louches ont été radiés et les fraternelles sont surveillées de très près. Cela renforce également la franc-maçonnerie dans ce qu'elle a d'élitiste. La franc-maçonnerie offre des avantages à ses membres et elle doit donc vérifier avec précaution la qualité des personnes qui désirent y entrer. Il ne faut donc pas seulement le vouloir, il faut en être digne. D'un point de vue strictement légal, les obédiences demandent aux candidats de fournir un extrait de casier judiciaire. Il n'y a pas de règles du style : « Vous avez fait cela, vous ne pouvez pas être initié », mais l'obédience à tous les éléments en main pour se décider sur une candidature.

La majorité des obédiences maçonniques françaises ont signé en 2005 un engagement à ce que la qualité de maçon des membres des fraternelles soit contrôlée et à ce qu'ils respectent les lois de la République. Le Grand Orient de France n'a pas signé la charte estimant qu'il fallait frapper plus fort et interdire les fraternelles sous prétexte qu'elles constituent des réseaux contraires à l'idéal maçonnique. Cela est vrai, mais qui peut interdire à des personnes de se rassembler sous la forme d'un association suivant la loi de 1901 ?

Les francs-maçons se regroupent

Les associations d'entraide fraternelles

Au sein des obédiences, il existe des associations qui permettent aux francs-maçons de mettre en pratique les valeurs de tolérance, de liberté et surtout de bienfaisance défendues par la franc-maçonnerie. Ces associations ne sont pas des loges maçonniques, elles sont structurées sous la forme d'associations loi 1901 ou de fondation.

On trouve ainsi la Fondation du Grand Orient de France ou la Fondation de la Grande Loge Nationale Française. Ces fondations, souvent sous le couvert de la Fondation de France, gèrent des dons et les affectent à des œuvres humanitaires. Elles agissent bien entendu en dehors de la sphère maçonnique et discrètement (les francs-maçons n'ont pas pour habitude d'étaler leurs actions dans ce domaine). C'est pourquoi vous ne verrez jamais dans votre boîte aux lettres de beaux et de très coûteux courriers vous appelant à être généreux. Cette discrétion joue souvent un mauvais tour aux francs-maçons car ils sont souvent accusés de finalement avoir de beaux discours et de ne rien faire. C'est le prix de la discrétion.

D'autres organisations sont tournées vers les francs-maçons eux-mêmes. Il existe dans toutes les obédiences des associations d'entraide destinées aux francs-maçons de l'obédience et à leur famille. Là encore, il n'y a pas de publicité faite à l'extérieur des obédiences. Ces associations sont financées par des dons et vivent grâce au bénévolat. À la Grande Loge de France, la Poignée de main est une association qui aide les francs-maçons chômeurs à retrouver un emploi. C'est une sorte de bureau d'*out placement*.

Au niveau le plus local, c'est-à-dire au niveau de la loge, c'est l'hospitalier (un maître de la loge élu pour cette fonction) qui est chargé d'être à l'écoute des frères ou des sœurs de la loge en difficulté et de leur apporter conseil, écoute et aide financière si nécessaire. Il dispose pour cela du montant du *tronc de la veuve*, résultat de la quête qui est faite à la fin de chaque tenue. L'hospitalier, en accord avec le Vénérable Maître de la loge et en toute discrétion, a toute la confiance de la loge pour gérer au mieux l'argent ainsi recueilli. Il n'est pas rare qu'une partie du tronc de la veuve de la loge soit versée au tronc hospitalier de l'obédience.

Francs-maçons homosexuels : Les Enfants de Cambacérès

Oui, il y a des francs-maçons homosexuels, ni plus ni moins que dans la population. Certains ont choisi de se regrouper en fraternelles.

Les Enfants de Cambacérès (`www.cambaceres.net`) est une fraternelle interobédientielle qui se veut un espace de liberté de paroles et d'échange pour les francs-maçons gays. Les Enfants de Cambacérès – environ une centaine de membres, hommes et femmes –travaillent sur un certain nombre de réflexions et de propositions afin de faire avancer pour chaque franc-maçon les idées de progrès et de tolérance. Le site de la fraternelle est leur « vitrine ».

Cette fraternelle doit son nom à Jean-Jacques Régis de Cambacérès (1753-1824), archichancelier de l'Empire français, franc-maçon et homosexuel notoire. Cambacérès fut un des rédacteurs du code civil. Grand Maître adjoint du Grand Orient de France, suppléant du roi Joseph Bonaparte, il a été qualifié de « surveillant » de la maçonnerie impériale (voir l'encadré « Cambacérès et le cumul des mandats ! » p. 183).

Une autre fraternelle de francs-maçons gays, un autre lien (`unautrelien.neuf.fr`), organise des réunions mensuelles en deux parties : une première réservée aux membres et une seconde ouvertes aux conjoints et amis.

La Fraternelle des internautes

La Fraternelle des internautes francophones, ou FIF, (`membres.lycos.fr/fifl`) constitue un groupe informel de francs-maçon(ne)s francophones de toutes obédiences et de toutes nationalités, qui ont en commun, outre leur appartenance maçonnique, de parler français et d'utiliser Internet. Elle permet à ses membres des échanges sur tous les sujets liés à leur vie maçonnique au moyen d'une liste de diffusion qui leur est réservée. La FIF regroupe plus de 1 100 sœurs et frères de 47 pays et une soixantaine d'obédiences.

Les organisations humanitaires

Le Rotary international

N'OUBLIEZ PAS !

Le Rotary international (`www.rotary.fr`) a été créé en 1905 à Chicago par Paul P. Harris, en tant qu'« association mondiale d'hommes et de femmes d'affaires et de professions libérales unis par l'action humanitaire, qui encouragent l'observation de règles de haute probité dans l'exercice de toute profession et font progresser l'entente et la paix dans le monde ». C'est en février 1905 que Paul P. Harris convia trois amis à se réunir : Silvester Schiele, négociant en charbon, Gustave E. Loehr, ingénieur des mines, et Hiram E. Shorey, tailleur, dans le but de créer un club qui ferait naître la camaraderie entre les hommes d'affaires de sa ville. Cette réunion fut la première du premier Rotary Club du monde.

UN PEU DE TECHNIQUE

Le nom de Rotary fut choisit lors des premières réunions. En le proposant, Paul P. Harris souligna qu'il convenait fort bien à l'idée originelle des membres de se réunir à tour de rôle (*in rotation* en anglais) dans le bureau de chacun.

Ce club est connu pour son test d'éthique en quatre points servant à définir si une action est bonne ou non :

- Est-ce conforme à la vérité ?
- Est-ce loyal de part et d'autre ?

- Est-ce susceptible de stimuler la bonne volonté réciproque et créer de meilleures relations amicales ?
- Est-ce profitable à tous les intéressés ?

Après la Deuxième Guerre mondiale, le Rotary s'est impliqué activement dans des programmes des Nations unies. Il promeut aujourd'hui des échanges culturels et éducatifs. Le Rotary se fait l'avocat du bénévolat auprès de ses 1,2 million de membres dans le monde entier.

Les rotariens sont des personnes de bonne volonté, souhaitant faire progresser la paix par le biais d'actions humanitaires, qui encouragent le respect de normes de haute probité dans toutes les professions. « Servir d'abord » est la devise des rotariens. Ce sont des hommes et des femmes souvent issus des professions libérales, unis dans l'action humanitaire bénévole. L'activité professionnelle locale est reflétée dans la composition de l'effectif de chaque Rotary Club. Les clubs sont apolitiques et non confessionnels. Tous les rotariens et leurs invités, sans regard de l'origine ethnique ou de l'appartenance religieuse, sont bienvenus aux réunions hebdomadaires des clubs.

Les femmes n'ont été admises que récemment (en 1987). Le Rotary international est la fédération d'environ 30 000 clubs répartis dans 162 pays. Les Rotary Clubs de France sont des associations sous le régime de la fameuse loi de 1901.

Les rotariens ne se cachent pas d'être élitistes puisque, pour être membre, il faut avoir été coopté. Mais le critère retenu n'est pas l'argent, l'influence sociale ou le rang, mais la bonne volonté, la disponibilité et la droiture morale.

N'OUBLIEZ PAS !

Il n'existe aucun lien officiel entre cette organisation et la franc-maçonnerie. Les Rotary Clubs portent leurs actions à l'extérieur, n'utilisent pas de rituels spécifiques et ne se réclament pas d'une tradition initiatique. Certains francs-maçons trouvent dans le Rotary la possibilité de mettre en pratique les valeurs qu'ils défendent en franc-maçonnerie. Bien sûr, rien n'empêche un franc-maçon de devenir rotarien et réciproquement.

Le Rotary et la franc-maçonnerie ont souvent les mêmes ennemis. Ainsi, le Rotary fut interdit par le gouvernement fasciste italien de 1936 qui le confondait avec la franc-maçonnerie. L'Église a toujours été assez méfiante envers le Rotary et il fallut attendre 1967 pour que le pape Paul VI reconnaisse son existence et 2000 pour que Jean-Paul II salue le Rotary et ses membres.

Le Lions Club international

N'OUBLIEZ PAS !

Le Lions Club international (`www.lionsclubs.org/FR/index.shtml`) a été lancé en 1917 par l'homme d'affaires américain de Chicago Melvin Jones. Le rêve de Jones était de créer une organisation de chefs d'entreprise avec une mission désintéressée de service à la communauté.

Lors de cette première réunion, les participants choisirent pour emblème le lion, qui symbolise la force et le courage. Le « lionisme » est devenu une manière d'être et de se comporter généreusement, une ouverture d'esprit au bénéfice de l'homme quelles que soient sa nationalité, sa religion ou sa philosophie.

L'acronyme LIONS signifie en anglais *Liberty, Intelligence, Our Nations' Safety* (liberté et compréhension sont la sauvegarde de nos nations) et la devise des lions est : « *We Serve* (nous servons). »

Le premier Lions Club français a été créé en 1948 et a progressivement essaimé sur tout le territoire. À ce jour, on compte en France 31 500 membres et 1 200 clubs réunis en 15 districts. Chaque club est animé et représenté par un président élu pour un an.

Aujourd'hui, le Lions international est la plus grande association internationale de « clubs-services » du monde avec 1,4 million de membres dans 43 000 clubs répartis dans 185 pays, chaque pays disposant d'ailleurs d'une large autonomie qui lui permet de manifester l'identité culturelle de l'association. La section française est fière d'afficher 1 million d'heures de bénévolat par an !

Comme le Rotary, le Lions Club portent ses actions à l'extérieur, n'utilisent pas de rituels spécifiques et ne se définit pas comme une démarche initiatique. Il n'utilise ni symbole ni rituel. La roue du Rotary et la double figure du lion du Lions Club sont des emblèmes et non des symboles. Les réunions n'ont pas lieu dans un temple mais bien souvent dans un restaurant et, même si elles sont réservées aux membres, elle ne sont pas secrètes. Là aussi, bien sûr, rien n'empêche un franc-maçon de devenir membre au Lions Club et réciproquement.

Le crâne et les os de George Bush

Skull and Bones (Crâne et Ossements) est la plus ancienne organisation fraternelle de l'université de Yale. Elle a été fondée en 1832, sous le nom de The Eulogian Club, par William Huntington Russell. Les membres s'appellent des *bonesmen*.

Au départ, le club se réunissait dans une chapelle du campus et les membres affichaient le symbole de leur organisation fraternelle – le crâne et les ossements – sur la porte au cours de leurs sessions. En 1856, l'organisation s'installa dans le bâtiment actuel appelé *the Tomb* (la Tombe). C'est un imposant bâtiment situé sur le campus de Yale et qui présente l'originalité de n'avoir aucune fenêtre. Pratique pour les rites secrets, non ? Les cérémonies sont soigneusement tenues secrètes et, par suite, donnent lieu à des spéculations horrifiantes sur ce qui se passe dans la Tombe. Des intrusions récentes ont donné lieu à des enregistrements vidéo de l'intérieur de la Tombe, montrant qu'elle n'est rien de plus qu'un site ordinaire d'un club fraternel d'étudiants, mais avec décor particulier.

Comme Skull and Bones a une liste impressionnante de membres célèbres et puissants, les théories de la conspiration se sont développées autour de l'organisation, disant notamment qu'elle est une branche supérieure de la franc-maçonnerie et des Illuminati (voir chapitre 4, p. 483). Les *bonesmen* sont accusés de s'introduire dans des positions internationales de pouvoir, de contrôler le commerce et les gouvernements du monde. Il est vrai qu'ils représentent l'élite des diplômés de Yale. Seulement 15 seniors sont initiés chaque année et la liste inclut une gamme étendue de dirigeants économiques et politiques et de personnalités influant sur les courants d'opinion. Le président George W. Bush ainsi que son père, ancien Présidents, en font partie. Il en va de même du sénateur John Kerry, qui s'est présenté contre George W. Bush lors de l'élection présidentielle de 2004. Henry Luce, fondateur du magazine *Time* était un *bonesman* aussi, ainsi que William F. Buckley, fondateur de *National Review*. Bien que les adeptes des théories de la conspiration disent que les listes de membres sont tenues secrètes, elles ont en fait été publiées depuis le début dans les archives annuelles de Yale. Skull and Bones a récemment commencé à admettre des femmes, les *boneswomen*.

Comme vous pouvez vous en douter du fait de leur surnom, les *bonesmen* sont obsédés par des images d'ossements, de cercueils et de mort. Bien que les symboles de crânes, de tibias croisés et de cercueils existent aussi dans certaines images de la franc-maçonnerie, le but de ce symbolisme semble être de transmettre le même message dans les deux groupes : le temps sur terre est court et chaque homme doit vivre chaque jour de sa vie comme si c'était le dernier. L'imagerie de la mort était très courante au XIXe siècle et était alors, à cette époque de forte mortalité, un rappel de la brièveté de la vie plutôt que la manifestation d'un symbolisme occulte.

Le fondateur de Skull and Bones, Russell, était certainement familier avec les rituels maçonniques allemands et même ceux des Illuminati bavarois aujourd'hui disparus. Mais cette organisation n'a pas de liens avec la franc-maçonnerie, à part ce que Russell peut lui avoir emprunté.

L'ordre de Malte

Si vous êtes allé passer quelques jours de vacances sur l'île de Malte, vous avez dû remarquer que l'île est imprégnée des marques de l'ordre des chevaliers de Malte. L'emblème des chevaliers de Malte est la croix latine blanche sur fond rouge, croix dont les extrémités sont découpées en deux, ce qui donne huit pointes qui représentent les huit régions dites langues : Provence, Auvergne, France, Italie, Aragón-Navarre, Castille-León-Portugal, Angleterre et Allemagne.

L'ordre de Malte s'appelle en fait ordre souverain militaire hospitalier de Saint-Jean de Jérusalem, de Rhodes et de Malte – ouf, merci d'avoir pensé à simplifier le nom ! Cette organisation catholique souveraine à vocation humanitaire, créée en 1050, est l'un des plus anciens ordres religieux catholiques. Dès le XIIe siècle, l'ordre fut contraint de se doter d'une véritable armée pour assurer la protection des pèlerins et des malades et pour défendre les territoires chrétiens en Terre sainte. Les membres de l'ordre appartenaient à la chevalerie et à la noblesse du monde chrétien. C'était un ordre de chevalerie et aujourd'hui, il continue à défendre les valeurs qu'avaient la chevalerie et la noblesse. L'ordre cessa de remplir cette fonction militaire après la perte de Malte en 1798.

Expulsé de Rhodes par les Turcs, il resta sans territoire propre jusqu'en 1530, date à laquelle le Grand Maître Frà Philippe de Villiers de l'Isle Adam prit possession de l'île de Malte, cédée par l'empereur Charles Quint. En 1565, les chevaliers, sous la conduite du Grand Maître Frà Jean de la Vallette, défendirent l'île assiégée par les Turcs pendant trois mois. La capitale de Malte prit alors le nom de ce Grand Maître en son honneur (La Valette).

En 1798, Napoléon Bonaparte, en route pour l'Égypte, occupa l'île de Malte et les chevaliers durent quitter Malte. Depuis, l'ordre ne put jamais reprendre possession de son île.

Aujourd'hui, l'ordre de Malte n'est plus militaire mais est devenu une organisation humanitaire importante. Il se présente comme un État sans territoire mais en France, il n'est pas reconnu comme tel. En France, il est représenté par les Œuvres hospitalières françaises de l'ordre de Malte (OHFOM, `www.ordredemaltefrance.org`), une organisation caritative très active dans la lutte contre la lèpre et la précarité.

Ne devient pas membre de l'ordre de Malte qui veut. Cela se fait par cooptation. Les membres sont divisés en différentes classes, suivant le degré d'engagement religieux des membres, elles-mêmes subdivisées en catégories, suivant le degré de noblesse. Enfin dans une même classe existent des distinctions. La première classe, les profès, sont des religieux soumis aux trois vœux (chasteté, pauvreté, obéissance), viennent ensuite les membres en obédience, qui ont fait promesse de tendre à une vie chrétienne et de suivre les principes de l'ordre, puis les membres qui n'ont fait aucun vœu.

Il n'y a pas de lien entre l'ordre de Malte et la franc-maçonnerie. Il est vrai que ce sont des ordres, qu'ils partagent le même vocabulaire (Grand Maître, chevalier, bienfaisance) et présentent une organisation apparemment identique ou semblable. Mais ils sont très différents : l'ordre de Malte est un ordre catholique, son siège se trouve à Rome, il est reconnu par le pape et le Grand Maître de l'ordre de Malte est à la fois le chef d'un État souverain et le chef spirituel d'un ordre religieux. C'est à ce titre que la Sainte Église romaine lui confère le rang de cardinal. La franc-maçonnerie, rappelons-le, est encore soumise à la bulle papale de 1983 qui précise que même si le franc-maçon catholique n'est plus excommunié, il se trouve « en état de péché grave » et ne peut « accéder à la sainte communion ».

Quatrième partie

La franc-maçonnerie aujourd'hui et demain

Je suis pour la franc-maçonnerie féminine, car depuis que ma femme est franc-maçonne, j'ai beaucoup plus de temps pour aller à la pêche.

Dans cette partie…

La franc-maçonnerie est une organisation ancienne toujours active. Être basé sur une tradition n'empêche pas d'innover et de s'adapter à la modernité tout en gardant son identité. Dans cette partie, je parle des raisons pour lesquelles une organisation fraternelle vieille de trois cents ans continue d'être importante pour les femmes et hommes du XXIe siècle. Je dresse un panorama des principales obédiences françaises et j'évoque quelques-uns des changements qui se produisent au sein de la franc-maçonnerie, les bons et les mauvais. Enfin, je vous dis même comment faire pour devenir franc-maçon et où vous adresser.

Chapitre 14

La franc-maçonnerie aujourd'hui

Dans ce chapitre :

- Solitude de la vie moderne
- Renouer des liens avec la communauté
- Place de la maçonnerie dans la société
- Panorama des obédiences françaises

Aïe, on nous fait croire
Que le bonheur c'est d'avoir
De l'avoir plein nos armoires
Dérisions de nous dérisoires

– Alain Souchon

La franc-maçonnerie existe depuis plusieurs siècles. Elle a participé à la construction des grandes lois de la République française et la majorité des hommes politiques étaient alors francs-maçons. Depuis, bien entendu, le monde a changé et la franc-maçonnerie a quitté le terrain politique pour se concentrer sur sa mission initiatique.

Les rituels et les cérémonies de la franc-maçonnerie se sont développés surtout aux XVIIIe et XIXe siècles et, sauf de petits changements relatifs aux termes et aux pratiques, ils sont restés très proches du langage et des intentions d'origine. De plus, les francs-maçons ont horreur de toute idée de changer quoi que ce soit aux règles et aux rituels.

Le symbolisme des loges maçonniques remonte à des sources anciennes et bibliques. La méthode maçonnique a changé depuis l'époque où elles traçaient des symboles à la craie sur le sol des tavernes. Aujourd'hui, elle s'est démocratisée et ne s'adresse plus seulement aux aristocrates éclairés.

Les nouvelles technologies de l'information, dont Internet, ont changé notre accès à l'information et à la connaissance. On a l'impression que tout est accessible facilement, sans effort et sans coût. D'un autre côté, on n'a jamais eu autant l'impression d'être sans réponse aux questions que nous nous posons tous les jours sur notre vie. Nous sommes souvent un peu perdus devant l'immensité et la complexité du savoir humain. De plus, le temps nous manque souvent : les femmes et les hommes d'aujourd'hui ont de moins en moins le loisir et la patience de se consacrer à l'étude des symboles comme le fil à plomb ou le temple de Salomon.

Alors comment une société aussi « secrète » et aussi ancienne que la franc-maçonnerie peut trouver sa place dans le monde moderne ? Dans ce chapitre, j'indique pourquoi la franc-maçonnerie continue d'être utile même dans notre société moderne et pourquoi un nombre croissant de femmes et d'hommes continue de la rejoindre.

Ce que nous avons perdu...

La fin des années 1960 a été une période de modifications profondes dans la société. Les enfants de la génération de la Deuxième Guerre mondiale ont mis en cause et rejeté la plupart des conventions sociales, des coutumes et des institutions de leurs parents. Malgré les avantages sociaux, les droits des femmes et une grande liberté d'expression qui furent les remarquables acquisitions de cette période, la société a perdu le ciment qui assurait son unité et la plupart de ses institutions et règles établies devinrent des cibles à détruire. La morale et la foi personnelle ont perdu leur aptitude à guider les comportements, rejetées comme trop répressives ou trop archaïques. Ce mouvement de liberté a également produit une perte des valeurs, une absence de repères, bref nous sommes souvent désorientés devant la complexité du monde moderne.

En rejetant les valeurs de notre vieille société, n'avons-nous pas laissé partir ce qui en faisait le ciment ou plutôt n'avons-nous pas remplacé ce que nous rejetions par d'autres liens et d'autres valeurs ? Le matérialisme est triomphant et tout doit servir, être utile, rapporter, ne rien coûter et pouvoir se vendre et s'acheter. Dans ce monde, sommes-nous condamnés à n'être que des cerveaux disponibles prêts à consommer alors que nous sentons, comme dans la chanson de Souchon, que nous avons « soif d'idéal » ?

Au XVIIIe siècle, on pratiquait les bonnes manières comme un art. Aujourd'hui, c'est ringard, dépassé et, en plus, cela prend trop de temps. Mais les gens ont perdu ce qui les unissait. Ni la culture et l'instruction, jugées élitistes, ni les religions, jugées dogmatiques et passéistes, ni les idéaux politiques, jugés dangereux, ne sont capables d'assurer ce ciment social. Les grandes manifestations sportives et les réjouissances collectives (Coupe du monde de football, Bicentenaire de la Révolution française, Méridienne verte) ont remplacé les fêtes religieuses.

Nos sociétés sont de plus en plus riches et pourtant la misère matérielle s'accroît. Les guerres que nous voulions ne plus revoir depuis 1945 n'ont jamais cessé d'apparaître, faisant de plus en plus de victimes civiles. Notre monde déjà confortablement installé s'enfonce dans un matérialisme mercantile et tout ce que l'on fait doit servir, avoir un objectif, ne rien coûter et rapporter gros.

Seuls au monde

La société d'aujourd'hui se distingue par son isolement. Les gens sont plus solitaires qu'ils ne l'ont jamais été. On peut faire ses courses sur Internet, y résoudre ses problèmes et accéder aux principaux services. Plus besoin de se déplacer et surtout plus besoin de parler à quelqu'un que vous ne connaissez pas. Les automates bancaires ont remplacé les guichetiers humains. Les stations-service vous permettent de payer directement à la pompe. Tout se passe bien tant que… tout se passe bien. Si votre cas n'est pas prévu par la procédure automatique, gare aux tracas ! J'arrête là, et si vous voulez en savoir plus sur comment la technologie n'a pas amélioré la société… tapez sur la touche 3 !

Grâce aux nouvelles technologies (forums Internet, messageries instantanées, blogs…), vous pouvez être en contact avec un nombre incroyable de gens sur toute la planète sans sortir de chez vous, sans avoir à vous montrer et en gardant l'anonymat. Mais en contrepartie les gens restent seuls devant leur écran d'ordinateur et peinent à se faire des amis.

Le succès des reality shows est symptomatique d'une sorte de désir rampant de regarder vivre des personnes totalement inconnues au lieu de vivre nos propres vies. Les gens sont devenus plus individuels et plus solitaires. Ils ne sont pas moins solidaires pour autant, mais l'engagement personnel a changé. Il est plus facile de donner quelques centaines d'euros au Téléthon et aux Restos du cœur que de donner de son temps libre pour aller vers les autres.

Les uns contre les autres

Les gens pensent plus à eux qu'aux autres. La société est plus mobile qu'elle ne l'a jamais été et les familles sont plus dispersées qu'à aucun moment de l'histoire. Les gens ont perdu le lien avec leur famille qui vivait autrefois tout près de chez eux. De nombreuses personnes habitent une maison ou un appartement pendant des années sans jamais connaître leurs voisins.

Autrefois, les gens avaient l'habitude de s'asseoir sous le porche de leur maison et de discuter avec d'autres personnes qui passaient devant chez eux. De nos jours, personne ne construit de maison avec un porche et les jardins sont entourés de clôtures de protection de deux mètres de haut. La plupart des gens ne marchent plus pour aller où que ce soit. Bientôt, les magasins auront des guichets pour automobilistes, vous permettant de rester en toute sécurité à l'intérieur du cocon de votre voiture climatisée.

La circulation des journaux locaux a diminué et les programmes locaux des journaux télévisés ont perdu du terrain au profit des informations globales sur Internet et des chaînes d'information continue. Des sociétés nationales ont absorbé des stations radio locales et ces stations ne diffusent plus guère de contenu local. La radio par satellite éloigne encore plus le public des informations locales. Les gens se sentent souvent plus profondément affectés personnellement par un crime commis à des milliers de kilomètres de chez eux que par ce qui se passe dans leur quartier ou dans leur ville, et cela à cause de l'obsession permanente des nouvelles diffusées par la radio ou la télévision. Ils ne savent même plus ce qui se passe dans leur ville ou dans leur région. Être informé des catastrophes qui se passent dans un pays lointain, c'est bien, mais c'est source d'angoisse si l'on n'a aucun moyen d'agir sur ces événements.

Un peu de technique

Les relations, c'est capital

Depuis 1980, la proportion des gens qui participent à une réunion de club d'une nature ou d'une autre a baissé de 58 %, celle de ceux qui disent inviter des amis chez eux a baissé de 33 % et, plus incroyable encore, la proportion de ceux qui disent avoir des dîners en famille a baissé de 33 %. Le sociologue américain Robert Putnam parle des contacts sociaux en terme de capital (un peu comme le capital santé) et affirme que ce type de capital est tout aussi important à développer que celui qui se mesure en argent. Il est essentiel pour l'individu comme pour la communauté d'avoir des interactions, de communiquer et de participer ensemble à des activités. Les sociologues ont montré que les communautés qui n'ont pas d'interactions ont des niveaux de criminalité plus élevés, consomment plus de drogue, sont en moins bonne santé et comptent plus de suicides.

Dans le monde des affaires, on parle souvent du *réseau de relations*. Le réseau de relations revient à supposer que quelqu'un que vous connaissez pourra effectivement vous rendre un service. Ou, comme l'a dit une fois le joueur de baseball Yogi Berra : « Si vous n'allez pas à l'enterrement de quelqu'un, il ne viendra pas au vôtre ».

Nous sommes tous dans des réseaux, souvent sans le savoir : clubs sportifs, voisinage, associations de parents d'élèves, groupes d'action politique ou simplement réseau d'amis et de copains. Moins il existe de telles connexions, moins il y a de chances pour que les membres d'une communauté coopèrent pour assurer le bien commun. Les amis et la famille vous remontent le moral, vous font vos courses quand vous êtes malade, vous aident à trouver un travail quand vous êtes au chômage, gardent vos enfants quand vous devez vous absenter loin, vous offrent un verre au bar, vous prêtent de l'argent quand vous êtes fauché et se souviennent de votre anniversaire. Et vous faites les mêmes choses pour eux en retour. La vie dépourvue de ces connexions est plutôt morne. Que vous le croyiez ou non, plus vous avez de réseau et plus vous vivrez longtemps et heureux.

La place de la franc-maçonnerie

Je ne suis pas nostalgique du passé et je pourrai trouver des centaines de raisons pour ne pas souhaiter vivre au XVIIIe ou au XIXe siècle. Devant ce constat, qui pourrait sembler accablant pour notre société moderne, je ne donne pas la franc-maçonnerie pour solution miracle. Croyez bien qu'il n'y a jamais de solution miracle et tous ceux qui vous en promettent sont des menteurs, des escrocs, et tout ceux qui les croient sont des ignorants. Je la présente comme elle est, simplement, avec ses qualités et ses défauts.

Le monde change trop vite et devient à tel point complexe qu'il est difficile de garder l'esprit calme devant tant de mouvement. Les gens ont besoin, face à ce monde multiple, de se retrouver sur des valeurs et des principes solides. Certains le font par un retour à un traditionalisme religieux ou spirituel alimenté par une interprétation orientée des textes religieux. D'autres recherchent des formes nouvelles à des valeurs anciennes, c'est ce que nous faisons en franc-maçonnerie.

Le bon côté de la franc-maçonnerie est qu'elle ne change pas beaucoup et son mauvais côté est qu'elle ne change pas beaucoup. La franc-maçonnerie s'est développée à une époque de bouleversements massifs de la société. L'Europe avait été en prise avec des siècles de luttes politiques et religieuses. Les périodes de plus grande expansion de la franc-maçonnerie en France ont fait suite à la Révolution de 1789 et à la Deuxième Guerre mondiale. La franc-maçonnerie semble croître lorsque la société sort du chaos ou d'un changement majeur et quand les gens éprouvent un besoin d'unité.

Pourtant, les concepts et les objectifs simples de la franc-maçonnerie s'appliquent autant au monde d'aujourd'hui qu'à celui de nos grands-parents et nous en avons certainement autant besoin aujourd'hui qu'autrefois. Ceci parce que la démarche maçonnique est très générale et valable pour toutes les époques. De plus, la franc-maçonnerie n'est pas restée figée (je vous rassure, on n'écrit pas les textes maçonniques avec des plumes d'oie) et elle s'est adaptée aux façons de penser d'aujourd'hui sans renier son héritage traditionnel.

Le côté stable de la méthode maçonnique séduit de nombreuses personnes. Dans notre monde où tout va vite et où, dès que vous adhérez à quelque chose, c'est déjà dépassé, il est rassurant de sentir de la stabilité. Les loges américaines qui ont tenté, devant l'effondrement de leurs effectifs, de recruter via des annonces sur Internet et de lancer de grandes opérations de marketing n'ont finalement obtenu aucun effet. Les gens ne sont pas dupes et ils savent bien que le fond et la forme sont les mêmes choses. Mêmes si le marketing s'évertue à nous prouver le contraire.

Le chemin initiatique

Tout le monde ne peut pas devenir franc-maçon. Il y a bien entendu des critères légaux et j'y reviendrai (voir chapitre 16, p. 265) mais il y a aussi des critères moraux. La franc-maçonnerie n'a jamais eu l'intention d'être un refuge d'hommes et de femmes ayant besoin de s'amender. Elle ne sauve pas les âmes, ne soigne pas la dépression, l'anxiété et l'alcoolisme, ne réforme pas les maris infidèles ni ne remet les escrocs sur le chemin de l'honnêteté.

Tout le monde ne peut pas entrer en franc-maçonnerie, et devenir franc-maçon n'est pas un droit. Comme tout système, la franc-maçonnerie doit également se protéger de l'extérieur. Lorsqu'elle avait de nombreux ennemis, il était important de faire une sélection rigoureuse des candidats afin de s'assurer de ne pas faire entrer le loup dans la bergerie. Aujourd'hui, les critères retenus sont plus liés à l'équilibre de chaque loge. Les règles et les coutumes sont spécifiquement conçues pour laisser certaines personnes *en dehors* de la franc-maçonnerie.

À notre époque où les règles de moralité et de conduite changent, la franc-maçonnerie place la barre très haut et laisse à chaque loge la liberté d'accepter ou de refuser un candidat. Chaque loge est souveraine. La seule règle écrite est suffisamment vague pour pouvoir être adaptée à l'époque, aux circonstances et aux candidats. La règle est la suivante : pour entrer en franc-maçonnerie, il suffit d'être, pour reprendre les textes anciens, « libre et de bonnes mœurs ». Chacun étant libre d'interpréter les termes « libre » et « bonnes mœurs ».

Les secrets de la pyramide

Tout le monde cherche à améliorer sa vie. Le psychologue américain Abraham Maslow a décrit les besoins humains sous la forme d'une pyramide qui porte son nom. Au plus bas de la pyramide de Maslow se trouvent les besoins fondamentaux de la vie (respiration, alimentation, élimination, maintien de la température, repos et sommeil, activité musculaire et neurologique, contact corporel, vie sexuelle). Au-dessus se placent les besoins psychologiques comme la sécurité, la protection, la stabilité affective. Puis viennent les besoins sociaux : être reconnu socialement, appartenir à des groupes, avoir un réseau de contacts. Juste au-dessus se trouvent les besoins liés à l'estime de soi : besoin de se sentir utile, d'avoir de la valeur. Et enfin au sommet de la pyramide trône le besoin de réalisation de soi : acquérir plus de connaissances, œuvrer pour quelque chose qui nous dépasse, besoin d'une vie spirituelle, besoin d'idéaux. Dans le cadre de ce schéma, le critère « être libre et de bonnes mœurs » pourrait se traduire par être relativement autonome sur les quatre premiers niveaux de la pyramide, la franc-maçonnerie pouvant aider sur le dernier niveau.

Au XIXe siècle, les loges du Grand Orient de France estimaient que, pour entrer en franc-maçonnerie, il fallait disposer du « degré d'instruction nécessaire pour cultiver sa raison ». Le candidat devait être de bonnes mœurs, c'est-à-dire « ni ivrogne, ni débauché, ni voleur et ne doit pas avoir abandonné femme et enfants. » Des critères liés au salaire, à l'instruction ou à la couleur de peau n'existent pas. Il suffit d'avoir la volonté de se perfectionner, d'être sincère et de s'engager à travailler dur.

Les principes de la franc-maçonnerie sont conçus pour encourager ses membres à devenir meilleurs sans pour autant leur imposer un programme religieux ou politique particulier. Les francs-maçons travaillent beaucoup car la franc-maçonnerie est exigeante. Ils travaillent seuls mais ne sont pas solitaires. Les francs-maçons s'encouragent mutuellement à la moralité et à la rectitude et chaque maçon a l'obligation d'aider et d'assister ses frères maçons et sa famille. Ce sens de l'honnêteté et de la responsabilité s'étend à toute la communauté humaine.

Tout au long de l'histoire, les gens ont accusé la maçonnerie et d'autres « sociétés secrètes » d'être élitistes. Ils ont raison. La franc-maçonnerie est élitiste car elle choisit ses membres. Mais ce n'est pas l'élitisme au sens où on l'entend habituellement. Le fait de sortir d'une grande école, d'être un fils d'industriel ou d'avoir un nom à particule ne vous ouvrira pas les portes d'une loge. Les critères sont rigoureux mais la procédure est la même quel que soit le candidat.

La franc-maçonnerie n'exclut de ses rangs aucune personne du fait de son statut social, racial ou économique. Mais elle attend de chacun, une fois devenu membre, qu'il travaille à son propre perfectionnement pour devenir meilleur. Cela ne veut pas dire que tous les francs-maçons sont des surhommes ou qu'ils sont mieux que les autres. Cela veut simplement dire qu'ils se sont engagés en pleine conscience dans un chemin difficile où il leur est demandé de travailler, d'apprendre et de se perfectionner… Avouez que cela demande plus d'effort que de rester à la maison à regarder la télévision.

C'est bon pour le moral

Nous cherchons tous à améliorer notre vie. Même si Maslow n'a jamais décrit sa pyramide comme une méthode de développement personnel, on peut imaginer que ces besoins s'empilent comme des poupées russes (voir plus haut dans ce chapitre l'encadré « Les secrets de la pyramides »). Si on voit cette pyramide comme un cheminement, les étapes sont certainement à mener les unes après les autre en commençant par le socle. À quoi pourrait-il me servir de chercher à me réaliser si je ne peux même pas assurer mes fonctions élémentaires de vie ou si je dois pour cela dépendre de quelqu'un d'autre ?

Améliorer sa vie n'est pas toujours facile. L'isolement, l'ennui, le déséquilibre, l'incapacité à communiquer et au final l'angoisse de la mort : autant d'embûches qui rendent notre parcours d'humain difficile et quelquefois impossible.

Devant ce constat, on peut soit se décourager, soit chercher à se transformer, sachant qu'il est toujours plus facile de se changer soi-même que de chercher à transformer le monde. C'est ce qu'exprime cette maxime ancienne attribuée à Socrate : « Connais-toi toi-même et tu connaîtras l'univers et les dieux. » L'initiation est une des techniques de transformation de soi. Elle est l'une des plus anciennes. La franc-maçonnerie est l'une des dernières sociétés initiatiques du monde occidental. L'initiation maçonnique consiste à être mis sur un chemin armé d'outils et de repères pour ne pas se perdre. Où nous mène ce chemin ? Là, la réponse appartient à chacun. Il n'y a pas d'objectif unique, pas de voie tracée, pas de vérité, ni de certitude. La franc-maçonnerie propose une voie, à charge pour chacun de cheminer.

Le franc-maçon, comme le pèlerin, n'est pas seul sur le chemin. La franc-maçonnerie est une école mutuelle où l'on reçoit autant que l'on donne et où l'on apprend autant de soi que des autres. Échanger, partager, travailler ensemble avec des personnes hors de notre petite sphère familiale, amicale ou professionnelle est une expérience toujours enrichissante.

La franc-maçonnerie est diverse. Elle a quelque chose pour chacun et chacun peut y apporter ce qu'il est. La loge vous permet de vous associer à un groupe de gens de toutes sortes et de les connaître personnellement. Le lien qui unit les francs-maçons n'est pas l'amitié, c'est la fraternité, le sentiment de partager un idéal, et de travailler ensemble à la réalisation de cet idéal.

La franc-maçonnerie permet, en outre, à des femmes et à des hommes de faire des choses qu'ils n'auraient jamais eu à faire dans leur vie professionnelle : parler en public, organiser des réunions ou des dîners, travailler un sujet symbolique ou philosophique et le présenter au cours d'une conférence, organiser des séances d'instruction… Toutes ces choses qui sont nécessaires à la vie d'une loge ne sont pas faites pas des professionnelles de la franc-maçonnerie mais par des frères et des sœurs ordinaires qui apprennent à le faire.

Pour ceux qui sont seuls, la franc-maçonnerie est souvent un refuge contre la solitude. Elle est parfaite pour augmenter le capital de relations sociales (voir plus haut dans ce chapitre l'encadré « Les relations, c'est capital »). Contrairement à un club, elle n'impose ni barrière financière ni barrière de classe. Contrairement à un groupe politique, la franc-maçonnerie n'a pas de cause autour de laquelle il convient de se rallier, pas d'objectif unique masquant sous des œillères tous les autres points de vue. Contrairement à un groupe religieux, elle ne force pas ses membres à croire et à accepter des dogmes.

Les amis de mes amis

Appartenir à la franc-maçonnerie, c'est rejoindre une grande fraternité. Mais il n'y a pas d'un côté les francs-maçons et de l'autre les profanes. Appartenir à la fraternité maçonnique, c'est surtout prendre conscience de la fraternité humaine.

Les cérémonies de la franc-maçonnerie unissent des hommes de différents profils et du monde entier par des expériences communes. Rencontrer un frère maçon dans les rues de Paris, de Londres, de Madrid ou de Port-au-Prince et établir un lien immédiat procure une sensation étonnante. La franc-maçonnerie rassemble des hommes qui pourraient autrement ne jamais se rencontrer, leur permettant de franchir toutes les lignes de séparation sociales, économiques, raciales, religieuses et politiques. Pour beaucoup, c'est un peu artificiel et un franc-maçon n'est pas forcément l'ami d'un franc-maçon, mais la franc-maçonnerie permet souvent de s'affranchir des obstacles habituels que nos préjugés placent entre nous et les autres et d'établir directement la relation. Ni plus, ni moins.

Mondiale assistance

Tout le monde peut faire un chèque à l'ordre d'une organisation caritative institutionnelle, sans visage. Il est vrai que si vous considérez seulement l'aspect financier, la Fondation de France peut faire beaucoup plus pour aider la communauté que la petite loge maçonnique du quartier.

La franc-maçonnerie encourage ses membres à s'impliquer davantage dans la cité. Elle incite les maçons à s'engager dans des actions bénévoles et à faire des dons. Bien que de nombreuses organisations au sein de la franc-maçonnerie gèrent des associations d'entraide pour les chômeurs, des œuvres caritatives, des fondations et des bourses, ses succès les plus importants sont les gestes individuels de bonté et de générosité accomplis par ses membres.

La vérité près de chez vous

La religion personnelle est surtout cela : personnelle. La maçonnerie n'enseigne aucune religion spécifique et est ouverte à toutes les personnes religieuses, croyantes, pratiquantes ou athées. Comme disait le célèbre commentateur sportif : « Cela ne nous regarde pas ». Mais la réalité est plus complexe car la maçonnerie dite régulière aux yeux de la Grange Loge unie d'Angleterre et représenté en France par la Grande Loge Nationale Française exige de ses membres la croyance en Dieu, Grand Architecte de l'Univers. Le Grand Orient de France, lui, ouvre ses loges aux athées et la Grande Loge de France demande simplement à ses membres d'accepter l'idée d'un principe créateur sous le nom du Grand Architecte de l'Univers. Vous le voyez, en France, il y en a pour toutes les croyances et toutes les attitudes face à la foi et la pratique religieuse. Mais une chose est universellement partagée en loge : il est toujours interdit de parler de religion.

Les religions et, en particulier en France la religion catholique, ont toujours vu la franc-maçonnerie d'un mauvais œil. Soupçonnée de complot contre l'Église, de libertinage ou de complot tout court, elle est vue maintenant comme défendant une nouvelle forme de religion. Elle n'a pas tort. La franc-maçonnerie, en tout cas celle qui se veut spiritualiste, défend l'idée d'un dieu naturel commun à tous les hommes et qui n'a besoin ni de dogmes ni d'organisations pour s'imposer à la raison.

N'OUBLIEZ PAS !

Les loges ne délivrent aucun message religieux, ne sont pas des lieux de dévotion, les réunions et les rituels de la loge ne sont pas des pratiques religieuses. Pour les pratiquants, la loge ne remplace pas les célébrations religieuses.

La loi de 1905 sur la séparation des Églises et de l'État proclame la liberté de conscience et garantit à tous le libre exercice des cultes. C'est dans les loges maçonniques du XVIIIe et du XIXe siècles que s'est construite l'idée de la tolérance religieuse qui s'exprime dans la loi de 1905. Aujourd'hui, la loge maçonnique est l'un des seuls lieux où des hommes de religions différentes peuvent se retrouver, partager leur expérience et parler de spiritualité sans s'affronter sur des problèmes de pouvoirs religieux. Les francs-maçons continuent aujourd'hui de défendre avec force la tolérance.

Figure 14-1 : Marianne maçonnique de Jacques France, musée de la Franc-maçonnerie, collection Grand Orient de France.

Le soleil se lève à l'est

Lors de la chute de l'Union soviétique à Noël 1991, la franc-maçonnerie avait été hors la loi en Russie pendant plus de soixante-dix ans. Trois ans plus tard, une nouvelle Grande Loge de Russie fut créée. La maçonnerie, comme la religion, est lentement revenue à la vie en Ukraine, en Hongrie, en Moldavie, en Roumanie, en Bulgarie, en Arménie, en Géorgie, en Azerbaïdjan, dans d'autres parties de l'Europe de l'Est et dans d'autres pays autrefois membres de l'Union soviétique. Dans l'ex-Yougoslavie secouée par les conflits, il ne pouvait y avoir de plus grand symbole de tolérance que la formation de loges maçonniques.

L'ancien bloc soviétique est une partie du monde où l'État était conçu pour diriger la société et en satisfaire les besoins quotidiens, de sorte que le bénévolat y avait totalement disparu. La franc-maçonnerie contribue à remettre à l'honneur l'idée d'entraide désintéressée entre voisins.

Malheureusement, la franc-maçonnerie a toujours des ennemis dans ces régions et la société russe s'en méfie toujours, en grande partie à cause de la propagande connue sous le nom des *Protocoles des sages de Sion* (voir chapitre 4, p. 77). Toutefois, la maçonnerie continue de s'étendre à mesure que la liberté gagne du terrain dans cette partie du monde

Des principes éternels

Les principes de la maçonnerie sont éternels et c'est pour cette raison qu'elle a traversé les siècles et l'adversité. Ces principes sont éternels parce qu'ils font appel à ce sur quoi tous les hommes sont d'accord. Sorte de religion ou philosophie naturelle qui met l'individu au centre et l'aide à se relier avec les autres et avec ce qui le dépasse et le transcende.

La franc-maçonnerie est faite par et pour ceux qui y sont: pour certains, elle est simplement un lieu convivial où ce qui est échangé vole plus haut que les meilleurs débats télévisés. Pour d'autres, c'est un lieu pour travailler, à partir des symboles, à une meilleure compréhension de soi-même et du monde. Pour d'autres encore, c'est un espace sacré où ils viennent se ressourcer en laissant le chaos du monde à l'extérieur du temple. Pour d'autres enfin, c'est le lieu d'une recherche spirituelle intense. Et tous discutent ensemble et s'écoutent avec grand intérêt.

La franc-maçonnerie est toujours nécessaire et importante dans le monde actuel. Attention, je ne veux pas dire que c'est la solution miracle et qu'elle va résoudre tous les problèmes, mais elle permet de les poser sereinement, indépendamment des idéologies, pensées uniques et idées reçues et laisse à chacun le difficile travail de trouver ses propres solutions. Il n'y a pas une grande vérité en franc-maçonnerie, il n'y a que de petites vérités, la mienne valant autant que la vôtre.

Certains francs-maçons annoncent la fin de la franc-maçonnerie. Ils sont peut-être nostalgiques de la Troisième République quand la franc-maçonnerie triomphante délivrait les peuples de l'esclavage en construisant les lois de la République. Ils pensent que la franc-maçonnerie n'a plus rien à apporter à la société française. Mais la franc-maçonnerie est faite de femmes et d'hommes en prise directe avec le monde et elle les sert selon leur besoin. Aujourd'hui, la demande semble plus se porter sur la recherche d'une spiritualité « laïque » que sur la défense de la laïcité. La franc-maçonnerie est faite aussi pour cela.

Panorama de la franc-maçonnerie française

Je dresse ici un panorama des principales obédiences françaises. J'ai choisi de les classer suivant qu'elles initient des hommes, des femmes ou les deux dans une même loge. Les adresses de ces obédiences sont données dans l'annexe A (voir p. 329). Toutes ces obédiences ont des loges symboliques réparties sur le territoire français. Je ne mentionne ici que les principales obédiences françaises mais il en existe d'autres, listées dans l'annexe A.

Il est difficile de se repérer dans cet univers. Tous les noms des obédiences se ressemblent ou semblent sortir d'un drôle de jeu de construction. En effet, il ne faut pas confondre Grande Loge de France, Grande Loge Nationale Française et Loge Nationale Française… C'est pourtant ce que font régulièrement des journalistes qui écrivent des articles et qui citent les obédiences.

Obédiences masculines

Grand Orient de France (GODF ou GO)

Fondé en 1773, le GO compte plus de 40 000 membres répartis sur un millier de loges qui travaillent principalement au rite français. C'est une obédience masculine mais les loges sont autorisées à recevoir des sœurs en tant que visiteuses mais pas à les initier.

Grande Loge de France (GLDF ou GL)

La GLDL, fondée en 1894, regroupe 27 000 francs-maçons qui travaillent dans 750 loges essentiellement au rite écossais ancien et accepté. La Grande Loge de France est une obédience exclusivement masculine et ne reçoit pas les sœurs.

Grande Loge Nationale Française (GLNF)

Fondée en 1913, cette obédience est la seule dite régulière suivant la Grande Loge Unie d'Angleterre. Elle exige de ses membre la croyance en Dieu, est exclusivement masculine et ne reconnaît pas la franc-maçonnerie féminine. Elle regroupe 20 000 frères répartis dans 900 loges.

Grande Loge Traditionnelle et symbolique Opéra (GLTS-O)

Obédience exclusivement masculine, elle regroupe 3000 membres dans 168 loges qui travaillent au rite écossais rectifié.

Loge Nationale Française (LNF)

Cette jeune obédience, créée en 1968, regroupe 300 membres répartis sur une vingtaine de loges qui travaillent au rite émulation.

Obédiences féminines

Grande Loge Féminine de France (GLFF)

La Grande Loge Féminine de France, créée en 1945, regroupe 350 loges et 11600 sœurs. Cette obédience accepte les hommes uniquement comme visiteurs. Les loges pratiquent essentiellement le rite écossais ancien et accepté mais certaines loges travaillent également au rite français et au rite écossais rectifié. Une loge a gardé le rite d'adoption (voir chapitre 12, p. 224).

Grande Loge Féminine de Memphis-Misraïm (GLFMM)

Cette obédience exclusivement féminine regroupe environ 1000 sœurs. Les loges travaillent au rite de Memphis-Misraïm.

Obédiences mixtes

Fédération Française du Droit Humain (DH)

Fondée en 1893, le DH est la première obédience mixte au monde. L'ordre maçonnique mixte et international Le Droit Humain regroupe environ 27000 membres (hommes et femmes) présents dans plus de 60 pays dans le monde et sur les cinq continents. La fédération française compte 14000 membres répartis sur 500 loges. Les loges du Droit Humain travaillent principalement au rite écossais ancien et accepté.

Grande Loge Mixte de France (GLMF)

Créée en 1982, cette obédience mixte est composée de 102 loges et de 2050 membres dont environ 47 % d'hommes et 53 % de femmes. Les rites pratiqués sont le rite français, le rite écossais ancien et accepté, le rite écossais rectifié et le rite de Memphis-Misraïm.

Ordre Initiatique et Traditionnel de l'Art Royal (OITAR)

L'Ordre Initiatique et Traditionnel de l'Art Royal est né en 1974. C'est un ordre mixte comprenant 71 loges (France et DOM-TOM, Belgique, Suisse, Canada) et regroupant un millier de membres. OITAR pratique exclusivement le rite opératif de Salomon.

Grande Loge Mixte Universelle (GLMU)

Créée en 1973 à la suite d'une scission du Droit Humain, cette obédience pratique le rite français et regroupe environ un millier de membres dont la moitié sont des femmes.

Chapitre 15

La franc-maçonnerie de demain

Dans ce chapitre

- Éclairer l'avenir au moyen du passé
- La franc-maçonnerie de demain
- Les nouvelles générations face à la tradition
- Le chantier est ouvert, tout est à reconstruire

Internet est une manne d'informations – bonnes et mauvaises – sur la franc-maçonnerie et d'autres sociétés dites secrètes. Les succès des livres de Dan Brown, *Da Vinci Code* et *Anges et démons,* sont là pour nous rappeler combien le public est friand d'histoires légendaires, d'ésotérisme, de paranormal, bref de mystères. Souvent d'ailleurs, tout y est mélangé. Lorsqu'il s'agit de roman, comme lorsque Brown mentionne dans ses ouvrages les francs-maçons, les Templiers, les Illuminati, le prieuré de Sion et l'Opus Dei, ce n'est pas grave et c'est même intéressant. Mais lorsqu'il s'agit de la réalité, il est important de savoir distinguer entre une société secrète, un ordre initiatique, une religion, une philosophie et une secte.

Savoir faire la part des choses entre le virtuel et la réalité, c'est devenir adulte. Mogan, mon neveu âgé de 15 ans qui venait d'apprendre que j'étais franc-maçon m'a demandé s'il pouvait lui aussi devenir franc-maçon. J'ai eu peur qu'il ne me demande immédiatement si on pouvait devenir franc-maçon sur Playstation II et pourquoi le rite écossais ancien et accepté s'était arrêté à 33 degrés alors que le premier jeu vidéo propose au minimum une centaine de mondes.

Les jeunes gens baignés dans ces mondes virtuels vivent dans le « tout et tout de suite ». Mais dans le même temps, ils restent attirés par les valeurs fortes des traditions anciennes reprises par des sagas comme *Star Wars* ou le *Seigneur des anneaux*. Ils savent, mieux que nous, faire la part des choses et comprennent très bien que ce qui est vu à la télévision n'est que fiction. Les codes de la chevalerie, pourtant très anciens, sont régulièrement remis à la mode par des jeux vidéo ou des films pour adolescents, même si, au passage, les filles sont un peu oubliées.

Certains jeunes qui rejoignent la franc-maçonnerie sont déçus parce qu'elle ne correspond pas à ce qu'ils avaient imaginé à partir de leurs lectures. C'est vrai qu'il y a souvent un décalage entre ce qui est écrit sur la franc-maçonnerie et qui met en avant ce qu'il y a de plus noble et la réalité des loges maçonniques, composées d'hommes et de femmes qui ne sont ni des Mozart, ni des Maria Deraismes, ni des Lafayette. Mais devenir franc-maçon procède de cette acceptation de l'autre.

Si les frères ou les sœurs de vos loges vous déçoivent, aidez-les à se perfectionner et faites en sorte de ne pas les décevoir à votre tour. Si la franc-maçonnerie que vous pratiquez vous semble trop ceci ou trop cela, changez-là ! La franc-maçonnerie n'appartient à personne et, dans le respect des valeurs fondatrices, il est toujours possible de l'améliorer. Mais pour cela, il faut l'étudier et bien en comprendre ses mécanismes, de l'intérieur.

Je ne sais de quoi l'avenir sera fait mais puisque la franc-maçonnerie dure depuis plusieurs siècles, a traversé de nombreuses révolutions et a survécu à des régimes totalitaires, elle continuera d'exister dans les prochains siècles. Dans ce chapitre, je fais la chose la plus dangereuse que puisse faire un auteur : je souffle sur ma boule de cristal magique et je tente de faire un peu de prospective pour prédire l'avenir de la franc-maçonnerie.

L'avenir de la franc-maçonnerie

Tout d'abord, tirons les leçons du passé en allant voir ce qui se passe du côté de nos amis américains.

La maçonnerie américaine aujourd'hui

Les effectifs de la franc-maçonnerie américaine se réduisent depuis quelque temps et les loges ont été prises de panique. Des bâtiments imposants construits lors des années fastes risquent maintenant de fermer et des loges ayant existé pendant cent ans ou plus fusionnent ou simplement disparaissent. Le baby-boom des années 1950 a apporté une grande vague de nouveaux maçons mais le renouvellement n'est pas assuré par les nouvelles générations.

Vers le milieu des années 1990, les loges locales ont commencé à appeler au secours. Les effectifs baissaient terriblement et les jeunes ne se bousculaient pas aux portes des temples. Il fallait faire quelque chose, même si l'on ne savait pas exactement quoi. Alors, les obédiences tentèrent d'apporter des réponses : certaines firent des formations accélérées en un jour, d'autres utilisèrent des moyens publicitaires et d'autres enfin tentèrent de diminuer les cotisations. Mais les effectifs continuèrent à baisser.

Ça tourne !

Savez-vous pourquoi dans *Les Tontons flingueurs*, Paul Meurice apparaît à la fin du film et fait un signe discret à Lino Ventura. Et pourquoi ce dernier apparaît brièvement et sans raison dans *Le monocle rit jaune* et salue Paul Meurice ? La légende raconte que ces deux acteurs auraient été francs-maçons et auraient trouvé là le moyen de faire un clin d'œil fraternel.

Dans son livre intitulé *Franc-maçonnerie et 7e art*, Harry Swerts s'est amusé à traquer toutes les allusions à la franc-maçonnerie dans les œuvres cinématographiques et les séries télé. On y apprend des choses étonnantes et amusantes. Ainsi, le bâton de Rafiki, le vieux singe du dessin animé *Le Roi lion*, est une canne à laquelle deux boules sont suspendues. Accrochez-vous, le lien est difficile à suivre. L'un des héros légendaires de la franc-maçonnerie s'appelle Tubalcain, c'est le fils de Lamech et le premier forgeron. De Tubalcain, on passe à l'expression anglaise (attention, c'est phonétique) *two balls cane*, qui signifie justement une cane de golf et deux balles. Sous forme d'un bijou représentant une canne de golf avec deux balles collées dessus, il devient un signe discret pour des francs-maçons en mal de reconnaissance.

Mais les allusions les plus énormes sont souvent les plus drôles. Ainsi, Laurel et Hardy (d'ailleurs franc-maçon) sont montrés dans *Les Compagnons de la nouba* (*Sons of the Desert*) comme membres de l'Oasis 13, loge de la société philanthropique fictive Les Fils du désert. Ce qui leur permet d'échapper à leurs épouses acariâtres et despotiques. L'affiche les montre affublés d'un chapeau orné d'un soleil levant.

La référence pseudo-maçonnique la plus connue est peut-être la caricature des francs-maçons dans l'épisode « Homer le Grand » des *Simpsons*. Homer brûle d'envie de rejoindre la loge des Stonecutters (tailleurs de pierres) qui accorde à ses membres des avantages tels que des fauteuils de bureau plus confortables et de meilleures places de parking. La chanson de la loge est devenue une sorte de classique chez les francs-maçons américains :

Qui contrôle la politique ?
Qui s'oppose au système métrique ?
C'est nous ! C'est nous !
Qui sait où se trouve l'Atlantide ?
Qui cache des extraterrestres ?
C'est nous ! C'est nous !
Qui traite les écolos de ringards ?
Qui tient les femmes à l'écart ?
Qui truque les remises des Oscars ?
C'est nous ! C'est nous !

À la fin de son initiation, Homer prête serment : « Je jure sur ce parchemin de ne jamais révéler les secrets des tailleurs de pierre. Dans le cas contraire, que mon ventre soit ballonné et qu'il ne me reste plus que trois cheveux sur le crâne. » Quelqu'un suggère alors de changer la formule du serment. La Vénérable Maître rappelle que « le serment est le même pour tout le monde et que depuis des temps immémoriaux, les tailleurs de pierre brisent les roches de l'ignorance qui masquent les lumières du savoir et de la vérité ». Puis il ajoute : « Maintenant, soûlons-nous et jouons au ping-pong ! »

Devenez franc-maçon en un jour

Des obédiences américaines décidèrent de conférer les degrés d'apprenti, de compagnon et de maître maçon à un grand nombre d'hommes en même temps, en un seul jour. Un *candidat exemplaire* subissait les cérémonies rituelles sur une scène, tandis que les autres candidats l'observaient.

Le moins qu'on puisse dire est que ces événements « Tout le chemin en un jour » ou « Du trottoir au temple » ont été fortement critiqués. De nombreux membres disent que ces techniques sont à la franc-maçonnerie ce que le fast-food est à la cuisine et qu'il ne faut pas s'étonner que ces maçons ainsi constitués soient des « McMaçons » !

Ces événements ont fourni du jour au lendemain des milliers de membres et, d'un point de vue strictement financier, représentent un immense succès. Ils ont permis à des hommes qui n'ont pas le temps à consacrer à la franc-maçonnerie de devenir des maçons en un jour. Mais l'envers de la médaille est que la grande majorité de ces nouveaux membres vont à leur loge en étant déçus par cette initiation rapide. Ces nouveaux maçons insistent pour apprendre le rituel, approfondir le symbolisme, bref reprendre tout depuis le début.

Ces initiations massives ne peuvent attirer qu'un nombre limité de membres. Ces manifestations vont s'épuiser d'elles-mêmes et disparaître. En fait, cet épuisement a déjà commencé. Le bilan n'est pas très positif.

La franc-maçonnerie a mis plusieurs siècles pour se construire et la démarche initiatique que l'on suit en loge a été éprouvée. Elle fonctionne bien mais on sait que l'initiation prend du temps. Chercher à la raccourcir ne sert ni la franc-maçonnerie ni les candidats.

Publicité

Aux États-Unis, et parallèlement aux formations en un jour, de nouvelles campagnes publicitaires ont été lancées. Les francs-maçons ont été lents à recruter de nouveaux membres par la publicité, la plupart des juridictions ayant des règles interdisant de demander à quiconque de devenir un maçon. Les affiches, les annonces à la radio et les publicités télévisées sont un développement controversé. La franc-maçonnerie ayant été invisible pour la société pendant presque trente ans, quelque chose devait être fait pour rappeler au monde qu'elle est toujours en vie. Mais beaucoup de ces campagnes ont choisi une approche maladroite consistant à citer les grandes institutions caritatives de la franc-maçonnerie comme la seule raison pour en devenir membre. Or, les jeunes ne manquent pas d'organisations très efficaces auxquelles adresser leur argent, sans avoir en plus à assister à des réunions dans une loge et à passer par des cérémonies d'initiation. Les hommes ne rejoignent pas une loge maçonnique parce qu'elle donne de l'argent à de bonnes œuvres.

La publicité directe n'est pas le bon moyen de faire connaître la franc-maçonnerie et n'en donnerait une image commerciale qui ne lui correspond pas.

Cotisations

Les groupes maçonniques américains importants ont d'immenses bâtiments à entretenir, des œuvres caritatives à soutenir et bien qu'ils puissent répartir les coûts sur des groupes de membres bien plus grands que ceux de la loge locale, leurs cotisations ont augmenté au fil des années. Mais dans un nombre incroyable de cas, celles des modestes loges maçonniques n'ont pas bougé. Les loges ont souvent subi des pressions pour maintenir leurs cotisations et leurs droits d'initiation à des niveaux ridiculement bas, en partie à cause du nombre de toutes les organisations auxquelles appartiennent les maçons. La conséquence est que la loge locale, où chaque franc-maçon commence sa carrière maçonnique, commençait à être à cours d'argent.

Les loges maçonniques se sont réveillées un peu tard, mais elles ont fini par se rendre compte que les cotisations basses étaient suicidaires. Elles les ont donc élevées et les frères réellement dans le besoin peuvent toujours demander l'aide de leur loge.

Les tendances de la franc-maçonnerie française

Garder le mystère

En France, les formations express n'existent pas. Au lieu de prêcher l'ouverture et de la démystification, les obédiences mettent l'accent sur le mystère et l'aspect confidentiel de l'organisation. Les gens qui viennent en franc-maçonnerie et en particulier les jeunes n'ont pas envie de retrouver en loge ce qu'ils voient tous les jours à la télévision ou à leur travail. Ils sont à la recherche de quelque chose de différent, d'une tradition moderne mais pas « à la mode ». Si ce n'est pas forcément le côté caché qui attire les nouveaux membres de la franc-maçonnerie, c'est certainement le côté ésotérique. L'ésotérisme est le caractère secret de certaines vérités ou enseignements, délivrés à des initiés, suivant une méthode éprouvée.

Développer la pensée symbolique

L'ésotérisme est accessible grâce au travail d'interprétation des symboles. La méthode maçonnique n'est ni un jeu, ni une marotte. L'approche symbolique séduit les nouveaux membres de la franc-maçonnerie, car ils trouvent dans cette façon de percevoir et de comprendre le monde une alternative à la vision logique et rationnelle souvent imposée par la science, la technique et la rentabilité. Le symbolisme est pour eux un juste milieu entre une vision rationnelle des choses et une vision mystique frisant le paranormal.

Elle est attirante également parce qu'elle propose des garde-fous contre ceux qui, avides de mystères et d'exotisme, plongeraient corps et âmes dans le paranormal. La méthode maçonnique fait appel à la raison. S'il y a des mystères et des secrets, ils n'ont rien à voir avec les fabuleuses légendes des livres à succès et des films à la mode. Pourquoi ? Parce que, en franc-maçonnerie, les mystères ne sont pas à lire mais à vivre par soi-même.

Ne pas faire de publicité

La maçonnerie française ne fait et ne fera pas de publicité. Pour quoi faire ? L'objectif de la franc-maçonnerie n'est pas de produire plus de membres mais de rendre ses membres meilleurs. Ce qui compte est donc plus la qualité que la quantité. Cette préoccupation est souvent également annoncée comme importante par les jeunes membres. Lorsque l'on travaille dans la fonction commerciale, lorsque son salaire est indexé sur les chiffres de la vente du mois et lorsque, au moindre écart avec l'objectif à atteindre, son poste peut être mis en danger, il fait bon trouver un lieu qui échappe à ces contraintes. En franc-maçonnerie, le temps qui compte c'est celui de chacun, l'âge importe peu et c'est toujours la qualité qui prime sur la quantité.

Payer pour son autonomie

En Europe, et en particulier en France, les cotisations annuelles coûtent quelques centaines d'euros. On a avancé que le montant élevé de ces cotisations embourgeoisait les loges et renforçait leur caractère élitiste. Je ne le crois pas, car ceux qui ne peuvent pas payer peuvent être pris en charge par leur loge.

Le partage des ressources et la disparition progressive du courrier au profit du courrier électronique permettent de réduire les coûts de fonctionnement. Les cotisations sont calculées et votées au plus juste pour que chaque loge soit autonome matériellement et que chaque obédience ait les moyens d'exister, de protéger les loges de sa juridiction et d'en créer de nouvelles. Ces cotisations ne couvrent que les frais de fonctionnement. Le coût, certes non négligeable, est à peu près le même que l'inscription et la cotisation à un club sportif ou culturel.

Retrouver l'esprit des Lumières

N'OUBLIEZ PAS !

Les jeunes commencent à redécouvrir la franc-maçonnerie. Cette nouvelle génération de maçons ne souhaite pas « faire de la maçonnerie » comme leurs parents. Ils ont envie de rejoindre :

- une tradition ancienne mythique et légendaire ;
- un groupe qui a été pendant trois siècles une grande organisation fraternelle ;
- une organisation fraternelle d'ampleur internationale, acceptant toutes les religions et toutes les races ;
- une loge tolérante et solidaire ;
- un groupe où se sont forgées les grandes lois de la République ;
- une chaîne ininterrompue de femmes et d'hommes attachés au progrès matériel, social et moral de l'humanité ;
- une démarche initiatique pour se transformer.

Souvent, l'image de ce qu'ils recherchent ne correspond pas à ce qu'ils trouveront dans la loge du coin de la rue. L'institution idéale n'a jamais existé.

Mais au lieu de partir, ces personnes restent et commencent à bâtir une maçonnerie adaptée à leurs besoins et conforme à ses traditions, tout comme l'ont fait les francs-maçons des siècles précédents.

Se concentrer sur l'essentiel

Les jeunes générations seront peut-être plus exigeantes que les précédentes car soumises à plus de choix. Pour répondre à ces demandes, les francs-maçons d'aujourd'hui doivent concentrer leurs efforts sur la qualité du travail maçonnique et exiger :

- un travail de degré d'excellente qualité, réalisé par la loge ;
- un programme d'instruction maçonnique pour la progression des candidats comprenant l'approfondissement du travail symbolique au cours de comités de travail par degrés ;
- la rigueur dans le respect des rituels et des règlements généraux ;
- l'assiduité des membres de la loge ;
- des agapes (dîners) à prix modéré pour que l'argent ne soit pas un frein à la présence des frères et des sœurs ;
- une tenue vestimentaire digne car chaque réunion de loge est une cérémonie ;
- des cotisations fixées à un niveau approprié, permettant à la loge de subvenir à ses besoins.

La franc-maçonnerie française insiste sur les aspects intellectuels de la franc-maçonnerie, laisse davantage de temps entre les degrés et se concentre sur la démarche initiatique en laissant dehors tout ce qui n'est pas maçonnique.

Se concentrer sur le contenu

Les maçons ont toujours utilisé la technologie de leur époque pour travailler. Les dessins à la craie sur le sol des tavernes ont été remplacés par des toiles posées sur le sol puis, pour certaines occasions, des planches à tracer, des lanternes magiques, des films et des projecteurs de diapositives.

Bien entendu, il faut que la franc-maçonnerie se modernise et utilise au mieux les nouvelles technologies mais jamais au prix de l'esprit de la démarche. L'enseignement maçonnique montre, comme disait Saint-Exupéry, qu'« on ne voit bien qu'avec le cœur ». On aura beau disposer de tous les moyens de communication et de visualisation les plus sophistiqués, ils ne serviront à rien si l'on n'a pas préparé son cœur, converti son regard et levé la tête. Sinon, comme dit le sage : « Quand l'initié montre la lune, l'imbécile regarde le doigt. »

Les francs-maçons ont débattu récemment au sein de mon obédience pour savoir si Internet permettrait dans le futur de faire des tenues virtuelles. La réponse est que, si Internet permet d'échanger rapidement des documents de toute sorte, l'initiation, en tout cas telle que nous la pratiquons, exige la présence physique. Non pas parce que l'initié est marqué au fer rouge mais parce que c'est l'expérience vécue qui fait l'initiation et non pas la connaissance de quelques secrets qui tiendraient sur une demi-page A4.

Les francs-maçons de ma loge utilisent Internet pour communiquer, choisir des dates de cérémonie, organiser des comités d'apprentis, échanger des textes. Mais les initiations se font toujours en loge et le contact de la pointe d'une épée sur la poitrine découverte, juste au niveau du cœur, laisse une trace indélébile dans la mémoire.

Nettoyer les écuries d'Augias

Nous avons vu au chapitre 13 (voir p. 231) que des francs-maçons peu honnêtes ont utilisé la franc-maçonnerie pour faire des affaires. Le grand public ne voit et ne connaît la franc-maçonnerie souvent qu'au travers de ces affaires relayées par les journaux. Les obédiences ne nient pas ces dérives mais doivent montrer leur caractère marginal et afficher très haut ce qu'il y a de plus noble et de plus beau dans la franc-maçonnerie. En interne, elles se sont lancées récemment dans une sorte d'opération mains propres, en particulier pour éviter les dérives des fraternelles, ces associations paramaçonniques. Les obédiences vérifient la transparence des fraternelles et sont plus rigoureuses sur le recrutement, même si elles s'interdisent toute ingérence dans la vie privée de leurs membres.

Scénario pour le futur...

De la régularité à la reconnaissance

Les obédiences sont comme de grands navires. Elles ont des réactions lentes, il est difficile de les faire changer de direction et il est presque impossible de les arrêter quand elles ont choisi leur cap. Les maçons conservateurs pensent que cette caractéristique est un bienfait, parce qu'elle évite de céder à de brèves impulsions et de conférer une pérennité légale à des idées à la mode. Les maçons révolutionnaires pensent que cette lenteur est un frein, parce qu'elle les empêche de mettre en œuvre de nouveaux projets. La vérité se situe quelque part entre les deux attitudes.

La structure ouverte d'Internet est effrayante pour une organisation conservatrice comme la franc-maçonnerie. Les forums de discussion peuvent devenir des foyers de dissensions ou, pire encore, des incubateurs d'excellentes idées. Pour la première fois dans l'histoire, les francs-maçons de tous les coins du globe peuvent converser et échanger des idées. Cela pose un problème à la franc-maçonnerie dite régulière (voir la définition de la régularité au chapitre 5, p. 110).

Ces questions complexes de régularité et de reconnaissance sont inconnues du grand public et incompréhensibles pour la plupart des jeunes francs-maçons. Au-delà des aspects politiques, ce sujet pose la question de l'identité d'un groupe de pensée. Ces notions sont en train de changer pour prendre en compte toute la complexité du problème et pas seulement définir l'identité par exclusion. Les idées de régularité et de reconnaissance maçonnique – définissant la légalité des conversations et des visites entre maçons – commencent à s'éroder. La première phase de cette évolution a été la reconnaissance des Grandes Loges Prince Hall, qui a permis la coexistence de multiples Grandes Loges dans la même zone géographique. Cette situation n'existait pas avant 1990. Maintenant, Internet permet à d'autres maçons de faire connaissance, que leurs Grandes Loges se reconnaissent ou non. Et ils commencent à demander *pourquoi* elles ne se reconnaissent pas.

Spirituel mais pas religieux

La franc-maçonnerie, nous l'avons écrit plus haut, est religieuse mais ce n'est pas une religion. L'intérêt du public pour le bouddhisme qui est en dehors de notre tradition et par les sujets lié à l'initiation montre que les gens sont prêts à croire mais pas à n'importe quoi. Qu'on le veuille ou non, nous sommes toujours rattrapés par des interrogations métaphysiques. Nous avons tous envie d'essayer de travailler vers ce qui nous pousse à penser qu'il y a « quelque chose plutôt que rien ». Mais pas à n'importe quel prix.

Des hommes de connaissances

N'OUBLIEZ PAS !

Au siècle des Lumières, les loges maçonniques étaient composées de l'élite intellectuelle. On s'y retrouvait pour discuter librement de sciences, de philosophie, d'alchimie et de religion naturelle, tout ça à l'abri du regard des religieux. Les hommes (les femmes n'y étaient pas encore admises) en ressortaient transformés. Ils avaient acquis plus de connaissance, s'étaient élevés spirituellement et pouvaient porter au dehors les idées de liberté, d'égalité et de fraternité qui ont forgé la République.

Nous avons oublié un peu vite ce que pouvait être l'intolérance du XVIIIe siècle. Aujourd'hui, de nouveaux courants religieux et sectaires peuvent nous faire craindre un retour de l'obscurantisme. Face à ça, les femmes et les hommes de demain auront besoin, encore plus que nous aujourd'hui, de lieux, loges maçonniques ou autres, pour se retrouver, échanger et se construire librement.

Certains annoncent la fin de la franc-maçonnerie. Ils sont peut-être nostalgiques de la Troisième République, quand la franc-maçonnerie triomphante délivrait les peuples de l'esclavage en construisant les lois de la République. Ils pensent que la franc-maçonnerie n'a plus rien à apporter à la société française. Mais aujourd'hui la demande semble plus se porter sur la recherche d'une spiritualité laïque que sur la défense de la laïcité. La franc-maçonnerie est faite pour construire des femmes et des hommes de connaissances. À charge pour eux de construire la maçonnerie de demain.

La franc-maçonnerie du XXIe siècle devra développer la qualité de la démarche. Les obédiences devront être plus exigeantes sur les qualités morales et intellectuelles de leurs membres et arrêter d'être obsédées par leurs effectifs.

Le XXIe siècle apportera à coup sûr des changements, comme l'a fait le XXe siècle. Je ne sais pas si le XXIe siècle sera religieux ou ne sera pas, je pense en tout cas qu'il sera plus spirituel, plus solidaire et plus beau. En tout cas, nous travaillerons pour qu'il le soit.

Chapitre 16

Devenir franc-maçon

Dans ce chapitre :

- Pourquoi devenir franc-maçon
- Poser sa candidature auprès d'une loge
- Comment ça se passe

Voyageur,
Il n'y a pas de chemin
Le chemin se fait en marchant

– Antonio Machado

Quelle que soit l'obédience, pour devenir franc-maçon, il faut commencer par être initié au degré d'apprenti dans une loge symbolique. Que le rite que vous pratiquerez comporte 3, 12, 25, 33 ou 95 degrés, vous commencerez toujours par le premier, qui s'appelle toujours le degré d'apprenti. La loge qui confère ce degré s'appelle une *loge symbolique* (ou *loge bleue*).

La franc-maçonnerie se fixe comme règle de ne jamais faire de prosélytisme : vous ne verrez jamais de publicité, d'annonces, d'offres qui vous appelleront à venir nous rejoindre. On ne vous appellera jamais au téléphone le soir pour vous proposer de devenir franc-maçon. Si c'est votre souhait, vous devrez faire le premier pas et aller vers les francs-maçons. Le problème est qu'il n'est pas toujours facile de savoir qui est franc-maçon dans son entourage et où s'adresser.

Les francs-maçons ne doivent pas dévoiler l'appartenance maçonnique de quiconque mais ils peuvent très bien le faire pour eux-mêmes. Mais souvent, pour se simplifier la vie ou par habitude, les francs-maçons décident tout simplement de ne rien dire à personne sur la franc-maçonnerie. Bref, ils sont partout mais on ne les voit jamais.

Il y a de nombreuses années, un franc-maçon américain et astucieux inventa la formule 2B1, ASK1 (*to be one, ask one*, que l'on peut traduire par « pour en être un, demande à un d'entre eux »). Pour devenir franc-maçon, il faut donc s'adresser à un franc-maçon. Le problème est donc : à qui s'adresser ?

Les temps ont changé. Aller à la rencontre des francs-maçons pour parler de franc-maçonnerie et leur poser des questions est devenu plus facile. Les obédiences organisent des réunions publiques et les adresses des loges sont connues. Dans ce chapitre, je vous dis comment choisir une obédience, comment se déroule le processus de candidature et quels sont les droits mais aussi les devoirs d'un franc-maçon.

Pourquoi devient-on franc-maçon ?

On peut vouloir devenir franc-maçon pour de nombreuses raisons. Les personnes qui sont intéressées par la démarche maçonnique sont souvent à la recherche de quelque chose que la vie quotidienne ne leur offre pas ou plus. Cette absence n'est pas forcément liée à un mal-être ou à un mal de vivre. La franc-maçonnerie n'est ni une psychothérapie, ni un renoncement à soi-même et encore moins l'attachement à un gourou ou à une doctrine. C'est une démarche initiatique qui permet à des femmes et des hommes de se construire en suivant une méthode éprouvée depuis plusieurs siècles, sans risquer d'entrer dans un système sectaire et dogmatique.

La franc-maçonnerie, une agence de voyage pas comme les autres

La franc-maçonnerie est une démarche initiatique, mais qu'est-ce qu'une initiation ? Être initié ne signifie pas être arrivé quelque part, être supérieur aux autres ou avoir quelques privilèges. Non. Initié signifie avoir été mis sur le chemin. C'est bien entendu le chemin de la vie et selon les traditions, ce chemin permet d'aller à la rencontre de soi-même, de la connaissance, de la lumière ou de Dieu. Mais ce qui importe, c'est qu'il n'y a pas d'autoroute de l'initiation, qu'il n'existe pas de chemin unique que tout initié doit suivre. Chaque chemin a sa valeur. L'initié chemine seul ou accompagné et le chemin des autres peut aider celui qui avance. L'initié est mis sur un chemin avec des outils ou des repères. C'est en marchant qu'il va tracer sa route, éprouver ses instruments de navigation et découvrir d'autres paysages, s'ouvrir à d'autres mondes, d'autres cultures.

Le thème du voyage est presque indissociable de l'initiation : les compagnons opératifs faisaient leur tour de France pour parfaire leur formation, les pèlerins de Compostelle allaient à pieds le long des routes, l'initiation maçonnique propose des voyages symboliques aux candidats.

L'ambiguïté du mot initiation se retrouve en franc-maçonnerie où ce mot peut représenter à la fois la cérémonie d'initiation et la démarche initiatique dans sa globalité, c'est-à-dire le point de départ et la démarche générale.

Dans son célèbre roman *L'Alchimiste*, Paulo Coelho raconte l'histoire d'un jeune berger andalou qui prend le risque de partir à la conquête de l'inconnu pour trouver un trésor. Au cours de son voyage, il rencontre un alchimiste qui l'aide à poursuivre sa « légende personnelle ». *L'Alchimiste* a été un très grand succès de librairie car il présente des choses simples comme des recettes pour réussir sa vie. Dans ce livre, il n'est jamais dit : « Faites ceci » ou « Ne faites pas cela », mais plutôt « Devenez ce que vous êtes, construisez votre histoire personnelle et prenez le temps de vivre. »

La franc-maçonnerie est aussi un voyage. C'est un voyage qui ne cherche pas à vérifier ce qui sera révélé car rien n'est révélé en franc-maçonnerie mais à exercer son intelligence et sa raison pour révéler, par soi-même, ce qui est caché. Sur cette route, que va trouver l'initié ? Des compagnons de route, des symboles qui lui permettront de ne pas s'égarer, des haltes pour se nourrir et se reposer. Pour trouver quoi au bout du chemin ? Peut-être finalement rien d'autre que le chemin lui-même, visible en se retournant car, comme dit le poète espagnol Antonio Machado :

Voyageur, le chemin
C'est les traces de tes pas
C'est tout ; voyageur,
Il n'y a pas de chemin,
Le chemin se fait en marchant
Et quand tu regardes en arrière
Tu vois le sentier que jamais
Tu ne dois à nouveau fouler.

Mais aurons-nous un jour le courage de nous retourner ?

La plupart des jeunes candidats ont une vie professionnelle et affective stable mais sentent que cette stabilité peut être source de stagnation. Ils ont envie de découvrir d'autres choses, d'autres mondes, d'autres façons de penser et surtout de partager leurs expériences avec d'autres personnes engagées dans la même démarche. Les plus âgés au contraire ont eu une vie bien remplie et ont maintenant plus de temps pour eux.

D'autres sont déçus par leur Église qu'il juge n'être pas assez ouverte sur les changements du monde et souhaitent trouver ou retrouver une spiritualité sans dogme. Ils ont envie de confronter leur expérience personnelle avec celle des autres (y compris ceux pour qui Dieu n'existe pas…) afin de construire leur Dieu à partir de ces Dieux.

D'autres ont envie de rejoindre la franc-maçonnerie pour participer au progrès de l'humanité. Vaste projet ! Certaines obédiences ont joué un rôle fondamental dans la construction de la laïcité et de la République française et beaucoup voient dans la franc-maçonnerie une institution capable de continuer ce combat même si, bien sûr, les adversaires ne sont plus les mêmes qu'en 1905. Mais il y a d'autres façons de contribuer au bonheur de l'humanité, en commençant par des actions dans son entourage proche : famille, amis, collègues. Cela aussi peut s'apprendre en franc-maçonnerie.

Enfin d'autres sont à la recherche d'un espace « en dehors du monde » pour aborder en toute sérénité des problèmes importants de leur vie. Les loges sont ces espaces protégés qui permettent de se ressourcer avant de repartir dans le tumulte de la vie quotidienne. Une sorte d'oasis, de point fixe, de lieu clos, bref un lieu sacré.

Vous le voyez, il y a beaucoup de sortes de motivations qui poussent des femmes et des hommes à demander leur admission au sein de la franc-maçonnerie. Mais il y a aussi, en France, beaucoup d'obédiences et de rites. Il est donc important pour le candidat d'exprimer sa motivation, de rencontrer aux travers de conférences, de lectures ou de contacts directs les divers courants de la franc-maçonnerie afin d'être reçu dans la bonne loge, c'est-à-dire celle qui répondra le mieux à ses attentes.

Mais avant d'entrer dans le détail des obédiences et de comment poser sa candidature, un candidat doit bien comprendre ce à quoi il s'engage en entrant en franc-maçonnerie.

Comme tout engagement, la franc-maçonnerie apporte des droits, c'est-à-dire des gains, et des devoirs ou obligations.

Que peut vous apporter la franc-maçonnerie ?

La franc-maçonnerie ne vous apportera pas plus d'argent, plus de passe-droit ni plus de pouvoir. Si c'est ce que vous cherchez, ce n'est pas en entrant dans une loge que vous trouverez tout ça. Si vous cherchez des amis, la franc-maçonnerie peut vous aider : elle vous fera « automatiquement » de nombreux frères, même si tous ne deviendront pas systématiquement des amis. La fraternité et l'amitié sont deux choses différentes que les jeunes maçons confondent souvent. Pour résumer : vous pouvez choisir vos amis, vous devez aimez vos frères.

La franc-maçonnerie, je le rappelle, est une méthode et, comme toute démarche, elle porte ses fruits si elle est utilisée à bon escient mais reste inefficace si elle est utilisée en dépit du bon sens. C'est la loge qui est le garant du bon respect de la démarche maçonnique.

La fraternité

La franc-maçonnerie vous fait entrer dans une organisation représentée dans la majorité des pays. Partout où vous irez, si vous avez la chance de voyager, vous serez toujours accueilli. Dans cette organisation, vous serez amené à fréquenter des hommes et des femmes très différents de vous : âge, religion, situation sociale, origine, façon de penser. Ces contacts, considérés dans un contexte où l'écoute et le respect de l'autre sont fondamentaux, seront toujours étonnants et producteurs d'idées nouvelles. De plus, travailler à la gloire du Grand Architecte de l'Univers signifie que nous tentons de nous dépasser en allant dans toutes les directions : au plus profond de soi, vers les autres et vers ce qui nous dépasse. Si tous les francs-maçons sont différents, ils se retrouvent à égalité dans la loge pour partager leurs expériences.

Une tradition ancienne

En rejoignant la franc-maçonnerie, les membres sont fiers de se sentir reliés à une société humaine traditionnelle qui a reçu des hommes illustres comme les humbles. L'idée de rejoindre ce grand chantier est exaltante et l'étude de l'histoire de la franc-maçonnerie est éclairante sur ce point.

La bienfaisance

La franc-maçonnerie vous permet, au travers des différentes associations d'entraide, d'exprimer votre compassion envers ceux qui sont dans le besoin. Toutes les obédiences ont des associations de bienfaisance qui agissent sur le terrain du chômage, de la précarité. Ces œuvres ne sont pas seulement tournées vers les membres de l'obédience et ne s'expriment pas seulement avec des dons d'argent. Du temps donné, des conseils, des soutiens, une présence comptent parfois plus que des dons financiers.

Le développement personnel et l'initiation

Le gain principal qu'apporte la franc-maçonnerie aux femmes et aux hommes qui s'y engagent entièrement se situe sur le plan personnel. Plus qu'une méthode de développement personnel, la franc-maçonnerie est un processus initiatique qui permet d'agir, de former sa façon de percevoir le monde, sa compréhension des mécanismes de la nature et enfin sa conscience. Tout le monde sait que l'homme est mortel mais peu vivent comme s'ils allaient mourir demain. Comprendre et non pas seulement savoir sa propre mort permet à l'homme d'appréhender la vie de façon différente. Certaines choses deviennent vaines et d'autres reprennent leur juste place. On gagne en lucidité.

Souvent, j'entends qu'être initié, c'est passer du verbe avoir au verbe être. C'est vrai qu'en franc-maçonnerie, tout au moins pour ceux qui la vivent comme méthode initiatique, on apprend à devenir ce que nous sommes. Pour cela, il faut accepter de perdre quelque chose : ce sacrifice, c'est se débarrasser des idées reçues, de notre façon logique et binaire de voir le monde et enfin de notre peur de la mort à jamais refoulée.

La spiritualité

Je n'aime pas ce terme car il est très difficile à définir en quelques lignes. La spiritualité est la démarche qui consiste à construire de manière permanente un chemin vers ce qui nous dépasse en tant qu'êtres de chair. Dieu ? Oui, pour certains, la spiritualité, c'est la foi et la pratique d'une religion en est le chemin. Pour d'autres, la spiritualité peut être dissociée de la religion. L'initiation est un chemin possible vers un mieux-être et ce mieux-être n'est pas d'ordre matériel. La spiritualité ne s'oppose pas à l'athéisme mais au matérialisme. La méthode maçonnique, aux travers des degrés des rites, met le franc-maçon en présence de mystères et lui fournit les outils qui lui permettront, par lui-même, de comprendre le monde, de s'orienter et finalement de trouver sa place dans ce grand chantier à construire qu'est le monde.

À quoi vous engagez-vous ?

La franc-maçonnerie est exigeante vis-à-vis de ses membres. Elle demande tout d'abord de suivre avec assiduité toutes les tenues (réunions) de la loge – environ deux par mois, plus des réunions de travail organisées en fonction des degrés – environ une par mois. Ajoutez à cela une soirée de travail personnel et cela vous donne un soir par semaine à consacrer à la maçonnerie. Finalement, rien de plus que si vous pratiquiez un sport ou une activité culturelle. Généralement, les loges suspendent leurs travaux pendant les deux mois d'été mais les obédiences organisent très souvent des travaux d'été, pour ceux qui ne partent pas en vacances. Un soir par semaine, c'est donc le minimum (car bien sûr un maître maçon, s'il le souhaite, peut assister à des tenues maçonniques tous les soirs de la semaine).

La deuxième chose qui est demandée à un franc-maçon est de travailler sur lui-même, en permanence et en toute sincérité. L'initiation maçonnique est un long travail de transformation de soi et le temps nous est compté. Bien sûr, chacun travaille à son rythme et selon sa capacité, mais le système par degré est justement fait pour proposer d'aller toujours plus loin sur le chemin initiatique.

Qu'apporterez-vous à la franc-maçonnerie ?

C'est une question qui est toujours posée aux candidats lorsqu'ils se présentent dans une loge maçonnique. Pour répondre, il faut se rappeler de deux choses.

La franc-maçonnerie est une école mutuelle où chacun apprend des autres. Même un jeune apprenti peut apprendre à un vieux maître car il est forcément différent et sa vision du monde a autant de valeur. Ensuite, les façons d'aborder les symboles, de les interpréter, de les mettre en relation sont très différentes d'une personne à l'autre, mais c'est dans l'échange de ces points de vue qu'on peut, sinon faire le tour du sujet, tout au moins l'avoir bien dégrossi. Selon cette idée, le candidat ne peut apporter ce qu'il a : sa personnalité, son expérience de la vie, son énergie et son désir. Avouez que c'est déjà beaucoup !

La deuxième chose qu'il faut se rappeler est que la franc-maçonnerie et la loge en particulier ne sont rien sans les maçons qui les font vivre. Le candidat qui arrive en franc-maçonnerie porte en lui, non pas son bâton de maréchal, mais son cordon de vénérable. Bien sûr, on ne lui dit pas, cela lui ferait peur. Mais en s'intégrant dans la loge, il prendra progressivement diverses charges en fonction de ses aptitudes et de ses disponibilités. Ce qui est remarquable dans la méthode maçonnique, c'est qu'elle porte en elle son mécanisme de transmission. Devenu maître, le candidat aura en charge de transmettre la méthode maçonnique. C'est le devoir du maître maçon.

Ce qu'en disent les maçons eux-mêmes

Chaque maçon a ses propres raisons pour rejoindre la franc-maçonnerie. Les francs-maçons français ne sont pas enclins à témoigner de leur expérience maçonnique, ni à raconter pourquoi ils sont devenus francs-maçons et encore moins ce que cela leur a apporté. Je recommande rarement à des jeunes apprentis de lire les expériences des autres maçons. En effet, ils se sont engagés en franc-maçonnerie pour écrire leur propre histoire et non pour lire celle des autres. Ceci dit, je cite dans l'annexe C (voir p. 344), parmi les livres à lire pour aller plus loin, le livre de Jean Verdun qui fut Grand Maître de la Grande Loge de France en 1985, car il a su parler simplement de sa démarche en évitant les phrases pompeuses.

Je ne sais pas qui a écrit : « Si un jour quelqu'un se présente comme un initié et vous parle d'initiation, fuyez le comme la peste ! Il y a fort à parier qu'il ne vous apprendra rien. » Cela est très juste, un vrai initié écoute beaucoup et parle peu.

Rencontrer des francs-maçons

Sauf exception, les maçons ne vous demanderont pas de rejoindre la franc-maçonnerie. L'un de ses plus anciens préceptes est qu'un homme doit le demander « de sa propre et libre volonté et de son propre accord ». Ses amis maçonniques ne sont censés exercer sur lui aucune pression et on s'attend à ce qu'il frappe à la porte du temple parce qu'il a une bonne opinion de la franc-maçonnerie, non par simple curiosité ni par désir d'avancement social ou financier.

Il existe quelques exceptions à la règle « Ne demandez pas ». De nombreuses Grandes Loges ont modifié leurs règles pour permettre dorénavant de suggérer sans insister, afin d'éviter le problème du père qui n'a jamais demandé à son fils de rejoindre la franc-maçonnerie.

Pour entrer en franc-maçonnerie, la plupart des gens pensent qu'il faut être parrainé. C'est vrai, mais les candidats peuvent également faire acte de candidature directement auprès d'une obédience qui se chargera de lui trouver une loge, puis un parrain.

Dans la France du XIXe siècle, il était simple de repérer un franc-maçon. Il était généralement anticlérical, membre du Parti radical et très engagé sur la laïcité et la République. Il suffisait d'assister à un banquet républicain, de repérer un homme barbu portant un tablier avec une équerre et un compas et le tour était joué. Aujourd'hui, sauf lors de quelques manifestations pour la défense de la République et de la laïcité où les membres du Grand Orient de France défilent avec leur cordon de maître, vous ne verrez jamais de francs-maçons portant des signes ostensibles de leur appartenance.

Aux États-Unis, les francs-maçons portent une chevalière à leur doigt ornée de l'équerre et du compas, des chapeaux, des boucles de ceinture, des pinces à cravate et des pins au revers des vestons. Leurs voitures ont de petits médaillons ronds sur le pare-choc représentant des symboles de la loge ou les emblèmes de leur obédience. Plus de 30 États ont même émis des plaques d'immatriculation spéciales pour les maçons.

Rien de tel en France et il est même assez mal vu, par les francs-maçons eux-mêmes, de porter ce type d'insigne. Les porter dans une loge ne sert à rien car ce n'est pas cela qui fait de vous un franc-maçon et les porter au dehors ne sert à rien car ce n'est pas comme cela qu'on se fait reconnaître par un autre franc-maçon.

Je pourrai vous « faire l'article » et vous dresser un portait-robot du franc-maçon français qui vous permettrait, à coup sûr de le repérer dans votre cadre professionnel ou amical. Ce serait aussi ridicule que malsain. Cela a été fait pourtant, c'était pendant l'Occupation quand les nazis ont présenté aux Parisiens des expositions pour leur apprendre à reconnaître un juif ou à repérer un franc-maçon…

Les francs-maçons ne sont pas des femmes ou des hommes sans défaut. Loin de là et je ne voudrais pas vous donner une image idyllique de la réalité. Mais si vous rencontrez une femme ou un homme ayant de nombreuses relations, surtout avec des personnes hors de son réseau professionnel, ayant une capacité d'écoute, une approche tolérante et bienveillante des autres, capable d'entendre une chose et son contraire et pouvant parler de Dieu sans parler de religion, il y a de grande chance pour qu'elle ou il soit franc-maçon(ne). Mais, bien sûr, la franc-maçonnerie n'a pas le monopole de ces qualités.

Parler de franc-maçonnerie autour de vous permet souvent de voir comment vos proches ou vos collègues de travail réagissent. Mais il est rare qu'un franc-maçon défende la franc-maçonnerie quand elle est attaquée parce qu'il sait très bien que ce n'est pas en expliquant les choses directement que les rumeurs sont tuées (voir sur ce sujet le chapitre 18, p. 293).

Soyez sûr que si vous avez des francs-maçons dans votre entourage et que vous êtes attiré par la franc-maçonnerie, ils sauront déceler en vous votre désir et iront à votre rencontre. Mais si vous ne rencontrez pas de francs-maçons dans votre entourage pour vous parrainer, vous pouvez vous adressez directement aux obédiences pour mieux connaître leurs pratiques ou pour faire acte de candidature.

Choisir une obédience

Vous avez envie d'en savoir plus sur la franc-maçonnerie et vous ne connaissez pas de franc-maçon ? Ce n'est pas grave, vous avez vu dans ce livre qu'il existe de nombreuses obédiences en France. Ces obédiences ont chacune leurs caractéristiques et le plus simple est de visiter leur site Internet et de lire leur statut, leur philosophie et leur organisation. Avec les informations que vous trouverez dans ce livre, vous pourrez vous faire votre propre idée. Les annexes A et B vous donnent une liste très complète des obédiences et des sites maçonniques. De plus, la plupart des obédiences organisent régulièrement des *tenues blanches ouvertes* (conférences publiques dans un temple maçonnique) qui vous permettront d'abord d'écouter des exposés sur la franc-maçonnerie puis surtout de rencontrer des francs-maçons et de leur poser toutes les questions qui vous passent par la tête. Le choix de l'obédience est important. Prenez tout votre temps.

Aux États-Unis, certaines obédiences mettent des affiches ou font passer de la publicité au cinéma entre les films. Rien de tel en France où l'accent est mis sur la démarche personnelle. Pas de publicité, pas de marketing, pas de gestion prévisionnelle des effectifs. Les francs-maçons français ne souhaitent pas entrer dans cette logique. D'ailleurs les effectifs de la franc-maçonnerie américaine sont en train de diminuer, ce qui laisse penser que l'approche directe (pour reprendre des termes de marketing) n'est pas très bien vue pour ce genre de « produit ». Bref, la franc-maçonnerie ne se vend pas comme de la lessive ou des téléphones portables !

Peut-être avez-vous remarqué près de votre domicile des personnes habillées en costume sombre et nœud papillon qui se réunissent régulièrement et à heure fixe. Vous pensez qu'il s'agit de francs-maçons ? Inutile de chercher à entrer dans le bâtiment puisque, je le rappelle, les tenues ont lieu dans des temples, qui sont des espaces privés. Par contre, rien ne vous empêche d'aller poser des questions aux personnes rencontrées sur le trottoir… Parce que s'il y a bien une chose qu'aime un franc-maçon, c'est parler de franc-maçonnerie !

Lorsque votre choix est fait, il vous suffit d'adresser un courrier à l'obédience que vous avez choisie pour faire acte de candidature. Le secrétariat de l'obédience qui recevra votre courrier l'adressera à la loge symbolique la plus près de chez vous. En effet, les obédiences cherchent, mais ce n'est pas une obligation, à ce que les membres habitent à côté de leur loge pour favoriser les contacts. Cette proximité, bien entendu, est plus facile dans les grandes villes qu'en province où les francs-maçons sont souvent obligés de parcourir de nombreux kilomètres pour se réunir.

Votre candidature sera donc envoyée au président de loge près de chez vous. Ce dernier vous contactera pour faire connaissance, répondre à vos questions, s'assurer de la sincérité de votre démarche et surtout voir si la loge qu'il dirige convient à ce que vous attendez. Si c'est le cas, il proposera votre candidature à la loge lors d'une prochaine réunion. Si ce n'est pas le cas, il vous proposera toujours d'autres contacts.

Selon les cas, le Vénérable désignera un membre de la loge qui jouera le rôle de parrain. C'est à lui que vous pourrez poser quantité de questions car la loge que vous rejoignez doit vous convenir. Les maçons n'ont pas le droit de vous dire tout sur les cérémonies rituelles, mais ils devraient être assez ouverts sur tout le reste. Si vous avez moins de 40 ans, vous serez peut-être surpris de ne rencontrer que des francs-maçons plus âgés que vous. En fait, les personnes que vous rencontrez sont des maîtres maçons et ils sont entrés en franc-maçonnerie depuis au moins trois ans. De plus, face à un candidat plein de questions, une loge n'envoie que des personnes capables d'y répondre et plus on est vieux, mieux on connaît et plus on peut apporter de réponses.

Les membres actifs des loges que je fréquente ont de 25 à 90 ans. Ne soyez pas découragé de rejoindre une loge parce que vous y apercevez beaucoup de cheveux gris. Soyez réceptif au fait que vous rencontrerez des personnes de tout âge et que vous vous rendrez compte rapidement que l'âge réel n'a pas d'importance. D'ailleurs les francs-maçons utilisent un âge symbolique qui correspond aux degrés du rite pratiqué. Ainsi, quel que soit l'âge de ses artères, un apprenti a 3 ans.

Rejoindre une loge

Quand vous avez trouvé une loge que vous voulez rejoindre, vous êtes prêt à entamer le processus de candidature. Dans les sections qui suivent, je vous indique certaines qualifications que vous devez avoir pour devenir franc-maçon (les qualifications spécifiques varient d'une loge à une autre, mais certaines règles sont générales), puis je vous conduis à travers le processus complet, depuis la candidature jusqu'au moment où vous serez initié.

Critères pour être membre

Les critères pour rejoindre une loge varient d'une juridiction à l'autre, mais certains sont communs à la majorité des loges maçonniques. Il y a les critères réglementaires et les critères moraux.

L'âge

Parmi les critères réglementaires, il faut être majeur. Notez que certaines obédiences, comme la Grande Loge Nationale Française, élèvent l'âge requis à 21 ans.

Les critères moraux

Ils se résument, suivant les textes anciens, à « être libre et de bonnes mœurs ». Vous voyez qu'ils sont difficiles à définir et leur appréciation est soumise aux différentes loges. Mais de manière générale, vous devez rejoindre la franc-maçonnerie de votre propre volonté. La maçonnerie exige un engagement de temps et d'efforts. Ne permettez pas à votre père, votre oncle, un voisin ou un ami d'insister pour que vous veniez à la franc-maçonnerie. Ne le faites que parce que vous le voulez et non pour faire plaisir. Vous devez être libre. Cela veut dire qu'un homme doit être maître de sa vie et ne pas être attaché à une autre personne.

Et Dieu ?

La Grande Loge Nationale Française qui, comme je l'ai indiqué à propos de la régularité (voir chapitre 5, p. 110) est la seule obédience française à être régulière aux yeux de la Grande Loge Unie d'Angleterre, exige de ses membres une croyance en Dieu quel que soit le Dieu et la religion qu'ils pratiquent. Ainsi, les agnostiques et les athées ne sont pas admis dans cette obédience. Les autres obédiences sont plus souples sur ces questions de croyance. Par exemple, à la Grande Loge de France, il est simplement demandé aux membres d'accepter l'existence d'un principe créateur. Au Grand Orient de France, aucune forme de croyance en Dieu ou même à un principe créateur n'est exigée.

Ce point qui peut être vu comme un point de doctrine est important car il ne faudrait pas qu'un membre se rende compte qu'il a mal choisi son obédience vis-à-vis de sa croyance ou sa non-croyance. Bien entendu, un franc-maçon a toute liberté de changer de loge, de rite et même d'obédience mais cela est souvent vécu comme une rupture un peu douloureuse.

Et le sexe ?

Enfin, dernier critère évident mais qu'il convient de rappeler : le sexe. Certaines obédiences sont exclusivement masculines, d'autres sont exclusivement féminines et d'autres enfin sont mixtes. Le candidat a, là encore, le choix. Avec certaines restrictions cependant : si vous souhaitez rejoindre une obédience régulière (reconnue par la Grande Loge Unie d'Angleterre, sachez que ce ne peut être qu'une obédience masculine puisque la maçonnerie régulière féminine n'existe toute simplement pas aux yeux des francs-maçons anglo-saxons ! Certaines obédiences (le Droit Humain, la Grande Loge Mixte Universelle et la Grande Loge Mixte de France) sont mixtes et initient donc dans les mêmes loges femmes et hommes.

Donc si vous êtes un homme, inutile d'aller voir du côté de la Grande Loge Féminine de France et si vous êtes une femme, ne cherchez pas à entrer à la Grande Loge de France. Je traite de ces questions au chapitre 12 (voir p. 227).

Et vous ?

S'il y a des critères, il y a aussi des non-critères, c'est-à-dire des caractéristiques de votre personne et de votre vie qui ne rentrent pas en ligne de compte pour l'analyse de votre candidature. Votre âge, votre salaire, votre position sociale, vos diplômes universitaires, vos préférences sexuelles, votre couleur de peau, vos opinions politiques et votre pratique religieuse.

Si vos opinions politiques sont plutôt du côté de l'extrême droite, je pense que la loge vous demandera de clarifier quelques petites choses. En effet, les parties d'extrême droite prônent la dissolution de la franc-maçonnerie, ce qui d'ailleurs ne fut fait en France que sous le gouvernement de Vichy. Les deux mouvements sont donc incompatibles.

Si vous vivez en couple, l'avis de votre conjoint est important et vous sera demandé. Votre conjoint ne sera pas questionné directement, mais on vous posera la question. En effet, l'expérience montre qu'une personne s'engageant en franc-maçonnerie contre l'accord de son conjoint ne va pas très loin. Il est important que le conjoint accepte et même soutienne la démarche du candidat. Par contre, il est évident qu'il n'est pas nécessaire de faire adhérer son conjoint. Il n'y a pas de tarif couple en franc-maçonnerie !

On vous posera d'autres questions importantes avant de vous permettre de rejoindre une loge :

- **Êtes-vous prêt à travailler sans relâche à votre perfectionnement ?** En particulier, la franc-maçonnerie demande à ces membres d'être assidus, c'est-à-dire d'y consacrer une soirée par semaine.
- **Avez-vous une opinion favorable de la franc-maçonnerie ?** Vous devez avoir un désir de connaissance et un souhait sincère d'entrer en franc-maçonnerie. Si vous êtes simplement curieux de savoir ce qui se passe derrière des portes verrouillées, ce n'est pas la peine d'essayer d'y entrer, il suffit de lire des livres.
- **Êtes-vous d'accord pour suivre les règles ?** Vous allez entrer dans un ordre et tout ordre exige de ses membres qu'ils respectent des règles. Ces dernières sont dictées par le rite pratiqué et par l'éthique qui est associée à la démarche générale. Il n'y a là rien qui doive vous faire peur. Ce qui est demandé aux francs-maçons est toujours conforme aux lois de leur pays et les épées présentes dans les loges ont une fonction symbolique.

Les loges ne donnent pas aux candidats une liste de critères préimprimés que le candidat coche. Ce qui compte en premier lieu, c'est la sincérité du candidat, et lui donner un questionnaire à remplir l'influencerait et n'aurait pas beaucoup de sens. Imaginez-vous devoir répondre à la question : « Êtes-vous tolérant ? 1. Jamais. 2. Quelquefois. 3. Souvent. 4. Toujours. »

En tant que membre d'une loge, vous devrez verser une cotisation annuelle appelée *capitation*. La franc-maçonnerie n'est subventionnée ni par l'État, ni par les municipalité, ni par une puissance étrangère… Elle vit uniquement grâce aux cotisations de ses membres qui permettent d'assurer les frais de fonctionnement de la loge et de participer à ceux de l'obédience. Le montant des capitations varie d'une loge à l'autre et est voté chaque année par les maîtres de la loge. Ces montants sont raisonnables et dépassent rarement les 300 euros. Personne ne s'enrichit et tout le monde est bénévole. La plupart des loges demandent également une participation financière pour l'initiation et plus généralement à chaque passage de degré. Ils sont toujours indiqués au candidat.

La franc-maçonnerie n'est pas une secte. S'il est difficile et long d'y entrer, il est par contre très facile d'en sortir. Une simple lettre et vous êtes dégagé de vos obligations. Dans la réalité, les frères ou sœurs de votre loge chercheront à comprendre pourquoi vous voulez quitter la franc-maçonnerie mais sans pression, ni harcèlement car il appartient à chacun de décider de ces actes et tout maçon est libre de démissionner.

J'oubliais : un franc-maçon peut démissionner que s'il est à jour de ses cotisations, sinon il sera radié. La différence est d'ordre moral puisque la dette demeure et d'ordre pratique puisque, si une personne démissionnaire peut réintégrer assez facilement une loge, pour un membre qui a été radié les choses sont plus difficiles. Mais pas impossibles.

Si tous les critères sont vérifiés, le Vénérable de la loge vous fait parvenir un dossier de candidature. C'est un questionnaire standard fourni en général par l'obédience pour toutes les loges de sa juridiction. Répondez complètement et en toute sincérité à toutes les questions. Il vous est demandé généralement un CV non pas professionnel mais plutôt racontant qui vous êtes et une lettre expliquant pourquoi vous voulez rejoindre la franc-maçonnerie.

Votre candidature est présentée à la loge

Votre dossier de candidature est ensuite présenté par le Vénérable Maître à la loge. S'il n'y a pas d'objection, le Vénérable Maître nomme trois enquêteurs. Ce sont des maîtres de la loge qui sont chargés de rencontrer le candidat, de mieux le connaître et d'approfondir avec lui les points qui n'ont pas été évoqués dans son dossier de candidature. L'identité des enquêteurs n'est connue que du Vénérable Maître afin qu'ils puissent pas communiquer entre eux sur le candidat.

Les enquêtes

Les trois enquêteurs rencontrent chacun le postulant et lui posent des questions pour approfondir certains points. En général, l'un d'entre eux est chargé par le Vénérable Maître de rencontrer le postulant chez lui. Le résultat des trois enquêtes est ensuite lu en loge et les maîtres votent sur la poursuite ou non de la procédure.

Il n'y a pas de délais fixes entre la demande de candidature et les étapes suivantes de la procédure. Dans certaines obédiences, il y a un délai supplémentaire car les dossiers de candidature sont transmis pour examen au secrétariat de l'obédience. Mais vous serez toujours averti de ces délais.

Le dossier de candidature comprend également un extrait de casier judiciaire. Avoir été condamné n'est pas un critère de refus de la part d'une loge ou d'une obédience. Mais les obédiences se laissent ainsi le droit, en toute connaissance de cause, de refuser un candidat qui aurait été condamné pour certains délits jugés incompatibles avec la demande. Le candidat doit également fournir une photo. Comme on publie les bans des mariages devant les mairies, les photos des candidats sont affichées au siège des obédiences. Les francs-maçons ont le devoir de vérifier régulièrement les tableaux d'affichage pour détecter d'éventuels escrocs. Mais la plupart du temps, ils ont plus le plaisir de découvrir un collègue de travail, un ancien copain ou un voisin.

Le vote maçonnique

Pour voter dans la Grèce antique, une petite boule d'argile était remise à chaque votant, lequel déposait cette boule dans l'un de plusieurs récipients pour désigner son candidat préféré.

Dans une loge maçonnique, il n'y a pas de carte d'électeur ni de machine électronique pour voter. Seuls les maîtres votent et il n'y a pas d'abstention. Lorsque la loge a besoin de prendre une décision importante, par exemple accepter un candidat, un débat contradictoire est mené où chacun peut s'exprimer librement mais généralement en ne prenant la parole qu'une fois. Puis l'orateur fait une synthèse des débats et propose un vote.

Certains votes ont lieu à main levée mais le Vénérable demande toujours au préalable si quelqu'un demande le vote à bulletin secret par un système non pas de bulletins mais de boules.

Chaque maître reçoit de la part du maître des cérémonies une boule noire et une boule blanche. L'expert le suit et présente à chaque maître une urne blanche et une urne noire. Si le maître est d'accord avec les conclusions de l'orateur, il met sa boule blanche dans l'urne blanche et sa boule noire dans l'urne noire (on dit qu'il vote couleur sur couleur). S'il n'est pas d'accord, il met sa boule blanche dans l'urne noire et sa boule noire dans l'urne blanche (on dit qu'il panache les couleurs). Lorsque tous les maîtres ont voté (l'abstention n'est pas autorisée), les boules sont comptées dans chacune des urnes et le résultat du vote est annoncé à la loge. On appelle cela le vote et le contre-vote.

À l'origine, le contre vote n'existait pas et on se contentait de placer une boule blanche dans l'urne si on était d'accord avec la proposition de vote et une boule noire sinon. Pour refuser un candidat, on plaçait donc une boule noire (*black ball* en anglais, d'où vient l'expression française blackbouler quelqu'un !)

Le passage sous le bandeau

Si le vote est favorable, la loge convoque le candidat pour une audition. C'est le passage sous le bandeau. Le candidat est convoqué, on lui bande les yeux puis il est introduit en loge et questionné sur ses motivations, sa personnalité, sa vision du monde et sur tout autre sujet permettant aux membres de la loge de mieux le connaître.

Les yeux du candidat sont bandés pour plusieurs raisons. La première est que, n'étant pas franc-maçon, il n'a pas à voir qui est présent dans la loge. La deuxième est que, n'étant pas franc-maçon, il n'a pas à connaître les différents éléments qui sont présents dans loge: symboles, décors… Mais la principale raison est que, privé de la vue, il est uniquement centré sur lui-même et sur les questions qui lui sont posées. Ce bandeau est donc une protection qui garantit au candidat une tranquillité d'esprit. Le passage sous le bandeau est souvent ressenti comme une épreuve parce qu'il n'est pas facile d'être questionné par des personnes que l'on ne voit pas. Ce n'est pas un bizutage et ce passage sous le bandeau est toujours fait dans le respect du candidat.

Lorsque le passage sous le bandeau est terminé, le candidat est invité à rentrer chez lui et la loge délibère et vote une dernière fois.

À ce stade, trois cas de figure:

- la loge estime que la candidature n'est pas recevable et le candidat est refusé;
- la loge estime que la candidature est recevable mais que ce n'est pas le bon moment, le candidat est alors ajourné;
- la loge estime que la candidature est recevable et que c'est le moment et le candidat est accepté.

Notons que le refus peut arriver plus tôt dans la procédure de recrutement soit du fait de la loge, soit du fait de l'obédience.

L'ajournement consiste à différer l'initiation de plusieurs mois. Pendant ce temps d'attente, la loge reste en contact avec le candidat et lui conseille des lectures et des conférences pour mieux affiner sa recherche. Même si l'ajournement est difficile à accepter par un candidat, il faut rappeler que le temps prend ici un aspect différent du temps de la vie de tous les jours et que l'attente est initiatique.

Tous les votes ont lieu à bulletin secret. Seuls les maîtres de loge votent. Les votes pour les candidatures requièrent la majorité des voix mais le type de majorité (absolu, trois quarts…) est fixé par les règlements généraux des obédiences (voir encadré «Le vote maçonnique»).

Le grand soir...

Puisque la loge s'est prononcée favorablement par trois fois sur votre candidature, elle n'a plus qu'à programmer la cérémonie d'initiation (voir les détails relatifs au rituel d'initiation au chapitre 6, p. 129). Cette cérémonie est importante pour la vie d'une loge qui n'en organise qu'une par an. Elle l'est également pour le candidat qui n'en vivra, en tant que candidat, qu'une seule dans sa vie.

Vous serez donc convoqué un soir, on vous demandera de vous habiller comme pour une cérémonie : costume sombre, chemise blanche et cravate ou nœud papillon noir pour les hommes, vêtement sobre pour les femmes.

Pour le reste, je n'en dis pas plus car l'initiation est une expérience personnelle dont le secret est incommunicable. Mais sachez qu'à un moment de la cérémonie, vous frapperez trois coups à la porte du temple et vous entendrez le couvreur, chargé d'interdire l'entrée à quiconque n'est pas franc-maçon, annoncer :

« Vénérable Maître, on frappe en apprenti à la porte du temple. »

Cinquième partie

La partie de dix

Vous avez un problème avec votre service ou bien c'est le nouveau signe de reconnaissance de la loge des maçons de la Joviale Raquette ?

Dans cette partie...

La fameuse partie des dix propose un rapide tour d'horizon de notre sujet par des lorgnettes choisies. Vous trouverez ainsi au chapitre 17 une liste de dix groupes de francs-maçons célèbres. Le chapitre 18 rassemble les plus époustouflantes des conspirations délirantes et des impostures qui ont été mises sur le compte de la franc-maçonnerie. (Tant d'accusations ont été formulées contre elle qu'il a été difficile de s'en tenir seulement à dix!) Au chapitre 19 enfin, je vous propose dix écrits maçonniques célèbres. Vous y trouverez les textes fondateurs et d'autres textes intéressants. Et peut-être refermerez-vous ce livre en chantant le chant du départ: «Ce n'est qu'un au revoir, mes frères...»?

Chapitre 17

Dix groupes de maçons célèbres

Dans ce chapitre :

- Des francs-maçons célèbres d'hier et d'aujourd'hui
- Et en bonus, les « maçons sans tablier »

Avec d'autres organisations, il aurait été facile de présenter les « dix plus grands ». Et il est vrai aussi que, depuis la création de la franc-maçonnerie, de nombreux maçons célèbres se sont distingués. Mais j'ai préféré les classer par groupes plutôt que par personnes. Ce qui suit est loin d'être une liste complète des francs-maçons célèbres mais vous serez souvent étonné d'apprendre que tel ou tel personnage illustre l'était. Et pour compléter cette liste, je vous présente également des hommes qu'on dit francs-maçons mais qui n'ont jamais été initiés.

Écrivains et poètes

Voici une liste d'écrivains célèbres qui étaient également francs-maçons.

Dix-huitième siècle

Le XVIIIe siècle a compté dans ces rangs-là :

- Lord Byron (1692-1763), membre de la loge The Swan in Long Acre ;
- Pierre Choderlot de Laclos (1741-1803), l'auteur des *Liaisons dangereuses ;*
- Goethe (1749-1832), initié en 1780 dans la loge Amalia zu den drei Rosen ;
- Mirabeau (1749-1791), affilié en 1783 à la loge Les Neuf Sœurs ;
- Montesquieu (1698-1755), initié en 1730 à Westminster dans la loge Horn Tavern ;
- le marquis de Sade (1740-1814), initié vers 1791 dans la loge Les Amis de la liberté ;
- Voltaire (1694-1778), initié en 1778, quelques semaines avant sa mort, dans la loge Les Neuf Sœurs.

Dix-neuvième siècle

Au XIXe siècle, on trouve :

- Conan Doyle (1859-1930), écrivain anglais, auteur du célèbre *Sherlock Holmes*, initié vers 1831 à la loge Phénix ;
- Rudyard Kipling (1865-1936), initié en 1886 à la loge Hope and Perseverance (on lui doit entre autres *Le Livre de la jungle*) ;
- Émile Littré (1801-1881), académicien connu pour son *Dictionnaire de la langue française*, initié en 1875 dans la loge La Clémente Amitié ;
- Stéphane Mallarmé (1842-1898), auteur du long poème *Le Coup de dés ;*
- Stendhal (1783-1842), qui a écrit *Le Rouge et le Noir*, initié en 1806 ;
- Jules Vallès (1832-1885), écrivain et journaliste, initié à la loge La Justice ;
- Oscar Wilde (1854-1900), écrivain anglais, initié vers 1831 à la loge Apollo University n° 357.

Vingtième siècle

N'en citons qu'un : Hugo Pratt (1927-1995), le créateur de *Corto Maltese*.

Corto Maltese et les frères de la loge Hermès

Dans *Fable de Venise*, Hugo Pratt met en scène son célèbre héros Corto Maltese. La bande dessinée commence lorsque ce dernier, fuyant, tombe sur le sol d'un temple maçonnique, en pleine tenue. Plutôt franc marin que franc-maçon, Corto Maltese nous entraîne dans une Venise mystérieuse, à la recherche d'une émeraude qui est à la fois celle qui couronnait la tête de Lucifer et la clavicule du roi Salomon ! Cette bande dessinée mêle cet épisode rocambolesque à l'histoire de la franc-maçonnerie.

Hugo Pratt est né en Italie en 1927 et passe son enfance en Éthiopie. En 1967, il crée Corto Maltese, ce marin aventurier qui le rendra célèbre. Il est initié en 1976 dans la loge vénitienne Hermès, affiliée à la Grande Loge d'Italie des anciens francs et reconnus maçons. *Fable de Venise* est l'ouvrage où il raconte indirectement son expérience maçonnique et l'intérêt qu'il porte à l'ésotérisme maçonnique. En plaçant son récit dans les années du fascisme italien, Hugo Pratt raconte également l'interdiction de la franc-maçonnerie par les fascistes et le pillage des temples. Son père, fasciste, conservait l'épée du Vénérable dérobée à une loge italienne. C'est Hugo Pratt qui offrira cette épée à une loge maçonnique et la rendra ainsi à sa fonction symbolique.

Musiciens et compositeurs

Voici maintenant la liste de quelques francs-maçons qui avait de l'oreille :

- Joseph Haydn (1732-1809), initié à la loge La Véritable Concorde en 1785 ;
- Franz Liszt (1811-1866), initié en 1841 dans la loge L'Union ;
- Wolfgang Amadeus Mozart (1756-1791), initié en 1784 à la loge La Bienfaisance, devenue La Véritable Concorde en 1785 ;
- Jean Sibelius (1865-1957), initié à la loge Suomi n° 1, en 1922.

La Flûte enchantée

On est à Vienne en décembre 1784, la loge La Bienfaisance accueille un nouveau membre. Comme de nombreux frères aujourd'hui, ce candidat passe de long moment dans le cabinet de réflexion puis effectue les trois voyages initiatiques avant d'être revêtu du tablier d'apprenti franc-maçon. Ce frère s'appelle Wolfgang Amadeus Mozart. Les historiens sont d'accord pour dire que Mozart n'a pas demandé à être initié pour suivre une mode. La fraternité, l'amitié, la générosité, autant de valeurs défendues par la franc-maçonnerie ne peuvent que plaire à Mozart. Il a une trentaine d'années et est prêt à s'enflammer pour ces idées de liberté qui traversent l'Europe. Mozart était tellement attaché à sa loge que, un an après son initiation, il y fit entrer les deux personnes qui lui étaient les plus proches : son père Léopold et son meilleur ami Joseph Haydn.

Mozart a composé plusieurs œuvres en s'inspirant des valeurs défendues par la franc-maçonnerie : la joie maçonnique, la musique funèbre maçonnique. Mais c'est dans *La Flûte enchantée* qu'il transmet son fort goût pour l'ésotérisme. C'est son frère Emmanuel Schikaneder qui est à l'origine de cette œuvre. Il dirige à l'époque un petit théâtre très populaire et demande à Mozart d'écrire la musique d'un livret qu'il a lui-même écrit. *La Flûte enchantée* est un opéra qui peut être interprété à plusieurs niveaux. D'un point de vue maçonnique, il met en scène le combat entre le bien et le mal et l'initiation de deux jeunes personnes (Pamina et Tamino), alors que ceux qui goûtent les plaisirs de la vie (Papageno et Papagena) n'accèderont pas à la connaissance des initiés. Cet opéra fut un réel succès mais Mozart mourut trois mois plus tard, épuisé et malade. Avant de mourir, il fit un dernier cadeau à sa loge mère : une magnifique cantate intitulée *L'Éloge de l'amitié*.

Peintres et sculpteurs

À présent, quelques francs-maçons qui avaient vraiment le compas dans l'œil !

- Frédéric-Auguste Bartholdi (1834-1904), sculpteur, créateur notamment de la statue de la Liberté, offerte à la ville de New York par la France pour célébrer l'amitié entre les deux pays ;

- Marc Chagall (1887-1985), peintre russe ;
- Juan Gris (1887-1927), peintre espagnol ;
- Nadar (1820-1910), pionnier de la photographie.

Autres artistes

Et même en dehors de ces génies-là, les francs-maçons, on va le voir, ne manquent pas de talent ! En voici quelques autres qui furent également artistes :

- John Wayne (1907-1979), initié par la loge Marion Mc Daniel n° 56 en 1970 ;
- Clark Gable (1901-1961), reçu maître en 1933 par la loge Beverly Hills n° 528 ;
- Pierre Dac (1895-1975), membre de la Grande Loge de France ;
- Paul Meurisse (1912-1979), initié par la loge Athéna en 1949 ;
- Achille Zavatta (1915-1994), grand homme du cirque ;
- Joséphine Baker (1906-1975), initiée par la loge Nouvelle Jérusalem en 1960 ;
- Douglas Fairbanks (1885-1939), reçu au grade de maître en 1925 dans la loge Beverly Hills n° 528 ;
- Oliver Hardy (1892-1957), membre de la loge Salomon ;
- Duke Ellington Duke (1899-1974) ;
- Louis Armstrong (1900-1971), membre de la loge américaine Montgomery n° 18 ;
- William « Count » Basie (1904-1984), jazzman.

Présidents de la République

Mais il n'y eut pas que des artistes. Parmi les personnalités au premier plan de notre monde, il y eut un certain nombre de présidents francs-maçons.

En France

On les trouve tous pendant la troisième République, à l'époque où la franc-maçonnerie et le pouvoir ne faisaient qu'un. Les voici :

- Félix Faure (1841-1899), membre du Grand Orient de France ;
- Alexandre Millerand (1859-1943), initié en 1883 à la loge L'Amitié ;

- Gaston Doumergue (1863-1937), membre de la loge L'Écho du Grand Orient à Nîmes ;
- Paul Doumer (1857-1932), membre de la loge L'Union fraternelle.

Et pour faire taire les rumeurs, précisons qu'aucun président de la Cinquième République n'est ou n'a été franc-maçon.

Aux États-Unis

Ils sont nombreux outre-Atlantique :

- George Washington, (1732-1799), premier Président ;
- James Monroe (1758-1831), cinquième Président ;
- Andrew Jackson (1767-1845), septième Président ;
- James Polk (1795-1849), onzième Président ;
- James Buchanan (1791-1868), quinzième Président ;
- Andrew Johnson (1767-1845), dix-septième Président ;
- James Abram Garfield (1831-1881), vingtième Président ;
- William McKinley (1843-1901), vingt-cinquième Président ;
- Theodore Roosevelt (1858-1919), vingt-sixième Président ;
- William Howard Taft (1857-1930), vingt-septième Président ;
- Warren Gamaliel Harding (1865-1923), vingt-neuvième Président ;
- Franklin D. Roosevelt (1882-1945), trente-deuxième Président ;
- Harry Truman (1884-1972), trente-troisième Président ;
- Gerald Ford (1913), trente-huitième Président.

CHEZ NOS VOISINS

Pas maçon mais presque

Quatorze présidents américains sur quarante-trois ont été à coup sûr francs-maçons. D'autres ont approché la franc-maçonnerie mais pas au point de devenir maître maçon. Ainsi, James Madison (quatrième Président) était probablement franc-maçon, mais il n'en subsiste aucune preuve écrite. Lyndon Johnson (trente-sixième Président) a obtenu le degré d'apprenti maçon en 1937, mais n'a pas poursuivi pour devenir maître maçon. En 1988, Ronald Reagan (quarantième Président) fut fait maçon honoraire du rite écossais, conjointement par la juridiction maçonnique du rite écossais du Nord et par celle du Sud, mais il n'a jamais reçu les trois premiers degrés de la maçonnerie et n'avait aucun des privilèges des membres de la franc-maçonnerie. Bill Clinton (quarante-deuxième Président) a rejoint DeMolay (organisation paramaçonnique inconnue en France, entre les scouts et les francs-maçons) dans son adolescence mais n'est jamais devenu franc-maçon.

Abraham Lincoln (dix-septième Président) a présenté sa candidature dans une loge à Springfield en Illinois, peu de temps après avoir été nominé en vue de la présidence par le Parti républicain, en 1860. Lincoln retira sa candidature parce qu'il craignait qu'elle soit interprétée comme une ruse politique visant à lui procurer des voix. Lincoln dit à la loge qu'il soumettrait de nouveau sa candidature après son retour à la vie privée.

Hors de France et des États-Unis

On compte des chefs d'État francs-maçons ailleurs dans le monde :

- Salvador Allende (1908-1973), président de la République du Chili ;
- Mustapha Kemal Ataturk (1881-1938), président de la Turquie de 1923 jusqu'à sa mort, membre d'une loge italienne ;
- Edouard Benes (1884-1946), président de la Tchécoslovaquie élu en 1935 ;
- Simon Bolivar (1783-1830), libérateur du Venezuela, de la Colombie et de la Bolivie (qui porte son nom) ;
- Winston Churchill (1874-1965), Premier ministre britannique ;
- Hô Chi Minh (1890-1969), président de la république démocratique du Vietnam, initié en 1922 dans une loge parisienne ;
- Ippolyto Yrigoyen (1852-1933), deux fois président de la République argentine.

Militaires

L'armée a eu son lot également :

- Abdelkader (1808-1883), émir algérien, premier résistant à la conquête française de l'Algérie, initié en 1864 à Alexandrie dans la loge Les Pyramides ;
- Félix Éboué (1884-1944), gouverneur français du Tchad ;
- Joseph Joffre (1852-1931), maréchal de France, commandant en chef des armées françaises de 1914 à 1916, initié à la loge Alsace Lorraine.

L'émir mystique

Abdelkader a été, comme il l'a dit lui-même, « l'épine placée dans l'œil des Français » lors des batailles coloniales françaises pour s'emparer de l'Algérie. Ce héros de la résistance contre la colonisation de l'Algérie a été plus qu'un chef de guerre. Il a unifié les tribus et imposé sa souveraineté à la majorité du territoire algérien. Il a créé un État indépendant mais de courte durée puisque la France lance la colonisation dès le début des années 1840 avec à sa tête le célèbre général Bugeaud (vous savez, l'homme à la casquette). La France gagne la bataille en 1843 et Abdelkader est exilé au Maroc puis en France au château d'Amboise. Là, les intellectuels français découvrent non pas un chef militaire mais un homme d'une grande culture et un fin lettré. Louis Napoléon Bonaparte lui accorde une pension et la liberté de s'installer en Turquie, puis à Damas. Abdelkader refuse alors tout rôle politique et se consacre à l'étude et à la méditation. Lors d'un voyage en France en août 1865, il est initié à la loge Henri IV du Grand Orient de France. Pour cela il dut vaincre ses *a priori* car il écrit à la même époque : « La franc-maçonnerie dans l'Orient est mal considérée. [...] On y regarde généralement les francs-maçons comme des gens sans croyance, sans lois, prêts à troubler l'ordre de la société. Moi-même, je partageais les mêmes opinions et ce n'est qu'après avoir approfondi son but et ses lois que je me suis convaincu que c'était la plus admirable institution de la Terre. » Mais il n'exerça aucune influence sur la diffusion de la franc-maçonnerie en Orient car il pensait que « les peuples n'y sont pas encore disposés. Il serait même impossible, dans le pays que j'habite, qu'une réunion maçonnique existe ».

Hommes de sciences et médecins

Parmi les francs-maçons qui avaient la santé, on compte :

- Ovide Decroly, psychologue ;
- Henri Dunant, fondateur de la Croix-Rouge ;
- Alexander Fleming, inventeur de la pénicilline ;
- John Glenn, premier Américain à voler en orbite autour de la Terre ;
- Samuel Hahnemann, inventeur de l'homéopathie ;
- Edward Jenner, inventeur de la vaccination ;
- Charles Lindbergh, aviateur ;
- John Macadam, inventeur du revêtement routier qui porte son nom.

Industriels

Ceux-là avaient de la suite dans les idées :

- Charles Hilton, fondateur de la chaîne d'hôtels Hilton ;
- Steve Wozniak, cofondateur de la société Apple ;
- les pionners de l'automobile W.P. Chrysler, Henry Ford, Olds et André Citroën.

Hommes politiques

Parmi ceux qui n'avaient pas la langue dans leur poche, voici :

- Pierre Brossolette (1903-1944), héros de la résistance ;
- Cambacérès (1753-1824) ;
- Émile Combes (1835-1921), initié en 1869 et instigateur des lois de séparation de l'Église et de l'État ;
- Jules Ferry (1832-1893), fut initié le même soir que Littré en 1875 dans la loge La Clémente Amitié ;
- Benjamin Franklin (1706-1790), homme politique américain et inventeur du paratonnerre, il est également à l'origine de la Déclaration d'indépendance des États-Unis ;
- Léon Gambetta (1838-1882), initié dans la loge La Réforme en 1865 ;
- Giuseppe Garibaldi (1807-1882), héros de l'unification de l'Italie ;
- La Fayette (1757-1834), initié vers 1775 dans une loge militaire ;
- Pierre Mendès-France (1907-1982) ;
- Victor Schoelcher (1804 -1893), abolitionniste et humaniste convaincu (c'est à lui que l'on doit la préparation du décret qui abolit définitivement l'esclavage en 1848) ;
- Marcel Sembat (1862-1922), journaliste socialiste, initié en 1891 dans la loge La Fidélité.

Les vrais faux francs-maçons ou les faux vrais francs-maçons

Ils n'ont jamais été initiés mais pourtant tout le monde croit qu'ils sont francs-maçons et la rumeur court… Pour simplifier, certaines loges ont choisi de porter le nom de ces illustres personnages pour honorer leur action ou leurs vertus morales, qui les rapprochent de la franc-maçonnerie. On les appelle parfois des « maçons sans tablier ».

Ils n'ont jamais été francs-maçons :

- Anatole France ;
- Auguste Comte, le fondateur du positivisme ;
- Danton ;
- Robespierre ;
- Diderot ;
- Jean-Jacques Rousseau ;
- Ernest Renan ;
- Georges Clemenceau ;
- Jean Jaurès ;
- Léon Blum ;
- Louis Pasteur ;
- Raymond Poincaré ;
- Saint-Exupéry ;
- Victor Hugo (mais son père le général Joseph Hugo le fut).

François Mitterrand n'a jamais été franc-maçon mais il est souvent confondu avec Jacques Mitterrand, deux fois Grand Maître du Grand Orient de France en 1962 et 1969 mais sans aucun lien de parenté avec l'ancien Président.

Jacques Chirac n'est pas franc-maçon non plus, mais son grand-père fut Vénérable d'une loge du Grand Orient de France.

Certains hommes politiques sont invités par des loges maçonniques à parler lors de tenues blanches fermées. Certains journalistes, ne sachant pas que les conférenciers des tenues blanches fermées ne sont pas francs-maçons, en déduisent un peu vite qu'ils sont francs-maçons. Ce fut le cas, par exemple, pour Raymond Barre, Jacques Chaban-Delmas, Michel Rocard, Pierre Bérégovoy, Charles Pasqua et, plus récemment, pour Laurent Fabius.

Chapitre 18

Dix surprenantes conspirations, machinations et impostures antimaçonniques

Dans ce chapitre

- Des artistes de la mystification
- Des vrais faux maçons
- Des impostures diaboliques

Au cours des trois derniers siècles, la franc-maçonnerie a été accusée de nombreux méfaits, dont l'adoration de Satan, les sacrifices humains, l'assassinat politique et la domination du monde. Ces mythes ont été rapportés dans le monde entier avec un enthousiasme incessant et chacun avec un point d'exclamation pour en souligner l'authenticité. Avant d'en rire, il faut les connaître en détail, car ils sont régulièrement repris sur des sites Internet par des auteurs qui ne se doutent souvent pas qu'il ne s'agit que de rumeurs et de mensonges.

Léo Taxil et la grande mystification !

Gabriel Antoine Jogand-Pagès, plus connu sous son pseudo Léo Taxil, naquit à Marseille en 1854. Il s'enthousiasma très jeune pour les mystifications. À 25 ans, il décida de tirer parti du sentiment anticatholique qui se propageait en France à l'époque et commença à écrire une série de satires, de pamphlets, d'histoires licencieuses attaquant l'Église. En 1881, il rejoignit une loge maçonnique. Après son premier degré, il fut rapidement exclu à cause de ses fréquents démêlés avec la justice : ses plagiats et autres publications délictuelles n'étaient pas tolérés. Il lui fallut donc trouver une autre source de revenu et d'amusement. Vexé d'avoir été exclu de sa loge, il conçu un chef-d'oeuvre de mystification, prenant comme cible à la fois les catholiques et les francs-maçons.

En 1885, il se rendit dans une église catholique et confessa ses péchés au prêtre local. Il y ajouta même la confession fictive d'un meurtre, histoire de tester la confidentialité assurée par le confessionnal. Ensuite, se posant en catholique « outragé », il commença à écrire une série d'exposés fictifs sur les rituels secrets des francs-maçons. Le fait qu'il ne connût que le premier degré ne l'embarrassa nullement. Ce qu'il ne savait pas, il l'inventa. En un temps record, il publia *Les Frères trois points*, *L'Antéchrist ou l'origine de la franc-maçonnerie*, *Le Culte du Grand Architecte* et *Les Assassinats maçonniques*.

à son grand amusement, Taxil devint le chouchou de la hiérarchie catholique et se vit accorder une audience privée à Rome par le pape Léon XII. Le pape se déclara lui-même comme le plus grand admirateur de Taxil et réclama encore plus de livres et de révélations sur les maçons. Une situation que Taxil trouvait désopilante en même temps que financièrement avantageuse. Comme il commençait à manquer de matière, il inventa bientôt une histoire qui allait le faire passer à la postérité.

L'invention la plus fantaisiste de Taxil fut une version de la franc-maçonnerie qu'il appela le *Palladisme* ou la *Haute Maçonnerie luciférienne*. Il écrivit que le palladisme avait été fondé à Charleston, en Caroline du Sud par un certain Albert Pike qui continuait à en être le dirigeant. Selon son histoire, de plus en plus bizarre, le palladisme était une version de la maçonnerie pour hommes et femmes, dédiée à l'adoration de Satan et à l'organisation d'orgies sexuelles entre ses membres. Albert Pike, à qui Taxil donna le titre de souverain pontife de la franc-maçonnerie universelle, était censé diriger 23 conseils suprêmes confédérés du monde en leur passant des instructions par le truchement d'une femme appelée Diana Vaughan. Selon Taxil, cette femme avait réussi à dénoncer Pike et sa bande éhontée d'adorateurs de Satan en échappant aux griffes d'une loge palladienne.

Il n'y avait pas une miette de vérité dans ce conte absurde et biscornu, à part une réelle Diana Vaughan qui tapait ses manuscrits, mais le public prit tout pour argent comptant.

Heureusement pour Taxil, Pike était mort en 1891, de sorte qu'il ne risquait guère un procès en diffamation venant de l'autre côté de l'océan. Il pouvait ainsi écrire joyeusement que Pike, le pape luciférien, rencontrait Lucifer chaque vendredi à 15 heures. (« Cher ami, vous reprendrez bien un petit digestif avant de rentrer en enfer ? ») Les loges palladiennes étaient censées se livrer à l'adoration du diable, à des rites sexuels et tous les autres sacrilèges auxquels Taxil pouvait penser.

Les ouvrages populaires de Taxil sur les loges féminines palladiennes imaginaires incitèrent des esprits enfiévrés à en rajouter. L'évêque de Grenoble affirmait que ces loges féminines étaient des harems pour les loges masculines et l'évêque jésuite Léon Meurin écrivit dans son ouvrage *La Franc-maçonnerie, synagogue de Satan* que tout dans la franc-maçonnerie était satanique, y compris les tabliers, les symboles, les signes et les poignées de main.

Mais le plus incroyable était encore à venir : le 19 avril 1897, Taxil loua l'auditorium de la Société géographique de Paris et remplit la salle d'invités soigneusement choisis parmi les libres-penseurs, les catholiques et la presse. Au cours d'une longue présentation, il fit exploser la bombe : tout ce qu'il avait écrit n'avait été qu'une mystification soigneusement préparée, ayant pour but d'humilier l'Église catholique qui s'était laissée manipuler si facilement. L'assistance fut secouée par les rires des uns et les cris de colère des autres. Sa confession en 33 pages fut publiée dans les journaux la semaine suivante et devint le thème de toutes les conversations parisiennes. Il avait amassé une fortune avec ses livres et fait un pied de nez tant aux maçons qu'à l'Église. Il quitta Paris et se retira dans une belle maison de campagne où il mourut en 1907.

Plus de cent ans après sa confession, les citations de Taxil sur la maçonnerie luciférienne et ses citations mensongères des écrits d'Albert Pike continuent d'apparaître dans de nouveaux ouvrages antimaçonniques. Depuis ces vingt dernières années, des écrivains, des journaux et des sites Internet utilisent les élucubrations de Léo Taxil pour faire peur. Léo le menteur est mort depuis longtemps, mais son canular lui survit. Vous en doutez ? Allez voir à cette adresse (www.chick.com/reading/tracts/0613/0613_01.asp), vous n'en reviendrez pas !

Les Illuminati !

Les Illuminati, c'est le must pour les amateurs de conspirations en tout genre. Si quelque chose se passe de manière trop anormale ou trop normale dans le monde, les théoriciens de la conspiration s'écrient : « Encore un coup des Illuminati ! » La chose dure depuis plus de deux cents ans, mais personne n'est capable de préciser qui sont au juste les Illuminati ou ce qu'ils font. Et personne ne semble jamais avoir quitté cette organisation et l'avoir démasquée.

Comme je l'ai indiqué au chapitre 4 (voir p. 83 et 85), les Illuminati ont été imaginés par Adam Weishaupt dans les années 1770 en Bavière. À l'origine, le petit groupe se basait sur les idéaux des Lumières, mettait en cause les enseignements de l'Église et la monarchie de droit divin. Au début, Weishaupt visait à aider la société, mais il se convainquit rapidement qu'il fallait renverser les Églises et les gouvernements pour rendre le monde plus proche de la perfection. Les Illuminati n'ont jamais attiré plus de 2 000 membres en Europe au point le plus haut de leur existence. Le caractère trompeur des origines fut découvert, Weishaupt prit la fuite et les Illuminati disparurent vers 1785.

En 1798, un Écossais monarchiste appelé John Robinson écrivit *Preuves d'une conspiration contre toutes les religions et tous les gouvernements d'Europe, montée par les réunions secrètes des francs-maçons, des Illuminati et des sociétés de lecture, collectées auprès de bonnes autorités* (plus personne n'invente de titres d'une telle concision). À la même époque, un abbé français appelé Augustin Barruel travaillait à son propre ouvrage en quatre volumes, *Mémoires pour servir à l'histoire du jacobinisme*. Ces deux ouvrages mettent en avant la théorie selon laquelle les Illuminati auraient causé la Révolution française en parcourant le pays, pour y semer les mauvaises graines de l'hérésie et de la révolte parmi les paysans français heureux et satisfaits. (Les ouvrages de Barruel furent plagiés par la suite et récrits sous forme de propagande antijuive, *Les Protocoles des anciens de Sion*, voir au chapitre 4, p. 77).

Pour ces écrivains, les Illuminati et les francs-maçons étaient la même chose. Ils étaient en cheville les uns avec les autres et même si les Illuminati s'étaient éteints, il y avait toujours quantités de loges maçonniques un peu partout à craindre et à détester. Et dans ces loges, les dangereux messages de liberté, d'égalité et de fraternité étaient encouragés. C'est ainsi qu'est né le mythe selon lequel la franc-maçonnerie est un foyer de révolutionnaires et de complots visant à la conquête du monde.

Avec le temps, les Illuminati sont devenus l'explication passe-partout de la théorie de la conspiration. Hitler s'imaginait que les Illuminati étaient un groupe de juifs et de francs-maçons. John Birch Society, le groupe d'extrême droite américain proche du Klu Klux Klan, pensait que les Illuminati étaient le groupe fondateur du communisme mondial.

SUPER MENTEUR

La dernière incarnation des Illuminati, pour les théoriciens de la conspiration, est le mouvement néoconservateur américain. Internet regorge d'accusations disant que le gouvernement américain est désormais rempli de membres des Illuminati qui sont des sionistes pro-israéliens, utilisant leurs pouvoir de contrôle du monde pour conquérir toutes les nations arabes souveraines du Moyen-Orient et les placer sous le contrôle du minuscule Israël, la seule démocratie de la région.

La saga continue. Selon l'accusateur, les Illuminati font partie de la gauche répugnante ou de la droite répugnante. Tout cela ne sentirait-il pas le bouc… émissaire ?

Groupes de dirigeants mondiaux, oh, là, là !

SUPER MENTEUR

L'affirmation d'une conspiration des Illuminati a bien des prolongements. L'idée est qu'il y a forcément un groupe secret de dirigeants mondiaux qui se réunit et définit l'économie, la politique et les événements mondiaux, comme à l'occasion d'une partie de Risk. Les trois groupes suivants sont les suspects les plus fréquemment cités. Aucun n'est une organisation maçonnique, bien qu'on l'ait affirmé, mais les faits n'ont jamais fait douter une bonne vieille théorie de la conspiration.

La Commission trilatérale

La Commission trilatérale (site en anglais: www.trilateral.org) est en fait un groupe de réflexion non gouvernemental d'environ 350 membres d'Amérique du Nord, d'Europe et d'Asie. La Commission trilatérale fut créée en 1973 à l'initiative des principaux dirigeant du Groupe de Bilderberg et du Council on Foreign Relations parmi lesquels David Rockefeller, Henry Kissinger et Zbigniew Brzezinski. Les membres sont des dirigeants du monde des affaires et des anciens membres officiels des gouvernements et des Nations unies. Ils se réunissent régulièrement et publient des documents présentés à leurs réunions, souvent sur des questions liées à l'extension de la démocratie et à la coopération entre les trois zones. S'il y a des francs-maçons qui en sont membres, ils n'y figurent pas dans une proportion plus élevée que dans la société en général. Ce groupe est loin d'être secret, vous pouvez le contacter pour obtenir une liste de ses membres.

Le Conseil des relations étrangères américain

Le Conseil des relations étrangères américain (ou Council on Foreign Relations) est un autre groupe de réflexion composé de dirigeants américains et mondiaux, dédié à la formation des décideurs politiques, des journalistes, des dirigeants d'entreprise et des étudiants aux cultures, aux économies, aux politiques et aux questions de défense internationales. Il a été créé en 1921 avec pour vocation d'analyser la situation politique mondiale. Ce groupe comporte environ 4000 membres. Il publie le magazine *Foreign Affairs* et son site Web (en anglais: www.cfr.org) liste ses membres les plus connus, ainsi que les dates et lieux de réunion et les sujets d'études. Des rapports annuels sur une large gamme de thèmes sont accessibles à tout le monde.

Le groupe Bilderberg

Le groupe le plus étrange des trois est le groupe Bilderberg. Il a été créé en 1954 par le prince Bernhard à Osterbeek, aux Pays-Bas, et porte le nom de l'hôtel où il s'est réuni cette première année. Il a débuté au plus haut point de la guerre froide pour améliorer la compréhension entre les dirigeants d'Europe et des États-Unis. L'idée initiale était louable: si les dirigeants avaient la possibilité de se rencontrer et de se connaître dans un contexte informel, une troisième guerre mondiale pourrait être évitée. Chaque année, une centaine de dirigeants des gouvernements, de l'économie et des affaires sont invités à se rencontrer et à discuter librement sans interférence des médias (ni de leurs propres électeurs ou employés). La réunion de 2003 s'est tenue au château de Versailles et, parmi les invités, se trouvaient des hommes politiques français, des présidents de grands groupes industriels ainsi que des journalistes.

Les accros de la conspiration y voient un complot malfaisant en vue du gouvernement du monde, bien que le groupe ne propose pas de législation, ne fasse pas de déclaration politique et ne vote pas. Les participants y trouvent une occasion d'échanger de façon informelle leur point de vue avec des gens qui sont leurs pairs au niveau international, sans que les médias n'analysent à l'infini chacune de leurs remarques faites en passant. La liste des invités de chaque année n'est pas secrète et peut être obtenue après du bureau du groupe aux Pays-Bas ou sur Internet.

Dormez sur vos deux oreilles, on s'occupe de tout !

Le 33e degré secret !

Vous voulez une autre recette de rumeur antimaçonnique ? Simple, il suffit de viser un sous-groupe de la franc-maçonnerie qui est composé de peu de personnes censées être au sommet d'une pyramide, pyramide imaginaire que vous aurez soin de construire, bien entendu. Le 33e degré du rite écossais ancien et accepté constitue le dernier degré de ce rite. Pour y arriver, il faut avoir été initié au premier degré puis accéder progressivement aux degrés suivants, jusqu'au 33e. Cela est difficile, prend du temps et la vie d'un homme est courte. Voila pourquoi, il y a peu de francs-maçons qui accèdent 33e degré. Les degrés ne sont pas une hiérarchie mais une progression personnelle. Un maçon du 33e degré n'a rien à ordonner à un maçon du 14e degré. Tout au plus est-il plus écouté, et encore…

Toutes ces conditions font que l'on a souvent prêté au 33e degré un caractère secret et mystérieux et le fait que ses réunions étaient en fait un culte satanique déguisé en franc-maçonnerie.

Ceux qui sont convaincus de cette idée pourront toujours me dire que je ne suis pas un maçon du 33e degré et que je ne peux donc pas être au courant des cérémonies sataniques et lucifériennes secrètes qui se déroulent dans les réunions secrètes des membres du 33e degré du rite écossais ancien et accepté. C'est du moins ce qu'affirme cette légende. Elle prétend qu'il y a seulement 5 % des francs-maçons du monde qui connaissent les *vrais* secrets de la franc-maçonnerie et qu'eux seuls contrôlent secrètement cette organisation fraternelle, la politique, les finances, le monde ou quelque chose d'encore plus grand. Les motifs et l'étendue de leur contrôle malfaisant deviennent un peu brumeux en passant d'un accusateur antimaçonnique à l'autre.

Aux États-Unis, le 33e degré n'est pas conféré en secret. Et même, les bénéficiaires en sont régulièrement listés avec leur photographie dans les pages des magazines et sites maçonniques. Ils sont manifestement fiers de leur titre et ont le droit d'écrire *33* après leur signature sur des documents maçonniques. De plus, les francs-maçons leur accordent souvent un supplément de dignité en les appelant Illustres frère.

Maintenant que la vérité sur le 33e degré est faite, je dois vous faire une confidence : il existe un 34e degré, bien plus secret et bien plus mystérieux que le 33e, et c'est au sein des réunions du 34e degré que se décide la politique mondiale…

Éventreur et franc-maçon, sacré Jack !

Vous voulez gagner de l'argent facilement ? La recette est simple et efficace : prenez un crime odieux et inexpliqué, ajoutez une dose de sexe et de mystère, accusez les francs-maçons et publiez. C'est ce que fit, en 1976, l'écrivain américain Stephen Knight avec : *Jack the Ripper: The Final Solution.* Dans ce livre, il décrit la théorie selon laquelle Jack l'éventreur était en fait le Dr William Gull, médecin privé de la reine Victoria. Knight prétendait que Gull était franc-maçon et avait reçu de la reine (ou du Premier ministre) l'ordre de tuer cinq prostituées de Londres parce qu'elles étaient au courant d'un mariage secret du petit-fils de Victoria, le prince Albert Edward, avec une prostituée nommée Annie Crook. Albert Edward figurait sur la ligne de succession après son père, le prince de Galles, et son mariage à une prostituée faisait plutôt mauvais genre. Mais le pire était qu'elle était catholique et, pour comble de scandale, avait donné naissance à une fille.

Selon la théorie, le Dr Gull avait tué les femmes qui étaient au courant du mariage et de l'enfant en suivant un rituel maçonnique. Il les avait égorgées d'une oreille à l'autre, leur avait déchiré le sein gauche ou les deux, leur avait ouvert le ventre et avait enlevé les organes. Ce qui ressemble étrangement aux peines, heureusement symboliques, indiquées dans les serments des trois premiers degrés.

Une autre « preuve » était un message inscrit à la craie sur un mur à proximité de l'une des scènes du meurtre : « *The Juwes are the men that will not be blamed for nothing* » (« Les juifs sont les hommes qui ne seront pas blâmés pour rien » – l'auteur du graffiti avait dû sécher les cours de grammaire). Sir Charles Warren, commissaire de la police métropolitaine et franc-maçon, donna l'ordre de détruire ce message, parce qu'il craignait qu'il puisse enflammer les sentiments antijuifs et que les juifs ne soient accusés des meurtres (il y avait déjà eu plusieurs quasi-rébellions et des actes de violence contre les juifs).

La version de Knight était que Warren avait effacé les mots pour protéger les francs-maçons. Knight voyait dans le mot *Juwes* les assassins mythiques d'Hiram, personnage légendaire et centrale de la franc-maçonnerie. Cependant, personne, à part Knight, ne s'était jamais référé aux trois scélérats par le mot *Juwes*.

La théorie de Knight se fonde sur les allégations de Joseph Sickert, qui prétendait avoir appris la « vérité » de son père, Walter Sickert, un peintre excentrique bien connu à l'époque. Mais plus tard, Joseph Sickert réfuta toute l'histoire en parlant d'une immense blague et d'un canular. Patricia Cornwell a repris cette histoire dans *Jack l'éventreur: portrait d'un tueur — affaire classée* mais pour montrer de façon convaincante que l'éventreur n'était en fait que... Walter Sickert lui-même !

Malgré cela, Knight persista et écrivit un autre livre antimaçonnique. Lorsqu'il mourut en 1985 d'une tumeur au cerveau après avoir été frappé à la tête au cours d'un match de cricket, un comparse antimaçon parla à la radio en sous-entendant que les maçons avaient utilisé un rayon ultrasonique mortel pour le tuer. Non, je n'ai pas inventé tout cela – j'en suis bien incapable.

Aucun chercheur sérieux ne croit à la théorie mettant en cause William Gull et les francs-maçons. Les trois assassins d'Hiram avaient été supprimés du rituel maçonnique anglais soixante-dix ans avant les meurtres de Jack l'éventreur, et d'ailleurs personne ne les avait jamais appelés *Juwes*. Les corps des femmes étaient horriblement mutilés, mais non d'une manière qui puisse suggérer un quelconque rapport avec un rituel maçonnique. Sir William Gull avait à l'époque 72 ans et, atteint d'une maladie de cœur, il avait eu récemment un infarctus. Il est donc difficile de l'imaginer courant dans de sombres ruelles après de jeunes femmes et se livrant à cet acte sordide consistant à les découper pendant qu'elles se débattaient. De plus, les Anglais n'avaient pas vraiment besoin qu'on leur cache les scandales des comportements libertins des princes, qui étaient monnaie courante. La loi anglaise interdisait l'accession au trône d'un catholique, mais on découvrit que la véritable Annie Crook n'était de toute manière pas catholique. Il n'existe aucune preuve d'un mariage secret entre Annie Crook et le prince Albert Edward.

Le film *Murder* réalisé en 1978 par Decree raconte la même histoire mais sous la forme d'une enquête de Sherlock Holmes, avec Christopher Plummer dans le rôle de Holmes et James Mason dans celui du Dr Watson. La bande dessinée *From Hell- une autopsie de Jack l'éventreur* d'Alan Moore et Eddie Campbell qui a reçu le prix du Festival international de la bande dessinée d'Angoulême en 2001 exploite également le filon. Cet album a lui-même inspiré les cinéastes Albert & Allen Hughes qui ont sorti le fameux film *From Hell* avec l'acteur Johnny Depp.

Le scandale de la fausse loge P2 !

C'ÉTAIT HIER...

En 1895, une loge maçonnique est créée en Italie sous l'autorité du Grand Orient d'Italie : la loge Propaganda Due. Ce n'est évidemment pas un secret que le gouvernement italien, au cours du siècle dernier, a été miné par la corruption, aussi bien avant qu'après la Seconde Guerre mondiale. Dans les années 1970, le parti communiste remporta des succès considérables aux élections parlementaires et le pays était le siège de violences et d'attentats terroristes. La société italienne était secouée par les désordres, pour le plus grand bien des membres de la mafia.

La loge Propaganda Due se remplit d'hommes d'affaires dénués de tout scrupule ainsi que de responsables du gouvernement et de l'armée, dont beaucoup avaient des liens avec la mafia. En 1976, elle avait si mauvaise réputation que le Grand Orient d'Italie en ordonna la fermeture, lui retira sa charte et expulsa ses membres et son Vénérable Maître, Lucio Gelli. Gelli rassembla les listes d'adresses des membres et reprit aussitôt ses activités. Il appela le groupe P2 et le fit fonctionner comme une loge maçonnique. Ce groupe était illégal et non reconnu par aucune obédience maçonnique.

Roberto Calvi, membre de P2, était un banquier milanais qui faisait transférer secrètement des fonds hors du pays, en cheville avec Michele Sindora, un banquier employé par la mafia. Sindora était aussi responsable de la gestion des investissements du Vatican. Calvi et Sindora détournèrent 80 milliards de lires de l'Église (environ 50 millions de dollars). Au moment où Banco Ambrosiano était sur le point d'être fermée, Calvi quitta la ville.

En 1981, les scandales furent étalés dans la presse. Il y avait suffisamment de membres de P2 au gouvernement pour lui faire perdre la confiance du public et le gouvernement chuta au mois de mai. Les explications fournies sur la différence entre les vrais maçons et une loge rebelle d'escrocs ne furent pas entendues. Les journaux accusèrent bruyamment les francs-maçons d'être des escrocs et des assassins. Les maçons furent accusés d'avoir assassiné le pape Jean-Paul Ier, qui mourut cette année-là après seulement trente-quatre jours de règne, et d'avoir tué 80 personnes en faisant sauter un train. L'Italie était en proie à une vague de terrorisme à cette époque et les francs-maçons représentaient un excellent bouc émissaire.

Calvi réapparut à Londres en 1982, pendu à une corde sous le pont des Blackfriars, les poches remplies de briques et les pieds traînant dans la Tamise. Les briques étaient pour la presse une preuve évidente que les francs-maçons l'avaient tué. Le meurtre demeura une énigme pendant plus de vingt ans. Mais, en 2005, de nouveaux éléments firent surface et permirent de poursuivre les véritables meurtriers, qui avaient opéré sous la direction du patron de la mafia Pippo Calo. Cependant, chaque fois que P2 est mentionnée, le mot « franc-maçon » lui est toujours attaché. D'ailleurs on parle de loge P2 alors que le groupe P2 n'a jamais été une loge.

Satan l'architecte !

La franc-maçonnerie s'inspire de l'architecture et c'est donc normal de retrouver dans l'architecture des symboles maçonniques et des structures qui rappellent les symboles maçonniques.

Prenez une carte de la ville de Washington DC, et regardez juste au nord et à l'est de la Maison Blanche. C'est là ! L'intersection de Massachusetts Avenue, Rhode Island Avenue, Connecticut Avenue, Vermont Avenue et K Street NW forme effectivement un pentagramme à cinq branches ! C'est occulte ! C'est maléfique ! C'est satanique ! Et ce sont les maçons qui l'ont mis là !

C'ÉTAIT HIER...

Voici la banale vérité : George Washington chargea Pierre Charles L'Enfant de créer le plan de la nouvelle cité fédérale, mais ce fut le secrétaire d'État Thomas Jefferson qui fit les recommandations initiales relatives aux emplacements des rues et des constructions, à partir de la topographie et de ses propres idées. Andrew Ellicott et Benjamin Bannecker furent chargés de superviser les plans et de les mettre en œuvre. De tous ces hommes, seul Washington était un franc-maçon et, mis à part le choix du site, il n'était guère concerné par le plan de la ville.

Même si le plan incorporait délibérément une étoile à cinq branches, pour y voir une intention maléfique, vous devez présumer que tout le monde accepte l'idée qu'une étoile à cinq branches est un symbole du mal. Or, ce n'est pas le cas. Vous devez aussi supposer que son inclusion dans le plan des rues de Washington pourrait de quelque façon influencer le gouvernement. Enfin, vous devez penser que les francs-maçons révèrent le pentagramme comme le symbole d'une sorte d'adoration malsaine, ce qui n'est pas non plus le cas.

Les maçons n'adorent pas des symboles. Ils les utilisent comme support à l'imaginaire et à l'enseignement, mais les symboles eux-mêmes ne sont pas vénérés. Certaines juridictions maçonniques considèrent l'étoile à cinq branches comme la représentation du principe créateur, mais la plupart d'entre elles ne s'y réfèrent en aucune manière. Beaucoup de gens dans le monde qui pensent que Washington DC est maléfique ou du moins un endroit peuplé de gens détestables, indépendamment de tous pentagrammes sataniques.

Tous ceux qui ont traversé Washington en voiture un jour d'encombrements seront d'accord pour dire que la seule explication de sa circulation en forme de labyrinthe est qu'elle a due être conçue par le diable en personne. Plus sérieusement, je peux aller chercher une carte de presque n'importe quelle ville du monde et, en louchant un peu et en établissant certains liens de manière sélective, faire apparaître des pentagrammes. Toute ville conçue avec des rues perpendiculaires et une rue ou deux en diagonale permet de le faire. Indianapolis ressemble tout à fait à une route d'autobus satanique de Belzébuth.

À ce propos, allez sur Internet et trouvez la carte de Sandusky, dans l'Ohio. Le franc-maçon Hector Kilbourn a établi le plan de cette ville en 1818. Il a utilisé deux ensembles de rues en diagonales et quelques espaces ouverts pour reproduire l'équerre et le compas maçonnique avec une bible ouverte.

Un site Web prétend que le monument maçonnique à la mémoire de George Washington en Virginie, près d'Alexandria, est un point de repère pour les OVNI et que l'équerre et le compas géants placés devant sont des marques utilisées pour leurs atterrissages.

On s'amuse décidément beaucoup et si cela vous intéresse, je donne dans l'annexe C les références d'un livre tout à fait sérieux qui vous permettra de découvrir d'autres symboles maçonniques à Paris.

Aleister Crowley, sataniste et franc-maçon !

L'un des problèmes de la franc-maçonnerie est que n'importe qui peut se promener partout et prétendre être un maçon sans que les autres aient le moyen de le contredire. Tout individu inspiré peut écrire son propre rituel, s'enfermer dans une pièce, se coller une équerre et un compas sur la poitrine et prétendre qu'il pratique la franc-maçonnerie.

C'ÉTAIT HIER...

C'est ce que fit Aleister Crowley, cet aventurier de l'occulte, né en 1875 et mort en 1947). Il était mystique, écrivain, poète, critique social et peintre. Il avait escaladé l'Himalaya et étudié l'astrologie, la chimie et l'occultisme. C'était aussi un adepte de l'héroïne et ce que nous appellerions aujourd'hui un prédateur sexuel (ou ce qu'on appelait autrefois un vieux pervers dérangé). Il était particulièrement fier d'être évoqué par la presse comme « l'homme le plus exécrable du monde ». Même étant enfant, il ne respectait pas la religion de ses parents et sa mère parlait de lui comme de « la Bête » du livre des Révélations, un surnom qu'il porta plus tard avec fierté. Comme quoi il faut toujours écouter sa maman...

En arrivant à l'université, Crowley était obsédé par le sang et la torture. En 1899, il rejoignit un groupe de sorcières, mais n'y fut pas toléré longtemps à cause de ses attitudes détestables envers les femmes et ses exigences sexuelles considérées comme bizarres, même selon les critères des sorcières. Crowley abandonna ses études avant d'être diplômé, s'installa à Londres et commença à se faire appeler Comte Vladimir. Il rejoignit l'Ordre hermétique de l'aube dorée (voir chapitre 8, p. 173), un groupe mystique anglais, qui lui fit finalement un procès pour avoir publié ses rituels.

Crowley ne s'en offusqua pas outre mesure. Il se réjouissait de sa mauvaise réputation croissante de sataniste et de pratiquant de la magie noire. À différentes époques de sa vie, ils s'appela lui-même Baphomet ou s'associa à 666, le numéro biblique de la Bête. Ensuite, en 1904, Crowley fut obsédé par l'égyptologie et prétendit que son *Book of the Law* (*Livre de la loi*) lui avait été dicté par l'esprit du dieu égyptien Horus. Ce livre devint la base de sa propre religion, Thelema, et contenait la principale règle de conduite de sa vie : « Fais ce que tu veux sera la totalité de la loi. » Ce n'est pas une philosophie, c'est une excuse – et elle n'est pas vraiment au niveau du précepte « Aime ton prochain ».

Aleister Crowley fut initié jusqu'au 33e degré par une loge maçonnique irrégulière à Mexico en 1900. Il rejoignit une loge non reconnue à Paris en 1904. Finalement, Crowley en prit le contrôle et redéfinit les rituels de l'Ordo Templi Orientis, en s'appuyant fortement sur les rituels de la franc-maçonnerie ainsi que sur les rituels maçonniques des Chevaliers du Temple. D'aucuns, moins généreux, diraient plutôt qu'il les avait volés. Indépendamment de leur sens, les rituels de l'Ordo Templi Orientis sont très différents de ceux de la franc-maçonnerie régulière et reconnue.

Contrairement aux livres qui le prétendent, et contrairement aux affirmations continuelles de Crowley, il n'avait pratiquement aucun contact avec la franc-maçonnerie régulière. Crowley n'a jamais été un franc-maçon actif, n'a jamais été reconnu comme franc-maçon par aucune obédience maçonnique et n'a eu absolument aucune influence sur la franc-maçonnerie.

Malgré cela, le mythe persiste selon lequel il était maçon et faisait en quelque sorte partie de la franc-maçonnerie. Des photos de Crowley portant des habits maçonniques sont fréquemment publiées.

Les nazis et les francs-maçons, même combat !

En 1912, un groupe d'Allemands adeptes de l'occultisme forma une association fraternelle appelée le Germanenorden, basée sur les écrits de Guido von List. List était un chercheur autrichien du mysticisme, connu pour ses écrits sur les *runes* (anciens peuples de langues germaniques). List fut aussi l'un des premiers à populariser les théories de la race aryenne.

L'un des membres fondateurs du Germanenorden fut Rudolf Glandeck von Sebottendorff, qui participa à divers groupes mystiques occultes avant et après la Première Guerre mondiale. En 1909, il prétendit avoir rejoint une loge maçonnique de Memphis-Misraim en Turquie. D'après ses propres descriptions, cette loge particulière combinait le rosicrusianisme, l'alchimie, l'astrologie et même le soufisme islamique, bref une sorte de salade mystique composée assez loin de la franc-maçonnerie.

Le Germanenorden connut des dissensions internes et donna naissance à un autre groupe appelé Ordre Walvater du Saint-Graal, fondé par Hermann Pohl. En 1918, Pohl fonda encore un autre groupe occulte, appelé la Société de Thule (Thule Gesellschaft), un groupe d'étude pour les adeptes des philosophies de Guido von List, en même temps qu'un organisme de couverture d'apparence inoffensive servant à entreposer des armes et des munitions, en vue d'attaquer le parti communiste qui se développait.

Un an plus tard, Thule fusionna avec le Comité des travailleurs indépendants et changea son nom en Parti allemand des travailleurs (Deutsche Arbeiterpartei). Adolf Hitler trouva refuge dans ce havre de vagabonds de la politique et en devint le membre n° 7 en 1920. Il en prit rapidement le contrôle et choisit le swastika comme symbole du groupe. L'année suivante, il en changea encore le nom en Nationalsozialistische Deutsche Arbeiterpartei (NSDAP, Parti national-socialiste des travailleurs allemands), abrégé en « Nazi ».

Quand Hitler devint populaire puis chancelier dans les années 30, Sebottendorff décida de voler au secours de la victoire et de s'en attribuer quelques mérites en affirmant dans un livre que ses propres influences « maçonniques » et les opérations mystiques et occultes de Thule avaient considérablement inspiré Hitler et la philosophie du nazisme. Hitler préférait croire qu'il avait tout inventé lui-même. Le livre de Sebottendorff fut banni par la police secrète bavaroise et la Gestapo jeta son auteur dans un camp de concentration avant de le déporter en Turquie. Aucun historien sérieux n'a jamais authentifié les affirmations de Sebottendorff et aucune organisation maçonnique n'a jamais épousé la forme bizarre de franc-maçonnerie qu'il proposait. Le fait que Hitler ait déclaré la franc-maçonnerie hors la loi partout où il l'a rencontrée et qu'il ait exécuté ses membres ou les ait mis dans des camps de concentration devrait être un argument suffisant pour montrer qu'il n'y avait pas de lien sérieux entre le nazisme et la franc-maçonnerie. Mais le mythe persiste.

Les francs-maçons ont investi la justice !

Les francs-maçons se méfient des policiers, perçus comme des agents de renseignement du pouvoir. Ces derniers ont même été interdits dans les loges du Grand Orient de France de 1815 à 1879. Aujourd'hui, les choses ont changé et les policiers, les magistrats ont, comme tout autre citoyen, le droit de rejoindre une loge maçonnique. En 2004, le journal *L'Express* titrait : « Comment les francs-maçons ont investi la police ». Il y a des francs-maçons dans la police ! Il y a des francs-maçons qui siègent sur les bancs de la justice ! Il y a des francs-maçons au conseil municipal ! Et alors ?

Des litres d'encre ont été répandus dans la presse britannique pour accuser la franc-maçonnerie d'être un club élitiste d'aristocrates ayant des plans secrets pour laisser en dehors les plus démunis et s'entraider tout en piétinant les pauvres gens. Si ces accusations en étaient restées à des incitations d'éditorialistes à des revendications de classe, elles auraient pu n'être considérées que comme des insultes fondées sur l'ignorance. Malheureusement, dans les années 1990, elles devinrent bien plus que cela.

En 1997, après une campagne longue et laborieuse, un membre du Parlement appelé Chris Mullin persuada finalement le Premier ministre britannique, le ministre de l'Intérieur et la Chambre des communes d'autoriser des enquêtes sur l'influence de la franc-maçonnerie sur le système de justice criminelle. Mullin était convaincu que les policiers maçons octroyaient des privilèges spéciaux à des criminels maçonniques ainsi qu'à eux-mêmes, tout en masquant leurs propres comportements délictueux. Devant les tribunaux, il accusa les juges d'user de clémence envers ceux qui émettaient des signes maçonniques depuis le banc des accusés. En dépit du déchaînement d'hystérie de la presse britannique, on ne put jamais trouver un élément d'abus, d'influence ou de discrimination, mais la perception du public resta que les francs-maçons étaient un clan mal intentionné.

En Grande Bretagne, des lois et des règlements ont été adoptés exigeant que les juges, les membres de la police et les membres du Parlement rendent publique leur appartenance à la franc-maçonnerie. Curieusement, ils avaient été auparavant tenus de le faire en vertu d'une loi britannique appelée *Unlawful Societies Act* (loi des sociétés illégales), mais cette loi avait été abrogée en 1967, considérée comme obsolète. La différence est que, aujourd'hui, les francs-maçons sont singularisés comme quelque chose de dangereusement insidieux.

De nombreux antimaçons font beaucoup de bruit autour des serments prêtés par les francs-maçons. Oui, les maçons promettent d'aider et d'assister leurs frères. Ce que la plupart des détracteurs omettent de rapporter est que les maçons promettent également de chuchoter de bons conseils à l'oreille d'un frère, de lui rappeler ses fautes de la manière la plus tendre possible et de l'aider à se perfectionner. La franc-maçonnerie n'enseigne nulle part à un policier maçonnique de ne pas intervenir s'il voit un frère sortir d'une vitrine de magasin brisée et s'enfuir avec un poste de télévision sous le bras.

Mais il est vrai qu'il existe des dérives, ce qu'en France on appelle l'affairisme (voir chapitre 13, p. 231), au réseau d'entraide maçonnique. Le nier serait stupide. La franc-maçonnerie est une réplique de la société et il y a autant de déviances qu'ailleurs, ni plus ni moins. Certains francs-maçons tentent d'utiliser la franc-maçonnerie comme réseau d'influence pour leurs affaires ou leur promotion. Ces individus ne sont pas dignes d'appartenir à la franc-maçonnerie. Ils finissent toujours par être radiés des obédiences qui ont lancé récemment une vaste opération « main blanche », histoire de rappeler et de prouver que les gants portés par les francs-maçons ne sont pas qu'un symbole.

Chapitre 19

Dix textes maçonniques célèbres

Dans ce chapitre :

- Les textes fondateurs de la franc-maçonnerie
- Des textes maçonniques célèbres écrits par des francs-maçons ou des profanes
- La condamnation de l'Église catholique
- Le chant des adieux

Le Manuscrit Regius

Le *Manuscrit Regius* (connu aussi sous le nom de *Manuscrit Halliwell*) a été écrit en 1390. Il est considéré par les francs-maçons actuels comme le texte fondateur de la maçonnerie opérative. Il fait partie ce que les francs-maçons actuels appellent les Anciens Devoirs ou Anciennes Charges (*Old Charges* en anglais).

Il s'agit du plus ancien texte maçonnique, qui régit la vie en société des bâtisseurs de cathédrales. C'est donc un texte de la période de la franc-maçonnerie dite *opérative*. Sa forme est inhabituelle puisqu'il est écrit sous forme de poème, alors que les documents maçonniques qui suivront seront écrits en prose. Le document original est écrit en anglais ancien. Il a été légué en 1757 par le roi Georges II (d'où son nom de *Regius* qui signifie roi en latin) au British Museum à Londres, où il est encore conservé. Sa traduction a été faite par James Halliwell en 1840.

Le Manuscrit Regius est divisé en six parties :

- une brève histoire de la maçonnerie ;
- les statuts de la corporation des maçons opératifs en quinze articles et quinze points ;
- une évocation des quatre couronnés (quatre martyrs chrétiens de l'Antiquité) ;
- le récit de la tour de Babel ;
- un éloge des sept arts libéraux ;
- une instruction sur les bonnes manières.

Que faut-il retenir du Manuscrit Regius ? Je vais ici vous donner quelques éléments.

Résumé des quinze articles

Voici en substance ce qu'énoncent les quinze articles du Manuscrit Regius :

- Article 1 : Le maître maçon doit être digne de la confiance des seigneurs et il doit payer les compagnons à leur juste valeur avec l'argent des seigneurs.
- Article 2 : Tout maître maçon doit assister à un rassemblement général à moins de pouvoir présenter une bonne excuse.
- Article 3 : Le maître maçon ne prendra pas d'apprenti pour moins de sept ans et devra le loger pendant son apprentissage.
- Article 4 : Le maître maçon ne doit pas prendre de serf comme apprenti.
- Article 5 : Le maître maçon ne prendra ni un bâtard ni un garçon présentant une infirmité ou une tare.
- Article 6 : L'apprenti sera payé moins que les compagnons, mais son salaire augmentera au fur et à mesure de ses progrès.
- Article 7 : Le maître maçon n'abritera sur son chantier ni voleur ni meurtrier.
- Article 8 : Le maître maçon peut renvoyer un ouvrier incapable et le remplacer par un autre.
- Article 9 : Le maître maçon doit s'assurer de la bonne assise des fondations de l'ouvrage.
- Article 10 : Le maître maçon ne doit jamais prendre l'ouvrage d'un autre maître maçon sous peine d'une amende de dix livres.
- Article 11 : Un maçon ne travaillera pas de nuit, sauf pour étudier.
- Article 12 : On ne doit pas dénigrer l'ouvrage de ses compagnons.
- Article 13 : Le maître maçon doit donner un enseignement complet à son apprenti.
- Article 14 : Le maître maçon ne prendra pas d'apprenti à moins d'avoir suffisamment de tâches à lui confier.
- Article 15 : Le maître maçon ne doit pas laisser ses compagnons dans leurs fautes, car il doit avoir souci de leurs âmes.

Résumé des quinze points

Les quinze points du Manuscrit Regius sont les suivants :

- 1er point : L'homme de métier doit aimer Dieu et la sainte Église, ainsi que ses compagnons.
- 2e point : Les maçons seront payés les jours de congé.

- 3e point : L'apprenti doit garder secret tout ce que son maître lui dit et tout ce qu'il entend ou voit en loge.
- 4e point : L'apprenti ne doit causer aucun préjudice à son métier, ni à son maître ou à ses compagnons et tombe sous les mêmes lois qu'eux.
- 5e point : Les maçons doivent recevoir leur salaire du maître avec soumission. Le maître doit renvoyer un maçon avant midi s'il n'a plus de travail pour lui.
- 6e point : Les querelles entre maçons doivent être réglées à l'amiable, après la journée de travail ou lors d'un jour de congé.
- 7e point : Un maçon ne couchera pas avec la femme du maître ni celle d'un compagnon.
- 8e point : Un maître peut nommer certains compagnons à des postes de responsabilité, intermédiaires entre lui-même et le reste des compagnons.
- 9e point : Les compagnons doivent servir à table à tour de rôle, ils achètent les provisions et doivent rendre compte de leurs dépenses.
- 10e point : Un maçon ne doit apporter aucun appui à ceux qui s'obstinent dans leurs fautes ; ils seront convoqués devant une assemblée et exclus du métier.
- 11e point : Un maçon doit corriger aimablement ceux dont le travail est défectueux.
- 12e point : En assemblée, les maîtres, compagnons, commanditaires et dignitaires locaux s'accorderont pour faire respecter les lois du métier.
- 13e point : Le maçon ne doit pas voler, ni être complice d'un voleur.
- 14e point : Le maçon doit jurer fidélité à son maître, à ses compagnons et à son roi.
- 15e point : Celui qui transgresse un de ces articles sera convoqué devant une assemblée. S'il persiste dans sa faute, il sera interdit de métier, mis en prison et verra ses biens confisqués.

Instruction sur les bonnes manières

La dernière partie concerne l'instruction des bonnes manières. En voici quelques extraits :

- Lorsque tu es à table, mange proprement ; tu dois avoir les mains propres, un couteau tranchant et bien aiguisé ; et ne te coupe pas plus de pain que tu ne peux en avaler.
- Si ton voisin est un homme d'un rang supérieur au tien, laisse-le se servir avant toi.
- Ne pique pas le meilleur morceau, même si tu le préfères ; évite de te salir les mains pour ne pas salir ta serviette ; ne t'en sers pas pour te moucher et ne te cure pas les dents à table.

- Ne bois pas avidement, cela te ferait larmoyer, ce qui serait inconvenant.
- Veille à ne pas avoir la bouche pleine quand tu te mets à boire ou à parler et si tu vois un homme qui boit du vin ou de la bière tout en écoutant tes propos, arrête de parler.

Les Constitutions d'Anderson

En 1723, peu après la constitution de la grande loge d'Angleterre en 1717, qui est vue comme la naissance de la franc-maçonnerie *spéculative*, John Anderson, pasteur presbytérien mais aussi franc-maçon, rédige les *Constitutions of the free-masons*. C'est une véritable proclamation de tolérance qui, à cette époque, se rapportait plus à une tolérance envers les différentes religions chrétienne qu'à un appel à la libre pensée comme cela apparaîtra en France au siècle suivant.

Il est considéré aujourd'hui comme l'un des textes fondateurs de la franc-maçonnerie. Le texte est long mais j'ai sélectionné les meilleurs morceaux!

Concernant Dieu et la religion

> «Un maçon est obligé par sa tenue d'obéir à la loi morale et s'il comprend bien l'art, il ne sera jamais un athée stupide, ni un libertin irréligieux.»

Du magistrat civil suprême et subordonné

> «Un maçon est un paisible sujet à l'égard des pouvoirs civils, en quelque lieu qu'il réside ou travaille, et ne doit jamais être mêlé aux complots et conspirations contre la paix et le bien-être de la nation, ni manquer à ses devoirs envers les magistrats inférieurs ; car la maçonnerie a toujours pâti de la guerre, de l'effusion de sang et du désordre ; aussi les anciens rois et princes ont toujours été fort disposés à encourager les frères, en raison de leur caractère pacifique et de leur loyauté par lesquels ils répondaient en fait aux chicanes de leurs adversaires et défendaient l'honneur de la fraternité qui fut toujours florissante dans les périodes de paix.»

Des loges

> «Une loge est un lieu où des maçons s'assemblent pour travailler : d'où le nom de loge qui est donné à l'assemblée ou à la société de maçons régulièrement organisée et l'obligation pour chaque frère d'appartenir à l'une d'elles et de se soumettre à ses règlements particuliers ainsi qu'aux règlements généraux.

« Les personnes admises comme membres d'une loge doivent être des hommes bons et loyaux, nés libres, ayant l'âge de la maturité d'esprit et de la prudence, ni serfs, ni femmes, ni hommes immoraux ou scandaleux mais de bonne réputation. »

Des maîtres, surveillants, compagnons et apprentis

« Tout ce que les candidats peuvent savoir, c'est qu'aucun maître n'a le droit de prendre un apprenti s'il n'a pas un travail suffisant à lui fournir et s'il n'est pas un jeune homme parfait ne souffrant d'aucune mutilation ou tare physique qui puisse l'empêcher d'apprendre l'art et de servir le seigneur de son maître et de devenir un frère, puis un compagnon en temps voulu, après le nombre d'années fixé par la coutume du pays ; et s'il n'est issu de parents honnêtes ; ceci afin qu'après avoir acquis les qualités requises il puisse parvenir à l'honneur d'être le surveillant, puis le maître de la loge, le Grand Surveillant et enfin, selon son mérite, le Grand Maître de toutes les loges.

« Nul frère ne peut être surveillant avant d'avoir passé le degré de compagnon ; ni maître avant d'avoir occupé les fonctions de surveillant ; ni Grand Surveillant avant d'avoir été Maître d'une loge, ni Grand Maître s'il n'a pas été compagnon avant son élection. »

De la direction du métier pendant le travail

« Tous les maçons travailleront honnêtement pendant les jours ouvrables afin de profiter honorablement des jours de fête ; et l'horaire prescrit par la loi du pays ou fixé par la coutume sera respecté.

« Les ouvriers doivent éviter tout langage déplacé et ne point se donner entre eux de sobriquets désobligeants, mais s'appeler frère ou compagnon ; et se conduire avec courtoisie à l'intérieur de la loge. »

De la conduite

Dans la loge quand elle est constituée

« Vous ne devez pas tenir de réunions privées, ni de conversations à part sans autorisation du Maître, ni parler de choses inopportunes ou inconvenantes ; ni interrompre le Maître ou les surveillants ni aucun frère parlant au Maître : ne vous conduisez pas non plus de manière ridicule ou bouffonne quand la loge traite de choses sérieuses et solennelles ; et sous aucun prétexte n'usez d'un langage malséant. »

Conduite après fermeture de la loge et avant le départ des frères

« Aucune brouille ni querelle privée ne doit passer le seuil de la loge, et moins encore quelque querelle à propos de la religion, des nations ou de la politique car comme maçons nous sommes seulement de la religion catholique mentionnée ci-dessus ; nous sommes aussi de toutes nations, idiomes, races et langages et nous sommes résolument contre toute politique comme n'ayant jamais contribué et ne pouvant jamais contribuer au bien-être de la loge. »

Conduite quand les frères se rencontrent sans présence étrangère mais hors d'une loge constituée

« Vous devez vous saluer réciproquement de manière courtoise, comme on vous l'enseignera, vous appelant mutuellement frère, échangeant librement les instructions que vous jugerez utiles, sans être vus ni entendus, sans prendre le pas l'un sur l'autre, ni manquer aux marques de respect qui seraient dues à un frère. »

Conduite en présence d'étrangers non maçons

« Vous serez circonspects dans vos propos et dans votre comportement, pour que l'étranger le plus perspicace ne puisse découvrir ni deviner ce qu'il ne doit pas connaître, et vous aurez parfois à détourner la conversation et à la conduire prudemment pour l'honneur de la vénérable fraternité. »

Conduite chez vous et dans votre entourage

« Vous devez agir comme il convient à un homme sage et de bonnes mœurs ; en particulier n'entretenez pas votre famille, vos amis et voisins des affaires de la loge. »

Conduite envers un frère étranger

« Vous devez l'éprouver consciencieusement de la manière que la prudence vous inspirera, afin de ne pas vous en laisser imposer par un imposteur ignorant, que vous devez repousser avec mépris et dérision, en vous gardant de lui dévoiler la moindre connaissance.

« Mais si vous le reconnaissez comme un frère authentique et sincère, vous devez lui prodiguer le respect qu'il mérite ; et s'il est dans le besoin, vous devez le secourir si vous le pouvez, ou lui indiquer comment il peut être secouru : vous devez l'employer pendant quelques jours ou le recommander pour qu'on l'emploie. »

Le discours du chevalier de Ramsay, 1736 et 1767

N'OUBLIEZ PAS !

Le chevalier de Ramsay (1686-1743) a été initié à la Horn Lodge de Londres en mars 1730, puis fut Grand Orateur de l'Ordre maçonnique en France. Ce discours, qui est en fait le discours de bienvenue à destination des nouveaux initiés, est souvent considéré comme à l'origine des « hauts grades », c'est-à-dire des degrés maçonniques qui sont au-delà des degrés d'apprenti, compagnon et maître.

La première partie du discours (non reproduite ici) précise les qualités qui sont demandées au profane pour devenir franc-maçon, ainsi que les buts de la franc-maçonnerie. On y trouve l'amour de l'humanité, la morale, la capacité à garder le secret et enfin le goût des sciences et des arts libéraux.

La seconde partie du discours (reproduite ici) expose l'origine et l'histoire de l'ordre. Dans ce texte, Ramsay fait remonter les loges maçonniques à l'époque des croisades et établit ainsi une filiation entre la franc-maçonnerie et la chevalerie. Filiation plus mythique qu'historique !

Origine et histoire de l'ordre : la légende et l'histoire selon Ramsay

« Chaque famille, chaque république, et chaque empire dont l'origine est perdue dans une Antiquité obscure a sa fable et a sa vérité, sa légende et son histoire, sa fiction et sa réalité.

« Quelques-uns font remonter notre institution jusqu'au temps de Salomon, de Moïse, des Patriarches, de Noé même. Quelques autres prétendent que notre fondateur fut Énoch, le petit-fils du Protoplaste, qui bâtit la première ville et l'appela de son nom. Je passe rapidement sur cette origine fabuleuse, pour venir à notre véritable histoire. Voici donc ce que j'ai pu recueillir dans les très anciennes annales de l'histoire de la Grande-Bretagne, dans les actes du parlement d'Angleterre, qui parlent souvent de nos privilèges, et dans la tradition vivante de la nation britannique, qui a été le centre et le siège de notre confraternité depuis le XIe siècle. »

Institution de l'ordre par les croisés

« Du temps des guerres saintes dans la Palestine, plusieurs princes, seigneurs et citoyens entrèrent en société, firent vœu de rétablir les temples des chrétiens dans la Terre sainte, et s'engagèrent par serment à employer leurs talents et leurs biens pour ramener l'architecture à sa primitive institution.

« Ils convinrent de plusieurs signes anciens, de mots symboliques tirés du fond de la religion, pour se distinguer des infidèles, et se reconnaître d'avec les Sarrasins. On ne communiquait ces signes et ces paroles qu'à ceux qui promettaient solennellement et souvent même aux pieds des autels de ne jamais les révéler. Cette promesse n'était donc plus un serment exécrable, comme on le débite, mais un lien respectable pour unir les hommes de toutes les nations dans une même confraternité. Quelque temps après, notre ordre s'unit intimement avec les chevaliers de Saint-Jean de Jérusalem. Dès lors et depuis nos loges portèrent le nom de loges de Saint-Jean dans tous les pays. Cette union se fit en imitation des Israélites, lorsqu'ils rebâtirent le second Temple, pendant qu'ils maniaient d'une main la truelle et le mortier, ils portaient de l'autre l'épée et le bouclier.

« Notre ordre, par conséquent, ne doit pas être regardé comme un renouvellement de bacchanales, et une source de folle dissipation de libertinage effréné, et d'intempérance scandaleuse, mais comme un ordre moral, institué par nos ancêtres dans la Terre sainte pour rappeler le souvenir des vérités les plus sublimes, au milieu des innocents plaisirs de la société. »

Passage de l'ordre de la Terre sainte en Europe

« Les rois, les princes et les seigneurs, en revenant de la Palestine dans leurs pays, y établirent des loges différentes. Du temps des dernières croisades, on voit déjà plusieurs loges érigées en Allemagne, en Italie, en Espagne, en France et de là en Écosse, à cause de l'intime alliance qu'il y eut alors entre ces deux nations.

« Jacques Lord Steward d'Écosse fut Grand Maître d'une Loge établie à Kilwinnen dans l'ouest d'Écosse en l'an 1286, peu de temps après la mort d'Alexandre III roi d'Écosse, et un an avant que Jean Baliol montât sur le trône. Ce seigneur écossais reçut *Free-Maçons* dans sa Loge les comtes de Gloucester et d'Ulster, seigneurs anglais et irlandais.

« Peu à peu nos loges, nos fêtes et nos solennités furent négligées dans la plupart des pays où elles avaient été établies. De-là vient le silence des historiens de presque tous les royaumes sur notre ordre, hors ceux de la Grande-Bretagne. Elles se conservèrent néanmoins dans toute leur splendeur parmi les Écossais, à qui nos rois confièrent pendant plusieurs siècles la garde de leur sacrée personne. »

Des croisades à la Réforme, dégénérescence de l'ordre

« Après les déplorables traverses des croisades, le dépérissement des armées chrétiennes et le triomphe de Bendocdar Soudan d'Égypte, pendant la huitième et dernière croisade, le fils d'Henry III roi d'Angleterre, le grand prince Édouard, voyant qu'il n'avait plusde sûreté pour ses confrères dans la Terre sainte, quand les troupes chrétiennes s'en retiraient, les ramena tous, et cette colonie de frères s'établit ainsi en Angleterre. Comme ce prince était doué de toutes les qualités du cœur et de l'esprit qui forment les héros, il aima les beaux-arts, se déclara protecteur de notre ordre, lui accorda plusieurs privilèges et franchises, et dès lors les membres de cette confraternité prirent le nom de francs-maçons. Depuis ce temps la Grande-Bretagne devint le siège de notre science, conservatrice de nos lois, et la dépositaire de nos secrets. Les fatales discordes de religion qui embrasèrent et déchirèrent l'Europe dans le XVIe siècle firent dégénérer notre ordre de la grandeur et de la noblesse de son origine. On changea, on déguisa, ou l'on retrancha plusieurs de nos rites et usages qui étaient contraires aux préjugés du temps. »

Conclusion : retour, régénération et avenir de l'ordre en France

« C'est ainsi que plusieurs de nos confrères oublièrent l'esprit de nos lois, et n'en conservèrent que la lettre et l'écorce. Notre Grand Maître, dont les qualités respectables surpassent encore la naissance distinguée, veut que l'on rappelle tout à sa première institution, dans un pays où la religion et l'État ne peuvent que favoriser nos lois.

« Des îles britanniques, l'antique science commence à repasser dans la France sous le règne du plus aimable des rois, dont l'humanité fait l'âme de toutes les vertus, sous le ministère d'un mentor qui a réalisé tout ce qu'on avait imaginé de plus fabuleux.

« Dans ces temps heureux où l'amour de la paix est devenu la vertu des héros, la nation la plus spirituelle de l'Europe deviendra le centre de l'ordre ; elle répandra sur nos ouvrages, nos statuts et nos mœurs, les grâces, la délicatesse et le bon goût, qualités essentielles dans un ordre, dont la base est la sagesse, la force et la beauté du génie. C'est dans nos loges à l'avenir, comme dans des écoles publiques, que les Français verront, sans voyager, les caractères de toutes les nations, et c'est dans ces mêmes loges que les étrangers apprendront par expériences que la France est la vraie patrie de tous les peuples. »

Préambule à la Déclaration de principes du convent de Lausanne

Le convent est une réunion de représentants de loges ou d'obédiences. En 1875, devant les troubles qui agitent les différentes organisations maçonniques, le Suprême Conseil de France se réunit un convent exceptionnel à Lausanne. De cette réunion qui dura deux semaines sortit une Déclaration de principes qui permet de concilier l'affirmation d'un principe créateur et le respect de la liberté de conscience. Ce texte est l'un des textes fondateurs du rite écossais ancien et accepté. Le préambule de cette Déclaration de principes est inscrit dans la demande d'initiation remplie par le futur franc-maçon. Elle est également lue au début de la cérémonie d'initiation au premier degré, c'est dire si elle est importante.

N'OUBLIEZ PAS !

Voici ce que dit ce préambule :

- La franc-maçonnerie proclame, comme elle a proclamé dès son origine, l'existence d'un principe créateur, sous le nom de Grand Architecte de l'Univers.
- Elle n'impose aucune limite à la recherche de la vérité, et c'est pour garantir à tous cette liberté qu'elle exige de tous la tolérance.
- La franc-maçonnerie est donc ouverte aux hommes de toute nationalité, de toute race, de toute croyance.
- Elle interdit dans les ateliers toute discussion politique et religieuse ; elle accueille tout profane, quelles que soient ses opinions en politique et en religion, dont elle n'a pas à se préoccuper, pourvu qu'il soit libre et de bonnes mœurs.
- La franc-maçonnerie a pour but de lutter contre l'ignorance sous toutes ses formes ; c'est une école mutuelle dont le programme se résume ainsi : obéir aux lois de son pays, vivre selon l'honneur, pratiquer la justice, aimer son semblable, travailler sans relâche au bonheur de l'humanité et poursuivre son émancipation progressive et pacifique.

Rituel d'ouverture des travaux au premier degré du rite écossais ancien et accepté

C'est le début de la soirée, les frères sont debout, à leur place dans la loge, la tenue va commencer. Le Vénérable prend place à son plateau et va ouvrir les travaux. Mais pas question d'un simple : « Je déclare la tenue ouverte », ni de « Bon, allez, les gars, on commence ! » On se sert d'un rituel appelé rituel d'ouverture au premier degré. Écoutez ce dialogue et tentez d'en saisir la portée symbolique :

Le Vénérable Maître : Prenez place. Nous allons procéder à l'ouverture de la loge.

Le Vénérable Maître : Frère second surveillant, quel est le premier devoir d'un surveillant en loge ?

Le second surveillant : Vénérable Maître, c'est de s'assurer que nous sommes à couvert.

Le Vénérable Maître : Veuillez vous en assurer, mon frère.

Le second surveillant : Frère couvreur, remplissez votre office.

Le couvreur : Frère second surveillant, la loge est dûment couverte.

Le second surveillant : Vénérable Maître, la loge est dûment couverte.

Le Vénérable Maître : Frère premier surveillant, quel est le deuxième devoir d'un surveillant en loge ?

Le premier surveillant : Vénérable Maître, c'est de s'assurer que tous les assistants sont apprentis francs-maçons à leur place et à leur office.

Le Vénérable Maître : Dans ce cas, frères premier et second surveillants, veuillez vous en assurer, chacun sur votre colonne et m'en rendre compte.

Le Vénérable Maître : Debout mes frères, face à l'Orient. Vous vous ferez reconnaître comme apprenti au passage des frères surveillants.

[Les frères surveillants passent chacun sur leur colonne et les frères se font reconnaître comme apprenti franc-maçon.]

Le second surveillant : Frère premier surveillant, tous les assistants de la colonne du Septentrion sont apprentis francs-maçons à leur place et à leur office.

Le premier surveillant : Vénérable Maître, tous les assistants des colonnes du Septentrion et du Midi sont apprentis francs-maçons à leur place et à leur office.

Le Vénérable Maître : Mes frères, puisque la loge est dûment couverte et que tous les assistants sont apprentis, entrons dans les voies qui nous sont tracées. Frère premier surveillant, qu'avons-nous demandé lors de notre première entrée dans le temple ?

Le premier surveillant : La lumière, Vénérable Maître.

Le Vénérable Maître : Que cette lumière nous éclaire.

[Le maître des cérémonies va allumer trois bougies placées au centre de la loge. L'expert va ouvrir le Volume de la Loi Sacrée et place dessus l'équerre puis le compas.]

Le Vénérable Maître : Prenez place mes frères.

[Les frères s'assoient.]

Le Vénérable Maître : Frère second surveillant, quel âge avez-vous ?

Le second surveillant : Trois ans, Vénérable Maître.

Le Vénérable Maître : Où est votre place dans la loge ?

Le second surveillant : Au midi (au sud), Vénérable Maître.

Le Vénérable Maître : Pourquoi êtes-vous placé ainsi ?

Le second surveillant : Pour observer le soleil au méridien et appeler les frères de la récréation au travail et du travail à la récréation afin qu'ils en retirent profit et joie.

Le Vénérable Maître : Frère premier surveillant, où est votre place dans la loge ?

Le premier surveillant : À l'occident (à l'ouest), Vénérable Maître.

Le Vénérable Maître : Pourquoi êtes-vous placé ainsi ?

Le premier surveillant : Comme le soleil se couche à l'occident pour fermer le jour, le premier surveillant s'y tient pour aider le Vénérable Maître à fermer la loge, payer les ouvriers et s'assurer qu'ils sont contents et satisfaits.

Le Vénérable Maître : Frère premier surveillant, où est placé le Vénérable Maître en loge ?

Le premier surveillant : À l'orient (à l'est), Vénérable Maître.

Le Vénérable Maître : Pourquoi est-il placé ainsi ?

Le premier surveillant : Comme le soleil se lève à l'orient pour ouvrir le jour, ainsi le Vénérable Maître siège à l'orient pour ouvrir et diriger la loge.

Le Vénérable Maître : Frère second surveillant, à quelle heure les apprentis francs-maçons ont-ils coutume d'ouvrir leurs travaux ?

Le second surveillant : À midi, Vénérable Maître.

Le Vénérable Maître : Quelle heure est-il, frère second surveillant ?

Le second surveillant : Il est midi, Vénérable Maître.

Le Vénérable Maître : Debout mes frères !

Le Vénérable Maître : À la gloire du Grand Architecte de l'Univers, en vertu des pouvoirs qui m'ont été conférés, je déclare ouverte, selon le rite, au grade d'apprenti cette respectable loge de Saint-Jean.

Le rituel des voyous de Pierre Dac

Pierre Dac (1895-1975) a été membre de la Grande Loge de France. Humoriste bien connu, il a rédigé ce rituel de la grande loge des voyous. Le Taulier est le Vénérable Maître ; les premier et deuxième matons sont les deux surveillants ; le bignoleur, le couvreur ; le greffier, le secrétaire et le baratineur l'orateur. Ce rituel des voyous vous semble obscur ? Relisez l'extrait du rituel d'ouverture du premier degré du rite écossais ancien et accepté ci-dessus, munissez-vous d'un dictionnaire d'argot et bienvenue dans le rituel des voyous !

L'ouverture des travaux

Le Taulier : Frangin deuxième maton, quel est le premier turbin d'un maton en carrée ?

Deuxième maton : Taulier, c'est de bigler si la carrée n'a pas de courants d'air et si la lourde est bien bouclée.

Le Taulier : Veux-tu bien gaffer frangibus ?

Deuxième maton : Frangin bignoleur, veux-tu bigler si la carrée est aux pommes et décambuter en loucedé pour arnaquer les loquedus ?

Le bignoleur (de retour) : Y'a que dalle chef !

Deuxième maton : Frangin Taulier, la cabane est réglo.

Le Taulier : Quel est le boulot du premier maton ?

Premier maton : Frangin Taulier, c'est de se rencarder si tous les gonzes d'ici sont bien des potes et non des demi-sels.

Le Taulier : Premier et deuxième matons, vos zigues, faites votre turbin. Biglez s'il n'y a pas de loquedus, les argougnez et me les bonnir aussi sec. Debout tas de fainéants face au bourguignon !

[Au passage des matons, les frangins leur font un superbe bras d'honneur !]

Premier maton : Boss, tous les fiasses qui sont sur leurs guibolles sont bien des affranchis.

Le Taulier : Il en est de même au bourguignon. Tous ceux qui sont à côté de mézigue sont aussi de la cabane. Au nom du Mec des Mecs, la cabane est affranchie. Pour sa pomme, on va lui filer une sacrée batterie.

[Tous tapent dans leurs pognes.]

Le Taulier : Posez vos derches les mecs. Frangin greffier, veux-tu nous filer le rapport du dernier turbin ?

Le greffier [après avoir vainement essayé de lire ses papiers] : J'ai dit frangin Taulier !

Le Taulier : Vous mes pommes et vous les matons, esgourdez s'il y a des niards qui réclament après le baratin du greffier.

Premier maton : Boss, les affranchis n'ont pas jaspiné.

Le Taulier : Mes potes, avant de chiquer contre, on va demander au baratineur ce qu'il en pense.

Le baratineur : Tous les mecs ont bien entravé, c'est banco !

Lourder la taule...

Le Taulier : Le dernier turbin est donc affranchi. Et pour pas vous voir roupiller en écoutant le baratineur déboiser des conneries qui en foutent plein les esgourdes, je m'en vais lourder la taule.

Le Taulier : Frangins matons, demandez aux potes de vos milieux s'ils n'ont rien à baratiner. Je fais circuler l'sac aux baratins et celui de l'artiche pour aider les frangins qui sont tombés. Les boulots sont-ils contents ?

Premier maton : Ils le sont, frangin Taulier.

Le Taulier : Second maton, quel est ton âge ?

Deuxième Maton : Trois berges, vieux.

Le Taulier : Quel est le temps du boulot ?

Deuxième maton : Du bourguignon au plumard, patron.

Le Taulier : Premier Maton, quelle heure est-il ?

Premier maton : C'est l'heure du plumard, boss. J'entends sonner douze plombes et on en a ras le bol !

Le Taulier : Debout, mes niards ! Au nom du Mec des Mecs, et pour sa bonne pomme, on va lui en filer une toute neuve, puisque la taule est débouclée. Allez les gars, tapez dans vos pognes. Ne bonnissez rien au-dehors sur le turbin de ce soir et allons filer au paddok avec nos nanas. Mais avant, allons en écluser un !

« La Loge Mère » de Rudyard Kipling

Rudyard Kipling a été initié en 1886 dans la loge Hope and Perseverance n° 782, à Lahor, aujourd'hui au Pakistan. Ce poème, écrit en 1896, est l'un des plus connus de Kipling. L'auteur y célèbre la *loge mère* qui est pour un franc-maçon la loge symbolique dans laquelle il a été initié. Dans ce poème, Kipling met l'accent sur la diversité ethnique et religieuse de sa loge.

Il y avait Rundle, le chef de gare,
Beazelay, des voies et travaux,
Ackman, de l'intendance,
Donkin, de la prison,
Et Blacke, le sergent instructeur,
Qui fut deux fois notre Vénérable,
Et aussi le vieux Franjee Eduljee,
Qui tenait le magasin Aux Denrées européennes.

Dehors, on se disait : « Sergent !, Monsieur !, Salut !, Salaam ! »,
Dedans, c'était : « Mon Frère », et c'était très bien ainsi.
Nous nous rencontrions sur le Niveau et nous nous quittions sur l'Équerre,
Moi, j'étais second diacre dans ma Loge Mère, là-bas !

Il y avait encore Bola Nath, le comptable,
Saül, le Juif d'Aden,
Din Mohammed, du bureau du cadastre,
Le sieur Chuckerbutty,
Amir Singh, le Sikh,
Et Castro, des ateliers de réparation,
Le Catholique romain !

Nos décors n'étaient pas riches,
Notre temple était vieux et dénudé,
Mais nous connaissions les anciens landmarks
Et les observions scrupuleusement.
Quand je jette un regard en arrière,
Cette pensée souvent me revient à l'esprit :
Au fond, il n'y a pas d'incrédules,
Si ce n'est peut-être nous-mêmes !

Car tous les mois, après la tenue,
Nous nous réunissions pour fumer
(Nous n'osions pas faire de banquets
De peur d'enfreindre la règle de caste de certains frères)
Et nous causions à cœur ouvert de religions
Et d'autres choses
Chacun de nous se rapportant
Au Dieu qu'il connaissait le mieux.

L'un après l'autre, les Frères prenaient la parole
Et aucun ne s'agitait.
Jusqu'à ce que l'aurore réveille les perroquets
Et le maudit oiseau porte-fièvre ;
Comme après tant de paroles,
Nous nous en revenions à cheval,
Mahomet, Dieu et Shiva
Jouaient étrangement à cache-cache dans nos têtes.

Bien souvent depuis lors,
Mes pas errants au service du gouvernement,
Ont porté le salut fraternel
De l'Orient à l'Occident
Comme cela nous est recommandé,
De Kohel à Singapour.
Mais comme je voudrais les revoir tous
Ceux de ma Loge Mère, là-bas !

Comme je voudrais les revoir,
Mes Frères noirs ou bruns,
Et sentir le parfum des cigares indigènes
Pendant que circule l'allumeur,
Et que le vieux limonadier
Ronfle sur le plancher de l'office,
Et me fait retrouver Parfait Maçon
Une fois encore dans ma Loge d'autrefois.

Dehors, on se disait : « Sergent !, Monsieur !, Salut !, Salaam ! »
Dedans, c'était : « Mon Frère », et c'était très bien ainsi.
Nous nous rencontrions sur le Niveau et nous nous quittions sur l'Équerre,
Moi, j'étais second diacre dans ma Loge Mère, là-bas !

Extrait de Voyage en Orient de Gérard de Nerval

Hiram l'architecte a été chargé par le roi Salomon de construire le Temple de l'Éternel (livre des Rois I, chapitre 7). De cet épisode biblique très court va naître une riche légende qui fait d'Hiram l'archétype de l'architecte de génie, détenteur des secrets des bâtisseurs et dont la mort prématurée va interrompre la construction du Temple. Ce thème du temple toujours à construire est au cœur du troisième degré de la franc-maçonnerie et Hiram est le personnage central de la franc-maçonnerie. Dans le texte qui suit (extrait de *Voyage en Orient* de 1851), Gérard de Nerval raconte à sa façon l'épisode de la mort de l'architecte, nommé ici Adoniram.

Le temps était bas, et le soleil, en pâlissant, avait vu la nuit sur la terre…

« […] Au bruit des manteaux sonnant l'appel sur les timbres d'airain, Adoniram, s'arrachant à ses pensées, traversa la foule des ouvriers rassemblés ; et pour présider à la paye il pénétra dans le temple, dont il entrouvrit la porte orientale, se plaçant lui-même au pied de la colonne Jakin.

« Des torches allumées sous le péristyle pétillaient en recevant quelques gouttes d'une pluie tiède, aux caresses de laquelle les ouvriers haletants offraient gaiement leur poitrine.

« La foule était nombreuse ; et Adoniram, outre les comptables, avait à sa disposition des distributeurs préposés aux divers ordres. La séparation des trois degrés hiérarchiques s'opérait par la vertu d'un mot d'ordre qui remplaçait, en cette circonstance, les signes manuels dont l'échange aurait pris trop de temps. Puis le salaire était livré sur l'énoncé du mot de passe.

« Le mot d'ordre des apprentis avait été précédemment JAKIN, nom d'une des colonnes de bronze ; le mot d'ordre des autres compagnons, BOOZ, nom de l'autre pilier ; le mot des maîtres JÉOVAH.

« Classés par catégories et rangés à la file, les ouvriers se présentaient aux comptoirs, devant les intendants, présidés par Adoniram qui leur touchait la main, et à l'oreille de qui ils disaient un mot à voix basse. Pour ce dernier jour, le mot de passe avait été changé. L'apprenti disait Tubalkaïn ; le compagnon, Schibboleth ; et le maître, Giblim.

« […] Dès que chacun fut éloigné, Adoniram vigilant et zélé jusqu'au dernier jour, prit, suivant sa coutume, une lampe pour aller faire la ronde dans les ateliers déserts et dans les divers quartiers du temple, afin de s'assurer de l'exécution de ses ordres et de l'extinction des feux. »

Ses pas résonnaient tristement sur les dalles…

« […] Adoniram se retrouva dans la grande salle du temple. Les ténèbres épaissies autour de sa lampe se déroulaient en volutes rougeâtres, marquant les hautes nervures des voûtes, et les parois de la salle, d'où l'on sortait par trois portes regardant le Septentrion, le Couchant et l'Orient. La première, celle du Nord, était réservée au peuple ; la seconde livrait passage au roi et à ses guerriers ; la porte de l'Orient était celle des lévites ; les colonnes d'airain, Jakin et Booz, se distinguaient à l'extérieur de la troisième.

« [...] Soudain une forme humaine se détacha du pilastre, et d'un ton farouche lui dit :

« "Si tu veux sortir, livre-moi le mot de passe des maîtres". »

Adoniram était sans arme...

« Objet du respect de tous, habitué à commander d'un signe, il ne songeait pas même à défendre sa personne sacrée.

« "Malheureux ! répond-il en reconnaissant le compagnon Méthousaël, éloigne-toi ! Tu seras reçu parmi les maîtres quand la trahison et le crime seront honorés ! Fuis avec tes complices avant que la justice de Soliman atteigne vos têtes."

« Méthousaël l'entend, et lève d'un bras vigoureux son marteau, qui retombe avec fracas sur le crâne d'Adoniram. L'artiste chancelle étourdi, par un mouvement instinctif, il cherche une issue à la seconde porte, celle du Septentrion. Là se trouvait le Syrien Phanor, qui lui dit :

« "Si tu veux sortir, livre-moi le mot de passe des maîtres !

« – Tu n'as pas sept années de campagne ! répliqua d'une voix éteinte Adoniram.

« – Le mot de passe !

« – Jamais !"

« Phanor, le maçon, lui enfonça son ciseau dans le flanc ; mais il ne put redoubler, car l'architecte du temple, réveillé par la douleur, vola comme un trait jusqu'à la porte d'Orient, pour échapper à ses assassins.

« C'est là qu'Amrou le Phénicien, compagnon parmi les charpentiers, l'attendait pour lui crier à son tour :

« "Si tu veux passer, livre-moi le mot de passe des maîtres.

« – Ce n'est pas ainsi que je l'ai gagné, articula avec peine Adoniram épuisé ; demande-le à celui qui t'envoie."

« Comme il s'efforçait de s'ouvrir un passage, Amrou lui plongea la pointe de son compas dans le cœur.

« C'est en ce moment que l'orage éclata, signalé par un grand coup de tonnerre.

« Adoniram était gisant sur le pavé, et son corps couvrait trois dalles. »

Les condamnations de l'Église catholique

La franc-maçonnerie et l'Église catholique n'ont jamais fait bon ménage. La franc-maçonnerie reproche à l'Église romaine son dogmatisme et l'Église voit la franc-maçonnerie comme une société secrète qui participerait au développement de la libre pensée. Résultat, depuis 1738 une vingtaine de condamnations solennelles avec excommunication à la clé. La première condamnation de la franc-maçonnerie par l'Église catholique date de 1738. Il s'agit de la constitution «*In eminenti*» du pape Clément XII.

Le texte présenté ici date de 1983 et est signé du cardinal Ratzinger, ancien préfet de la Congrégation pour la doctrine de la foi et l'actuel pape Benoît XVI. Ce texte est toujours en vigueur même si entre ces deux textes, les mentalités ont évoluées puisque le franc-maçon catholique n'est plus excommunié. Il se trouve simplement «en état de péché grave» et ne peut «accéder à la sainte communion». Extrait de la Déclaration sur l'incompatibilité entre l'appartenance à l'Église et la franc-maçonnerie, 1983 :

> «On a demandé si le jugement de l'Église sur les associations maçonniques était changé, étant donné que dans le nouveau Code de droit canonique il n'en est pas fait mention expresse, comme dans le Code antérieur.
>
> «Cette Congrégation est en mesure de répondre qu'une telle circonstance est due au critère adopté dans la rédaction, qui a été suivi aussi pour d'autres associations également passées sous silence parce qu'elles sont inclues dans des catégories plus larges.
>
> «Le jugement négatif de l'Église sur les associations maçonniques demeure donc inchangé, parce que leurs principes ont toujours été considérés comme inconciliables avec la doctrine de l'Église, et l'inscription à ces associations reste interdite par l'Église. Les fidèles qui appartiennent aux associations maçonniques sont en état de péché grave et ne peuvent accéder à la sainte communion. [...]»

Chant des adieux (Ce n'est qu'un au-revoir)

Tout le monde connaît cette chanson. Peu savent qu'elle est l'un des chants traditionnels de la franc-maçonnerie. C'est sur une très ancienne mélodie populaire en Écosse et d'origine celte que fut composé, vers 1750, le chant mélancolique intitulé *Auld Lang Syne*. En 1920, c'est le père Jacques Sevin qui en écrivit les paroles françaises. Cette chanson est parfois chantée à la fin des tenues, lors de la *chaîne d'union*, c'est-à-dire juste avant que les frères se séparent.

Faut-il nous quitter sans espoir,
Sans espoir de retour,
Faut-il nous quitter sans espoir
De nous revoir un jour

Ce n'est qu'un au revoir, mes frères
Ce n'est qu'un au revoir
Oui, nous nous reverrons, mes frères,
Ce n'est qu'un au revoir

Formons de nos mains qui s'enlacent
Au déclin de ce jour,
Formons de nos mains qui s'enlacent
Une chaîne d'amour.

Unis par cette douce chaîne
Tous, en ce même lieu,
Unis par cette douce chaîne
Ne faisons point d'adieu.

Car Dieu qui nous voit tous ensemble
Et qui va nous bénir,
Car Dieu qui nous voit tous ensemble
Saura nous réunir.

Une autre version de ce dernier couplet où Dieu est remplacé par « l'idéal qui nous rassemble » permet de rendre ce texte laïque et plus conforme à la franc-maçonnerie française actuelle :

Car l'idéal qui nous rassemble
Vivra dans l'avenir
Car l'idéal qui nous rassemble
Saura nous réunir.

Sixième partie

Annexes

Dans cette partie...

Vous trouverez plein d'informations pour aller plus loin dans votre connaissance de la franc-maçonnerie. L'annexe A liste les principales obédiences francophone d'Europe et vous indique l'adresse où vous pouvez les contacter. La franc-maçonnerie est très présente sur Internet et je donne dans l'annexe B un ensemble de liens à découvrir. Et si vous voulez aller encore plus loin et si vous préférez les bons vieux livres avec des vraies pages en papier, j'ai sélectionné dans l'annexe C une liste d'ouvrages à lire sur la franc-maçonnerie. Enfin, tous les termes, mots et expressions un peu bizarres que vous rencontrerez dans ce livre ou sur les sites Internet sont définis dans le glossaire qui se trouve en annexe D.

Annexe A

Carnet d'adresses des obédiences francophones

Principales obédiences françaises

Grand Orient de France (GODF)
16, rue Cadet
75009 Paris
Tél.: 01 45 23 20 92
Web: www.godf.org

Le Grand Orient de France compte plus de 40 000 membres répartis dans un millier de loges qui travaillent principalement au rite français. Obédience masculine mais les loges peuvent recevoir des sœurs.

Grande Loge de France (GLDF)
8, rue Puteaux
75017 Paris
Tél.: 01 53 42 41 41
Web: www.gldf.org

Environ 27 000 francs-maçons travaillent dans les 750 loges de la Grande Loge de France, essentiellement au rite écossais ancien et accepté. La Grande Loge de France est une obédience exclusivement masculine.

Fédération Française du Droit Humain (DH)
49, boulevard de Port-Royal
75013 Paris
Tél.: 01 44 08 62 62
Web: www.droithumain-france.org

L'ordre Maçonnique Mixte et International Le Droit Humain regroupe environ 27 000 membres (hommes et femmes) présents dans plus de 60 pays dans le monde et sur les 5 continents. La Fédération Française compte 14 000 membres répartis en 500 loges. Les loges du Droit Humain travaillent principalement au rite écossais ancien et accepté.

Grande Loge Féminine de France (GLFF)
60, rue Vitruve
75020 Paris
Tel.: 01 43 71 05 74
Web: www.glff.org

La Grande Loge Féminine de France regroupe 350 loges et 11 600 sœurs. Cette obédience accepte les hommes uniquement comme visiteurs. Les rites pratiqués sont le rite d'adoption (1 loge), le rite écossais ancien et accepté (74 %), le rite français (25 %) et le rite écossais rectifié (1 %).

Grande Loge Mixte de France (GLMF)
108, boulevard Edouard-Vaillant
93300 Aubervilliers
Tél. : 01 48 39 38 44
Web : `www.glmf-fm.org`

Cette obédience mixte est composée de 102 loges et de 2 050 membres dont environ 47 % d'hommes et 53 % de femmes.

Grande Loge Nationale Française (GLNF)
12, rue Christine-de-Pisan
75017 Paris
Tél. : 01 44 15 86 20
Web : `www.grandelogenationalefrancaise.com/`

Elle regroupe 20 000 frères. Obédience exclusivement masculine.

Loge Nationale Française (LNF)
BP 154
92113 Clichy CEDEX

Cette jeune obédience (créée en 1968) compte 20 loges et 300 membres.

Grande Loge Traditionnelle et Symbolique Opéra (GLTSO)
9, place Henri-Barbusse
92200 Levallois
Web : `www.gltso.org`

Obédience exclusivement masculine, elle regroupe 3 000 membres et 168 loges.

Grande Loge Féminine de Memphis-Misraïm (GLFMM)
15, rue Brochant
75017 Paris
Web : `glfmm.free.fr/`

Cette obédience exclusivement féminine regroupe environ 1 000 sœurs.

Grande Loge Mixte Universelle
27, rue de la Réunion
75020 Paris
Tél. : 01 44 93 36 04
Web : `www.glmu.org`

Fondée en 1973, cette jeune obédience mixte compte quelques milliers de membres.

Ordre International Traditionnel de l'Art Royal (OITAR)
14, rue Jules-Vanzuppe
94200 Ivry-sur-Seine
Web : `http://www.oitar.org/`

L'Ordre Initiatique et Traditionnel de l'Art Royal – Fraternité de maçons libres et de loges souveraines est né en 1974. C'est un ordre mixte comprenant 71 loges (France et DOM-TOM, Belgique, Suisse et Canada) et regroupant 954 membres. L'OITAR pratique exclusivement le rite opératif de Salomon.

Autres lieux maçonniques français

Le musée de la Franc-maçonnerie
16, rue Cadet
75009 Paris

Ouvert du mardi au samedi, de 14 heures à 18 heures. Fermé le lundi, entrée gratuite.

Institut Maçonnique de France (IMF)
63, rue Froidevaux
75014 Paris
Web : imf.fm-fr.com

Créé en octobre 2002 par l'ensemble des neuf obédiences composant La Maçonnerie Française, l'Institut Maçonnique de France (IMF) a pour objet essentiel de redécouvrir, d'approfondir et de faire mieux connaître à tous les publics intéressés – maçonniques ou non – les valeurs culturelles et éthiques de la franc-maçonnerie, à travers son patrimoine historique, littéraire et artistique.

Obédiences belges

Grand Orient de Belgique
Rue de Laeken, 79
1000 Bruxelles

Grande Loge Féminine de Belgique
G.L.F.B. – V.G.L.B.
BP n° 4
1190 Bruxelles 19

Grande Loge de Belgique
M.G. ELBE
Place Simonis 19
B-1081 Bruxelles
Fax : 02 410 7335
Web : www.glb.be/old/Francais

La Grande Loge de Belgique regroupe 3 000 frères et une cinquantaine de loges travaillant au rite moderne.

Fédération Belge du Droit Humain
Secrétariat fédéral, boîte postale 58
1190 Bruxelles
Web : www.droit-humain.be/fr/

Musée belge de la Franc-maçonnerie
79, rue de Laeken
1000 Bruxelles
Tél. : +32 2 223 06 04

Ouvert le jeudi après-midi, de 14 heures à 17 heures. Fermé les jours fériés, entrée gratuite.

Obédiences suisses

La Grande Loge Mixte de Suisse
Web :
www.masonic.ch/GLMS/index1.html

Le Grand Orient de Suisse
Case postale 94
CH-1073 Savigny
Web : www.g-o-s.ch/index-fr.htm

Le Grand Orient de Suisse compte 420 membres répartis dans une vingtaine de loges. L'obédience est exclusivement masculine. La moitié des loges travaillent au rite français et l'autre moitié au rite écossais ancien et accepté, mais le rite français moderne, le rite dit Ruchon et le rite écossais rectifié sont également pratiqués.

La Grande Loge Féminine de Suisse
Case postale 278
CH-1211 Le Lignon/Genève
Web : www.glfs-masonic.ch/index.htm

La Grande Loge Suisse Alpina
1, rue du Petit-Beaulieu
CH-1004 Lausanne
Web :
www.freimaurerei.ch/f/index-f.htm

Obédiences luxembourgeoises

Grand Orient de Luxembourg
BP 2136
L-1021 Luxembourg
Web : www.gol.lu/

Grande Loge du Luxembourg
B.P. 851
L-2018 Luxembourg

Obédiences canadiennes francophones

Grande Loge Mixte du Québec
Web : glmdq.fm-fr.com

Grande Loge Nationale du Canada
3940 Bergerac, Brossard
Québec
Canada J4Z2L6
Web : www.glnc.org

Grande Loge Memphis-Misraïm Canada
Association Memphis-Misraïm
3722, rue Notre-Dame Ouest
Montréal
H4C 1P7
Web : www.memphis-misraim.org

Grande Loge du Québec
2295, rue Saint-Marc
Montréal
QC H3H 2G9
Tél.: 514-933-6730
Fax: 514-933-6739
Web: `www.glquebec.org/francais`

Droit Humain – Ordre Inter. Mixte
Centre philosophique Liberté
C.P. 824 Succ. Snowdon
Montréal, Qc
H3X 3X9
Web: `www.dhcanada.org`

Autres obédiences francophones: Afrique et Moyen-Orient

Maroc: Grande Loge du royaume du Maroc.
Secrétariat de la Grande Loge
1, place de l'Istiqlal, B 710
Casablanca
Web: `www.glrm.org/fr`

Liban: Grande Loge des Cèdres
Immeuble Azirian
Boîte postale 80247
Rue du Fleuve
Beyrouth
Web: `www.gldcedres.com`

Les sites Internet des principales obédiences francophones

Sites des obédiences françaises

- Chapitre Mixte de France: `www.chapitremixtedefrance.com`
- Grand Chapitre provincial d'Occitanie: `www.spiritualites-egypte.org`
- Grand Orient de France: `www.godf.org`
- Grand Prieuré des Gaules: `www.gpdg.org`
- Grand Prieuré Écossais Réformé et Rectifié d'Occitanie: `ggpoccitanie.free.fr`
- Grande Loge de France: `www.gldf.org`
- Grande Loge Féminine de France: `www.glff.org`
- Grande Loge Féminine de Memphis-Misraïm: `glfmm.free.fr`
- Grande Loge Française de Memphis-Misraïm: `www.glfmm.org`

- Grande Loge Indépendante et Souveraine des Rites Unis : www.glisru.fr

  La **GLISRU** est une obédience créée en 1973 et compte aujourd'hui 21 loges, dont 2 loges féminines, 3 loges masculines et 16 loges mixtes, pour un total d'environ 300 membres – 66 % de frères et 34 % de sœurs. Les loges de la Glisru pratiquent essentiellement le rite écossais ancien et accepté – 8 loges – mais aussi le rite français traditionnel – 4 loges –, le rite écossais rectifié – 2 loges –, le rite de Misraïm – 3 loges – et enfin le rite ancien et primitif de Memphis-Misraïm – 4 loges.
- Grande Loge Mixte de France : www.glmf.fr
- Grande Loge Mixte Française de Memphis-Misraïm : www.memphis-misraim-mixte.com
- Grande Loge Mixte Universelle : www.glmu.org
- Grande Loge Nationale Française : www.glnf.asso.fr
- Grande Loge Régulière Française : perso.wanadoo.fr/glrf
- Grande Loge Symbolique de France : www.glsf.org
- Grande Loge Traditionnelle et Symbolique Opéra : www.gltso.org
- Grande Loge Unie de France : www.gluf.org
- Grande Loge Universelle corse : www.gluc.org
- Grande Loge Nationale Française : www.logenationalefrancaise.org
- Grand Ordre Égyptien du Grand Orient de France : www.grandordreegyptien.org
- Ordre Initiatique et Traditionnel de l'Art Royal : www.oitar.org
- Ordre Maçonnique Mixte International Le Droit Humain : www.droithumain-france.org
- Stricte Observance templière : www.spiritualites-egypte.org/Sot_present.htm

Sites des obédiences suisses

- Fédération Suisse Le Droit Humain : www.droit-humain.org/ch
- Grand Orient de Suisse : www.g-o-s.ch

  Le Grand Orient de Suisse regroupe 420 francs-maçons répartis en une vingtaine de loges. Les rites pratiqués sont le rite français, le rite français moderne, le rite dit Ruchon, le rite écossais rectifié et rite écossais ancien et accepté.
- Grande Loge Féminine de Suisse : www.glfs-masonic.ch
- Grande Loge Mixte de Suisse : www.masonic.ch/GLMS

- Grande Loge Suisse Alpina : www.franc-maconnerie.ch
- Grande Loge Symbolique Helvétique : www.glsh.org

  La GLSH est une obédience suisse travaillant exclusivement au rite de Memphis-Misraïm. Elle regroupe des 3 loges en Suisse et 4 loges en France qui sont masculines, féminines et mixtes. La GLSH comprend environ 200 membres.

Sites des obédiences belges

- Fédération Belge Le Droit Humain (DH) : www.droit-humain.be
- Grand Orient de Belgique (GOB) : www.mason.be/fr/gob
- Grande Loge de Belgique (GLB) : www.glb.be
- Grande Loge Féminine de Belgique (GLFB) : www.mason.be/fr/glf
- Grande Loge Régulière de Belgique (GLRB) : www.rglb.org
- Ordre Maçonnique Universel du Rite Ancien et Primitif de Memphis-Misraïm : www.memphis-misraim.be

Annexe B

La franc-maçonnerie sur Internet : blogs, forums et sites

Pour échanger sur la franc-maçonnerie

- **Blog maçonnique, le blog de la franc-maçonnerie :** `hiram.canalblog.com` propose une veille sur la franc-maçonnerie à travers Internet. Rubriques : sites de loges et d'obédiences, sites maçonniques et antimaçonniques, boutiques maçonniques, webrings maçonniques, dans la presse. Pour les francs-maçons et les profanes.
- **Frederic-Desmons.org :** `www.frederic-desmons.org` est une communauté fraternelle francophone dont l'accès est strictement réservé aux francs-maçons. Pour s'y inscrire, il faut remplir un questionnaire permettant au modérateur de vérifier la qualité de franc-maçon du demandeur.
- **La Pierre Brute :** `jeanlouis1.blog4ever.com/blog/index-759.html` est un espace de discussions et d'échanges sur la franc-maçonnerie ouvert à tous.
- **Mosaïque :** `mosaique.waika9.com` est un forum « libre et de bonnes mœurs », consacré au travail et aux échanges maçonniques, indépendamment de toute obédience, tant au niveau des objectifs que des moyens. (Réservé aux francs-maçons.)
- **Fraternelle des internautes francophones :** `membres.lycos.fr/fif1`, comme toutes les fraternelles, ne dépend d'aucune organisation maçonnique. Elle constitue un groupe informel de francs-maçons francophones de toutes obédiences et de toutes nationalités, qui ont en commun, outre leur appartenance maçonnique, de parler français et d'utiliser Internet. Description : depuis 1996, cette Fraternelle regroupe plus de 1 100 membres de 47 pays et 62 obédiences. Première liste de diffusion francophone réservée aux francs-maçons.

Informations sur la franc-maçonnerie

- **Franc-maconnerie.orgm** : www.franc-maconnerie.org est un site d'informations générales sur la franc-maçonnerie.
- **Le Franc-maçon dans la cité :** www.lefrancmacondanslacite.org fait connaître un point de vue maçonnique sur des sujets d'actualité tels que l'écologie, la science, l'Europe, la mondialisation, etc.
- **Présence de la franc-maçonnerie sur Internet :** perso.wanadoo.fr/jr.bezu/sitmac présente une liste des principaux sites maçonniques disponibles sur le Net. Et en prime, vous entendrez « L'Entrée en loge » de *La Flûte enchantée* de Mozart.
- **Masons.start4all.com :** masons.start4all.com contient une liste impressionnante de liens Internet sur la franc-maçonnerie : par pays, par thèmes, par obédiences… Le site est en anglais mais de nombreux liens francophones sont indiqués.
- **Les Pages maçonniques européennes :** www.fm-europe.org/pages/fr/index.htm est un site ouvert à tous, plutôt destiné aux francs-maçons européens.
- **Franc-maçonnerie française :** www.fm-fr.org est un site privé indépendant de toute obédience. On y trouve de précieuses informations pour les francs-maçons comme pour les non-francs-maçons.
- **La Parole circule :** www.laparolecircule.net est une revue maçonnique diffusée gratuitement par e-mails et issue des recherches et réflexions des frères et sœurs francophones de toute obédience (réservée aux francs-maçons).
- **Institut d'études et de recherches maçonniques Septentrion :** www.iderm-septentrion.org est une association de recherche qui édite et diffuse des textes se rapportant à la franc-maçonnerie. Le site propose le sommaire de la revue et permet de la commander. Programme de conférences ouvertes à tous (région nord de la France).

Autres sites

Histoire

- **Le XIXe siècle :** www.19e.org/chronologie/francmaconnerie.htm propose une chronologie des événements liés à la franc-maçonnerie au XIXe siècle.
- **Réunir ce qui est épars ! :** reunir.free.fr est un site dédié aux textes maçonniques historiques. Il ne contient que des informations tombées dans le domaine public ! Textes maçonniques anciens et belles collections de tapis de loges depuis le XVIIIe siècle.

- **Renaissance traditionnelle :** www.renaissance-traditionnelle.org est une revue d'études maçonniques et symboliques. Attention, pour spécialistes seulement ! Revue papier sur abonnement mais quelques articles sont disponibles gratuitement en ligne.

Trois petites notes de musiques...

- **Compositeurs maçons :** musicmac.ifrance.com/musicmac
- **La musique de la franc-maçonnerie :** www.masonmusic.org/francophones.html
- **Chansons et chansonniers maçonniques :** chansmac.ifrance.com/chansmac

Insolite

- **Alphabet maçonnique :** www.odr.org/anonymous/fam-code.htm propose des explications et téléchargements des polices (en anglais).
- **Pour une visite virtuelle de temples maçonniques :** www.gldf.org/rubrique.php3?id_rubrique=21 et www.francmaconnerie.ca/profane/index.html
- **Flickr :** www.flickr.com/photos/tags/masonic et /www.flickr.com/photos/tags/masonic/clusters sont des sites (en anglais) de stockage gratuit d'images. Sous la rubrique « masonic », vous trouverez de nombreuses photos de bâtiments, de monuments, de cérémonies et de défilés de maçons… *from US only* !
- **Une visite initiatique du parc du château de Versailles :** leparcdeversailles.com

Humour

- **Index Léo Taxil :** www.leotaxil.com est un site humoristique consacré à la franc-maçonnerie. Il propose en particulier une « Encyclopédie de la maçonnerie relative et absolue » savoureuse où l'on apprend par exemple que le maillet est le symbole de commandement utilisé par le Vénérable pour frapper sur la tête des compagnons qui demandent une augmentation de salaire !
- **Tony's Masonic Humour Postcards :** users.tinyonline.co.uk/tony.morris/tonys%20masonic%20humour%20postcard%20gallery%201.htm propose quatre pages de cartes postales maçonniques humoristiques (site personnel en anglais mais avec peu de texte et beaucoup d'images).

Compagnonnage

- **Musée du compagnonnage de Tours :** www.compagnons.org/musee/musee_tours.htm
- **La Maison des compagnons :** www.compagnons.org/musee/la_maison_des_compagnons.htm
- **Musée et librairie du compagnonnage :** www.compagnons.org/musee/mabillon.htm
- **Fédération compagnonnique des métiers du bâtiment de Limoges :** www.compagnons.org/musee/musee_limoges.htm : un point d'entrée vers les musées du compagnonnage de France.
- **Nos ancêtres compagnons :** genhames.free.fr/compagnonnage.htm : site personnel très bien documenté sur le compagnonnage.
- **Les Compagnons du devoir :** www.compagnons-du-devoir.com
- **Compagnons & Compagnonnage :** www.compagnonnage.info : histoire et tradition des compagnonnages de métiers.
- **Guédelon :** www.guedelon.com : depuis une vingtaine d'années, 45 tailleurs de pierre, maçons, charpentiers et autres *opératifs* construisent en Bourgogne un château fort dans le respect des techniques du Moyen Âge. À voir sur place et à découvrir sur Internet.

Art maçonnique

- **Tabliers maçonniques peints à la main :** membres.lycos.fr/francmacons/index.html : présente des reproductions de tabliers maçonniques anciens peints à la main.
- **Musée belge de la franc-maçonnerie :** aicim.cfwb.be/html/membres.php?provider=MBF : site qui permet une visite interactive de quelques belles pièces de la collection.

Sites commerciaux et collectionneurs d'objets maçonniques

Décors maçonniques et librairie

- **Detrad :** www.detrad.com : librairie, édition, fabrication de décors maçonniques. Pour accéder au catalogue des décors, il faut répondre à la question : « Quel est le nom d'une des deux colonnes qui commence par la lettre "b" » ? » La réponse est dans ce livre. Cherchez et vous trouverez !

- **3marches.com :** www.3marches.com : propose des livres neufs, d'occasion, des documents ou objets neufs et anciens ayant pour thème la symbolique maçonnique.
- **Anderson a Taxil :** www.anderson-a-taxil.com : documents et revues anciennes maçonniques ou antimaçonniques pouvant être consultés et achetés.
- **Décors-online.com :** www.decors-online.com : propose à l'achat tous les décors maçonniques (tabliers, sautoirs, bijoux...). Le site est protégé par un mot de passe dont la question est : « À quelle heure ouvre-t-on les travaux ? » La réponse est dans ce livre. Cherchez et vous trouverez !
- **L'Atelier :** www.l-atelier.fr : depuis 1987, l'Atelier crée et réalise décors, broderies et bannières maçonniques brodés main, dans la plus pure tradition artisanale.
- **CiMi Shop :** www.cimishop.com : magasin virtuel belge pour les décors maçonniques brodés à la main.

Boutiques spécialisées sur Ebay

- **Maçonnique :** stores.ebay.fr/maconnique
- **Masonic regalia store :** stores.ebay.fr/masonic-regalia-store

Annexe C

D'autres livres pour aller plus loin

Ouvrages généraux sur la franc-maçonnerie

- Naudon Paul, *La Franc-maçonnerie*, PUF, « Que sais-je ? » n° 1064
- Nefontaine Luc, *La Franc-maçonnerie, une fraternité révélée*, Gallimard, « Découvertes », 1994
- Simon Pierre, *La Franc-maçonnerie*, Flammarion, « Dominos », 2002
- *Encyclopédie de la franc-maçonnerie*, ouvrage collectif, La Pochothèque, 2002

Histoire de la franc-maçonnerie

- Combes André, *Histoire de la franc-Maçonnerie au XIXe siècle*, Éditions du Rocher, 1998
- Dachez Roger, *Histoire de la franc-Maçonnerie française*, PUF, « Que sais-je ? » n° 3668
- Hivert-Messeca Gisèle, *Comment la franc-Maçonnerie vint aux femmes*, Dervy, 1998
- Mollier Pierre, *La Chevalerie maçonnique : franc-maçonnerie, imaginaire chevaleresque et légende templière au Siècle des lumières*, Dervy, « Renaissance traditionnelle », 2005
- Naudon Paul, *Histoire générale de la franc-maçonnerie*, Charles Moreau, 2004

Philosophie et religion

- Barat Michel, *La Conversion du regard*, Albin Michel, 1992
- Tort-Nouguès Henri, *L'idée maçonnique. Essai sur une philosophie de la franc-maçonnerie*, Guy Trédaniel, 1990

- Verdun Jean, *La Réalité maçonnique*, Flammarion, 1982
- Verdun Jean, *La Nouvelle Réalité maçonnique*, Albin Michel, 2001

Symboles, rites et rituels

- Bayard Jean-Pierre, *La Symbolique du temple*, Edimaf, 2002
- Beresniak Daniel, *Symboles des francs-maçons*, Assouline Eds, 2003
- Bongard Roger, *Manuel maçonnique du rite écossais ancien et accepté*, Dervy, 2002
- Boucher Jules, *La Symbolique maçonnique*, Dervy, 1990
- Gheerbrant et Chevalier, *Dictionnaire des symboles*, Robert Laffont, « Bouquins », 1994
- *La Tradition cachée des cathédrales*, Dangles, 1991
- Mainguy Irène, *La Symbolique maçonnique du troisième millénaire*, Dervy, 2003
- Nefontaine Luc, *Le Symbolisme*, Dervy, 2002
- Négrier Patrick, *Temple de Salomon et Diagrammes symboliques : iconologie des tableaux de loges et du cabinet de réflexion*, Ivoire-Clair, « Les Architectes de la connaissance », 2004
- Pozarnik Alain, *Mystères et Actions du rituel d'ouverture en loge maçonnique*, Dervy, 1999
- *Encyclopédie des symboles*, ouvrage collectif, La Pochothèque, 2000

La franc-maçonnerie et la société

- Aurejac Cécile, *Les Femmes dans la franc-maçonnerie*, L'Hydre, 2003
- Badila Joseph, *La Franc-maçonnerie en Afrique noire. Un si long chemin vers la liberté, l'égalité, la fraternité*, Detrad, 2004
- Gabut Jean-Jacques, *Église, religions et franc-maçonnerie*, Cerf, 2005
- Goldschläger Alain et Lemaire Jacques, *Le Complot judéo-maçonnique*, Labor, 2005
- Larchet Jean-Marie, *L'État français contre la franc-maçonnerie 1940/1944*, Edimaf, 2002
- Marion Pierre, *Mes bien-aimés frères*, Flammarion, 2001 (sur les dérives de la franc-maçonnerie)

Art

- Aurillac Raphaël, *Guide du Paris maçonnique*, Dervy, 2005
- Chailley Jacques, *La Flûte enchantée, opéra maçonnique. Essai d'explication du livret et de la musique*, Robert Laffont, 2002
- Swerts Harry, *Franc-maçonnerie et septième art*, Dervy, 2005
- *La Franc Maçonnerie et l'Europe du XVIIIe siècle à nos jours*, ouvrage collectif, Le Perron, 1997
- *Le Musée de la franc-maçonnerie – Collections du Grand Orient de France*, Beaux-Arts Magazine, 2001
- *Les plus belles pages de la franc-maçonnerie*, Institut maçonnique de France, Dervy, 2003
- *Une fraternité dans l'histoire – Les Artistes et la Franc-maçonnerie aux xviiie et XIXe siècles*, Somogy, 2005

Roman

Romans initiatiques incontournables

- Bach Richard, *Jonathan Livingstone le goéland*, Flammarion, 1973
- Bach Richard, *Le Messie récalcitrant*, J'ai Lu, 2004
- Coelho Paulo, *L'Alchimiste*, Paris, Anne Carrière, 1994
- Gibran Khalil, *Le Prophète*, LGF/Livre de Poche, 1993
- Schwaller Isha, *Her-Bak «Pois Chiche»*, Éditions du Rocher, 1993
- Saint-Exupéry Antoine de, *Le Petit Prince*, 1943
- Vincenot Henri, *Les Étoiles de Compostelle*, Gallimard, «Folio» n° 1876

Des polars au pays de la franc-maçonnerie

- Chaboud Jack, *Le Tronc de la veuve*, Seuil, 2003
- Giacometti Éric, *Le Rituel de l'ombre*, Fleuve Noir, 2005
- London Mary, *Un meurtre chez les francs-maçons*, Éditions du Rocher, 2002

BD

- Pratt Hugo, *Corto Maltese. Fable de Venise*, Casterman, 1981
- Chaillet, Gine et Convard, *Le Triangle secret*, Glénat (en sept tomes !)
- Eisner Will, *Le Complot. L'histoire secrète des Protocoles des Sages de Sion*, Grasset, 2005

Revues

- *Humanisme* (revue du Grand Orient de France)
- *Point de vue initiatique* (revue trimestrielle éditée à la Grande Loge de France)
- *Renaissance Traditionnelle* (revue de la loge nationale de recherche Villard de Honnecourt)

Annexe D

Glossaire

Acacia : Arbre dont le bois imputrescible symbolise l'immortalité et la renaissance.

Accolade : Triple embrassade avec toucher de la main sur l'épaule.

Affiliation : Adhésion d'un frère à une autre loge.

Age maçonnique : Âge symbolique qui dépend du degré auquel on est dans le rite.

Acclamation : Formule prononcée à l'unisson par tous les frères présents et souvent accompagnée d'une batterie.

Agapes : Repas pris ensemble après la tenue. Les agapes ont lieu soit dans un restaurant soit dans la Salle humide.

Ajournement : Décision prise par une loge de remettre à plus tard l'initiation d'un candidat jugé pas encore prêt. La durée de l'ajournement ne peut dépasser un an.

Anciennes Charges (ou Old Charges) : Ensemble des textes fondateurs de la maçonnerie qui comporte entre autres le Manuscrit Regius. Les Anciennes Charges constituent la référence pour définir la maçonnerie dite régulière.

Allumage des feux : Installation d'une nouvelle loge.

Apprenti : Nom donné au premier grade de la franc-maçonnerie.

Architecture (**morceau d'**) **:** Conférence donnée en loge.

Atelier : Structure fondamentale réunissant les frères d'une même loge pour travailler sous la direction d'un même Vénérable Maître. Terme souvent utilisé comme synonyme de loge.

Atelier supérieurs : Désigne des ateliers travaillant aux hauts grades.

Attache : Vote pour l'admission d'un profane. L'initiation d'un candidat requiert trois attaches. La première à l'issue de sa demande, la deuxième après la lecture des trois enquêtes et enfin le troisième après son passage sous le bandeau.

Attouchement : Signe de reconnaissance fait en touchant la main d'un franc-maçon d'une façon particulière décrite dans l'instruction de chaque degré.

Augmentation de salaire : Ce que reçoit un franc-maçon qui passe d'un degré à un autre.

Autel des serments : Petite table, située devant le plateau du Vénérable, où sont placées les trois grandes lumières de la franc-maçonnerie : le Volume de la loi Sacrée, l'équerre et le compas.

Bandeau (ou Passage sous le bandeau) : Interview d'un candidat en vue de son admission. Le candidat est placé au centre de la loge un bandeau sur les yeux.

Banquet d'ordre : Repas rituel organisé par exemple lors des deux Saint-Jean.

Banquet familial : Repas organisé par une loge où sont invitées les familles des maçons.

Batterie : Série de coups frappés dans les mains selon une certaine cadence. Les batteries sont « tirées » à l'ouverture et à la fermeture des travaux et pour certaines occasions : batterie de deuil, batterie d'espérance...

Baudrier (ou Cordon) : Ceinture de tissu portée en diagonale, partant de l'épaule droite jusqu'à la hanche gauche. Il correspond vraisemblablement à la survivance de l'accessoire permettant de porter l'épée.

Bijou : Insigne porté par les officiers de la loge au bout de leur sautoir. Le bijou du second surveillant est un fil à plomb, symbole du travail de l'apprenti qui doit descendre au plus profond de lui-même.

Blackboulé : Vote négatif sur l'admission d'un profane (l'expression vient du fait que le vote se fait avec un système de vote et de contre-vote par boules blanches et noires).

Cabinet de réflexion : Pièce de méditation située en dehors du temple où le candidat rédige son testament philosophique avant son initiation au grade d'apprenti.

Capitations : Cotisation annuelle payée par un franc-maçon pour le fonctionnement de la loge et de l'obédience.

Cérémonie d'initiation : Tenue rituelle au premier degré consacrant l'admission d'un candidat.

Chaîne d'union : Cercle formé par les francs-maçons en se tenant par la main en signe d'union fraternelle. La chaîne d'union a lieu généralement en fin de tenue.

Chambre du milieu : Nom donné à une loge de maître travaillant au troisième degré.

Charge : Fonction d'un officier de la loge. « Descendre de charge » signifie quitter sa fonction.

Collège des officiers : Ensemble des officiers de la loge. Le collège est élu pour un an par les frères maîtres de la loge.

Colonnes : Désigne les deux colonnes situées à l'entrée du temple et représentant les deux colonnes du temple de Salomon. Désigne aussi les rangées de sièges sur lesquelles sont assis les frères suivant leur degré : colonne du Midi (au sud) pour les frères compagnons et colonnes du Septentrion (au nord) pour les frères apprentis.

Colonne d'harmonie : Musique jouée lors des tenues. Les loges actuelles ont remplacé orchestres et chœurs par un lecteur CD.

Comité d'apprentis : Réunion mensuelle d'instruction des apprentis organisée par le second surveillant.

Comité de compagnons : Réunion mensuelle d'instruction des compagnons organisée par le premier surveillant.

Compagnon : Nom donné au deuxième grade de la franc-maçonnerie.

Conseil fédéral : Assemblée composée de 33 conseillers fédéraux élus pour trois ans par le Convent. Le conseil fédéral gère l'obédience.

Convent : Assemblée législative annuelle composée des députés représentant l'ensemble des loges de l'obédience.

Cordon : (voir Baudrier).

Cordonnite : En argot maçonnique, la cordonnite désigne le goût excessif de certains frères pour les dignités maçonniques et les hauts grades.

Couvreur : Officier chargé de garder la porte du temple. Traditionnellement, le couvreur est le précédent Vénérable Maître.

Couvert (être à) : Être à l'abri des oreilles profanes.

Couvrir le temple : Quitter le temple.

Décors : Attributs vestimentaires attachés à un degré. Généralement, les décors maçonniques se composent de gants, d'un tablier et d'un baudrier (ou sautoirs pour les officiers).

Degré (ou Grade) : Niveau dans le parcours maçonnique qui marque symboliquement les progrès dans le cheminement initiatique. Les trois premiers degrés sont apprenti, compagnon et maître.

Député : Délégué de la loge aux niveaux régional et national.

Enfant de la veuve : Terme utilisé pour désigner les maîtres maçons et plus généralement tous les francs-maçons. Cette appellation se réfère à la légende du grand architecte du temple de Salomon, Hiram, fils d'une veuve. Les maîtres maçons sont considérés comme une réincarnation d'Hiram.

Enquête : Rencontre entre un candidat et un maître de la loge que le candidat souhaite intégrer. Le frère enquêteur rédige une enquête qui sera lue en tenue. Trois enquêtes sont demandées pour chaque candidat.

Épée flamboyante : Épée à lame sinueuse réservée au Vénérable Maître et qui symbolise la puissance spirituelle.

Expert : Officier de la loge chargé du respect du rituel lors du déroulement de la tenue.

Fraternelle : Association de maîtres maçons d'obédiences différentes ayant des préoccupations professionnelles communes. Les fraternelles ne sont pas des loges et ne se réunissent pas suivant un rituel.

Frères trois points : Surnom donné aux francs-maçons par les profanes en rapport à leur système d'écriture abrégé.

Gadlu : acronyme de Grand Architecte de l'Univers utilisé comme raccourci.

Grade : (voir Degré).

Grand Architecte de l'Univers : Principe créateur adopté par la plupart des obédiences.

Grand Maître : Président du conseil fédéral de l'obédience, élu par le Convent parmi les conseillers fédéraux.

Hauts grades : Les hauts grades sont les grades au-delà du troisième degré.

Hiram : Grand architecte du temple de Salomon. Les maîtres maçons sont considérés comme une réincarnation d'Hiram.

Hospitalier : Officier qui recueille et gère le tronc de la veuve destiné à aider les maçons en difficulté.

Landmarks : Terme anglais désignant les huit principes fondamentaux qu'une obédience doit respecter pour être considérée comme régulière aux yeux de la Grande Loge Unie d'Angleterre.

Les trois grandes lumières : Les trois symboles majeurs de la franc-maçonnerie traditionnelle : le Volume de la Loi Sacrée, l'équerre et le compas. Les serments maçonniques sont prêtés sur ces trois grandes lumières.

Livre de la loi sacrée (ou Volume de la Loi Sacrée) : Une des trois grandes lumières de la franc-maçonnerie qui représente la loi ou encore la plus haute spiritualité dont s'inspire la franc-maçon. Généralement le Livre de la loi sacré est la Bible et est ouvert au Prologue de l'évangile de saint Jean. Les serments maçonniques sont prêtés sur ce livre qui peut, à la convenance du postulant, être remplacé par tout autre livre sacré pour lui.

Loge : Local rituellement aménagé où se réunissent les francs-maçons et, par extension, l'ensemble des frères d'un atelier.

Loge mère : Loge où un franc-maçon a reçu l'initiation.

Maître : Nom donné au troisième grade de la franc-maçonnerie traditionnelle.

Maître des cérémonies : Officier responsable du bon déroulement matériel de la tenue. Il accompagne tous les déplacements en loge.

Métaux : Symbole de ce qui est trompeur. Un franc-maçon doit « laisser ses métaux à la porte du temple ».

Mots de semestre : Mots de passe servant aux frères d'une même obédience pour pénétrer dans les locaux d'une loge ou d'une obédience. Ces mots sont changés tous les semestres.

Obédience : Fédération de loges ou de rites qui ont choisi de se rattacher à une même autorité. La Grande Loge de France est une fédération de loges. Une obédience maçonnique regroupe des francs-maçons autour d'une charte spécifique qui les singularise des autres maçons.

Obligation : (voir Serment).

Officiers (ou Collège des officiers) : Ensemble des maîtres qui dirigent la loge.

Old Charges : (voir Anciennes Charges).

Opératif : Se dit des loges qui n'acceptaient que des personnes issues des métiers des bâtisseurs (la maçonnerie opérative a été remplacée par la maçonnerie spéculative).

Orateur : Officier qui veille au respect des règlements de la loge et de l'obédience. Il propose ses conclusions pour les votes et les décisions importantes. Personne ne peut prendre la parole après les conclusions de l'orateur.

Orient : Ville où siège la loge. Désigne également l'Est, position symbolique où se tient le Vénérable Maître en loge.

Orient éternel : Terme maçonnique pour désigner la mort. On dit d'un maçon qui vient de mourir, qu'il « est passé à l'Orient éternel ».

Passé Vénérable Maître : Désigne un ancien Vénérable de la loge.

Parrain : Frère qui présente un profane dans une loge. Il est chargé de sa formation et doit le suivre durant toute sa vie maçonnique.

Parvis : C'est l'extérieur immédiat du temple et, par extension, la partie profane la plus proche du monde maçonnique.

Pierre plate : Somme recueillie par l'hospitalier dans le tronc de la veuve. Par exemple, une pierre plate de 60 kg vaut 60 euros.

Planche (ou Morceau d'architecture) : Exposé prononcé en loge par un frère sur un sujet donné.

Planche tracée : Texte écrit.

Plateau : Petite table derrière laquelle se placent les officiers. C'est aussi, par extension, le nom de l'office – on parlera par exemple du plateau de l'orateur pour désigner la fonction d'orateur.

Pleuvoir : On dit qu'il pleut lorsque la conversation peut être écoutée par des profanes.

Premier maillet : Désigne le Vénérable Maître de la loge.

Premier surveillant : Officier de la loge qui assiste le Vénérable Maître dans la direction de la loge. En charge de la discipline pendant la durée des travaux et de l'instruction des compagnons, il remplace le Vénérable Maître en son absence.

Profane : Désigne ce qui est extérieur à la franc-maçonnerie.

Question à l'étude des loges : Sujet d'étude (en général deux par an) proposé aux loges par une obédience qui en rédige une synthèse.

Radiation : Exclusion d'un franc-maçon de sa loge ou de l'obédience. Être en infraction grave avec la loi ou ne pas payer ses capitations sont des motifs de radiation.

Réception : Autre nom pour l'initiation ou le passage à un degré supérieur.

Rite (ou Rit) : Organisation des degrés et de leurs rituels correspondants (exemples : rite français, rite écossais ancien et accepté, rite écossais rectifié).

Rituel : Texte décrivant chaque degré : la façon d'ouvrir et de fermer les travaux, la symbolique associée à ce degré, les noms, la description des décors, les mots de passe, la manière de se déplacer dans le temple…

Sac aux propositions : Tronc présenté aux frères par l'expert à la fin de la tenue et dans lequel sont déposées des requêtes ou remarques anonymes.

Saint Jean : Patron des francs-maçons.

Salaire : Récompense symbolique du travail d'un franc-maçon – n'a rien avoir avec l'argent !

Salle humide : Pièce où se déroulent les agapes. Ce nom fait référence à l'expression « il pleut » puisque c'est le lieu généralement peu « à couvert ».

Sautoir : Collier en tissus que portent les officiers de la loge. Au bout de ce collier se trouve un bijou symbole de sa fonction.

Serment (ou Obligation) : Promesse solennelle faite pendant les cérémonies d'initiation ou de réception. Le serment inclut l'obligation de ne pas révéler les secrets maçonniques ou l'appartenance maçonnique.

Surveillant : (voir Premier surveillant et Second surveillant).

Second surveillant (ou Deuxième Surveillant) : Officier de la loge, assiste le Vénérable Maître dans la direction de la loge et est chargé de l'instruction des apprentis.

Secrétaire : Officier chargé des courriers et de la rédaction du compte-rendu des tenues.

Sommeil (en) : Se dit d'un frère ou d'une loge qui arrête provisoirement son activité.

Spéculatif : Par opposition à opératif, des loges qui accueillent des francs-maçons étrangers au métier (la franc-maçonnerie spéculative est apparue au début du XVIIIe siècle).

Suprême Conseil : Organisation gérant les hauts grades (du 4e au 33e) du rite écossais ancien et accepté.

Symbole : Mot, objet, image ou geste évoquant une idée ou une réalité demeurée invisible et difficilement exprimable. Les symboles donnent lieu à un travail d'interprétation.

Tableau de loge (ou Tapis de loge) : Toile peinte représentant sous forme d'emblèmes et de symboles l'essentiel de l'enseignement du grade où travaille la loge. Le tableau de loge est placé au centre de la loge. Il est déroulé par l'expert lors du rituel d'ouverture de la loge puis refermé à la fin des travaux.

Tablier : Pièce de cuir ou de soie, porté par un franc-maçon en loge.

Temple : Lieu où se tiennent les tenues. Le temple maçonnique est symboliquement orienté est-ouest. À l'orient siège le Vénérable Maître ; les frères prennent place sur les rangées ou colonnes du Septentrion (au nord) et du Midi (au sud), respectivement à gauche et à droite en regardant l'orient.

Tenue : Séance de travail maçonnique se déroulant suivant un rituel.

Tenue blanche fermée : Tenue organisée par une loge qui reçoit un conférencier non maçon.

Tenue blanche ouverte : Tenue particulière permettant aux non-maçons d'écouter une conférence et un débat sur un sujet maçonnique.

Titre distinctif : Nom d'une loge.

Tracé : Désigne l'écriture.

Travaux : Activité de la loge au cours de ses tenues. La « planche tracée des derniers travaux » désigne le compte-rendu de la dernière tenue.

Travaux de table (ou Travaux de mastication) : Rituel du banquet maçonnique. Les loges organisent généralement deux banquets aux deux Saint-Jean correspondant aux deux solstices.

Triangle : Participation aux frais d'un événement maçonnique : agapes, conférences…

Trésor : Le trésor de la loge est constitué par les capitations, les profits réalisés par des placements, dans les limites autorisées pour les associations régies par la loi dite de 1901.

Trésorier : Officier en charge de la gestion du trésor de la loge.

Trois points : Disposés en triangle, ils servent aux maçons à abréger les mots.

Tronc de la veuve (ou Tronc hospitalier) : Tronc présenté aux frères à la fin de chaque tenue par l'hospitalier et destiné à recevoir l'obole pour les œuvres d'entraide.

Tuiler : S'assurer de l'appartenance maçonnique d'une personne se présentant en loge.

Vénérable (ou Vénérable Maître) : Maître maçon qui préside une loge. Le vénérable maître est élu pour un an par les maîtres de la loge.

Vitriol : Abréviation de *Visita Interiora Terrae, Rectificando Invenies Occultum Lapidem*, qui signifie « Visites l'intérieur de la terre et en rectifiant tu trouveras la pierre cachée », formule présentée à la méditation des profanes dans le cabinet de réflexion juste avant son initiation.

Volume de la Loi Sacrée : (voir Livre de la loi sacrée).

Voûte d'acier : Arche d'honneur formée par les épées pointe contre pointe, tenues par les frères, sur deux colonnes, pour accueillir un visiteur de qualité.

Index

A

Abdelkader, 288, 289
abeille, 206
acacia, 152, 347
adoubement, 130
affairisme, 230, 231, 232, 306
agape, 15, 45, 97, 125, 126, 261, 347, 353, 354
âge maçonnique, 347
aigle à deux têtes, 178
ajournement, 279, 347
Allemagne, 30, 51, 69, 78, 82, 87, 88, 135, 169, 170, 178, 195, 216, 221, 222, 237, 304, 314
alphabet maçonnique, 339
Amiable, Louis, 202
Anciennes charges, 307
anticléricalisme, 185, 201
antimaçonnisme, 48, 88
apprenti, grade d', 15, 17, 95, 117, 119, 120, 124-132,138-141, 145, 147, 149, 150, 179, 187, 188, 194, 196, 199, 203, 209, 211, 213, 217, 257, 265, 270, 274, 280, 285, 287, 308, 309, 311, 317, 318, 323
architecture, 26, 33, 37, 119, 121, 122, 132, 302, 313, 347, 352
Armstrong, Louis, 286
Ataturk, Mustapha Kemal, 288
atelier
  bleu, 138
  de perfection, 191
athéisme, 46, 66, 74, 112, 201, 269, 310
attaches, 347
attouchement, 119, 120, 348
augmentation de salaire, 187, 343
autel des serments, 105, 130, 159, 189, 348

B

bandeau, 130, 279, 348
banquet, 34, 125, 126, 223, 224, 271, 348, 354
banquet d'ordre, 126, 348
banquet familial, 348
Baphomet, 63, 66, 161, 162-165, 304
Barruel, Augustin, 42, 77, 296
Bartholdi, Frédéric-Auguste, 285
batterie, 319, 348
baudrier, 348
Belgique, 195, 196, 201, 331, 335
Bible, 26, 31, 33, 46, 60, 67, 69, 75, 78, 94, 95, 112, 119, 122, 141, 142, 151, 159, 165, 166, 171, 189, 210, 213, 225, 303, 350
bienfaisance, 22, 50, 57, 221, 222, 233, 238, 269, 285
bijou, 98, 100-107, 257, 348
Bilderberg, 297
blackbouler, 278
blog, 243, 337
Boaz, colonne, 142, 151, 206, 323
Bolivar, Simon, 44, 72, 87, 288
bouddhisme, 57, 81, 135, 189, 263
Brossolette, Pierre, 290
Bush, George, 236, 237

C

cabinet de réflexion, 88, 129, 130, 348, 354
Cambacérès, 12, 87, 183, 233, 234, 290
Canada, 115, 253, 332
candidature, 15, 16, 19, 55, 58, 67, 88, 100, 106, 119, 127, 129, 130, 133, 138, 160, 180, 186, 189, 212, 232, 246, 247, 257, 265, 277, 280, 348
capitations, 276, 348
catholicisme, 26, 30, 38, 42, 45, 48, 68, 69, 70-76, 83, 85, 163, 164, 198, 223, 224, 250, 293-295, 325
cérémonie
  d'élévation, 127, 133
  funèbre, 19
  initiation, 28, 55, 97, 123, 127, 129, 130, 266, 280, 316, 348
  réception, 97, 127, 132, 206
chaîne d'union, 63, 125, 148, 325, 348
chambre du milieu, 349
Chant des adieux, 307, 325
chevalerie, 130, 179, 190, 238, 255, 313, 343
chèvre, 157, 160, 161
chiffrement, 128, 181
Chirac, Jacques, 86, 291
christianisme, 57
Churchill, Winston, 12, 51, 88, 288
ciseau, 24, 146, 221, 324
Clinton, Bill, 287
collège des officiers, 97-99, 124, 125
colonne, 95, 102, 103, 122, 137, 142, 150, 151, 191, 205, 206, 317, 323, 349
colonnettes, 95, 105, 132, 139
Combes, Émile, 12, 47, 290
comités d'apprentis, 103, 262, 349
comités de compagnons, 102, 349
compagnon, grade de, 2, 15, 17, 24, 28, 29, 41, 44, 96, 99, 109, 112, 117, 119, 120, 122, 126, 127, 128, 129, 131, 132-134, 138, 141, 145, 146, 147, 150, 153, 154, 177, 179, 180, 187, 188, 194, 196, 199, 203, 206, 209, 210, 211, 213, 217, 257, 309, 311, 313, 323, 324, 349
compagnonnage, 17, 29, 133, 153, 220, 266, 340
compas, 1, 10, 11, 24, 79, 101, 107, 139, 144, 145, 169, 189, 215, 271, 303, 317, 324, 348, 350
complot, 51, 62, 63, 78, 232, 250, 298
Confucius, 67, 159, 189
conseil fédéral, 109, 193
Constitutions d'Anderson, 35-36, 53, 81, 179, 193, 194, 225, 310
Coran, 67, 81, 159, 189
corde à nœuds, 147
cordon, 79, 270, 271, 349
couvert, être à, 317, 349
couvreur, 98, 105, 107, 280, 317, 319, 349
Crowley, Aleister, 303
croyance en dieu, 36, 46, 67, 73, 112, 185, 200, 201, 249, 252, 275

D

Dac, Pierre, 286, 319
Danton, 291
Déclaration d'indépendance, 40, 290
décors, 124, 189, 191, 216, 279, 321, 340, 349
déisme, 45
démocratie, 42, 43, 87, 89, 224, 296, 297
député, 88, 108, 193, 194, 202, 350
Deraismes, Maria, 223, 224, 256
Desaguliers, dr. Jean Théophile, 31
devoir, 29, 59, 82, 99, 125, 128, 187, 270, 276, 278, 317

diacre, 99, 100, 321, 322
Diderot, Denis, 39, 291
Doumer, Paul, 287
Doumergue, Gaston, 287
Doyle, Conan, 284
Dreyfus, Alfred, 48
Droit humain, 225, 275
Dunant, Henri, 289

E

Éboué, Félix, 288
Écosse, 25, 30, 32, 37, 38, 40, 111, 114, 120, 121, 181, 184, 191, 197, 314, 325
écossisme, 33, 37, 191, 207
égalité, 14, 41, 42, 61, 74, 83, 85, 86, 99, 148, 149, 150, 219, 224, 226, 227, 263, 268, 296
Ellington, Duke, 286
enfants de la veuve, 189
enquêtes, les trois, 277
épée, 101, 105, 130, 131, 156, 178, 179, 188, 190, 205, 262, 284, 314, 350
équerre, 10, 11, 12, 13, 24, 79, 100, 101, 103, 104, 105, 111, 143-145, 147, 154, 169, 189, 215, 221, 271, 272, 303, 317, 322, 348, 350
équerre et du compas, symbole de l', 12, 104, 105, 111, 143-145, 154, 221, 272, 303
ésotérisme, 161, 171, 216, 259, 284, 285
étoile flamboyante, 153
Évangile, 131, 159, 189
expert, 98, 99, 100, 104-106, 110, 130, 194, 278, 317, 350, 352, 353

F

Fairbanks, Douglas, 286
fascisme, 89, 284
Faure, Félix, 286
Ferry, Jules, 12, 47, 290
Fil à plomb, 101, 103, 149, 150, 242, 348
Fleming, Alexander, 289
Grande Loge Unie, 285
forums internet, 243, 262, 337
fraternelles, les, 229- 232, 262, 350
fraternité, 13, 14, 21, 22, 36, 38, 46, 52, 55, 56-60, 125, 148, 248, 249, 263, 268, 285
Front populaire, 231

G

G, symbole de la lettre, 96, 128, 153, 154, 157
Gable, Clark, 286
Gambetta, 12, 290
Gants, 124, 131, 232, 306, 349
Garfield, James Abram, 287
Garibaldi, Giuseppe, 72, 87, 215, 290
Glenn, John, 289
Goethe, Johann Wolfgang von, 39, 190, 283
gothique, architecture, 26
Grand Architecte de l'univers, 36, 60, 66, 112, 129, 139, 153, 185, 193, 201, 350
Grand Maître, 32, 109, 183, 194, 200, 238, 315
Grand Ordre Égyptien du Grand Orient de France, 337
Grand Orient de Belgique, 195, 197, 201, 207, 331, 335
Grand Orient de France, 39, 40, 45, 47, 48, 53, 73, 86, 88, 112, 128, 159, 177, 182, 184, 192, 194, 197, 198, 199, 200, 201, 202, 203, 206, 207, 215, 222, 227, 232, 234, 247, 249, 250, 252, 271, 275, 289, 291, 305, 329, 333, 346
Grand Orient de Luxembourg, 332
Grand Orient de Suisse, 332, 334, 337
Grand Prieuré des Gaules, 194, 333
Grand Prieuré Écossais Réformé et Rectifié d'Occitanie, 333
Grande Loge de Belgique, 195, 207, 331, 335

Grande Loge de France, 39, 45, 47, 50, 53, 88, 109, 114, 115, 177, 184, 186, 189, 191, 192, 193, 194, 213, 224, 225, 227, 233, 249, 252, 271, 275, 286, 319, 329, 336, 346
Grande Loge du Québec, 333
Grande Loge Féminine de Belgique, 331, 335
Grande Loge Féminine de France, 50, 53, 177, 192, 207, 224, 225, 253, 329, 333
Grande Loge Féminine de Suisse, 332, 334
Grande Loge Indépendante et Souveraine des Rites Unis, 333
Grande Loge Mixte de France, 53, 202, 207, 227, 253, 275, 330, 333
Grande Loge Mixte de Suisse, 332, 334
Grande Loge Mixte du Québec, 332
Grande Loge Mixte Universelle, 202, 207, 227, 254, 275, 330, 334
Grande Loge Nationale du Canada, 332
Grande Loge Nationale Française, 53, 67, 112, 115, 192, 194, 207, 210, 212, 213, 233, 252, 274, 275, 330, 334
Grande Loge Régulière Française, 334
Grande Loge Suisse Alpina, 206, 332, 334
Grande Loge Symbolique de France, 334
Grande Loge Symbolique Helvétique, 334
Grande Loge Traditionnelle et Symbolique Opéra, 194, 207, 253, 330, 334
Grande Loge Unie d'Angleterre, 38, 44, 53, 109, 111, 252, 275, 350
Grande Loge Unie de France, 334
Grande Loge Universelle Corse, 334
Grasse Tilly, comte de, 180, 181-183
Groussier, Arthur, 202
Groussier, rituel, 202, 206, 207
guildes, 14, 15, 17, 22, 23, 24, 25, 26, 28, 29, 30, 33, 62, 76, 95, 98, 118, 119-121, 133, 153, 211

H

Hardy, Oliver, 257, 286
hauts grades, 37, 45, 53, 134, 177-198, 203, 204, 205, 207, 210, 214, 217, 313, 350
Haydn, Joseph, 39, 285
hindouisme, 57, 189
Hiram, 25, 122, 133, 152, 189, 190, 234, 299, 300, 322, 350
hospitalier, 98, 106, 194, 233, 238, 350, 352, 354
houppe dentelée, 147
Hugo, Victor, 291

I

Illuminati, 71, 77, 83, 84, 85, 159, 237, 255, 295, 296
initiation, 15, 60,83, 97, 99, 150, 186, 192, 236, 246, 258, 260, 261, 266, 270
initié, 19, 39, 58, 119, 122, 127, 129, 130, 131, 133, 161, 180, 181, 183, 184, 187, 190, 202, 216, 223, 232, 261, 262, 265, 266, 267, 271, 274, 283, 284, 285, 286, 288, 289, 290, 298, 304, 313, 321
Internet, 178, 336, 337
intolérance, 18, 20, 68, 263
Iran, 87, 89
Irlande, 37, 40, 111, 184
islam, 57, 78, 79, 80
Italie, 29, 69, 72, 83, 87, 89, 115, 182, 184, 191, 214, 237, 284, 290, 301, 314

J

Jacobin, 38, 85, 215
jacobites, 38, 84
Jacques II, 195, 197, 198
Jacques l'éventreur, 299, 300
Jakin, colonne, 142, 151, 206, 323

Jaurès, Jean, 291
Jéhovah, 172
jésuite, 40, 70, 71, 77, 83, 84, 294
judaïsme, 37, 51, 57, 62, 68, 72, 76-80, 83, 86, 87, 88, 141, 143, 153, 165, 171, 172, 185, 190, 272, 296, 299, 321

K

Kabbale, 171
Kipling, Rudyard, 61, 284, 321

L

La Fayette, marquis de, 136, 290
Lausanne, convent de, 184, 194, 201, 316, 334
Liban, 79, 142, 333
ligne de progression, 99, 100
Lions Club, 80, 229, 235, 236
Littré, Émile, 47, 284, 290
Livre de la loi sacrée, 350, 351, 354
loge
- bleue (ou symbolique), 17, 93, 108, 110, 123, 129, 134, 187, 191, 192, 194, 196, 204, 210, 265, 273, 321
- d'adoption, 50, 222-225
- de perfection, 188
- mère, 285
- militaire, 40, 126, 195, 214
- plan d'une, 96

loi de la séparation des Églises et de l'État, 47, 101, 201, 250
Lucifer, 63, 163, 165-167, 284, 294
lumières, Siècles des, 39, 179
lune, symbole de la, 1, 108, 148, 150, 151, 161, 261
Luxembourg, 194, 332

M

maçonnerie féminine, 49, 50, 115, 219, 224, 225, 227, 239
maillet, 24, 100-103, 110, 146, 221
maître des cérémonies, 106, 317, 351
maître, grade de, 121, 133, 145
Malte, ordre des chevalier de, 210, 237, 238
Marconis, Jacques-Étienne de Nègre, 215
marianne maçonnique, 250
Maroc, 79, 170, 289, 333
Maslow, pyramide de, 246
Meurisse, Paul, 286
Mirabeau, 283
Mitterrand, Jacques, 291
Molay, Jacques de, 32, 179
Montesquieu, 12, 39, 77, 283
Morin, Étienne, 180
mots de passe, 14, 20, 21, 32, 56, 156, 351, 352
Moyen Âge, 20, 23, 29, 62
Mozart, Wolfgang Amadeus, 39, 256, 285
musée belge de la Franc-maçonnerie, 331, 340
musée de la Franc-maçonnerie, 331
musulman, 67, 79-81, 159, 185

N

Nadar, 286
Napoléon Bonaparte, 43, 183, 200, 238, 289
nazi, 51, 78, 87-89, 272, 304, 305
Nerval,Gérard de, 190, 322
Newton, Isaac, 39
niveau, 101, 102, 149

O

obédience, 108-116, 195, 252, 329-335
obligation, 16, 82, 102, 127, 129, 130, 133, 156, 168, 173, 247, 273, 310, 353

occultisme, 62, 161, 170, 171, 174, 303, 304
Occupation allemande, 87-88
officiers, 95, 97-108, 351
Old Charges (ou anciennes charges), 307
opérative, maçonnerie, 24, 35, 53, 110, 118, 121, 146, 153, 179, 210, 213, 253, 307, 331
orateur, 22, 98, 103-104, 108, 179, 278, 313, 319, 351
Ordre Initiatique et Traditionnel de l'Art Royal, 330, 334
Orient éternel, 351

P

P2, fausse loge, 301
parrain, 212, 271, 274, 352
parvis, 120, 352
Pasqually, Martinès de, 195
Passé Vénérable, 19, 107, 352
pavé mosaïque, 124, 146
pénalités, 134
pierre brute, symbole de la, 124, 150
pierre plate, 352
pierre taillée, symbole de la, 150
Pike, Albert, 62, 159-167, 185, 294, 295
planche, 122, 124, 352
planche tracée, 352
plateau, 95-102, 352
politique, 81
positivisme, 201, 291
Pratt, Hugo, 284, 346
premier maillet, 100, 352
premier surveillant, 99, 102, 194, 199, 206, 317, 318, 349, 352
présidents américains francs-maçons, 287
Preston, William, 121
Prince Hall, 41, 113, 114, 115, 263
principe créateur, 14, 60, 148, 184, 193
protestantisme, 75
Protocoles des sages de sion, les, 51, 77, 251, 255, 296, 346
Pythagore, 107, 147

Q

question à l'étude des loges, 352

R

radiation, 110, 134, 160, 352
Ragon, Jean-Marie, 62
Ramsay
  chevalier de, 53, 72, 179, 180, 313
  discours de, 53, 313
reconnaissance, 5, 20, 21, 29, 32, 56, 108, 111, 113-115, 119, 127, 137, 156, 201, 257, 262, 263, 281
Regius, Manuscrit, 28, 35, 53, 67, 118, 307, 347
règle à 24 divisions, 146
régularité, 21, 35, 67, 108, 110-116, 124, 144, 159, 165, 201, 213, 227, 262, 263, 275
Renaissance, 29
Renan, Ernest, 291
Révolution américaine, 40, 137
Révolution française, 42, 199
rite d'York, 44, 45, 192, 209, 210
rite de Memphis-Misraïm, 215, 253
rite écossais, 187, 195
rite écossais ancien et accepté, 38, 45, 109, 128, 131, 146, 161, 169, 177
rite écossais philosophique, 38, 183, 196
rite écossais primitif, 195
rite écossais rectifié, 194, 253, 330,332, 334, 337, 356
rite émulation, 211, 253

rite français, 45, 121, 131, 169, 182, 184, 192, 197
rite français rétabli, 203, 207
rite français traditionnel, 207, 334
rite suédois, 216
rite, définition, 14, 15, 108, 109, 191, 195, 352
rites égyptiens, 214
rituel d'ouverture, 104, 123, 124, 125, 180, 188, 316, 319, 353
rituel de fermeture, 123, 125, 180, 188
Rituel des voyous de Pierre Dac, 319
rituel dit de Groussier, 202, 206, 207
rituel, définition, 123
Robespierre, Maximilien de, 291
Roëttiers de Montaleau, Alexandre-Louis, 198
Rose-Croix, 169
Rosenkreutz, Christian, 169
Rotary Club, 234
Rousseau, Jean-Jacques, 39, 291
Royal Arch, 188, 210, 213
Royal Society, 31, 171
ruche, 206

S

sac aux propositions, 352
Sade, marquis de, 283
salle humide, 125
Salomon, roi, 24, 25, 32, 33, 35, 45, 62, 94, 95, 121, 122, 141, 151, 189, 217, 253, 284, 286, 313, 322, 331
santé des frères absents, 126
Satan, 49, 73, 157, 160, 167, 293, 294, 302
sautoir, 98, 124, 202, 353
scientisme, 216
second surveillant, 103, 125, 317, 318, 352
secrétaire, 98, 104, 106, 108, 115, 128, 164, 188, 193, 302, 319, 353
secte,30, 66, 80, 84, 101, 174, 255, 277
Sembat, Marcel, 290
silence, 41, 124, 125, 155, 187, 314, 325
Simpson, Homer, 257
skull and bones, 236
soleil, symbole du, 95, 100, 102, 103, 107, 108, 132, 148, 150, 151, 161, 166, 188, 251, 257, 318, 323
spéculative, maçonnerie, 24, 31-34, 49, 68, 71, 82, 121, 148, 152, 159, 179, 205, 212, 219, 221, 310, 351, 353
spiritualité, 52, 178, 179, 186, 250, 252, 264, 267, 269
Stendhal, 284
stricte observance templière, 195, 337
Suède, 83, 216
Suisse, 332, 334
Suprême Conseil de France, 39, 53, 178, 180, 182-186, 191, 316
symbolisme, 14, 15, 16, 19, 22, 26, 33, 58, 59, 63, 64, 78, 92, 94, 95, 96, 97, 121, 122, 123, 131, 135, 137, 225, 237, 241, 258, 259, 344

T

tableau de loge, 95, 105, 123, 132, 135, 138, 140, 146, 357
tablier, 17, 19, 20, 40, 91, 105, 124, 131, 145, 146, 178, 186, 203, 213, 271, 283, 285, 291, 340, 349, 353
Taft, William Howard, 287
tailleur de pierre, 20, 23, 25, 30, 31, 33, 146, 187, 257
Tanach, 67
taoïsme, 57
Taxil, Léo, 48, 49, 163, 293, 294, 295, 339
temple, 33, 47, 58, 62, 66, 79, 94, 101, 105, 353

temple du roi Salomon, 25, 79, 94, 95, 119, 141, 151, 205, 211, 242, 349, 350
Templiers, 23, 32, 39, 90, 162, 179, 190, 217, 255
tenue
  blanche fermée, 354
  blanche ouverte, 125, 354
titre distinctif, 17, 94, 354
travaux de table, 354
trésor, 354
trésorier, 98, 106, 193, 194, 354
triangle, 354
trois grandes lumières, 139, 189, 350
trois points, 128, 350, 354
trois, symbolique du nombre, 139
troisième République, 47, 50, 112, 214, 223, 252, 263, 286
tronc de la veuve (ou tronc hospitalier), 233, 354
truelle, 101, 126, 152, 179, 190, 206, 215, 314
Truman, Harry, 287
Tubalcain, 257
Turquie, 79, 288, 289, 304, 305
two balls cane, 257

V

Veda hindou, 67
Vénérable Maître, 100, 124, 186, 352, 354
veuve, 106, 122, 189, 220, 233, 348, 352, 354
Voltaire, 12, 40, 283
Volume de la loi sacrée, 354
vote, 105, 127, 134, 278, 298, 347
voûte d'acier, 354
voyages, 46, 130, 132, 139, 206, 246, 266, 270, 285

W

Washington D.C., 165, 302
Washington, George, 287, 302, 303
Wayne, John, 286
Wilde, Oscar, 284
Wozniak, Steve, 290

Y

Yrigoyen, Ippolyto, 288

Z

Zavatta, Achille, 286
Zend-Avesta zoroastre, 67

Achevé d'imprimer par NIIAG en juin 2010 pour le compte de France Loisirs, Paris.
N° d'éditeur : 59725 - Dépôt légal : mars 2010 - Imprimé en Italie